Ulrike Offenberg

»Seid vorsichtig gegen die Machthaber«

Ulrike Offenberg

»Seid vorsichtig gegen die Machthaber«

Die jüdischen Gemeinden in der SBZ und der DDR 1945–1990

Aufbau-Verlag

Mit 18 Abbildungen

ISBN 3-351-02468-1

1. Auflage 1998

Einbandgestaltung Torsten Lemme
Satz LVD GmbH, Berlin
Druck und Binden Graphischer Großbetrieb Pößneck
Ein Mohndruckbetrieb
Printed in Germany

Inhalt

Anhang

הוו זהירים ברשות,
שאין מקרבין לו לאדם אלא לצורך עצמן,
נראין כאוהבין בשעת הנאתן,
ואין עומדין לו לאדם בשעת דחקו.

רבן גמליאל בן ר׳ יהודה הנשיא
אבות II,3

»Seid vorsichtig gegen die Machthaber, denn sie ziehen den Menschen nur aus Eigennutz zu sich heran; sie erscheinen wie Freunde zur Zeit, da man ihnen nutzt, stehen aber dem Menschen nicht bei in der Zeit seiner Not.«

Rabbi Gamliel III. ben Rabbi Jehuda Hanassi
Mischnatraktat Sprüche der Väter, Kap. II, Vers 3

Einführung

Befragt nach der Perspektive für Juden in Deutschland nach dem Holocaust, antwortete der Mitbegründer und erste Nachkriegsvorsitzende der jüdischen Gemeinde in Magdeburg verklausuliert: »Der Onkel Risches wird immer bleiben«. Risches, so die jiddische Bezeichnung für Antisemitismus, prägte die Existenz der jüdischen Gemeinden in der SBZ und in der DDR. Kaum war 1945 nach der Befreiung aus Konzentrationslagern, Zwangsarbeit und Illegalität ein mühevoller Neuanfang gewagt, sahen sich viele Gemeindemitglieder erneut bedroht durch die antijüdische Propaganda und Repressalien im Gefolge des Slánský-Prozesses. Nach dem Massenexodus blieben führungslose, überalterte Gemeinden zurück, die Partei- und Staatsfunktionäre zu instrumentalisieren trachteten. Die Bemühungen, die jüdischen Gemeinden als Ausweis für Antifaschismus und vorgebliche Religionsfreiheit zu vereinnahmen, waren erfolgreich.

»Sozialistische Staatsbürger jüdischen Glaubens« lautete die Formel, mit der sich Vertreter der jüdischen Gemeinden in der DDR häufig selbst charakterisierten. Anläßlich von Staatsfeierlichkeiten und Gedenktagen verkündeten sie regelmäßig ihr Bekenntnis zur DDR als der »wahren Heimstatt der jüdischen Bürger«. Noch im Herbst 1989, als sich der SED-Staat in seiner tiefsten Krise befand und jegliche Glaubwürdigkeit verloren hatte, hielten sie an diesen Treuebekundungen fest. Dabei waren die noch bestehenden acht Gemeinden verschwindend klein – von der Existenz jüdischen Lebens wußten viele DDR-Bürger nur durch die zahlreichen Loyalitätserklärungen, die in den Medien große Beachtung fanden.

Wieso identifizierten sich Vertreter jüdischer Gemeinden derart distanzlos mit der DDR? Warum akklamierten sie die offizielle Propaganda, wo doch die Kluft zwischen Anspruch und Wirklichkeit längst offensichtlich war? In den viereinhalb Jahrzehnten nach der Befreiung vom Nationalsozialismus waren Juden in der SBZ und der DDR oft antisemitischen Anfeindungen von einzelnen Bürgern sowie von Partei- und Staatsfunktionären ausgesetzt gewesen. Auch die Nahostpolitik der DDR mit ihren vehementen Feindseligkeiten gegenüber dem Staat Israel ließ auf ein gebrochenes Verhältnis zu Juden und Judentum schließen. Und mit der Freiheit zur Religionsausübung oder der Selbstbestimmung von Religionsgemeinschaften stand es in der DDR ebenfalls nicht zum besten. Wie lassen sich angesichts dieser Widersprüchlichkeiten die überschwenglichen Treuebekenntnisse von Gemeindefunktionären erklären?

Die vorliegende Darstellung zur Geschichte der jüdischen Gemeinden in der Sowjetischen Besatzungszone und der DDR gibt Antworten auf diese Fragen. Beschrieben wird besonders ausführlich am Beispiel der Berliner Gemeinde, wie sich jüdisches Leben unter den spezifischen politischen Bedingungen im Osten Deutschlands seit 1945 gestaltete. Offiziell galten nur die Mitglieder der jüdischen Gemeinden als Juden. Das religiöse Bekenntnis zum Judentum war die einzige Äußerung jüdischer Identität, die die SED zugestand. Säkulare oder nicht in den Gemeinden organisierte Formen jüdischen Selbstverständnisses – etwa kulturelle, ethnische oder nationale Identifikationen – wurden nicht anerkannt, zumindest, wenn es um eine positive Identifikation von Juden ging. Die antisemitischen Stigmatisierungen, u. a. in den Parteiüberprüfungen Ende der vierziger und Anfang der fünfziger Jahre, trafen hingegen Mitglieder der jüdischen Gemeinden und außerhalb von ihnen stehende Juden gleichermaßen.

Neben der Schilderung des Wiederaufbaus und der Entwicklung der jüdischen Gemeinden in Ostdeutschland liegt der Schwerpunkt auf der Analyse des Verhältnisses zwischen den Gemeinden und den Partei- und Staatsorganen der DDR. Welche politische Funktion wies die SED den jüdischen Gemeinden zu, und wie verhielten sie sich zu dieser Rollenzuschreibung? Welche Mittel und Strukturen nutzte die SED, um ein konformes Verhalten der Gemeindeleitungen zu erreichen? Wie setzten sich diese mit den politischen Konflikten und den Versuchen der propagandistischen Vereinnahmung auseinander? In welchem Umfang konnten die Gemeinden gegenläufige Positionen artikulieren und Eigenständigkeit bewahren? Persönliche Aspekte der Situation von Juden in der DDR, individuelle Auffassungen von jüdischer Identität und das Selbstverständnis von außerhalb der Gemeinden stehenden Juden können nur punktuell erwähnt werden.

Die in den letzten Jahren zugänglich gewordenen Akten des Partei- und Staatsapparates ermöglichen es, die SED-Politik gegenüber Juden und jüdischen Gemeinden detailliert darzustellen. Da einzelne Gemeindevertreter mit den Staatsfunktionären interne Konflikte und Probleme erörterten, geben die dort archivierten Korrespondenzen und Gesprächsprotokolle nicht nur Aufschluß über die Interaktion mit staatlichen Dienststellen, sondern gewähren ebenso Einblicke in das Innenleben der Gemeinden.

Mit einer Ausnahme war keine Gemeinde bereit, Einsicht in ihre

Archivalien zu gewähren. Meine Anfragen wurden entweder abgelehnt, nicht beantwortet oder mit dem Verweis auf organisatorische Schwierigkeiten beschieden. Die Akten des Verbandes der Jüdischen Gemeinden in der DDR, die in der Berliner Stiftung Centrum Judaicum aufbewahrt werden, konnten nur unter Wahrung der dreißigjährigen Sperrfrist eingesehen werden. Diese Schwierigkeiten deuten darauf hin, daß die kritische Beschäftigung mit der eigenen Geschcihte in der DDR noch aussteht.

Die Existenzbedingungen der jüdischen Gemeinden in der DDR und die für sie notwendige wie auch oft unnötige Anpassung an die staatlichen Vorgaben sind Gegenstand dieses Buches. Es soll die Diskussion darüber anregen, inwiefern sich die Gemeinden und ihre Führungen zur Legitimation der DDR-Politik mißbrauchen ließen. Es gibt zudem einen Einblick in das Herrschaftssystem der SED, die ihre Diktatur vier Jahrzehnte lang nicht allein mit Repressalien, sondern auch dank der Zustimmung weiter Kreise aufrechterhalten konnte.

Das vorliegende Buch beruht auf meiner Dissertationsschrift, die ich im Dezember 1997 an der Freien Universität Berlin verteidigt habe. Für die Betreuung der Arbeit, ihren Rat und kritische Hinweise danke ich Professor Dr. Friedrich-Wilhelm Marquardt, Professor Dr. Ulrich Albrecht, Professor Dr. Ekkehart Krippendorff, Professor Dr. Manfred Wilke und Dr. Jochen Staadt von der Freien Universität Berlin. Für die Unterstützung der Recherchen bin ich den Mitarbeiterinnen und Mitarbeitern der Archive und der Gauck-Behörde dankbar. Wilhelm Bauer half bei der Durchsicht des Manuskripts. Zu außerordentlichem Dank bin ich meinen Lektorinnen Maria Matschuk und Sylvia Neu vom Aufbau-Verlag für ihre Mühe und ihr Engagement beim Zustandekommen dieses Buches verpflichtet. Ein besonderer Dank gilt meinem Mann und meiner Familie für ihre stete Anteilnahme und Ermutigung.

Die Wiederbegründung jüdischer Gemeinden 1945

Zum Zeitpunkt der Befreiung lebten in Deutschland noch etwa 14 000 Juden außerhalb der Konzentrationslager.[1] Die Mehrzahl von ihnen war durch nichtjüdische Ehepartner vor der Deportation gerettet worden, nur wenige tausend hatten während der Nazidiktatur untertauchen können.[2] Im Frühjahr und Sommer 1945 kehrten die Überlebenden der Konzentrations- und Vernichtungslager in ihre Heimatorte zurück. Sie alle waren durch jahrelange Verfolgung, Haft oder Zwangsarbeit, soziale Isolierung und Entbehrung ausgezehrt. Die Rückkehrer aus den Lagern und die »Untergrundler« standen meist vor dem Nichts. Ihre Familienangehörigen waren ermordet, ihre Wohnungen zerstört worden, oder Fremde – oft die Nutznießer der »Arisierung« – wohnten darin. Ehemalige Gemeindebüros und Begegnungsstätten wurden zu ersten Anlaufpunkten bei der Suche nach politischer und materieller Unterstützung sowie nach Kontakten. Kurz nach der Befreiung wurden in der Viersektorenstadt Berlin und in folgenden Städten der Sowjetischen Besatzungszone Gemeinden gegründet: in Leipzig, Plauen, Zittau, Dresden, Zwickau, Erfurt, Eisenach, Jena, Mühlhausen, Magdeburg, Halle und Schwerin.

Der Neuaufbau gestaltete sich schwierig – die Nationalsozialisten hatten die jüdischen Gemeinden und Organisationen zerschlagen, zahlreiche Synagogen und Gemeindestätten waren zerstört, ihr Vermögen beschlagnahmt worden, Entschädigungsfragen wurden aufgrund fehlender Gesetze nicht geregelt. Zudem besaßen nur wenige Juden Erfahrungen in der Gemeindearbeit.

Etwa drei Fünftel der Mitglieder waren Juden, die in Deutschland in »privilegierter Mischehe« oder als »Sternträger« überlebt hatten,[3] ein Fünftel KZ-Rückkehrer und ein Fünftel Untergrundler. Wer mit einem nichtjüdischen Partner die Ehe geschlossen hatte, besaß oft keine engen religiösen und kulturellen Bindungen an das Judentum mehr, war entweder aus den jüdischen Gemeinden ausgetreten oder nur formal Mitglied geblieben. In vielen Fällen hatte sich der jüdische Ehepartner taufen lassen oder wurden zumindest die Kinder christlich erzogen. Häufig wurden die Betroffenen sich erst durch die Nürnberger Rassegesetze ihrer eigenen Wurzeln wieder bewußt und durch die Verfolgung den nichtjüdischen Verwandten und dem christlich-deutschen Umfeld entfremdet. Der Wunsch nach einer Wiederannäherung an das Judentum, vor allem nach einer jüdischen Interessenvertretung, und nicht vorrangig religiöse Bedürfnisse ließen sie Anschluß an die Gemeinden suchen.[4] Von den nach und nach aus der Emigration zurückkehrenden Juden traten allerdings nur wenige den Gemeinden bei.

Der bis 1933 dominierende Charakter einer Glaubensgemeinschaft trat in den Hintergrund.

In kleineren Städten hatten wegen der fehlenden Anonymität im Unterschied zu Berlin nur wenige Juden im Untergrund überleben können. Es gab zudem kaum Zulauf durch polnisch-jüdische Flüchtlinge, fast alle Displaced Persons zogen in die Westzonen weiter. Lediglich in Thüringen siedelten sich einige jüdische Zuwanderer aus Schlesien an, die – nun als Deutsche definiert – die inzwischen polnischen Gebiete verlassen mußten.

Innerhalb von sechs Jahren ging die Mitgliederzahl der jüdischen Gemeinden in der SBZ um etwa die Hälfte zurück:

1946: 2 094[5]
1948: 1 129[6]
1949: 1 149[7]
1950: 1 244[8]
1952: 977[9]

Neben der hohen Sterblichkeitsrate war Abwanderung die Hauptursache für diese Verluste. Da es im sowjetischen Sektor von Berlin wie auch in der SBZ keine legale Möglichkeit gab, die Auswanderung nach Palästina, Übersee oder in andere Länder zu betreiben, mußte man zunächst in die Westzonen übersiedeln. Neben spezifisch jüdischen Auswanderungsgründen bewogen viele auch politische und wirtschaftliche Motive zur Flucht von Ost nach West.

Kleinere Gemeinden hatten nach dem Krieg oft zuwenig Mitglieder und Kultuspersonal, um regelmäßig Gottesdienste abhalten zu können. In Orten wie Zittau, Eisenach, Jena, Mühlhausen und Plauen umfaßten sie kaum mehr als die für einen Minjan benötigten zehn Männer. Andere mußten sich wie die Schweriner als Territorialgemeinde strukturieren, da die wenigen Mitglieder sehr verstreut lebten. Die starken Verluste in den ersten Nachkriegsjahren beeinträchtigten die Funktionsfähigkeit der Gemeinden und zwangen einige, ihre Eigenständigkeit aufzugeben.

Die Reorganisierung des jüdischen Lebens in Berlin

Die Reichsvereinigung der Juden in Deutschland

In Berlin war seit dem 18. Jahrhundert die größte jüdische Gemeinschaft Deutschlands beheimatet. 1933 lebten dort 160 564 Juden.[10] Während der Nazizeit zogen vor allem aus kleineren Städten und Dörfern weitere Juden nach Berlin, weil sie hofften, die Anonymität der Großstadt biete Schutz vor Verfolgungen.

In Berlin hatte auch die im September 1933 unter dem Druck der politischen Verhältnisse gegründete Reichsvertretung der deutschen Juden ihren Sitz. Dieser Dachverband jüdischer Gemeinden und Organisationen unterschiedlichen Charakters[11] mußte sich nach Erlaß der »Nürnberger Gesetze« im Jahre 1935 Reichsvertretung der Juden in Deutschland nennen. Er verfolgte angesichts der sozialen und wirtschaftlichen Ausgrenzung von Juden aus der deutschen Gesellschaft das Ziel, das jüdische Erziehungswesen, die Kultur- und Sozialarbeit und die Auswanderung zu fördern. Nach der Pogromnacht vom 9./10. November 1938 löste die Gestapo den Verband auf. Um im Vorfeld der geplanten Zwangsmaßnahmen eine Zentralisierung des jüdischen Lebens zu erreichen, übernahm die im Juli 1939 gegründete Reichsvereinigung der Juden in Deutschland seine Strukturen und das Personal.[12] Die Organisation unterstand der Gestapo, die auch die Führung ernannte. Auf diesem Wege wurde das bisherige Selbstverwaltungs- und Wohlfahrtsorgan des deutschen Judentums in einen Erfüllungsgehilfen der nationalsozialistischen Entrechtungs- und Vernichtungspolitik umgewandelt. Mit Beginn der Deportationen im Oktober 1941 mußte die Reichsvereinigung in Zusammenarbeit mit der Gestapo die Listen dafür erstellen und den reibungslosen Vollzug gewährleisten. Am 10. Juni 1943 wurde die Organisation für aufgelöst erklärt, die verbliebenen Mitarbeiter deportierte man bis auf wenige Ausnahmen nach Theresienstadt.

Die Funktionen der Reichsvereinigung mußte nun das Jüdische Krankenhaus in Berlin-Wedding, Iranische Straße, übernehmen, die einzige Einrichtung, in der Juden noch stationär behandelt werden konnten. Auch das Sammellager wurde aus der Großen Hamburger Straße dorthin verlegt; somit war das Krankenhausgelände in erster Linie ein großes Gestapogefängnis.[13] Eine besonders problematische Rolle spielte der Ärztliche Direktor, Dr. Dr. Walter Lustig, den die Gestapo zum Leiter der Neuen Reichsvereinigung ernannte. Im wesentlichen legte er allein fest, wer deportiert werden sollte. Personen, die sich seinen dienstlichen Anordnungen widersetzten oder Juden zur Flucht verhalfen, bestimmte er für den baldigen Transport. Zwar konnte er die Versuche der Gestapo, alle Bewohner des Krankenhausgeländes zu deportieren, vereiteln,[14] doch wurden 1944 viele der bis dahin durch ihre Ehepartner geschützten Juden zwangsverschickt. Am 27. März 1945 verließ der letzte Transport das Krankenhaus, und am 22. April flohen die Gestapoleute vom Gelände.

Das Jüdische Krankenhaus und der Friedhof an der Lothringenstraße in Weißensee waren die einzigen jüdischen Institutionen, die zum Zeitpunkt der Befreiung in Berlin noch existierten. Von ihnen gingen die ersten Aktivitäten zur Wiederaufnahme der Gemeindearbeit für die 5 537 Juden aus, die in der Stadt überlebt hatten (4 121 in »Mischehe« und 1 416 im Untergrund).[15] In beiden Einrichtungen arbeiteten bei Kriegsende fast nur Juden aus »privilegierter Mischehe« und »Mischlinge«. Da man Proteste der nichtjüdischen Familienangehörigen befürchtete, war der Befehl zu ihrer Deportation nicht erteilt worden. Auf dem Friedhof hielten zwölf Personen unter der Leitung von Martin Riesenburger*, Prediger und Seelsorger der Jüdischen Gemeinde zu Berlin, das Bestattungswesen aufrecht, auf dem Krankenhausgelände lebten noch ca. 800 Personen.[16] Zu ihnen gehörten neben den Patienten und dem Krankenhauspersonal die mit der Vermögensabwicklung betrauten Angestellten der Reichsvereinigung, die als »Greifer« tätigen jüdischen Gestapospitzel und die Inhaftierten des Sammellagers.

Das weiterhin von Dr. Dr. Lustig geleitete Krankenhaus stand nach dem 8. Mai sofort der Berliner Bevölkerung offen.[17] In den ersten Nachkriegswochen diente es vor allem als Anlaufstelle für die aus dem Untergrund auftauchenden Juden und befreiten KZ-Häftlinge (bereits im Mai kehrten 470 Juden aus Theresienstadt zurück). Für sie wurden eine Notunterkunft und ein Auffanglager eingerichtet. Dessen Leitung sowie andere Verwaltungsaufgaben übernahmen Angestellte der Reichsvereinigung und zum Teil auch Überlebende der KZ. Sie stellten Entlassungspapiere für die Insassen des Gestapo-Sammellagers und des Krankenhauses aus und verteilten Bescheinigungen für befreite KZ-Häftlinge, die auf der Reise in ihre Heimatorte zum Teil mehrere Wochen im Auffanglager blieben.[18]

* Martin Riesenburger: 1896–1965, Studium der Zahnmedizin in Berlin, Abbruch des Studiums im Ersten Weltkrieg, anschließend als Klavierlehrer, Kantor und Religionslehrer tätig, zeitweise Studium an der Hochschule für die Wissenschaft des Judentums, das er aus unbekannten Gründen abbrach, seit 1933 Prediger und Seelsorger im Altenheim der Jüdischen Gemeinde zu Berlin, 1942 kurzzeitig verhaftet, Juni 1943 bis Mai 1945 Leiter der Abt. Bestattungswesen der Reichsvereinigung der Juden in Deutschland, 1945–1953 Prediger der Jüdischen Gemeinde zu Berlin, 1953 zum Rabbiner der Jüdischen Gemeinde von Groß-Berlin, 1961 zum Landesrabbiner der jüdischen Gemeinden in der DDR ernannt, 1956 Vaterländischer Verdienstorden in Silber, 1961 in Gold, 1961 Dr. hc. der Humboldt-Universität zu Berlin, Mitarbeit im Friedensrat der DDR.

Im Krankenhaus waren während der Nazizeit zu verschiedenen Anlässen heimlich in einer Privatwohnung Gottesdienste veranstaltet worden.[19] Nach der Befreiung wurde in einer Schule eine kleine Synagoge eingerichtet, in der am 11. Mai ein Gottesdienst gefeiert wurde. Weil das Krankenhausgelände inzwischen überfüllt war, nutzte man das Vorderhaus der Synagoge als Auffangstelle für jüdische Flüchtlinge und Rückkehrer. Am 11. Mai, einem Freitagabend, fand auch in der Trauerhalle auf dem Friedhof erstmals wieder ein Gottesdienst statt. Ihn leitete Martin Riesenburger, der durch seine Ehe mit einer zum Judentum übergetretenen Frau als einziger Kultusbeamter vor der Deportation bewahrt geblieben war. Zudem begann er im intakten Gebäude der Friedhofsverwaltung mit dem Religionsunterricht für jüdische Kinder und kümmerte sich schon im Mai 1945 darum, die verwüstete, aber nicht niedergebrannte Synagoge in der Rykestraße in Berlin-Prenzlauer Berg wiederherzurichten.

Bei ihrem Bemühen um die Reorganisation jüdischen Lebens waren sich die Mitarbeiter der Reichsvereinigung offenbar ihrer Rolle während der Nazidiktatur nicht bewußt. Sie agierten weiter unter dem Namen der belasteten Organisation[20] und strebten sofort danach, von der sowjetischen Besatzungsmacht und den neu entstehenden deutschen Behörden als legitime Vertretung der Juden anerkannt zu werden. Am 25. Mai 1945 wandte sich der Chefarzt des Jüdischen Krankenhauses, Dr. Fritz Hirschfeld, mit einem Schreiben in deutscher und russischer Sprache an den Berliner Stadtkommandanten, Generaloberst Bersarin. Darin unterstrich er »die dringende Notwendigkeit, die Glaubensjuden zu erfassen und die durch die Nazis verbotene jüdische Gemeinde wieder weiterbestehen zu lassen«.[21] Besonders dringlich sei die Einrichtung von Gottesdiensten und Schulen. Hirschfeld bat, für die Verpflegung der befreiten KZ-Häftlinge, deren Unterbringung in einem Heim und die Bezahlung der Angestellten einen Fonds einzurichten. Außerdem sollten ein Teil der von den Nazis beschlagnahmten Gemeindegebäude – »Alters-, Kinder- und Krüppelheime« – sowie Arbeitskräfte und Material zu deren Wiederherstellung zur Verfügung gestellt werden. Damit er sich an die Berliner Juden wenden könne, bat er Bersarin um zehn Minuten Sendezeit im Berliner Rundfunk.

Die meisten Funktionäre, die nun in der Reichsvereinigung agierten, wollten in erster Linie beim Wiederaufbau des jüdischen Lebens mitwirken. Einige aber, die besonders bei den Deportationen eng mit der Gestapo kooperiert hatten, versuchten mit diesem Engagement ihre unrühmliche Rolle vergessen zu machen. Da sich gerade Dr. Dr. Lustig als »Herr über Leben und Tod« aufgeführt hatte, wirkt ein

Memorandum, das er im Namen der Reichsvereinigung am 6. Juni 1945 dem Berliner Oberbürgermeister in vierzehnfacher Ausfertigung übersandte, nahezu unverfroren. In diesem Schreiben behauptete er, daß »die Reichsvereinigung die berechtigte und autorisierte Körperschaft zu Erklärungen über alle den Juden als Gemeinschaft zugefügten Schäden« sei.[22] Als Entschädigung für das erlittene Naziunrecht bat er um »Sofortmaßnahmen«: Alle Juden und ihre Familienangehörigen sollten die höchste Stufe der Lebensmittelkarte erhalten, von Aufräumarbeiten freigestellt, bei der Wiedereingliederung in das Berufsleben unterstützt und bei der Zuteilung von Bekleidung u. ä. bevorzugt werden.

Kurz darauf ging Lustig noch einen Schritt weiter. Laut Befehl Nr. 2 des Obersten Chefs der Sowjetischen Militäradministration vom 10. Juni 1945 mußten sämtliche NS-Organisationen aufgelöst werden. Dies hätte auch die Reichsvereinigung der Juden in Deutschland, e. V. betroffen. Um die Auflösung zu umgehen, wandte er sich erneut an Bersarin. In diesem Schreiben verschwieg er, daß die Institution der Gestapo unterstellt gewesen war, skizzierte ein neues Profil und beantragte eine Namensänderung: »Da sich die Arbeit der Reichsvereinigung der Juden in Deutschland zwangsläufig nunmehr in der Hauptsache auf das Gebiet Groß-Berlin erstreckt, kann diese Bezeichnung nicht mehr beibehalten werden, vielmehr beantragen wir, die früher übliche Bezeichnung Jüdische Gemeinde zu Berlin wiederum führen zu dürfen. Die Zweckbestimmung dieser Jüdischen Gemeinde soll sein:

1. die Wahrung der kultischen Belange der Glaubensjuden,
2. die soziale Fürsorge für alle diejenigen Personen, die sich zur jüdischen Schicksalsgemeinschaft bekennen,
3. Schaffung bzw. Fortführung sozialer Einrichtungen, wie Krankenhaus, Durchgangsheim für politisch Verfolgte, Kinderheim und dergleichen.

Diese Einrichtungen stehen der gesamten Bevölkerung ohne Unterschied der Religion zur Verfügung.«[23]

Als Funktionäre benannte Lustig an erster Stelle sich selbst und dann weitere elf Repräsentanten: Bernhard Baruch, Dr. Hugo Ehrlich, Ernst Einhorn, Hans Friedländer, Siegbert Kleemann, Dr. Paul Königsberger, Dr. Curt Radlauer, Walter Rischowsky, Leon Schindler, Adolf Wolffsky und Erich Zwilsky.*

Ein etwa zur gleichen Zeit an Stalin gesandtes Telegramm der nun

* Ernst Einhorn war bis zur Befreiung innerhalb der Reichsvereinigung für Finanzen zuständig, leitete die Finanzabteilung des Krankenhauses und war mit einer Nichtjüdin verheiratet. Hans Friedländer war von 1943 bis 1945 Leiter der Sozialabteilung des Jüdischen Krankenhauses. Siegbert Kleemann hatte in der

unter dem Namen Jüdische Gemeinde Berlin-Norden 65, Iranische Str. 2 firmierenden Reichsvereinigung unterstrich den Charakter einer Organisation der Opfer des Faschismus: »Die wenigen überlebenden Juden Berlins danken Ihnen, Herr Marschall, von ganzem Herzen für ihre Befreiung durch die glorreiche Rote Armee aus der furchtbaren Herrschaft des Nationalsozialismus.«[24] Dieses Telegramm sollte Lustigs Funktionärspolitik absichern helfen, es entsprach jedoch tatsächlich den Empfindungen der geretteten Juden.

Beim Aufbau des Gemeindelebens war man nicht nur auf das politische Wohlwollen der Besatzungsmacht, sondern auch auf die Unterstützung der neu entstehenden deutschen Verwaltungsorgane angewiesen. Ohne Hilfe des Magistrats konnten weder Lebensmittelkarten beschafft noch andere vordringliche Aufgaben gelöst werden, z. B. der Unterhalt der Notunterkünfte und die Heimkehr der auf dem Krankenhausgelände internierten Juden. Im Herbst 1944 waren ca. 300 in »Mischehe« lebende Juden und Jüdinnen aus dem Rheinland und aus Westfalen zum zwangsweisen Arbeitseinsatz in das Krankenhaus gebracht worden. Nach Kriegsende wollten sie so bald wie möglich zu ihren Familien zurückkehren. Da wegen der komplizierten politischen Verhältnisse und organisatorischen Probleme ein geordneter Rücktransport nicht möglich war, machten sich viele allein auf den Weg. Der Leiter der Notunterkunft in der Iranischen Straße, Gustav Brück, bat den Beirat für Kirchliche Angelegenheiten des Magistrats und den Caritas-Verband, diesen Juden, »die durch Heiraten mit christlichen Frauen oder durch eigenen Übertritt zum christlichen Glauben irgendwie an christliche Religionsgemeinschaften gebunden sind«[25], Schreiben an katholische Institutionen auszuhändigen, damit sie unterwegs Hilfe und Verpflegung erhielten. Darüber hinaus kümmerten sich Angestellte der Reichsvereinigung um die Rückgabe des Vermögens und die Sicherstellung von Resten der beschlagnahmten jüdischen Bibliotheken sowie anderer kultureller Werte.[26]

Die für die Reichsvereinigung und den Wiederaufbau jüdischen Lebens in der deutschen Verwaltung zuständige Behörde wurde der

Wohnungsabteilung der Reichsvereinigung gearbeitet und war dort für die Unterbringung von Juden, die ihre Wohnungen räumen mußten, verantwortlich. Dr. Curt Radlauer war evangelisch und als »Nichtarier« gezwungen, auf dem Krankenhausgelände zu leben, blieb aber durch seine Ehe mit einer Nichtjüdin vor der Deportation bewahrt. Adolf Wolffsky war Kultusreferent der Reichsvereinigung und blieb von der Deportation verschont, da seine Frau zwar zum Judentum übergetreten war, aber nach den Rassegesetzen als »deutschblütig« galt. Erich Zwilsky war der Assistent von Dr. Lustig und mit ihm an der Erstellung von Deportationslisten beteiligt. Zur Person der anderen Repräsentanten und ihrer früheren Tätigkeit in der Reichsvereinigung ist nichts bekannt.

Beirat für Kirchliche Angelegenheiten. Er war mit der Konstituierung des Magistrats am 17. Mai 1945 als Aufsichtsbehörde zur Entnazifizierung und Reorganisierung des kirchlichen Lebens gegründet worden. Im Range eines Stadtrats nahm in ihm Pfarrer Peter Buchholz die Belange der katholischen Kirche und zunächst auch die der jüdischen Gemeinschaft wahr. Sein Stellvertreter, Pfarrer Heinrich Grüber, war für die evangelische Kirche zuständig. Diesem Magistratsbeirat waren auf Stadtbezirksebene arbeitende Beiräte zugeordnet. Für Stadtmitte und Tiergarten wurde der freikirchliche Geistliche Harry Dörfel bestellt. Seinen Sitz hatte er in der Artilleriestr. 31, im Gemeindehaus der 1939 von der Gestapo aufgelösten orthodoxen Israelitischen Synagogen-Gemeinde (Adass Jisroel) zu Berlin, das nun das Volksbildungsamt des Bezirksamtes Stadtmitte beherbergte. Da in Dörfels Verwaltungsbezirk viele jüdische Einrichtungen lagen, war er wesentlich mit jüdischen Fragen befaßt. Ende Mai erschienen in seiner Sprechstunde Adolf Wolffsky, Inspizient für das Kultuswesen der Reichsvereinigung, und Prediger Martin Riesenburger und »stellten sich als die maßgebende Stelle für die jüdischen Belange vor«.[27] Sie informierten ihn über bereits in der Iranischen Straße und auf dem Friedhof in der Lothringenstraße stattfindende Gottesdienste, baten um seine Unterstützung und wurden von ihm beauftragt, eine Übersicht über die wiederherstellbaren Synagogen anzufertigen. Bei der nächsten Unterredung mit Wolffsky und Dr. Hirschfeld am 1. Juni 1945 ging es um die Beschaffung von Kultus- und Gemeinderäumen sowie um eine erfolglose Beschwerde der Reichsvereinigung bei der sowjetischen Ortskommandantur Weißensee über Schießübungen von Soldaten und das Weiden von Armeepferden auf dem Friedhof der Jüdischen Gemeinde zu Berlin.[28] Diesen Protest leitete Dörfel über Pfarrer Buchholz an den Berliner Stadtkommandanten, Generaloberst Bersarin, weiter.

Gleichzeitig mehrten sich Hinweise, die die Legitimation der Reichsvereinigung und ihrer in Jüdische Gemeinde zu Berlin umbenannten Nachfolgerin in Frage stellten. So notierte Dörfel am 6. Juni 1945, ein Willi Katz habe ihn darauf aufmerksam gemacht, »daß die bisher in dieser Angelegenheit tätigen Herren nicht das Vertrauen der Volljuden (religiös) genießen«.[29]

Vier jüdische Gemeinden in Berlin

Auch in anderen Stadtteilen entwickelten Juden Initiativen zum Wiederaufbau jüdischen Gemeindelebens. Im früheren Verwaltungsgebäude der Jüdischen Gemeinde zu Berlin etablierte sich die Jüdische Gemeinde Berlin, Bezirk Stadtmitte, Oranienburger Str. 28. Zu ihren

Aktivisten gehörten vornehmlich Juden, die im Untergrund überlebt hatten oder aus den Konzentrationslagern zurückgekehrt waren. Der Leitung gehörten Dr. Moritz Bluhm, Dr. Leo Hirsch, Rechtsanwalt Erich Mendelsohn und Arnold Felix Peyser an.[30] Sie hatten es sich zum Ziel gesetzt, die Reichsvereinigung zu delegitimieren und als alleinige Vertretung der Berliner Juden anerkannt zu werden. Religiöse oder soziale Aktivitäten entfalteten sie zunächst kaum.

Die Anfang Mai 1945 gegründete Jüdische Gemeinde Berlin-Nordwest hatte am 1. August bereits 305 Mitglieder.[31] Diese Gemeinde hielt sich aus den politischen Auseinandersetzungen heraus und widmete sich vorwiegend religiösen, kulturellen und sozialen Aufgaben.[32] Für die regelmäßigen Gottesdienste nutzte sie den früheren Trausaal der Synagoge Levetzowstraße in Tiergarten; als Gemeindehaus diente ihr das angrenzende Gebäude Jagowstraße 38. Der erste Gottesdienst hatte am 17. Mai 1945 stattgefunden – nach liberalem Ritus mit Chor- und Harmoniumbegleitung. Initiator und Leiter war der frühere Kantor der Jüdischen Gemeinde zu Berlin, Adolf Schwersenz*; zu Vorstehern wurden Adolf Stein, Werner Fleiss und Josef Maienthal ernannt. Als Organist und Leiter des aus vier Frauen bestehenden Chors fungierte Arthur Zepke. Die Gemeinde richtete ein Auffanglager ein und veranstaltete Kulturabende mit Synagogalmusik und Vorträgen zur jüdischen Geistesgeschichte. Unterstützt wurde Schwersenz in seiner Aufbautätigkeit vom Bezirksbürgermeister von Tiergarten, Bachmann, und von Harry Dörfel, der ihn in den Beirat für Kirchliche Angelegenheiten des Bezirkes berief. Bezirksamt und Magistrat statteten die Jüdische Gemeinde Berlin-Nordwest mit einem Etat aus, aus dem die Gehälter der Gemeindeangestellten, die Soforthilfe für Rückwanderer und der Unterhalt des Flüchtlingslagers finanziert werden sollten.[33]

Ebenso frühzeitig begann eine kleine Gruppe um Carl Busch, Alexander Rotholz und Ernst Wolff mit dem Wiederaufbau der Synagoge Pestalozzistraße für Gottesdienste und Versammlungen. Dort wurden auch eine Betreuungsstelle und eine Gemeindeküche eingerichtet. Diese Gemeinde trat als Jüdische Gemeinde zu Berlin, Charlottenburg, Pestalozzistr. 14/15 auf.

Da die Reichsvereinigung als belastete NS-Organisation laut Befehl Nr. 2 zwar de jure aufzulösen war, aber unter verändertem Na-

* Adolf Schwersenz: geb. 1899 in Berlin, Sänger, wegen Auftrittsverbot ab 1936 Ausbildung zum Kantor, 1937–1941 als Kantor tätig, »Sternträger«, überlebte in Berlin durch seine Ehe mit einer Nichtjüdin, August 1943 bis März 1944 Illegalität, ab Mai 1945 Kantor und Vorsteher in der Synagoge Levetzowstraße, März 1947 Auswanderung in die USA, Kantor in New York und in einer Gemeinde bei Boston, Massachusetts, um 1960 in den USA verstorben.

men weiter an ihrem Alleinvertretungsanspruch festhielt, wurde Dörfel von Pfarrer Buchholz beauftragt, eine Einigung herbeizuführen. Am 17. Juni 1945 lud er Vertreter aller vier Gemeinden zu einer Sitzung ein, auf der sich unter Einbeziehung »der unbelasteten Persönlichkeiten des Jüdischen Krankenhauses«[34] ein gemeinsamer Vorstand konstituieren sollte. Am 21. Juni 1945 ernannte Pfarrer Buchholz Dr. Moritz Bluhm, Arnold Peyser, Syndikus Erich Mendelsohn, Dr. Leo Hirsch, Ernst Wolff, Erich Nelhans, Adolf Schwersenz, Dr. Hugo Ehrlich und Dr. Curt Radlauer zu Vorstandsmitgliedern; den Vorsitz sollte Dr. Bluhm führen. Doch noch am selben Tag hob Buchholz diese Entscheidung wieder auf, da die Jüdische Gemeinde zu Berlin unter Dr. Dr. Lustig weiterhin auf alleiniger Vertretungsbefugnis beharrte. Bis zu einer endgültigen Klärung erhielt jede Gemeinde die Auflage, nur im eigenen Bezirk die Aufbauarbeit fortzuführen. Mit der Verhaftung Lustigs durch die sowjetische Besatzungsmacht Ende Juni mußte die Gemeinde Iranische Straße den Anspruch auf den Status als Rechtsnachfolgerin der früheren Berliner Gemeinden aufgeben.[35]

Nun verstärkte der Kreis um Dr. Bluhm, Peyser, Mendelsohn, Katten und Nelhans seine Bemühungen, für die Gemeinde in der Oranienburger Straße einen Alleinvertretungsanspruch durchzusetzen. Am 2. Juli 1945 wandten sie sich an den Polizeipräsidenten Markgraf mit der Bitte, einen kommissarischen Leiter zu bestimmen, »der für die Fortführung der dringlichen Aufgaben wie Krankenhaus, Flüchtlingslager, Beerdigungswesen usw. Sorge trägt. Dazu kommt noch, daß beträchtliche Vermögenswerte der früheren jüdischen Gemeinde zu Berlin sichergestellt werden müssen.«[36] Wunschgemäß bestätigte der Polizeipräsident, daß »polizeilicherseits gegen die Wiedereinsetzung der Jüdischen Gemeinde zu Berlin keine Bedenken erhoben werden«.[37] Aufgrund dieses Schreibens veröffentlichte die mittlerweile selbstbewußt an den alten Namen anknüpfende Jüdische Gemeinde zu Berlin, Oranienburger Straße am 12. Juli 1945 ihre »Bekanntmachung Nr. 1«, in der sie die Unbedenklichkeitserklärung des Polizeipräsidenten bereits als einen offiziellen Beschluß ausgab:

»1. Laut Beschluß des Herrn Polizeipräsidenten zu Berlin und des Beauftragten des Magistrats für kirchliche Angelegenheiten, Herrn Pfarrer Buchholz, ist die Reichsvereinigung der Juden in Deutschland aufgelöst.
2. Die Jüdische Gemeinde zu Berlin tritt wieder in ihren alten Rechtszustand ein.«[38]

Ferner wurde die Zusammensetzung des »neuernannten Vorstandes« bekanntgegeben: Als Vorsitzender sollte Erich Nelhans fungieren, Mitglieder waren Arnold Peyser, Erich Mendelsohn, Dr. Leo Hirsch, Erich Zwilsky und Dr. Hugo Ehrlich – letztere als Vertreter der Iranischen Straße. Zu Repräsentanten wurden Fritz Katten, Dr. Moritz Bluhm und Ernst Wolff ernannt.

Da nach Lustigs Verhaftung die Gemeinde in der Iranischen Straße keine Konkurrenz mehr darstellte und sich auch die Charlottenburger Gemeinde als Bezirksstelle Britischer Sektor untergeordnet hatte, strebte die Vertretung aus der Oranienburger Straße nach der Übernahme der Jüdischen Gemeinde Berlin-Nordwest. Am 24. Juli 1945 beschloß der neue Vorstand: »Es gibt nur eine Jüdische Gemeinde zu Berlin, der alle Juden Berlins unterstehen. Der Bezirk Tiergarten, bisher Jüdische Gemeinde Nord-West, tritt in die Jüdische Gesamtgemeinde ein, so daß jetzt alle Sondergemeinden, die als Bet- oder Synagogen-Gemeinden weiterbestehen können, aufgelöst sind.«[39] Da Schwersenz sich widersetzte, erschienen am 2. August 1945 in seinem Büro in der Jagowstr. 38 Erich Mendelsohn und Willi Katz in Begleitung eines russischen Majors und forderten ihn auf, nicht länger auf der Eigenständigkeit der Gemeinde zu bestehen. Eine Woche später fand nochmals ein überfallartiger »Besuch« von Katten, Mendelsohn und Nelhans in der Tiergartener Gemeinde statt, bei dem Katten vorgab, im Auftrage des Polizeipräsidenten zu handeln. Mit einem ultimativen Schreiben vom 10. August 1945 verlieh der Vorstand seiner Forderung Nachdruck: »Die Bezirksgemeinde Nord-West wird in die Jüdische Gemeinde zu Berlin, Oranienburger Str. 28, eingegliedert.«[40] Sämtliche Gelder, Vermögenswerte und Inventar sollten übergeben, die Angestellten in den Dienst dieser Gemeinde übernommen werden. Schwersenz wehrte sich gegen die Eingemeindung, da er die Vertreter der Reichsvereinigung als »jüdische Faschisten« ablehnte und somit auch den durch Kooptation einiger Repräsentanten der Iranischen Straße erweiterten Vorstand der Jüdischen Gemeinde zu Berlin als nicht legitimiert betrachtete.[41] Außerdem war er der Meinung, daß es nur über den Aufbau einzelner und souveräner Synagogenvereine »im Laufe der Zeit zu einer starken Gesamtgemeinde kommen kann«.[42] Im Gegenzug wurde Schwersenz vom Vorstand in der Oranienburger Straße vorgeworfen, Gelder des Bezirksamtes Tiergarten unsachgemäß zu verwenden sowie ein Doppelgehalt als Kantor und als Leiter von Gemeinde und Auffanglager zu beziehen. Dr. Ehrlich, vom Vorstand zum Verwalter des Grundstücks Jagowstr. 38 bestellt, sprach Schwersenz ein Hausverbot aus.

Gegen diese Übergriffe protestierte der Bezirksbürgermeister von Tiergarten, Bachmann, ebenso wie der zuständige Kirchenreferent Dörfel. Empört verlangte Dörfel von Pfarrer Buchholz ein Einschreiten, denn außer Machtrankünen und der Absicht zur Vereinnahmung des florierenden Tiergartener Gemeindelebens habe der selbsternannte Vorstand keine religiösen, sozialen oder kulturellen Aktivitäten entfaltet. Nicht einmal ein Gotteshaus sei eingerichtet worden, obwohl auf dem Hof des Amtes eine fast unbeschädigte Synagoge stehe.[43] Daraufhin verfügte Pfarrer Buchholz, daß der »Vorstand der Jüdischen Gemeinde zu Berlin, Oranienburger Straße 28, lediglich die Belange der Jüdischen Gemeinde Berlin-Stadtmitte wahrzunehmen hat und ihm kein Recht zusteht, in die Angelegenheiten der anderen selbständigen Gemeinden einzugreifen. Die endgültige Regelung des Zusammenschlusses der Jüdischen Gemeinden Berlins soll unter der Leitung eines Rechtsbevollmächtigten des Magistrats getroffen werden.«[44]

Zunächst hatten Buchholz und Dörfel gehofft, Rabbiner Dr. Leo Baeck, dem als Integrationsfigur sie die Einigung der verschiedenen Interessen zutrauten, werde nach Berlin zurückkehren. Nachdem bekannt war, daß Baeck in London bleiben würde, schlug Dörfel vor, Siegmund Weltlinger* als Referenten für jüdische Angelegenheiten in den Beirat für Kirchliche Angelegenheiten zu kooptieren. Weltlinger war 1939 vom früheren Gemeindevorsitzenden, Heinrich Stahl, in den Vorstand verpflichtet worden, fungierte bis Februar 1943 als Leiter der Vermögenseinziehungsstelle der Reichsvereinigung und hatte mit seiner Frau in der Illegalität überleben können. Nachdem der Magistrat Weltlinger am 24. September 1945 ernannt hatte, nahm dieser seinen Amtssitz ebenfalls in dem vom Volksbildungsamt Berlin-Mitte genutzten Gemeindehaus der Adass Jisroel, Artilleriestr. 31, und berief zu seinen Beratern Dr. Leo Löwenstein, Dr. Hans Erich Fabian, Dr. Kurt Werthauer und Dr. Lichtenstein, die er zum Teil durch seine Tätigkeit in der Reichsvereinigung kannte.[45] Bereits am 26. September 1945 lud Weltlinger den provisorischen Vorstand der Oranienburger Straße zu einer Aussprache ein. Nach anfänglichen Boykottversuchen erkannte dieser die Autorität Weltlin-

* Siegmund Weltlinger: geb.1886 in Hamburg, Gymnasium in Kassel, Militärdienst, Bankkaufmann, seit 1908 in Berlin im Bankwesen tätig, 1914 bis 1918 Teilnahme am I. Weltkrieg, 1919 Heirat, zwei Kinder, ab 1925 eigenes Bankgeschäft, November 1938 – Anfang 1939 KZ Sachsenhausen, 1939 –1943 Verwaltungstätigkeit in der Jüdischen Gemeinde zu Berlin, 1940 beide Kinder nach Großbritannien verschickt, 1943 –1945 mit Ehefrau in Illegalität, September 1945 bis 1957 Referent im Beirat für Kirchliche Angelegenheiten des Magistrats, ab 1950 des Westmagistrats / Senats, 1946 Mitglied der CDU, 1947 Mitbegründer der Arbeitsgemeinschaft der Kirchen und Religionsgemeinschaften und 1949 der Gesellschaft für Christlich-Jüdische Zusammenarbeit, langjährig Berliner Vorsitzender der Internationalen Liga für Menschenrechte, 1957 Wahl ins Berliner Abgeordnetenhaus, 1958 –1967 dessen Alterspräsident, gest. 1974 in Berlin.

gers an und fügte sich seinen Vorgaben. Weltlinger legte fest, daß zunächst eine effiziente Gemeindeverwaltung aufzubauen sei, die sich des Kultuswesens, des Schul- und Religionsunterrichtes wie auch der vielfältigen sozialen Aufgaben annahm und mit internationalen jüdischen Hilfsorganisationen, den Besatzungsbehörden und dem Magistrat zusammenarbeitete. Die Bezirksstellen der Gemeinde sollten schon wegen der widrigen Verkehrsverhältnisse fortbestehen, sich jedoch auf religiöse und kleinere soziale Aufgaben beschränken. Ein Etat werde aufgestellt und ein Nachrichtenblatt gegründet.[46] Zu einem späteren Zeitpunkt sollte die Gemeinde ihre Vertretung selbst wählen, vorerst berief Weltlinger am 12. Oktober 1945 Erich Nelhans, Dr. Münzer, Herrn Silberbusch, Dr. Leo Löwenstein und Dr. Hans Erich Fabian als Vorstandsmitglieder.[47] Da kurz darauf Silberbusch ausschied, rückte Julius Meyer* nach.

Die Auseinandersetzung mit der Jüdischen Gemeinde Berlin-Nordwest wurde daraufhin beigelegt. Anfang November 1945 bot der Vorstand Adolf Schwersenz eine Stelle als Oberkantor der Jüdischen Gemeinde zu Berlin an. Die Gemeinde Nordwest bestand bis 1947 als Bezirksgemeinde weiter und hielt eigene Gottesdienste ab.[48] Ein formelles Vereinigungsdatum ist nicht bekannt.

Der Wiederaufbau der Jüdischen Gemeinde zu Berlin

Alle Akteure waren sich einig, an den Status der Gemeinde vor Erlaß der antijüdischen Gesetze anzuknüpfen, allerdings konnte man weder die alte Gemeindesatzung noch die Wahlordnung sofort auf-

* Julius Meyer: geb. 1909 in Krojanke/Westpreußen, Lehre und Tätigkeit als Schaftzuschneider und Lederarbeiter, 1930 KPD-Mitglied, 1935 Übersiedlung nach Berlin, Heirat, ein Kind, Zwangsarbeit, Februar 1943 verhaftet und nach Auschwitz deportiert (»Fabrikaktion«), seit 1944 Kapo des Straßenbau- und Kanalisationskommandos, Todesmarsch, März–April 1945 KZ Ravensbrück und dessen Außenlager Malchow, Todesmarsch, Ehefrau und Kind in Auschwitz ermordet, nach Befreiung Rückkehr nach Berlin, Juli 1945 Wiederverheiratung, 1946 Geburt der Tochter, seit September 1945 Leiter der Hauptabteilung OdN, Oktober 1945 bis Januar 1953 Vorstandsmitglied der Jüdischen Gemeinde zu Berlin, 1949–1953 gemeinsam mit Heinz Galinski Gemeindevorsitzender, 1946–1953 Präsident des Landesverbandes der Jüdischen Gemeinden in der SBZ bzw. DDR, 1950–1953 Mitglied des Direktoriums des Zentralrates der Juden in Deutschland, SED-Mitglied, 1948 bis 1953 Mitglied der VVN-Fraktion des Volkskongresses bzw. der Volkskammer, 16. 1. 1953 gemeinsam mit anderen Gemeindevorsitzenden Flucht nach Westberlin, 17. 1. 1953 Ausschluß aus der SED durch die Zentrale Parteikontrollkommission, 4. 2. 1953 Aberkennung seines Mandates durch die Volkskammer. Frühjahr 1954 Auswanderung nach Brasilien, wo bereits seine beiden Brüder lebten, betrieb mit Ehefrau ein kleines Lebensmittelgeschäft in São Paulo, gest. 1979 in Brasilien.

treiben. Die Gruppe Oranienburger Straße wollte das Problem der mangelnden Legitimation der Repräsentanten so schnell wie möglich beheben und erhoffte sich wohl Vorteile von dem von ihnen für den 2. Oktober 1945 angekündigten Wahltermin.[49] Am 21. September beschlossen Vorstand und Repräsentanz dieser Gemeinde eine Wahlordnung, die jedoch nicht rechtskräftig wurde, da Weltlinger am 12. Oktober einen neuen Vorstand und eine neue Repräsentanz berief. Die Repräsentanz setzte sich nun im wesentlichen aus den bereits vertretenen Personen zusammen, neue Mitglieder wurden durch die Repräsentanten zugewählt und bedurften der Bestätigung Weltlingers.[50]

Am 4. Februar 1947 verabschiedete die Repräsentantenversammlung eine neue Satzung, die am »Gesetz über die Verhältnisse der Juden in Preussen« vom 27. Juli 1847 orientiert war, das jüdischen Gemeinden den Status von öffentlich-rechtlichen Körperschaften zuerkannte und die autonome Gemeindeverfaßtheit wie auch ihr Verhältnis zum Staat regelte. §§ 2 und 3 definierten die Aufgaben der Gemeinde: Bereitstellung der religiösen Institutionen (Gottesdienste, Religionsunterricht, Bestattungswesen, Kaschrutheinrichtungen) sowie Armen- und Krankenfürsorge. Die Leitung der Gemeinde sollte dem fünfköpfigen Vorstand und den 21 Repräsentanten obliegen. Laut Wahlordnung, die Bestandteil des Statuts war, besaßen alle Mitglieder mit Vollendung des 21. Lebensjahres das aktive Wahlrecht. Das passive Wahlrecht unterlag jedoch einer wichtigen Beschränkung: »§ 4 (1). Wählbar ist jeder Wahlberechtigte, der am Wahltage das 25. Lebensjahr vollendet hat. Von der Wählbarkeit ausgeschlossen sind Wahlberechtigte, deren Kinder nicht in der jüdischen Religion erzogen worden sind.«[51] Da die meisten Mitglieder mit einem nichtjüdischen Partner verheiratet waren und viele ihre Kinder auch nach der Befreiung christlich erziehen ließen, sollte dieser Passus ihren Einfluß begrenzen und den jüdischen Charakter der Gemeinde bewahren helfen.

Am 15. April 1947 übersandte der Vorstand Gemeindestatut und Wahlordnung dem Magistrat mit der Bitte um Weiterleitung an die Alliierte Kommandatura. Deren Komitee für Erziehung und Religion billigte am 25. November 1947 beide Dokumente und genehmigte die Durchführung von Wahlen, betrachtete jedoch »das Prinzip, formuliert im § 4, Punkt 1 der ›Wahlordnung‹, als nicht ganz demokratisch, weil es das Wahlrecht auf einige Teile der Wähler beschränkt«.[52] Die Repräsentantenversammlung befaßte sich daraufhin zwar mit diesem Einwand, beschloß aber, von einer Änderung der Wahlordnung abzusehen. Da zuvor ein Gutachten der Abteilung Rechtswesen des Magistrats zu der Auffassung gelangt war, daß die Jüdische Gemeinde zu Berlin eine religiöse Organisation sei, auf die das Kontrollratsgesetz Nr. 49 vom 20. März 1947 Anwendung finde, bliebe ihr die Regelung innerer Angelegenheiten, somit auch der Gemeindewahlen, überlassen.[53] Diesem Gutachten folgend, hatte Oberbürgermeister Dr. Friedensburg bereits am 22. November 1947 die Abhaltung der Wahlen gestattet.

Die Repräsentanten-Wahlen wurden für den 1. Februar 1948 festgesetzt. Um die 21 Sitze kämpften drei Gruppierungen. Die Jüdisch-Liberale Gruppe mit ihren Spitzenkandidaten Dr. Hans Erich Fabian und Heinz Galinski versprach in ihrem Wahlprogramm, allen religiösen und kulturellen Richtungen in der Gemeinde gerecht zu werden sowie die nichtjüdischen Ehepartner in die Gemeindearbeit einzubeziehen, und befürwortete die geplante Gründung des Staates Israel. Die Mitglieder der National-Jüdischen Einheitsliste unter Führung von Julius Meyer und Fritz Katten plädierten für die Auswanderung der Juden aus Deutschland und die Verleihung der palästinensischen Staatsangehörigkeit an alle Juden, gleichgültig, wo sie leben. Innergemeindlich stand die Fürsorge für Alte, Kranke und Bedürftige im Mittelpunkt. Das Lebensniveau der nichtjüdischen Ehepartner sollte verbessert werden, doch wurde vehement abgelehnt, ihnen einen besonderen Gemeindestatus einzuräumen. Die von Erich Mendelsohn und Julius Löwenthal geleitete Gruppe Unabhängige Liberale Liste war vornehmlich gegründet worden, um die Interessen der mit Nichtjuden verheirateten Mitglieder zu vertreten und ihnen im Gemeindeleben die Bedeutung zu verschaffen, die ihrem zahlenmäßigen Anteil entsprach. Es sollten Gottesdienste nach liberalem Ritus eingeführt und die sozialen und kulturellen Gemeindeeinrichtungen ausgebaut werden. Auch diese Gruppe begrüßte die Schaffung eines jüdischen Staates, legte aber vor allem auf die rechtliche und wirtschaftliche Absicherung der Juden in Deutschland Wert. Die Forderung nach Wiedergutmachung und Bekämpfung des Antisemitismus war Bestandteil aller drei Programme.

Mit zehn Sitzen ging die Jüdisch-Liberale Gruppe siegreich aus den Repräsentantenwahlen hervor; die National-Jüdische Einheitsliste erreichte sechs Mandate, die Unabhängige Liberale Liste fünf. Von der Repräsentanz wurden Dr. Hans Erich Fabian, Heinz Galinski, Julius Meyer, Bernhard Wollstein und Dr. Hugo Ehrlich zu gleichberechtigten Vorstandsmitgliedern gewählt. Wahlleiter Weltlinger hielt in einer vertraulichen Aktennotiz an den Magistrat fest, »mit der jetzigen Zusammensetzung des Vorstandes ist ein Zusammenarbeiten im Sinne einer Eingliederung der Berliner Juden in die Umwelt viel leichter möglich als mit dem alten, der die Jüdische Gemeinde zu Berlin als eine ›Liquidations-Gemeinde‹ betrachtete, und nicht als eine Aufbau-Gemeinde«.[54] Fortan fanden alle zwei Jahre Gemeindewahlen statt. Bei den Wahlen 1950 entfielen wieder die meisten Stimmen auf die Jüdisch-Liberale Gruppe; dem von der Repräsentanz gewählten Vorstand gehörten Heinz Galinski, Jeannette Wolff, Julius Meyer, Bernhard Wollstein und Dr. Hugo Ehrlich an.[55] Auch in den Wahlen 1952 erhielt die Jüdisch-Liberale Gruppe die meisten Stimmen, den Vorstand bildeten Heinz Galinski, Julius Meyer, Hermann Hirschberg, Dr. Hugo Ehrlich und Fritz Croner.[56]

Religiöse und soziale Gemeindeeinrichtungen

Die Jüdische Gemeinde zu Berlin hatte in den ersten drei Nachkriegsjahren einen großen Zulauf zu verzeichnen. Die Gesellschaft anderer Juden bedeutete für KZ-Rückkehrer und »Untergrundler« oft Familienersatz und bot Schutz angesichts des noch immer virulenten Antisemitismus und des Hangs deutscher Nichtjuden, sich selbst als Opfer von Krieg und Vertreibung zu bemitleiden. Auch viele der in »Mischehe« lebenden Juden engagierten sich für den Gemeindeaufbau.

Existentiell noch wichtiger war die soziale Bedeutung der Gemeinde. Die Abteilung Opfer der Nürnberger Gesetzgebung des Magistrats-Hauptamtes »Opfer des Faschismus« hatte ihren Sitz im Gemeindehaus in der Oranienburger Str. 28 und wurde praktisch von der Gemeinde in Eigenregie geführt. Wer offiziell als OdF anerkannt war, erhielt höher eingestufte Lebensmittelkarten, hatte Anspruch auf Unterstützung bei der Wohnungs- und Arbeitssuche, auf Alters- und Invalidenrenten, Möbel und Kleidung, gesundheitliche Betreuung bis hin zu Kuraufenthalten in OdF-Erholungsheimen. Da durch Krieg und Verfolgung viele ihre Habe verloren hatten, zahlreiche Wohnungen zerstört waren und allgemein Hunger und Not herrschten, waren solche Vergünstigungen überlebenswichtig. Außerdem war die Gemeinde Anlauf- und Koordinierungsstelle für die internationalen jüdischen Hilfsorganisationen. Die Gemeinde bestimmte, wer Pakete und Zuwendungen erhielt, und das waren in der Regel nur die Mitglieder.

Eine herausragende Stellung unter den Hilfsorganisationen nahm das American Joint Distribution Committee (AJDC, meist JOINT genannt) ein. Seit Herbst 1945 versorgte es die Berliner Juden mit Lebensmittelpaketen, die ohne Rücksicht auf die Bedürftigkeit monatlich an alle Gemeindemitglieder verteilt wurden. Die speziellen JOINT-Ausgabestellen befanden sich meist in Gemeindeeinrichtungen. Neben dem JOINT engagierten sich noch andere Hilfsorganisationen, z.B. HIAS (Hebrew Sheltering and Immigrant Aid

Society), ORT (Organization for Reconstruction and Professional Training) und die UNO-Flüchtlingshilfe UNRRA. ORT richtete vor allem in Flüchtlingslagern Berufsbildungszentren ein, die die in der Nazizeit fehlenden Ausbildungsmöglichkeiten kompensieren und jüngere Juden mit praktischen Berufen auf die Auswanderung nach Palästina oder in andere Länder vorbereiten sollten. Auch für die von vielen erstrebte Auswanderung aus Deutschland waren die Vermittlung und Empfehlungen der Gemeinde von Bedeutung. Daher verwundert es nicht, daß zahlreiche Juden um Aufnahme baten, obwohl sie weder an religiöser Betätigung noch an der Gemeinde als politischer und gesellschaftlicher Vertretung der Juden interessiert waren. Auch Nazis, die sich als Juden tarnten, um der Strafverfolgung zu entgehen, stellten Anträge. Circa 10 000 »Mischlinge« gehörten in Berlin nicht der Jüdischen Gemeinde an.[57] Viele in den Nürnberger Gesetzen als »Mischlinge« oder »Geltungsjuden« definierte Personen waren ausgetreten, um sich, die Ehepartner und die Kinder vor der Verfolgung zu bewahren. Ebenso hatten Frauen und Männer, die bis 1935 zum Judentum übergetreten waren, aber laut den Rassegesetzen als »Arier« galten, durch den formellen Gemeindeaustritt ihre jüdischen Ehepartner schützen wollen. Dies wurde ihnen als Verrat am Judentum ausgelegt, als sie nach der Befreiung die Wiederaufnahme in die Jüdische Gemeinde zu Berlin beantragten.

Die Aufnahmeanträge wurden vom Vorstand mit Mißtrauen betrachtet. Man unterstellte den Betreffenden, in der schweren Zeit der Verfolgung die Zugehörigkeit zum Judentum verleugnet zu haben und nun gleichfalls aus opportunistischen Gründen die Gemeindemitgliedschaft wieder anzustreben. Jene, die sich nur um der JOINT-Pakete willen als Juden bekannten, wurden abschätzig als »Paketjuden« bezeichnet. 1946 wurde eine Aufnahmekommission unter dem Vorsitz orthodoxer Persönlichkeiten gebildet, die nach genauer Prüfung der einzelnen Fälle dem Vorstand die Aufnahme empfahl oder sie ablehnte. Rabbiner, die ein halachisches, d. h. religionsgesetzliches Urteil zu Übertritten und Wieder- bzw. Erstaufnahmen abgeben konnten, gab es erst ab 1947. Im gleichen Jahr wurden etwa 200 konvertierte (und in der Nazizeit ausgetretene) Juden und Jüdinnen in die Jüdische Gemeinde zu Berlin wiederaufgenommen.

Zu den Hohen Feiertagen im September 1945 standen den Berliner Juden sechs Synagogen zur Verfügung: im französischen Sektor die Krankenhaussynagoge Iranische Straße 2 und die Synagoge der Jüdischen Gemeinde Nordwest in der Jagowstr. 38, im britischen Sektor die Synagogen Pestalozzistraße 16 und Joachimsthaler Straße 13, im amerikanischen Sektor die Synagoge Thielschufer 10/16 (später in Fraenkelufer umbenannt). Im sowjetischen Sektor war nach Instandsetzungsarbeiten die Synagoge Rykestraße 53 benutzbar, die zum ersten Neujahrsfest nach der Befreiung von 500 bis 600 Betern, darunter amerikanische, russische und britische Soldaten und Offiziere, aufgesucht wurde. Als Kantor amtierte der erst kurz zuvor aus Auschwitz zurückgekehrte Oskar Ruschin. 1947 wurde eine zusätzliche Synagoge auf dem Krankenhausgelände eingeweiht; der Betraum in der Jagowstr. 38 mußte im Frühjahr 1947 wegen Baufälligkeit geschlossen werden. 1946 gründete sich außerdem ein Misrachi-Verein, ein Ableger des religiösen Flügels der Zionistischen Weltorganisation, der sich eine Betstube am Mehringdamm 23 im amerikanischen Sektor einrichtete. Außerdem gab es noch die Friedhofssynagoge und eine Betstube in der Hauptverwaltung Oranienburger Straße 28. Mit Ausnahme der liberalen Synagoge Pestalozzistraße wurden alle Synagogen nach orthodoxem Ritus geführt. Als Prediger, Lehrer und Seelsorger fungierten Martin Riesenburger, Leo Glück und Wolfgang Hamburger. Im Juli 1945 fanden in der Krankenhaussynagoge die erste Bar Mizwa und die erste Trauung von zwei Auschwitz-Überlebenden statt (der frischvermählte Julius Meyer wurde später Gemeindevorsitzender).

Der Mangel an Rabbinern, Religionslehrern und Kultuspersonal wirkte sich auch auf das religiöse Leben aus, das den meisten Gemeindemitgliedern kaum vertraut war. Da es an Kantoren und Vorbetern fehlte, wurden diese Funktionen von KZ-Rückkehrern und »Untergrundlern« oder von polnischen Displaced Persons wahrgenommen. Im britischen und im sowjetischen Sektor gab es jeweils einen Schochet, der auf Lebensmittelmarken koscheres Fleisch verkaufte, in der Düsseldorfer Straße arbeitete zeitweise eine Mazze-Bäckerei. Um die Kaschruth-Einrichtungen zu beaufsichtigen und der wegen des hohen Anteils an »Mischehen« befürchteten Überformung des Kultus mit synkretistischen Elementen entgegenzutreten, benötigte man gleichfalls Rabbiner. Ab und zu halfen in Berlin stationierte amerikanische Militärrabbiner aus, doch viele Probleme wie Übertritte, Ehescheidungen und Kaschruthangelegenheiten, für die ein Rabbiner oder sogar ein Rabbinatsgericht (Beth Din) zuständig sind, konnten nicht gelöst werden. Erst im Juli 1947 konnte der in die USA emigrierte orthodoxe Rabbiner Michael M. Munk für zwei Jahre gewonnen werden. Er formulierte kurz nach seinem Amtsantritt die an der Halacha orientierten Richtlinien für die Zugehörigkeit zum Judentum und die Bedingungen für die Lebensführung von Gemeinderepräsentanten. Danach konnten nur Personen als Juden anerkannt und als Mitglieder aufgenommen werden, die von einer jüdischen Mutter geboren worden oder vor einem anerkannten Rabbinatsgericht zum Judentum übergetreten waren. Die

Forderung vieler Mitglieder, nichtjüdischen Ehepartnern einen besonderen Gemeindestatus einzuräumen, lehnte er ab. Munk mußte zwar in »Mischehe« lebende Juden als Gemeinderepräsentanten akzeptieren, doch verlangte er, daß deren Kinder eine jüdische Erziehung erhielten.

Da die Gemeinde gemäß den religionsgesetzlichen Vorschriften geführt wurde, fühlte sich die übergroße liberalreligiös eingestellte Mehrheit der Mitglieder durch die orthodoxe Minderheit dominiert. Die World Union for Progressive Judaism entsandte auf Bitten des Vorstands von 1948 bis 1950 den liberalen Rabbiner Stephen S. Schwartzschild, dessen Nachfolge übernahm bis 1953 Peter N. Levinson. Nachdem Munk 1949 Berlin wieder verlassen hatte, wirkte bis 1952 Dr. Moritz Freier aus der Schweiz als orthodoxer Rabbiner. Danach konnte die Gemeinde jahrelang weder einen orthodoxen noch einen liberalen Rabbiner finden. Der Konflikt zwischen liberaler, z. T. sogar areligiöser Gemeindemehrheit und der Dominanz des orthodox geführten Kultus sollte fortan das Gemeindeleben kennzeichnen.

Neben der Wiederherstellung von Synagogen und religiösen Einrichtungen war der Aufbau der Wohlfahrtspflege vordringlich. 1947 waren im Jüdischen Krankenhaus etwa ein Viertel der 400 Patienten Juden. Die Gemeinde verfügte über drei Altersheime mit 237 Bewohnern, zusätzlich wurden 1 600 Mitglieder zu Hause betreut. Eines dieser Altersheime und ein Kinderheim befanden sich in Niederschönhausen im sowjetischen Sektor. Zweimal wöchentlich wurde an 360 Kinder Mittagessen ausgegeben, und im Sommer stand ein Ferienheim in Kladow zu Verfügung, in dem sich 20 bis 25 Kinder für je zwei Wochen erholten. Das Bildungswesen beschränkte sich auf Religionsunterricht für Kinder und gelegentliche Vorträge zu jüdischer Geschichte und Kultur.

Die Mitgliederentwicklung bis zur Gemeindespaltung 1953

Im Februar 1946 führte die Jüdische Gemeinde zu Berlin in Zusammenarbeit mit dem Magistrat eine statistische Erhebung durch, um das Schicksal der Gemeindemitglieder während der Nazidiktatur, ihre Familienverhältnisse und soziale Bedürftigkeit zu erfassen und zielgerichtet Hilfsprogramme einleiten zu können. Zu diesem Zeitpunkt gehörten der Jüdischen Gemeinde 7 070 als »Glaubensjuden« bezeichnete Personen an, von denen 6 303 die Umfrage beantworteten.[58] 2 444 Mitglieder lebten im sowjetischen, 1 416 im amerikanischen, 1 618 im britischen und 808 im französischen Sektor (17 gaben keinen Wohnbezirk an).[59] Der Anteil von Frauen (52,3 Prozent) und Männern (47,7 Prozent) war etwa gleich, aber die Altersstruktur wies große Disproportionen auf. Schon in den zwanziger Jahren hatte sich eine starke Tendenz zur Überalterung der jüdischen Gemeinden gezeigt, bedingt durch Austritte, Taufen und Ehen mit nichtjüdischen Partnern, deren Kinder zumeist nicht jüdisch erzogen wurden. 1946 waren nur 3,7 Prozent der Mitglieder jünger als 14 Jahre, 17,0 Prozent waren zwischen 15 und 35 Jahre alt, 52,5 Prozent gehörten zur Gruppe der 36- bis 60jährigen, und 26,7 Prozent waren älter.[60] Kinder hatten – sofern ihre Familien nicht emigrieren oder wenigstens sie mit den »Kindertransporten« außer Gefahr bringen konnten – in der Illegalität und in den Konzentrationslagern kaum Überlebenschancen. Die nach der Befreiung in der Gemeinde registrierten Kinder waren zumeist von den Nazis als »Mischlinge« eingestuft worden. Der niedrige Anteil der unter 35jährigen erklärt sich daher, daß diese Altersgruppe schon seit Beginn der Naziherrschaft von Ausbildungsrestriktionen betroffen war und angesichts der ungewissen Zukunft energisch die Emigration anstrebte. Der Gesundheitszustand spiegelte die Folgen der nationalsozialistischen Judenpolitik noch deutlicher wider: 2 827 Personen, fast die Hälfte der Gemeindemitglieder, waren krank, weitere 89 Personen bedurften der Pflege im Krankenhaus.

In den ausgegebenen Fragebögen wurde auch nach Auswanderungswünschen und dem bevorzugten Zielland gefragt. Insgesamt hatten 2 352 Juden mit 1 109 nichtjüdischen Familienangehörigen die Absicht auszuwandern, 2 611 Gemeindemitglieder mit 1872 nichtjüdischen Angehörigen erklärten, in Deutschland bleiben zu wollen; 322 machten keine Angaben zu diesem Punkt. Bevorzugtes Ziel waren für 1 653 Juden und 790 nichtjüdische Angehörige die USA; dann folgten Palästina (465 Juden + 102 nichtjüdische Angehörige), Großbritannien (369 + 147) und südamerikanische Länder (309 + 140). Die national relativ homogene Zusammensetzung der Gemeinde in der frühen Nachkriegszeit läßt darauf schließen, daß die in Flüchtlingslagern lebenden jüdischen Displaced Persons sich nicht registrieren ließen oder nicht aufgenommen wurden: 5 674 Personen (ca. 90 Prozent der Mitglieder) gaben an, die deutsche Staatsbürgerschaft zu besitzen, weitere 186 (2,7 Prozent) waren staatenlos, stammten aber aus Deutschland. Die restlichen 7,3 Prozent kamen aus Polen, Österreich, der Sowjetunion, Rumänien, der Tschechoslowakei, Ungarn sowie vereinzelt aus anderen Staaten.

Die Angaben aus den Sektoren differierten zum Zeitpunkt der Befragung noch nicht, doch in der Folge verlor die Gemeinde im sowjetischen Sektor unverhältnismäßig viele Mitglieder.

Bis 1947 wuchs ihre Zahl an, dann stagnierte sie und ging zurück.

Januar 1946	7 070 Mitglieder[61]
Oktober 1946	7 364 Mitglieder[62]
November 1946	7 274 Mitglieder[63]
März 1947	7 807 Mitglieder[64]
Juli 1947	7 638 Mitglieder[65]
März 1949	7 285 Mitglieder[66]
Juni 1949	7 044 Mitglieder[67]
Juli 1949	7 035 Mitglieder[68]
März 1950	7 010 Mitglieder[69]
April 1950	6 744 Mitglieder[70]
1952	6 010 Mitglieder[71]

Hauptursache des Mitgliederschwunds war neben der Überalterung und dem schlechten Gesundheitszustand die Auswanderung. Daß nach dem Holocaust und aufgrund des weiterhin virulenten Antisemitismus in den Fragebögen 41,4 Prozent der Mitglieder Auswanderungsabsichten bekundet hatten, konnte nicht verwundern. Ein Teil der assimilierten, mit Nichtjuden verheirateten Mitglieder kompensierte ihren durch Ausgrenzung und Verfolgung gebrochenen Patriotismus durch das Engagement für den Gemeindeaufbau, doch andere hatten die Hoffnung auf ein Heimischwerden in Deutschland aufgegeben. Sie glaubten nicht daran, daß es hier nach Naziherrschaft und Holocaust wieder ein jüdisches Leben geben könnte.

Die Auswanderung in westliche Staaten wurde von der SED und der sowjetischen Besatzungsmacht mißtrauisch beobachtet, rege Kontakte zu den amerikanischen Hilfsorganisationen weckten bei ihnen Spionageverdacht. Die HIAS richtete ein Büro im amerikanischen Sektor ein, das die Auswanderungswünsche und -möglichkeiten koordinierte. Der JOINT verfügte ebenfalls über eine Emigrationsabteilung. Um Auswanderungswünsche nach Palästina kümmerte sich die Jewish Agency, der JOINT übernahm Reisekosten und stellte Reiseproviant zur Verfügung. Die britische Mandatsmacht handhabte die Einwanderung nach Palästina sehr restriktiv, die USA, Großbritannien, lateinamerikanische Staaten behinderten die Auswanderung durch niedrige Aufnahmequoten. Zum Beispiel wurden in den USA jüdische Auswanderer nur im Rahmen der allgemeinen Deutschen-Quote aufgenommen. Da HIAS, JOINT und Jewish Agency für die in den drei Westsektoren lebenden Auswanderer sämtliche Formalitäten von der Beschaffung des Visums bis zur Buchung der Schiffspassage erledigten, zogen vor allem viele jüngere und agile Juden aus dem sowjetischen Sektor dorthin. Auf die Altersstruktur der späteren Ostberliner Gemeinde sollte sich dies folgenschwer auswirken.

Remigranten glichen die Mitgliederverluste in nur geringem Umfang aus. Sozialdemokraten und Kommunisten verband wenig mit jüdischer Tradition und Religion, doch sie wollten nach dem Holocaust durch den Gemeindebeitritt ihre Verbundenheit und Solidarität zum Ausdruck bringen. Die Aussicht auf JOINT-Pakete dürfte ebenfalls ein Anreiz für diesen Schritt gewesen sein. Neben der Hoffnung, nun ein demokratisches und sozialistisches Deutschland aufbauen zu können, waren die mitunter unerträglichen ökonomischen, politischen und klimatischen Bedingungen in den Exilländern Hauptmotiv für die Rückwanderung. Während die Remigranten im allgemeinen individuell zurückkamen, setzten schon 1946 Bemühungen um eine geschlossene Rückkehr der Emigranten aus Shanghai ein. Von Japan, dem Kriegsverbündeten Deutschlands, waren sie gezwungen worden, unter ghettoähnlichen Verhältnissen zu leben, was die Eingewöhnung und den Aufbau einer neuen Existenz verhinderte. Infolge der Ghettohaft, der hohen Arbeitslosigkeit, des Hungers und des ungewohnten Klimas war die Sterblichkeit sehr hoch. Die Shanghaier Emigrantenorganisation Association of Refugees from Germany, Shanghai betrieb die Repatriierung von 2 500 Flüchtlingen nach Deutschland. Im August 1947 trafen 295 mit einem Zug in Berlin ein, die meisten waren Juden aus der früheren Hauptstadt. Dies blieb der einzige Sammeltransport von Shanghaiern, fortan kamen sie ebenso wie andere Remigranten nur noch einzeln zurück.

1952 waren von 6 010 Gemeindemitgliedern 650, also 10,8 Prozent, Rückwanderer. Auch wenn monatlich nur 30 bis 60 eintrafen, stellten die Remigranten Gemeinde und Magistrat vor große Probleme, denn sie besaßen buchstäblich »nichts als das Hemd auf dem Leib« und waren auf die materielle Unterstützung der Mitglieder und auf Hilfe bei der Wohnungs- und Arbeitssuche angewiesen. Während sich ein Teil der politisch motivierten Remigranten ganz bewußt im sowjetischen Sektor niederließ, verteilte sich die Gruppe der Shanghaier über alle Sektoren, denn sie sollten in den Stadtbezirken mit Wohnungen versorgt werden, in denen sie früher ansässig waren. Rückwanderer, die nach der Spaltung Berlins 1948 kamen, siedelten sich meist in den Westsektoren an.

Displaced Persons

Die Gruppe der jüdischen Displaced Persons (DPs) hatte kaum Kontakt zur Gemeinde und unterhielt eigene religiöse, soziale und kulturelle Institutionen. Diese aus Osteuropa stammenden Juden galten nach der Befreiung aus den Konzentrationslagern als nicht repatriierbar. In ihre Heimat wollten oder konnten sie nicht zurückkehren wegen der dortigen politischen Verhältnisse und weil sie alle Familienangehörigen, Wohnung und Besitz verloren hatten. Zunächst umfaßte diese Gruppe ca. 50 000 Personen, ab 1946 erhielt sie enormen Zuwachs, da aus Angst vor Pogromen wie dem in Kielce eine Massenflucht von Juden aus Polen einsetzte. Mit Unterstützung zionistischer Organisationen flohen sie nach Deutschland, um von hier aus die Auswanderung nach Palästina, in die USA und in andere Länder zu betreiben. Die Sowjetische Militäradministration (SMAD) erkannte den von der UNO definierten Status von Displaced Persons nicht an. Da sie entweder die Repatriierung oder die Eingliederung dieser Personen in das politische und gesellschaftliche Leben Deutschlands erwartete, wurden in der Sowjetischen Besatzungszone und im sowjetischen Sektor Berlins keine Flüchtlingslager eingerichtet.

Die Briten verhielten sich wegen ihrer Palästinapolitik gegenüber den DPs abweisend und richteten in Berlin keine Notunterkunft ein. Hingegen gab es im amerikanischen Sektor zwei und im französischen Sektor ein Auffanglager für die aus Polen zuwandernden Juden. Das unter französischer Aufsicht stehende Lager in Wittenau war am 1. Dezember 1945 eröffnet worden und beherbergte ca. 200 Juden. Es gab eine eigene Schule und eine Synagoge. Im September 1948 wurden das Lager wegen der Berlin-Blockade geschlossen und die Bewohner in die französische Besatzungszone in Westdeutschland ausgeflogen. Die Belegung des Lagers Düppel Center im amerikanischen Sektor erhöhte sich vom 1. Juni bis 1. September 1946 von 1 055 auf 5 130 Juden. Nachdem wegen der großen Fluchtwelle ein zweites Lager in Mariendorf eröffnet worden war, wohnten durchschnittlich 3 300 jüdische DPs in Düppel Center. Neben einer Synagoge und religiösen Schulen gab es eine Volksschule für ca. 400 Kinder, einen Kindergarten, eine Theatergruppe, einen Sportclub und eine eigene Zeitung.[72] Im Lager Mariendorf lebten im September 1946 4 185 jüdische DPs, doch sank diese Zahl auf 2 614 im Oktober 1947. Die Bewohner unterhielten eine Synagoge, eine Jeschiwa, eine Mikweh (rituelles Quellbad), eine koschere Küche für ca. 900 Personen, einen Kindergarten und eine Volksschule für ca. 400 Schüler.[73] Beide Lager wurden wegen der Berlin-Blockade im Juli 1948 in die amerikanische Zone Deutschlands evakuiert.

Aufgrund kaum überbrückbarer Gegensätze im Selbstverständnis und im Verhältnis zur nichtjüdischen Umwelt distanzierten sich osteuropäische und assimilierte deutsche Juden voneinander. Zwischen religiösen, kulturellen und sozialen Einrichtungen der DPs und der Jüdischen Gemeinde zu Berlin gab es kaum Berührungspunkte. Sofern sich die DPs nicht fest in Berlin niedergelassen hatten, konnten und wollten sie nicht Gemeindemitglieder werden. Da sich einige der Lagerbewohner an Schwarzmarktgeschäften beteiligten, befürchteten die Berliner Juden, dadurch diskreditiert und wieder antisemitisch angefeindet zu werden. Nachdem die Lager geschlossen und ihre Insassen in die Westzonen ausgeflogen worden waren, kehrten einige DPs illegal nach Berlin zurück. Weil sie keine Aufenthaltsgenehmigung besaßen, wurden sie häufig von der Polizei aufgegriffen und brachten die Gemeinde in Loyalitätskonflikte zwischen Justiz und Glaubensgenossen. Sofern sie aber in Berlin ihren Wohnsitz genommen hatten, traten sie der Gemeinde bei. Im März 1949 belief sich die Zahl der DPs in der Gemeinde auf etwa 2 000 Personen, was einem Anteil von ca. 30 Prozent entsprach.[74]

Im sowjetischen Sektor Berlins ließen sich DPs meist nur dann nieder, wenn sie mit Deutschen oder deutschen Juden verheiratet waren. Somit fehlte der späteren Ostberliner Gemeinde eine wesentliche Quelle der Religiosität. In Westberlin und Westdeutschland übernahmen nach der Auflösung der DP-Lager in den fünfziger Jahren die vom traditionellen und orthodoxen Milieu Osteuropas geprägten DPs häufig die religiöse Führung, da die große Mehrheit der deutschen Juden nur über ein geringes jüdisches Wissen verfügte und sehr assimiliert lebte. Das Gros der DPs war zwischen 18 und 30 Jahre alt und verjüngte die überalterten Gemeinden. Neben dem Fortzug der Auswanderungswilligen war das Fehlen von DPs eine weitere Folge der sowjetischen Besatzungspolitik, die den späteren Charakter der ostdeutschen Gemeinden prägte.

Das Verhältnis der Gemeinde zu den Besatzungsmächten und zum Magistrat

In den ersten zwei Monaten nach der Befreiung stand Berlin unter alleiniger Verwaltung der sowjetischen Truppen; am 4. Juli 1945 zogen die britischen und amerikanischen, am 12. Juli auch die französischen Einheiten in Berlin ein, um ihre im Londoner Protokoll vereinbarten Besatzungssektoren unter Kontrolle zu nehmen. Es lag im Interesse aller Besatzungsmächte, auch der Sowjetunion, daß Kirchen und Religionsgemeinschaften ihre Tätigkeit fortsetzten bzw.

wiederaufnahmen, sofern sie sich nicht nazistisch betätigten oder gegen das Besatzungsrecht verstießen. Jede Besatzungsmacht setzte eigene Verbindungsoffiziere für kirchliche Angelegenheiten ein, an die direkt sich zu wenden jedoch nur der Beirat für Kirchliche Angelegenheiten des Magistrats, d. i. für die Jüdische Gemeinde zu Berlin Siegmund Weltlinger, befugt war. Enge Beziehungen unterhielt die Jüdische Gemeinde zu Berlin vor allem zur amerikanischen Besatzungsmacht, da sich in deren Sektor JOINT, HIAS, ORT und andere Hilfsorganisationen ansiedelten. Auch zu den amerikanischen Militärrabbinern bestanden Kontakte. An Synagogeneinweihungen, Feiertagen und Gedenkstunden nahmen Vertreter aller vier Mächte teil. Da es in der Roten Armee keine religiöse Betreuung der Soldaten gab, besuchten jüdische Soldaten und Offiziere mitunter die Gottesdienste in der Synagoge Rykestraße und besorgten sich dort zu Pessach Mazze.

Entgegen der offiziell wohlwollenden Haltung des sowjetischen Stadtkommandanten gab es 1945/46 Probleme mit der Ortskommandantur Weißensee. In einer an den Friedhof der Jüdischen Gemeinde zu Berlin grenzenden Straße waren Truppen stationiert, die ihre Freizeit auf dem Friedhofsgelände verbrachten. Dort veranstalteten sie Lagerfeuer, Schießübungen auf Grabsteine und Hinweisschilder, vergewaltigten Besucherinnen und ließen ihre Pferde zwischen den Gräbern weiden. Außerdem wurden der Leichenwagen und Werkzeuge der Mitarbeiter beschlagnahmt. In die Verwalterwohnung auf dem Friedhof der Israelitischen Synagogen-Gemeinde (Adass Jisroel) zu Berlin in der Wittlicher Straße zogen Russinnen ein, die auf dem dortigen Gelände Kühe grasen ließen. Versuche Weltlingers, diese Mißstände durch Beschwerden beim Stadtkommandanten abzustellen, scheiterten. Der Friedhofsverwalter Jakob Kempe wurde zur Weißenseer Kommandantur bestellt, wo man ihm Vorhaltungen machte und ihm mitteilte, »daß es sich bei den in den Meldungen erwähnten Personen nicht um Angehörige der Roten Armee, sondern um Banditen, die sich russischer Uniformen bedienen, handele. Für diese Leute könne die Rote Armee natürlich keinerlei Verantwortung übernehmen.«[75] Daraufhin empfahl Kempe resigniert, die Angelegenheit auf sich beruhen zu lassen, »da wir doch immer den kürzeren ziehen werden«. Bald danach hörten die Belästigungen aber auf.

Um den Status als religiöse und karitative Organisation zu wahren und die Gemeindearbeit in allen vier Sektoren nicht zu gefährden, vermieden es Vorstand und Repräsentanz, politische Stellungnahmen gegen oder für eine der Alliierten Besatzungsmächte oder Stadthälftenregierungen abzugeben. So mußten Proteste gegen die vom sowjetischen Sicherheitsdienst vorgenommenen Verhaftungen von Gemeindemitgliedern und -mitarbeitern verhalten vorgetragen werden. Wiederholt bat der Vorstand führende Vertreter der SED und der deutschen Verwaltung, sich für die Freilassung von jüdischen »Kriegsgefangenen« zu verwenden (da keine Juden und seit 1942 auch keine »jüdischen Mischlinge« der Wehrmacht angehören durften, waren hiermit euphemistisch die in der Regel willkürlich Verhafteten und unter fragwürdigen Umständen Verurteilten gemeint).[76] Zu den unter dem Vorwurf der Gestapo-Kollaboration festgenommenen Angestellten der Reichsvereinigung gehörten der frühere Leiter der Schule in der Großen Hamburger Straße Reschke und der Friedhofsverwalter Arthur Brass, der kurz nach der Befreiung verhaftet worden war und erst nach achtjähriger Haft in sowjetischen Straflagern nach Berlin zurückkehrte. Auch als führende Repräsentanten wie Erich Nelhans und Fritz Katten vom sowjetischen Sicherheitsdienst abgeholt wurden, unterblieben hörbare Proteste der Gemeindevertretung. Beide hatten die Nazizeit in der Illegalität überlebt und gehörten gleich nach der Befreiung zur Gruppe der Oranienburger Straße, die sich um den Gemeindeaufbau bemühte. Bis Oktober 1945 nahm Nelhans die Funktion des Gemeindevorsitzenden wahr, Katten stand der Repräsentanz vor. Nach der Umbildung der Gemeindevertretung wirkten sie weiterhin im Vorstand bzw. in der Repräsentanz mit. Nelhans engagierte sich darüber hinaus bei der religiös-zionistischen Vereinigung Misrachi. Am 13. März 1948 wurde Nelhans verhaftet und von einem sowjetischen Militärtribunal zu 15 Jahren Zwangsarbeit verurteilt, da er angeblich jüdischen Rotarmisten zur Desertion in die Westzonen verholfen habe. Er wurde in ein Straflager in der Nähe von Workuta verbannt und kehrte auch 1955, als viele deutsche Kriegsgefangene und Lagerinsassen freigelassen wurden, nicht nach Deutschland zurück. Da es seitdem keine Nachrichten mehr über ihn gibt, ist anzunehmen, daß Nelhans die Haft nicht überlebt hat.

Fritz Katten, neben seinen Funktionen in der Jüdischen Gemeinde zu Berlin auch SED-Mitglied und Stellvertretender Vorsitzender der Berliner VVN, wurde erstmalig im Oktober 1948 festgenommen. Nach einem Monat kam er zwar frei, wurde aber am 13. April 1949 erneut verhaftet. Diesmal verurteilte ihn ein sowjetisches Militärtribunal wegen Spionage für den Westen zu 25 Jahren Zwangsarbeit, die er nach Überstellung an die DDR-Justizbehörden im Zuchthaus Torgau abbüßen sollte.[77] Am 2. August 1949 bat der Vorstand der Jüdischen Gemeinde zu Berlin in einem Schreiben an die beiden SED-Vorsitzenden Wilhelm Pieck und Otto Grotewohl um Aufklärung über das Schicksal Kattens. Pieck beauftragte seinen persönlichen

Referenten, Walter Bartel, der als Vorsitzender der Berliner VVN Katten gut kannte, Erkundigungen einzuziehen. Wenige Tage später teilte ihm Bartel mit: »Auf meine wiederholten persönlichen Rückfragen bei den Genossen Mielke, Schönhaar (Berliner Polizei) bekam ich ausweichende Antworten. Auf der letzten Parteivorstandssitzung erklärte mir Genosse Mielke, Katten sei amerikanischer Agent.«[78] Wegen »notwendiger Sicherheitsmaßnahmen« könne nur Pieck persönlich Auskunft erteilt werden. Trotz dieser wenig hoffnungsvollen Antwort schrieb Pieck am 15. August 1949 dem Gemeindevorstand und der Ehefrau Johanna Katten, daß er sich um Informationen bemühe und ihnen bald das Ergebnis seiner Nachforschungen mitteilen werde. Am gleichen Tag bat er den Präsidenten der Deutschen Verwaltung des Innern in der SBZ, Kurt Fischer, ihn über den Verhaftungsgrund und den Aufenthaltsort Kattens zu benachrichtigen, und fügte hinzu: »Ob ich die von Dir erhaltene Auskunft weitergeben werde, können wir noch gemeinsam besprechen.«[79] Fischer teilte ihm mit, Katten sei auf Anweisung der Besatzungsmacht festgenommen worden. Näheres habe er nicht in Erfahrung bringen können. Daraufhin wandte sich Pieck mit der Bitte um Nachforschungen nach dem Verbleib Kattens an den NKWD-Offizier Russkich und fragte, »ob nicht die Möglichkeit seiner Freilassung besteht. Es scheint so, als ob die Verhaftung von Katten große Unruhe in den beteiligten Kreisen hervorruft.«[80] Die Antwort des NKWD machte alle Hoffnung auf eine baldige Freilassung Kattens zunichte. Ihm wurde vorgeworfen, im März 1946 vom amerikanischen Sicherheitsdienst als Agent angeworben worden zu sein und fortan den USA und Großbritannien Informationen über die Berliner Polizei und in ihr tätige sowjetische Offiziere, über die deutsche Verwaltung und die SED sowie über Industriebetriebe geliefert zu haben. Über seine Gemeindetätigkeit hieß es: »Als Stellvertretender Vorsitzender der Jüdischen Gemeinde in Berlin hat K. seine Dienststelle im Polizeipräsidium dazu mißbraucht, um Sowjetbürger jüdischer Nationalität, die nicht in ihre Heimat zurückkehren wollten, mit falschen Dokumenten auszustatten und ihre Ausreise nach Palästina oder Amerika ermöglicht. Die Jüdische Gemeinde hat außerdem eine Tätigkeit entfaltet, um Angehörige der sowjetischen Armee zum Landesverrat zu bewegen. K. hat sich für schuldig bekannt.«[81]

Außer einem Dankschreiben des Gemeindevorstands für den Zwischenbescheid an Pieck vom 14. September 1949 sind keine weiteren Interventionen der Gemeinde zugunsten Kattens bekannt. Mitte der fünfziger Jahre wurde Katten freigelassen und folgte seiner Familie, die im Januar 1953 aus Ostberlin geflohen war, nach Westberlin.

Wie die Schicksale von Nelhans und Katten zeigen, wirkte sich der Beginn der antisemitischen Kampagne in der Sowjetunion auch auf die Jüdische Gemeinde zu Berlin aus. Aber auch für die Personalpolitik innerhalb der Sowjetischen Militäradministration blieb die Propaganda gegen den »Kosmopolitismus« nicht ohne Folgen. Die meisten jüdische Offiziere und Mitarbeiter der SMAD, der sowjetischen Zeitungen und Verlage in der DDR wurden ab 1949 in die Sowjetunion zurückbeordert. Julius Meyer berichtete, daß im Frühjahr 1951 200 Angehörige der SMAD bei der Gemeinde um Mazze für das Pessachfest baten und im Jahr darauf nur noch 40 Personen.[82]

Durch die sowjetische DP-Politik, das Verbot der JOINT-Tätigkeit in der SBZ und das Behindern der Auswanderung verstärkten sich – bei offiziell unpolitischem Gebaren – die Bindungen an die Westalliierten.

Offizieller Hauptansprechpartner für Gemeindefragen war der Berliner Magistrat, der bis zur Spaltung im Herbst 1948 für die Verwaltung aller vier Sektoren zuständig war. Er entschied auch über die Rechtsstellung der Jüdischen Gemeinde zu Berlin.

Zunächst war unklar, ob die Gemeinde nach Annullierung der Naziunrechtsgesetze automatisch wieder in ihren vor 1933 bestehenden Rechtsstatus eintritt oder ob sie einer Neuanerkennung durch den Staat bedarf. Grundlage ihrer Tätigkeit war bislang nur die Anerkennung als Religionsgemeinschaft und das Kontrollratsgesetz Nr. 49 über nichtpolitische kirchliche Organisationen. In diesem Rahmen wurde ihr Selbstverwaltung durch eigene Gremien zugestanden; das von Gemeindevertretern ausgearbeitete neue Statut und eine Wahlordnung mußten jedoch von den vier Besatzungsmächten und dem Magistrat genehmigt werden. Zudem fungierte in den ersten Nachkriegsjahren der jüdische Referent im Beirat für Kirchliche Angelegenheiten, Siegmund Weltlinger, als Aufsichtsbevollmächtigter.

Um eine Klärung herbeizuführen, wandte sich der Vorstand der Jüdischen Gemeinde zu Berlin am 11. Februar 1946 an den Magistrat und bat um Überprüfung folgender Rechtsauffassung: »Beim Zusammenbruch des Nazi-Regimes bestand eine Jüdische Gemeinde zu Berlin nicht. Die früher in Berlin bestehenden Jüdischen Gemeinden waren auf Grund der Zehnten Verordnung zum Reichsbürgergesetz vom 4. Juli 1939 in die Reichsvereinigung der Juden in Deutschland eingegliedert worden. [...] Nach dem Zusammenbruch ist der Begriff ›Jude‹ wieder ausschließlich im religiösen Sinne zu verstehen. Danach sind als Juden diejenigen Personen anzusehen, die sich zur jüdischen Glaubensgemeinschaft bekennen. Diese haben sich zur Jüdischen Gemeinde zu Berlin zusammengeschlossen. [...] Das Gesetz über die Rechtsverhältnisse der jüdischen Kultusvereinigungen vom 28. März 1938, durch das den Synagogengemeinden das öffentlich-rechtliche Korporationsrecht genommen wurde und die jüdischen Kultusvereinigungen zu Vereinen des Bürgerlichen Rechts erklärt wurden, ist als Nazigesetz auf Grund des Artikels 2 der Verordnung des Alliierten Kontrollrats für Deutschland betr. Aufhebung der Grundgesetze des Hitlerregimes vom 20.3. 1945 als aufgehoben anzusehen. Demgemäß ist die Jüdische Gemeinde zu Berlin für den Stadtbezirk Berlin als juristische Person des öffentlichen Rechts anzusehen, auf welche die Bestimmungen des Gesetzes über die Verhältnisse der Juden vom 23. Juli 1847 Anwendung finden.«[83]

Die Rechtsabteilung des Magistrats reichte den Brief am 21. Februar 1946 mit der lapidaren Randbemerkung zurück, daß »die vorstehenden Darlegungen über die Bildung der jüdischen Gemeinde zu Berlin zutreffend sind«. Damit bestätigte der Magistrat formal den Status der Jüdischen Gemeinde zu Berlin als Körperschaft des öffentlichen Rechts und ihre Rechtsidentität mit der 1938 bzw. 1943 aufgelösten Gemeinde. Diese Auffassung wurde für die nächsten Jahre zur Grundlage des verwaltungsrechtlichen Handelns der Stadt Berlin gegenüber der Gemeinde.

Trotz der »Kirchenautonomie« kam dem Referenten für Jüdische Angelegenheiten im Beirat für Kirchliche Angelegenheiten, Siegmund Weltlinger, eine besondere Bedeutung zu. Dabei verstand er sich vor allem als Vermittler, der »die Wünsche und Anliegen der Religionsgemeinden an Magistrat und Besatzungsbehörden weiterzuleiten, die von dort ergangenen Weisungen und Anordnungen den Gemeinden zu übermitteln und in Rücksprachen und Verhandlungen einen Ausgleich [...] zwischen dem Gewünschten und Möglichen«[84] zu suchen hatte. Wegen der Fülle seiner Kontakte und Einflußmöglichkeiten könnte man Weltlinger jedoch als heimlichen Gemeindevorsitzenden bezeichnen. Neben den bereits genannten Befugnissen und Aufgaben oblag ihm die Kontrolle der Finanzverhältnisse der Gemeinde sowie die Vorbereitung und Leitung der Gemeindewahlen. Er arbeitete in allen Gremien mit, die sich in irgendeiner Form mit jüdischen Fragen befaßten, u. a. im Hauptausschuß »Opfer des Faschismus«, im Flüchtlingsausschuß, im Wiedergutmachungsausschuß, in der Arbeitsgemeinschaft der konfessionellen Verbände und in den ausländischen jüdischen Hilfsorganisationen.

Nach der ersten Wahl von Repräsentanz und Vorstand 1948 und der Spaltung des Berliner Magistrats und der Stadtverordnetenversammlung im gleichen Jahr wandelte sich Weltlingers Funktion. Er war fortan für die Westberliner Stadtverwaltung als Berater für sämtliche »jüdischen Angelegenheiten« tätig und Verbindungsmann der

Gemeinde zum West-Magistrat (ab 1951: Senat). Im Ostberliner Magistrat nahm er diese Aufgabe bis zu seiner Übersiedlung nach Westberlin 1950 wahr. 1950 wurde der Beirat für Kirchliche Angelegenheiten im Ost-Magistrat offiziell durch das der Abteilung Inneres unterstellte Amt für Kirchenfragen abgelöst. Von nun an fungierte Weltlinger als Gemeindevertreter, der seine Kenntnisse und Beziehungen zu Magistratsdienststellen und Politikern – insbesondere seiner eigenen Partei, der CDU – für diese Tätigkeit ausnutzte. Sein bisheriges Büro in der Auguststr. 13 in Mitte benannte er in Behördliche Verbindungsstelle der Jüdischen Gemeinde um. Im Westteil war er Senatsbeamter und staatlicher Ansprechpartner für die Gemeinde.

Während sich die jüdischen Gemeinden in der Vorkriegszeit – bis auf geringfügige staatliche Zuschüsse – aus Steuern, Spenden und Gebühren selbst unterhielten, war dies nach dem Holocaust nicht mehr möglich. Das von den Nazis beschlagnahmte bewegliche und Grundeigentum war nicht unmittelbar restituiert worden. Dies wurde einer umfassenden Entschädigungsgesetzgebung vorbehalten. Außer den genutzten Synagogen, Altersheimen, dem Krankenhaus und den Friedhöfen konnte die Gemeinde nicht über ihre Grundstücke verfügen, um daraus durch Vermietung oder sonstige Verwertung Mittel für die Wiederherstellung und den Unterhalt ihrer Institutionen zu erwirtschaften. Zwar übernahm der JOINT z. B. die Kosten für Gastrabbiner an Hohen Feiertagen oder für den Druck von Gebetbüchern, doch neben Spenden und Friedhofsgebühren gab es zunächst keine Einnahmequellen. Eine Beitragsordnung wurde wegen der Notlage vieler Mitglieder erst 1951 eingeführt.

Der erste Kredit in Höhe von 15 000 RM à fonds der erwarteten späteren Wiedergutmachung wurde der Jüdischen Gemeinde Berlin Nordwest schon im Mai 1945 vom Bezirksamt Tiergarten gewährt. 1946/47 folgten Magistratskredite von 100 000 RM und 70 000 RM. Diese drei Kredite wurden 1949 in einen Zuschuß umgewandelt,[85] dennoch war die Gemeinde ohne die Restitution des Gemeindeeigentums nicht in der Lage, ihren Haushalt zu sichern. Um die Friedhöfe instandsetzen zu können, bat sie, diese in das Wiederherstellungsprogramm des Magistrats aufzunehmen. 1948 bewilligte der Magistrat hierfür 67 000 RM.[86] Aber es fehlte nicht nur an Geld, sondern auch an Baustoffen, die vom Magistrat bereitgestellt werden mußten, sofern man nicht gewillt oder in der Lage war, sie auf dem Schwarzmarkt zu kaufen. Die Stadtverwaltung subventionierte den Gemeindeetat fortan in Form von Krediten (1947 1,5 Mio. RM)[87], die bei einer späteren Wiedergutmachung verrechnet werden sollten.

Am 31. Januar 1947 fand ein erstes Gespräch zwischen den Vorstandsmitgliedern Dr. Fabian, Meyer, Nelhans, Busch, Dr. Münzer und dem für religiöse Angelegenheiten zuständigen Bürgermeister Dr. Ferdinand Friedensburg statt, in dem vornehmlich die finanziellen Probleme der Gemeinde und die ausstehende rechtliche Klärung der Restitution erörtert wurden. Friedensburg sagte zu, das Altersheim in der Iranischen Straße und das Kinderheim in Niederschönhausen sowie die Synagogen zu besuchen, um sich vor Ort über den Bedarf zu informieren. Danach setzte er sich für die Lieferung von Baustoffen ein, für die Genehmigung einer Lehrstelle für einen Jugendlichen aus dem Kinderheim und die Bereitstellung von Büchern für die Bibliothek des Kinderheims. Eine Lösung des grundsätzlichen Restitutionsproblems, die die Gemeinde wahrscheinlich zu finanzieller Unabhängigkeit befähigt hätte, konnte er jedoch nicht herbeiführen.

Der Kalte Krieg und die Spaltung der Stadt brachte die Jüdische Gemeinde zu Berlin als sektorenübergreifende Institution in eine heikle Situation und verlangte von Weltlinger und dem Gemeindevorstand hohes Verhandlungsgeschick, um bei keiner Seite in Mißkredit zu geraten. Die Gemeinde und ihre Mitglieder waren durch die Mitarbeit im Hauptamt »Opfer des Faschismus« beim Magistrat, in Verfolgtenorganisationen, beim Erstellen von Gesetzesentwürfen über Entschädigungs- und Wiedergutmachungsfragen, beim Anprangern von Antisemitismus und fortwirkendem Naziungeist sowie durch viele andere Aktivitäten in die gesellschaftlichen Auseinandersetzungen involviert. Offiziell war man bemüht, die Gemeinde als unpolitische religiöse Organisation zu repräsentieren und die religiöse und karitative Tätigkeit in den Vordergrund zu rücken. Politisches Engagement in Parteien und gesellschaftlichen Organisationen wurde zur Privatangelegenheit der Mitglieder erklärt.

Über die politische und finanzielle Unterstützung der Gemeinde mußte jetzt in beiden Stadthälften getrennt verhandelt werden. Die Währungsreform wirkte sich ebenfalls erschwerend aus, denn die Gebühren für den in Berlin-Weißensee gelegenen Friedhof – die Haupteinnahmequelle der Gemeinde – wurden nun in Ost-Mark entrichtet. Obwohl sich die meisten Gemeindeeinrichtungen in den Westsektoren befanden und dort auch die Mehrzahl der Mitglieder wohnte, ließ man aus finanziellen Gründen den Sitz der Hauptverwaltung im sowjetischen Sektor, Oranienburger Straße 28, und verlagerte sukzessive die Verwaltungstätigkeiten in den Westteil der Stadt, in die Iranische Straße und vor allem in die Joachimstaler Straße 13. Als Gesamtberliner Institution wurde der Gemeinde vom Senat der »ostsektorale Status« zuerkannt, und das bedeutete, daß der Senat für alle im Westen wohnenden Angestellten die Gehaltszahlungen im Verhältnis 1 : 1 in D-Mark umtauschte und auf diese Weise indirekt den Gemeindeetat subventionierte. Da vor allem im Jüdischen Krankenhaus viel Personal tätig war und allmählich fast alle Gemeindebediensteten in den Westsektor zogen, wurde somit der Löwenanteil der laufenden Kosten getragen. Diese Regelung lief erst am 31. März 1952 aus. Danach zahlte der Westberliner Senat direkte Subventionen an die Gemeinde und einzelne ihrer Institutionen wie das Krankenhaus.

Der Ostmagistrat stellte bis 1953 keine laufenden Subventionen des Gemeindeetats bereit. Dies geschah hauptsächlich aus der grundsätzlichen Erwägung heraus, daß Berlin nicht die Rechtsnachfolge des preußischen Staates angetreten habe, der den als Körperschaften des öffentlichen Rechts anerkannten Religionsgemeinschaften Zuschüsse gewährte. Unter absichtsvoller Umgehung des Problems der Restitution wurde argumentiert, »daß die Mitglieder der Gemeinde zum größten Teil ›Opfer des Faschismus‹ sind und als solche durch den Magistrat unterstützt werden«.[88] Auch einmalige Zuschüsse wurden je nach politischem Ermessen und Opportunität gewährt. Da sich die Errichtung eines Ehrenmals auf dem Jüdischen Friedhof Weißensee und die Sanierung der Synagoge Rykestraße 1953 propagandistisch verwerten ließen, wurden diese Vorhaben teilweise bzw. ganz finanziert. Bei der Bereitstellung von kleineren Geldbeträgen und Baustoffen für Instandsetzungsarbeiten war der von 1948 bis 1950 amtierende Stadtrat für Aufbau, der ehemalige Theresienstadthäftling Arnold Munter, ein hilfsbereiter Ansprechpartner.

Die Beziehungen der Jüdischen Gemeinde zu Berlin zu den Verfolgtenorganisationen

Der Hauptausschuß »Opfer des Faschismus«

Ende Mai 1945 wurde beim Hauptamt für Sozialwesen des Magistrats der Hauptausschuß »Opfer des Faschismus« eingerichtet. Neben Stadtrat Ottomar Geschke (KPD) gehörten Dr. Andreas Hermes, (Gründungsmitglied der Berliner CDU), Dr. Hermann Landwehr, Theodor Steltzer (CDU), Gustav Dahrendorf (SPD), Dr. Robert Havemann, Pfarrer Heinrich Grüber, Otto Brass, Helene Jung, Hildegard Staehle (CDU) und Julius Meyer (KPD) zu den Gründungsmitgliedern des ehrenamtlichen Gremiums, das Entscheidungen über die soziale und kulturelle Betreuung der Verfolgten des Naziregimes treffen sollte. Sie alle gehörten wie die hauptamtlichen Mitarbeiter des Hauptausschusses und die Angestellten der Bezirksausschüsse selbst zu den Verfolgten des Naziregimes. In Geschkes

Auftrag hatten die Bezirksämter zunächst ehemalige politische Gefangene und ihre Angehörigen durch öffentlichen Aushang zur Registrierung aufgefordert, und am 26. Mai 1945 wurden alle nach den »Nürnberger Gesetzen« als »Nichtarier« bezeichneten Personen aufgerufen, sich bei den Sozialämtern zu melden.

Aufgrund der großen Not stand zunächst die Sozialfürsorge im Vordergrund. Bereits im Mai 1945 wurden Durchgangsheime eingerichtet, Bescheinigungen für die Weiterreise ausgestellt, medizinische Versorgung gewährt und Erholungsheime eröffnet. Die OdF-Ausschüsse verteilten Kleidung, Wäsche und Hausrat, die gespendet oder bei Naziaktivisten beschlagnahmt worden waren. Manchen konnten sie auch Wohnung und Arbeit zuweisen. Zu den ersten Magistratsbeschlüssen im Mai 1945 gehörte die Gewährung von Soforthilfe für ehemalige politische Gefangene. Opfer des Faschismus erhielten eine einmalige Beihilfe in Höhe von 450 RM und für drei Monate die Lebensmittelkarte der Stufe I.

Die Verteilung der Hilfsgüter und die in Aussicht gestellten Wiedergutmachungsleistungen warfen natürlich die Frage nach dem Kreis der Berechtigten auf. Da infolge der Eroberung Berlins durch die Rote Armee der Aufbau der Verwaltung in Magistrat und Bezirksämtern weitgehend von Kommunisten und loyalen Antifaschisten bestimmt wurde, waren anfangs die Kriterien für die Anerkennung als OdF sehr eng gefaßt: In der ersten Festlegung des Hauptausschusses vom 23. Juni 1945 hieß es: »In die Sondermaßnahmen des Berliner Magistrats können nur jene Männer und Frauen, ungeachtet ihrer religiösen und politischen Einstellung, einbezogen werden, die unter der Hitlerdiktatur heldenmütig für die Freiheit des deutschen Volkes *kämpften* und darum schweren Verfolgungen und Mißhandlungen ausgesetzt waren, aus dem Lande vertrieben wurden, größte Opfer an Gesundheit und Blut brachten und *lange Jahre* in Zuchthäusern, Gefängnissen und Konzentrationslagern schmachteten. ›Opfer des Faschismus‹ sind die Hinterbliebenen der von den Faschisten ermordeten Helden des deutschen Freiheitskampfes! ›Opfer des Faschismus‹ ist ein Ehrentitel, den wir selbst denen verweigern, die zwar wegen revolutionärer Handlungen in Gefängnissen und Zuchthäusern waren, aber dort keine aufrechte, antifaschistische Haltung an den Tag gelegt haben. Nur wer unter Hingabe selbst des Lebens aktiv am Kampfe gegen das Hitlerregime teilgenommen hat, nur wer auch im Zuchthaus, im Gefängnis und im Konzentrationslager seiner antifaschistischen Gesinnung treu geblieben ist, kann von uns als ›Opfer des Faschismus‹ anerkannt werden.«[89] Millionen Menschen hätten unter dem Naziregime gelitten, seien ausgebombt worden, als Soldaten gefallen, als Juden durch den Rassenwahn verfolgt und ermordet worden, »aber soweit können wir den Begriff ›Opfer des Faschismus‹ nicht ziehen. Sie haben alle geduldet und Schweres erlitten, *aber sie haben nicht gekämpft!* Ihnen wird im Rahmen der allgemeinen Fürsorge geholfen werden. Damit ist entschieden, daß Juden, Mischlinge, Bibelforscher, die meisten Fälle der Wehrkraftzersetzung, Meckerer usw. nicht in den eng gezogenen Rahmen der ›Opfer des Faschismus‹ einbezogen werden können.«

Ende September 1945 waren daher vom Hauptamt lediglich 2 352 Personen als »Opfer des Faschismus« anerkannt. Die Bezirksausschüsse hatten weitere 7 510 Personen erfaßt, die den engen Kriterien nicht genügten – die meisten von ihnen waren Juden. »Nach grundsätzlicher Prüfung der Frage der rassisch Verfolgten« wurde dem Hauptausschuß OdF im September 1945 eine Hauptabteilung für die Opfer der Nürnberger Gesetzgebung angegliedert, bei der im gleichen Monat bereits 6 000 Personen registriert waren.[90] Kämpfer gegen den Faschismus besaßen den roten OdF-Ausweis, Opfer der »Nürnberger Gesetze« (OdN) erhielten einen grauen Ausweis; bei Vorlage eines amtsärztlichen Attestes konnten ihre Lebensmittelkarten um eine Stufe heraufgesetzt werden, aber von den übrigen Betreuungsmaßnahmen (ärztliche Fürsorge, Zahnersatz, Ausbildungsbeihilfen für sich oder die Kinder, Zusatzrenten etc.) blieben sie ausgeschlossen.[91] Die 1945 vom Magistrat beschlossene einkommenssteuerliche Erleichterung für anerkannte OdF wurde auch Juden gewährt, um sie für die Zwangsabgaben und -steuern während der Nazizeit zu entschädigen.

Die Vertretungen der Opfer der »Nürnberger Gesetze«

Die Jüdische Gemeinde zu Berlin – selbst eine Verfolgtenorganisation – hatte von Anfang an mit dem Hauptausschuß OdF des Magistrats eng zusammengearbeitet und auf die Formulierung der Anerkennungskriterien Einfluß genommen. Julius Meyer, Mitbegründer des Hauptausschusses, leitete ab September 1945 die Hauptabteilung OdN, der ein Beirat aus Mitgliedern der vier Hilfsorganisationen der rassisch Verfolgten vorstand. Die »Glaubensjuden« wurden von der Jüdischen Gemeinde zu Berlin repräsentiert, die evangelisch Getauften von der Evangelischen Hilfsstelle (Büro Propst Grüber), die Katholiken vom Hilfswerk beim Bischöflichen Ordinariat und die Konfessionslosen von der Gesellschaft der Freunde (Quäker). Schon bald fühlten sich die anderen Hilfsorganisationen von der Jüdischen Gemeinde ausgebootet. Julius Meyer legte auf eine Zusammenarbeit mit ihnen keinen Wert und sagte Beratungstermine ab. Die Hauptabteilung OdN war im Gemeindehaus in der Oranienburger Straße 28 untergebracht und somit weitgehend der Aufsicht entzogen. Außerdem nahmen nur Vertreter der Jüdischen Gemeinde die Überprüfung und Einstufung von OdN vor.

Im Dezember 1945 richteten die christlichen Hilfsorganisationen eine Beschwerde an den Hauptausschuß: Die von ihnen vertretenen zwei Drittel der rassisch Verfolgten würden diskriminiert, und durch das Monopol der Jüdischen Gemeinde zu Berlin sei die Gleichbehandlung der Antragsteller nicht gewährleistet. Die Gerechtigkeit erfordere, nicht nach der gegenwärtigen Religion zu fragen, sondern nach dem Maß des Leidens, das der Betroffene infolge der Rassengesetzgebung erdulden mußte, denn für die an die »Nürnberger Gesetze« geknüpfte Entrechtung sei die »Rasse« der Großeltern, nicht aber die Konfession ausschlaggebend gewesen: »Da die Glaubensjuden die christlichen ›Nichtarier‹ und die Glaubenslosen als ›Abtrünnige‹ ansehen, müssen sie wegen ›Befangenheit‹ abgelehnt werden als entscheidende Prüfer und Bearbeiter der Anträge derjenigen, die nicht zur Jüdischen Gemeinde gehören bzw. ausdrücklich aus der Jüdischen Gemeinde ausgetreten sind.«[92] Täglich erhielten sie Proteste »wegen verständnisloser, verletzender und ungerechter Behandlung in der Oranienburger Straße«. Besonders betroffen von der Herabsetzung waren die »Sternträger«, die nur dann in die Gruppe I der OdF eingestuft wurden, wenn sie in der Illegalität gelebt hatten. Die Evangelische Hilfsstelle erhob in einem Memorandum an den Magistrat Einspruch gegen die Abwertung des Leidens an der jahrelangen öffentlichen Stigmatisierung durch den Judenstern.[93]

Die Proteste führten jedoch weder zu einer Änderung der OdF-Kategorien noch zu einer Überprüfung des Anerkennungsverfahrens. Im April 1947 gab die Deutsche Zentralverwaltung für Arbeit und Sozialfürsorge der SBZ »Richtlinien für die Anerkennung und Ausgabe der Ausweise Kämpfer gegen den Faschismus und ›Opfer des Faschismus‹« heraus.[94] Zur ersten Gruppe gehörten Widerstandskämpfer, die länger als ein Jahr in Haft oder fortdauernd illegal tätig waren, Spanienkämpfer, zurückgekehrte Emigranten, zu den alliierten Armeen desertierte Soldaten, rassisch Verfolgte, sofern sie inhaftiert waren oder in der Illegalität überlebt hatten, und Hinterbliebene von Widerstandskämpfern. Widerstandskämpfer, Spanienkämpfer, Remigranten und desertierte Soldaten erhielten zusätzlich den Aufdruck Kämpfer in ihren Ausweis. Zur zweiten Gruppe zählten »Sternträger«, in »privilegierter Mischehe« lebende Juden oder »Mischlinge«, die mindestens sechs Monate in einem Zwangsarbeitslager interniert waren und für die Organisation Todt arbeiten mußten, religiös und weltanschaulich Verfolgte sowie Sippenhäftlinge.[95] Damit war zwar ein größerer Personenkreis einschließlich der rassisch Verfolgten als OdF erfaßt, doch Verfolgung »nur« aus rassischen Gründen wurde weiterhin politisch abgewertet. Die in Berlin zumeist in Lagern lebenden ca. 6 000 jüdischen Displaced Persons erkannte man nicht als OdF an.

Die christlichen Hilfsorganisationen vertraten etwa 18 000 Opfer der Nürnberger Gesetze. Die Jüdische Gemeinde hatte kein Interesse daran, daß sich der Kreis der Empfänger von Hilfsgütern erweitert, die bisher an ihre ca. 7 000 Mitglieder verteilt wurden, und versuchte statt dessen, ihre Vormachtstellung im Hauptausschuß zu behalten. Versuche der Hilfswerke, im Ausland Spenden für die von ihnen Betreuten zu sammeln, waren wenig erfolgreich, weil »die Nürnberger Gesetze mit der Definition des ›Nichtariers‹ von den Menschen im Ausland als so absurd empfunden« wurden, daß »sie in ihre Vorstellungswelt nur schwer Eingang« fanden, wie der »Tagesspiegel« anmerkte.[96]

Die Evangelische Hilfsstelle betreute 12 500 »nichtarische Christen«, im Februar 1947 waren davon nur 1 754 als »Opfer des Faschismus« anerkannt, darunter 321 »Sternträger«, 648 »Mischlinge I. Grades«, die entweder im KZ waren oder Zwangsarbeit bei der »Organisation Todt« leisten mußten, und 700 Witwen, deren jüdische Ehemänner umgebracht worden waren.[97] Bei den 3 500 vom katholischen Hilfswerk und den 2 200 von den Quäkern betreuten ehemaligen Rasseverfolgten waren es prozentual nicht mehr.

Die Auseinandersetzungen im Hauptausschuß OdF spitzten sich im Verlauf des Jahres 1946 weiter zu, weil die SED-Mitglieder ihren Einfluß immer stärker geltend machten. Auch die Gründung eines politischen Zusammenschlusses der Opfer des Faschismus, der späteren Vereinigung der Verfolgten des Naziregimes (VVN), wurde mit dem Zentralkomitee der Partei detailliert abgestimmt. Um sich gegenüber der Jüdischen Gemeinde zu Berlin politisches Gehör zu verschaffen, hatten sich 1946 die anderen drei Hilfswerke zur Arbeitsgemeinschaft der christlichen Hilfsstellen für ehemalige Rasseverfolgte nichtjüdischen Glaubens in Deutschland mit Sitz in Berlin-Charlottenburg zusammengeschlossen. Gegen ihren Antrag auf Zulassung einer eigenen politischen Interessenvertretung wurde im Namen des Hauptausschusses interveniert. Die Stadträtin für Soziales, M. Ehlert, betonte in einem Schreiben an die Alliierte Kommandatura die Notwendigkeit einer »einheitlichen Organisation der politisch, rassisch, religiös und weltanschaulich Verfolgten«: »Eine Absonderung der Opfer der Nürnberger Gesetzgebung, die der Jüdischen Gemeinde nicht angehören, in einer eigenen Organisation würde [...] dem Grundgedanken der Vereinigung abträglich sein.«[98] Dieser vom Hauptausschuß OdF befürwortete Protest ging auf eine Initiative der Berliner Jüdischen Gemeinde zurück, die befürchtete, künftig nicht mehr als Alleinvertretung der Rasseverfolgten legitimiert zu sein.

Laut Anordnung der Alliierten Kommandatura Berlin BK/O (47) 266 vom 20. November 1947 wurde der Berliner Verband der Opfer der Nürnberger Gesetze zugelassen. Er verstand sich als »interkonfessioneller Zusammenschluß aller Opfer der nationalsozialistischen Rassenpolitik (mit Ausnahme der von der Jüdischen Gemeinde Betreuten)«, den Vorsitz hatte Werner Zehden inne. Neben der mitgliederstarken VVN vermochte die Organisation nur begrenzt politischen Einfluß auszuüben. Auch die Jüdische Gemeinde zu Berlin mußte sich neu positionieren, wenn sie die von ihren Vertretern früh angestrebte gesellschaftliche Stellung als einzig legitimierte Verfolgtenorganisation behalten und sich von der SED nicht stärker dominieren lassen wollte.

Die Vereinigung der Verfolgten des Naziregimes (VVN)

Im November 1946 hatte die Delegiertenkonferenz der Berliner »Opfer des Faschismus« beschlossen, neben dem Hauptausschuß und den OdF-Bezirksausschüssen, die sich auf soziale Aktivitäten beschränkten, eine überparteiliche politische Vereinigung zu gründen, die deutschlandweit die ehemals Verfolgten vertreten sollte. Diese Idee fand große Zustimmung, doch die Überparteilichkeit der Organisation wurde von der SED bereits in der Vorbereitungsphase in Frage gestellt. Das Zentralsekretariat beauftragte Geschke am 19. November 1946, »die regelmäßige Verständigung über alle wichtigen Fragen der Organisation in der SBZ und Berlin mit der Partei« zu sichern.[99]

In der SBZ konstituierte sich die VVN nach alliierter Genehmigung am 22./23. Februar 1947, der Berliner Landesverband wurde im Januar 1948 gegründet. (Da der Alliierte Kontrollrat die Überparteilichkeit der Organisation anzweifelte, erteilte er erst am 20. November 1947 die Genehmigung.) Im gleichen Jahr gehörten der VVN bereits 80 Prozent der anerkannten OdF an. Die Organisation sollte als moralische, überkonfessionelle und überparteiliche Autorität und Interessenvertretung der OdF am demokratischen Aufbau Deutschlands mitwirken. Ihre spezifischen Ziele waren die Bekämpfung der nationalsozialistischen Ideologie, die strafrechtliche Verfolgung der Nazi- und Kriegsverbrecher, die Aufklärung der Bevölkerung sowie die Dokumentation der Verbrechen und das Gedenken an ihre Opfer zu befördern und die Wiedergutmachung zu regeln.

Die Jüdische Gemeinde zu Berlin nahm aktiv an den Vorbereitungen zur Gründung der VVN teil. Auf der 2. Interzonalen Delegiertenkonferenz der VVN im September 1947 in Berlin sprachen neben Julius Meyer auch Jeannette Wolff und Heinz Galinski. Meyer begrüßte die Delegierten »im Namen des Landesverbandes der jüdischen Gemeinden in der russischen Zone und als Vorstand der Jüdischen Gemeinde Berlin« und hob die Notwendigkeit eines Berliner Landesverbandes hervor: »Eines steht für uns fest, die, die wir in den KZs und auf dem Appellplatz zusammenstanden, wir haben den festen Willen, dafür zu arbeiten und zu garantieren, daß die VVN eine absolut überparteiliche Organisation aller Opfer des Faschismus ganz Deutschlands sein wird.«[100]

Nachdem die Genehmigung des Alliierten Kontrollrats vorlag, empfahl die Jüdische Gemeinde ihren Mitgliedern, sich der VVN anzuschließen. Die Gründungsveranstaltung der Berliner VVN fand im Gemeindehaus Joachimstaler Straße 13 statt. Im Hauptvorstand des Berliner Verbandes arbeiteten zunächst neun rassisch Verfolgte mit, mehrere Gemeindefunktionäre nahmen wichtige Positionen ein: Neben Walter Bartel waren die Repräsentanten Heinz Galinski und Jeannette Wolff gleichberechtigte Vorsitzende, der Chefredakteur der Gemeindezeitung »Der Weg«, Richard May, war Schriftführer, Repräsentant Fritz Katten Revisor, der Gemeindevorsitzende Dr. Hans Erich Fabian Beisitzer.

Der Zusammenschluß der Verfolgten in der VVN wurde bald überschattet durch die verstärkte politische Polarisierung der Mitglieder im Kalten Krieg und die Instrumentalisierung der Organisation durch die SED. Bereits im Januar 1948 beschloß die SPD, ihren Mitgliedern den Eintritt in die VVN zu untersagen. Die Gemeindezeitschrift »Der Weg« versuchte die Vorwürfe zu entkräften und verurteilte diesen Unvereinbarkeitsbeschluß: In Berlin gäbe es etwa 9 000 politisch und 40 000 rassisch verfolgte OdF; wenn sie Mitglied der VVN würden, wäre angesichts des zahlenmäßigen Übergewichts der Versuch einer kommunistischen Unterwanderung zum Scheitern verurteilt.[101] Nachdem auch der Verband der Opfer der Nürnberger Gesetze im September 1948 sämtliche Verbindungen zur VVN abgebrochen hatte, verwahrten sich Vorstand und Repräsentanz in einem Schreiben an die Mitglieder gegen Zweifel an ihrer Neutralität: »Die Jüdische Gemeinde zu Berlin ist die Zusammenfassung aller in Berlin lebenden Menschen, die der jüdischen Religion angehören. Ihre Aufgaben liegen in erster Linie auf religiösem, kulturellem und sozialem Gebiet. Zu den innerdeutschen politischen Auseinandersetzungen nimmt die

Jüdische Gemeinde zu Berlin keinerlei Stellung. Da jedoch alle Mitglieder der Jüdischen Gemeinde zu Berlin in der Zeit des Naziregimes Verfolgungen ausgesetzt waren, ist es selbstverständlich, daß sie sich zu einer Organisation hingezogen fühlen, welche die Interessen der Verfolgten des Naziregimes vertritt und in der Menschen zusammengeschlossen sind, die den gleichen Leiden ausgesetzt waren. Daraus ergibt sich auch, daß zum Teil leitende Mitarbeiter der Jüdischen Gemeinde an führender Stelle in der VVN stehen, um die Interessen unserer Menschen gebührend wahrzunehmen. Die Jüdische Gemeinde zu Berlin darf und wird sich nicht in den Streit der Parteien einmischen. [...] Sie ist aber der Überzeugung, daß ihre Mitglieder, soweit sie der VVN angehören, alles daransetzen werden, um die Überparteilichkeit der VVN zu sichern.«[102]

Dieser Vorsatz mußte nicht zuletzt deshalb scheitern, weil mehrere Gemeindevertreter in der VVN-Leitung als Parteimitglieder nicht nur »reinen« Gemeindeinteressen verpflichtet waren. Meyer, Katten und der Vorsitzende der Repräsentanz, Dr. Hans Freund, waren SED-Mitglieder, Jeannette Wolff und Richard May gehörten der SPD an. Im Juni 1948 trat Jeannette Wolff aus der VVN aus, im November 1948 folgte ihr Heinz Galinski, während Dr. Freund und Julius Meyer ab 1950 sogar zur VVN-Fraktion der Volkskammer zählten. Als 1950 die VVN in der BRD als »radikale Organisation« eingestuft und ihre Mitglieder vom öffentlichen Dienst ausgeschlossen wurden, führte das zu Massenaustritten und zur Gründung des Bundes der Verfolgten des Naziregimes (BVN). In Ostberlin luden der Gemeindevorstand und die Berliner VVN noch bis 1951 zu gemeinsamen Gedenkveranstaltungen an die »Kristallnacht« ein.

Die jüdischen Gemeinden in der SBZ / DDR bis 1953

Die Israelitische Religionsgemeinde zu Leipzig

Mit 11 564 Mitgliedern war die Israelitische Religionsgemeinde zu Leipzig 1933 die sechstgrößte jüdische Gemeinde Deutschlands.[103] Am 15. Mai 1945 wurde sie von 15 Juden wiederbegründet. Dem provisorischen Vorstand gehörten Richard Frank (Vorsitzender), Alfred Muscatblatt, Leo Teichtner und Heinrich Dziubas an, der letzte Leiter der Verwaltungsstelle Leipzig der Reichsvereinigung der Juden in Deutschland. Seine Integrität wurde wie die früherer jüdischer Funktionäre der Reichsvereinigung in Berlin angezweifelt, und er mußte zurücktreten.

Die bis zum 2. Juli 1945 in Leipzig regierende amerikanische Besatzungsmacht bestätigte die Gründung und den Vorstand, der sich nach den Gemeindewahlen im Spätsommer um Dr. Fritz Grunsfeld* und Ernst Goldfreund erweiterte. Am 11. September 1945 hatte der Gemeindevorstand bei der Landesverwaltung Sachsen den Antrag gestellt, in den früheren Status der Israelitischen Religionsgemeinde zu Leipzig als Körperschaft des öffentlichen Rechts wiedereingesetzt zu werden. Die Voraussetzungen dafür waren nach dem Inkrafttreten des Gesetzes Nr. 1 des Alliierten Kontrollrates am 1. Oktober gegeben, das alle judenfeindlichen Gesetze des Naziregimes für null und nichtig erklärte. Am 29. Januar 1946 gab die Zentralverwaltung für Wissenschaft, Kunst und Erziehung der Landesverwaltung Sachsen diesem Antrag statt. Sie berief sich auf den »§ 4 des Gesetzes, die Israelitischen Religionsgemeinden betreffend, vom 10. 6. 1904« des Königreichs Sachsen.[104]

Die Wiederbegründer der Israelitischen Religionsgemeinde zu Leipzig waren Juden, die ihre nichtjüdischen Ehepartner und den Zusammenbruch Nazideutschlands vor der Deportation in Konzentrationslager bewahrt hatten. Sie nutzten das ehemalige Gemeindehaus in der Löhrstraße 10 als Treffpunkt. Es hatte in der Nazizeit u. a. als »Judenhaus« für zwangsgeräumte jüdische Familien und als Beratungsstelle der »Vereinigung der jüdischen Mischehepartner« gedient. Die Gemeinde vergrößerte sich schnell:

In Rüstungsbetrieben und Außenlagern des KZ Buchenwald in der Leipziger Umgebung waren jüdische Zwangsarbeiter aus Deutschland und den von den Nazis besetzten Ländern befreit worden. Zwar kümmerten sich die amerikanische, später die sowjetische Besatzungsmacht um ihre Versorgung und Repatriierung, doch viele wandten sich auch an die Gemeinde. Am 17. Mai 1945 waren die ersten Juden aus dem KZ Buchenwald zurückgekehrt, von Juni bis August 1945 folgten 200 Überlebende aus Theresienstadt und 62 in anderen Lagern befreite Juden. Im November 1945 zählte die Gemeinde 250 Mitglieder und im Januar 1949 368 (der höchste Stand nach dem Zweiten Weltkrieg).[105] Im Unterschied zu Berlin bildeten Überlebende der Konzentrationslager die Mehrheit. Möglicherweise verfuhr man anfangs auch sehr streng bei der Aufnahme von jüdischen »Mischehe«-Partnern und deren Kindern oder mit dem Wiedereintritt von Konvertiten.

Der erste Gottesdienst wurde am 8. September 1945 zu Rosch

* Fritz Grunsfeld: 1908–1991, Jurist, Mitarbeiter der Reichsvereinigung in Leipzig, 10. 6. 1943 verhaftet und nach Theresienstadt deportiert, 1945–1953 Vorstandsmitglied der Israelitischen Religionsgemeinde zu Leipzig, 1946–1953 Vizepräsident des Landesverbandes der Jüdischen Gemeinden in der SBZ / DDR, Januar 1953 Flucht nach Westberlin, später Vorstandsmitglied der Jüdischen Gemeinde Düsseldorf.

Haschana in der wiederhergerichteten Talmud-Thora-Synagoge in der Keilstraße 4–6 gehalten. Die offizielle Einweihung fand in Anwesenheit von Vertretern der Stadtverwaltung am 28. Oktober 1945 statt. Als Vorbeter wirkte in den ersten Jahren Heinrich Rosenthal, die musikalische Gestaltung übernahm häufig der von Kantor Barnet Licht wiederbegründete, schon in den zwanziger Jahren bestehende Synagogenchor. Von 1950 bis zu seinem Tod im Jahr 1972 amtierte Werner Sander* als Kantor und Chorleiter. Finanziert wurden sämtliche Gemeindeaktivitäten aus Mieteinnahmen von verpachteten Gemeindeeinrichtungen, Spenden und Gebühren. Regelmäßige Etatzuschüsse bewilligte die Stadt Leipzig nicht; sie beteiligte sich aber an der Instandsetzung der Synagoge, der Rekonstruktion des Alten und des Neuen Friedhofs und anderen einzelnen Projekten.

Wie überall standen in den ersten Jahren die sozialen Aufgaben im Vordergrund der Gemeindearbeit. Ehemalige Krankenhäuser und Altersheime wurden als Auffanglager für befreite jüdische Zwangsarbeiter und Flüchtlinge aus Polen eingerichtet. Soweit möglich, gewährte die Gemeinde Mietzuschüsse und einmalige finanzielle Beihilfen. Da es in der SBZ, von Dresden abgesehen, keine Ausgabestellen des JOINT gab, holten Mitglieder regelmäßig Lebensmittel und Tabakwaren in Berlin ab. Von seiten der Stadtverwaltung kümmerte sich das Wiedergutmachungswerk – Hilfsausschuß für die Opfer des faschistischen Terrors um die Lebensmittelzuteilung an jüdische Verfolgte, die länger als zwei Jahre inhaftiert oder »Sternträger« waren. In diesem Wiedergutmachungswerk und der bald aus ihm hervorgehenden Kommunalabteilung »Opfer des Faschismus« war die Leipziger Gemeinde durch Bruno Gewürtz und Salo Helmut Looser vertreten. Die im September 1945 von der Landesverwaltung Sachsen erlassene Verordnung über die Fürsorge für »Opfer des Faschismus« unterschied zwar auch zwischen Kämpfern gegen den Faschismus und ausschließlich Opfern rassischer, religiöser und politischer Verfolgung, gestand aber beiden Gruppen gleiche soziale Leistungen zu.

Auch in Leipzig war die Gemeinde aktiv an der Gründung der Vereinigung für die Verfolgten des Naziregimes beteiligt. Bereits im Mai 1947 gehörten die meisten Mitglieder der VVN an. Gemeinsame Veranstaltungen, insbesondere zu den Jahrestagen der »Kristallnacht« 1938, wurden beiderseits als Selbstverständlichkeit empfunden. Am 8. Mai 1951 wurde auf dem wiederhergestellten Neuen

* Werner Sander: 1902–1972, Musikerausbildung und Synagogenchor in Breslau, Mitarbeit im Jüdischen Kulturbund in Breslau, 1940–1945 Zwangsarbeit, seit 1950 Kantor in Leipzig.

Friedhof ein Mahnmal für die jüdischen Opfer des Naziterrors eingeweiht.

Selbstverständlich wirkte sich der zunehmende Ost-West-Konflikt auch auf die Israelitische Religionsgemeinde zu Leipzig aus. Durch Rückkehrer aus dem Exil und jüdische Flüchtlinge aus Polen wurden die hohe Sterblichkeit infolge von Überalterung und Verfolgung sowie die Flucht von Mitgliedern in die Westzonen zunächst kompensiert, doch ab 1949 waren starke Verluste hinzunehmen. Viele polnische Zuwanderer zogen weiter, um sich in Westdeutschland niederzulassen oder von dort die Auswanderung zu betreiben. In Leipzig, einem traditionellen Zentrum des Rauchwarenhandels, hatten vor allem ostjüdische Kaufleute mit Pelzen gehandelt. Die Geschäfte wurden zwar nach der Befreiung von jüdischen Händlern wiederbelebt, der Erwerbszweig besaß aber nach der politischen und ökonomischen Spaltung Deutschlands nur geringe Zukunftsaussichten, da er auf Beziehungen zu Juden in Ost- *und* Westeuropa basierte. Allein 1950 siedelten deshalb mindestens zehn Rauchwarenhändler nach Frankfurt/Main über.[106]

Die jüdischen Gemeinden in Zwickau und Plauen

Seit der Befreiung unterhielt die Leipziger Gemeinde enge Beziehungen zu den anderen wiedergegründeten Gemeinden in Sachsen. Schon im Herbst 1945 hatte das Vorstandsmitglied Ernst Goldfreund Kontakte nach Plauen und Zwickau geknüpft, wo ebenfalls kleine Gemeinden ihre Tätigkeit aufgenommen hatten. Über die Nachkriegsgeschichte der Zwickauer Gemeinde ist kaum etwas bekannt. Aus dem wenigen Überlieferten geht hervor, daß Moses Grosser hier der Initiator des Gemeindeaufbaus war. Im Mai 1951 waren in Zwickau acht Juden als Mitglieder registriert. Ihre religiöse und soziale Betreuung wurde von der Leipziger Gemeinde übernommen, die auch den Friedhof verwaltete.

Der Israelitischen Religionsgemeinde Plauen gehörten 1945/46 zwölf Mitglieder an. Hans David Binzer, der mit seiner Familie illegal in Plauen überleben konnte, erinnert sich, daß der erste Gottesdienst im Herbst 1945, vermutlich zu den Hohen Feiertagen, in einer Wohnung in der Friedrichstraße stattfand. Die erst 1930 im Bauhausstil errichtete Synagoge war während des Novemberpogroms 1938 in Brand gesteckt und anschließend abgerissen worden.[107] Von der Landesverwaltung Sachsen wurde die Gemeinde als Körperschaft des öffentlichen Rechts anerkannt und in ihre alten Rechte wiedereingesetzt. Als Gemeindevorsitzender amtierte David Stiefel.

1948 wurde der Gemeinde durch die Stadt Plauen der Jüdische Friedhof mit seiner Trauerhalle rückübertragen. Während dieser Feier hielten der Gemeindevorsitzende und der Plauener Oberbürgermeister Ansprachen; musikalisch wurde die Feier durch ein Quartett des Leipziger Synagogenchors unter Dirigent Barnet Licht gestaltet.[108] Über die Einweihung einer Synagoge oder die Abhaltung von Gottesdiensten ist nichts bekannt. 1952 hatte die Plauener Gemeinde zehn, 1959 noch drei Mitglieder.[109] Nach dem Tod von David Stiefel übernahm die Leipziger Gemeinde die Verantwortung für den Jüdischen Friedhof.

Die Jüdische Gemeinde zu Dresden

Schon bald nach der Befreiung hatte die Dresdner Gemeinde ihr Büro im erhalten gebliebenen Gemeindehaus in der Bautzener Straße 20 eröffnet. Da alle Synagogen der Stadt völlig zerstört waren, wurde im Spätsommer 1945 in diesem Gebäude auch eine Betstube eingerichtet. Die offizielle Wiederbegründung der Israelitischen Religionsgemeinde zu Dresden, die sich 1947 in Jüdische Gemeinde zu Dresden umbenannte, fand am 1. November 1945 statt. Bereits Mitte 1946 beriet die Gemeindevertretung Pläne für den Neubau einer Synagoge. Weil auch der zerstörte Neue Friedhof wiederhergerichtet werden mußte, beschloß man, dessen Trauerhalle als Synagoge aufzubauen. Mit Unterstützung der Sächsischen Landesregierung, die für beide Objekte Gelder bereitstellte, konnte dieses Vorhaben verwirklicht werden. Bei der Einweihung der Synagoge am 18. Juni 1950 hielt der Dresdner Bürgermeister Wagner eine Ansprache, auch ein Grußwort des Volkskammerpräsidenten Johannes Dieckmann wurde verlesen. Die zur Feier des Tages gehißten Fahnen des Staates Israel und der DDR wehten einträchtig nebeneinander. Ausgestattet wurde die neue Synagoge mit Zeremonialgegenständen aus Silber (Rimmonim, Jadim, Bessamim-Büchsen, Leuchter u. ä.), die aus der in der »Kristallnacht« 1938 niedergebrannten Gemeindesynagoge entwendet, 1946 zufällig wiedergefunden und der Gemeinde zurückgegeben worden waren.[110]

Gemeindevorsitzender war von 1945 bis 1953 Leo Löwenkopf.*

* Leo Löwenkopf: 1892-?, aufgewachsen in Schczernec bei Lemberg, Staatsgewerbeschule in Wien, kaufmännischer Angestellter, seit 1908 SPD-Mitglied, seit 1913 in Dresden, 1914–1916 Kriegsdienst in österreichischer Armee, 1916 bis 1918 Kriegsgefangenschaft in Rußland, Versicherungsangestellter in Dresden, 1934 Emigration nach Palästina, 1936–1939 Versicherungsangestellter in Warschau, ab 1940 Warschauer Ghetto, 1942 Flucht und Gefangennahme, 1942–1945

Als Vorstandsmitglieder fungierten seit 1945 Rolf Pionkowski und Albert Hirsch. Letzterer zog 1948 nach Berlin und nahm in der späteren Hauptabteilung Verbindung zu den Kirchen beim Stellvertretenden Ministerpräsidenten Otto Nuschke eine Tätigkeit als Referent für jüdische Angelegenheiten auf. Über die Gemeindeaktivitäten ist wenig bekannt. Anläßlich der Proklamierung des Staates Israel fand am 23. Mai 1948 im Gemeindehaus unter Beteiligung von Vertretern der VVN, der Landesregierung, der Stadt und der Landesleitung der SED eine Feierstunde statt.

Von den 201 Gemeindemitgliedern im Jahr 1946 wohnten nur 112 Juden in der Stadt Dresden, die übrigen lebten in verschiedenen Orten Ostsachsens und der Oberlausitz: 12 im Landkreis Bautzen, 12 in Meißen, 12 im Landkreis Dresden, 11 im Landkreis Freiberg, 11 in Pirna, 6 in Görlitz, 6 in Löbau, 4 im Landkreis Dippoldiswalde, 3 in Niesky und 2 in weiteren Orten.[111] Später wurden noch 10 Juden aus Zittau der Dresdner Gemeinde zugerechnet, da dort nur bis 1948 eine eigene Gemeinde bestand.

Daß sich nach der Befreiung in Zittau eine kleine Gemeinde gebildet hatte, ist hauptsächlich bekannt geworden, weil ein früherer SA-Mann, der sich mit Hilfe falscher Papiere als Jude ausgab, die Anerkennung als OdF erhielt und Vorsitzender wurde.[112] Ob in Zittau Gottesdienste oder andere Gemeindeveranstaltungen stattfanden, ist fraglich. Die wenigen Mitglieder werden sich trotz juristischer Eigenständigkeit ihrer Gemeinde sehr an die Dresdner angelehnt haben. Im September 1948 ließen sie einen Gedenkstein für die vierzig ermordeten Juden aus Löbau und Zittau setzen. Wie die Berliner Zeitung »Der Weg« hervorhob, war dies »der erste Gedenkstein dieser Art in der Ostzone, der zu Ehren ausschließlich jüdischer Märtyrer errichtet wurde«[113]. An der Denkmalsenthüllung nahmen »zahlreiche Vertreter von Behörden, Organisationen und Parteien« teil; die Gedenkrede hielt Herr Behrendt, Mitglied des Gemeindevorstandes.

in verschiedenen Konzentrationslagern inhaftiert (Majdanek, Auschwitz, Sachsenhausen), Todesmarsch, Mai 1945 bei Schwerin befreit, August 1945 Rückkehr nach Dresden, 1945 Mitglied der KPD, seit 1946 SED, 1945–1953 Vorsitzender der Jüdischen Gemeinde zu Dresden, 1946–1953 Beiratsmitglied des Landesverbandes der Jüdischen Gemeinden in der SBZ/DDR, 1947–1953 Mitglied des VVN-Zentralvorstands, Mitarbeit in Wiedergutmachungskommission des SED-Zentralsekretariats, 1948–1952 Präsident der Sächsischen Notenbank, August bis November 1950 unter falschen Anschuldigungen inhaftiert, anschließend rehabilitiert, 1951 willkürliche VdN-Aberkennung der Ehefrau, Januar 1953 Flucht nach Westberlin.

Die Jüdische Gemeinde Chemnitz

Im Mai 1945 ließen sich 53 Juden in Chemnitz als Mitglieder der Jüdischen Gemeinde registrieren.[114] Da die Synagoge zerstört war, diente zunächst die Wohnung von Siegbert Fechenbach als Gemeindebüro. Der erste Gottesdienst fand im September 1945 zu Rosch Haschana in einer Schulaula statt, die von der Stadtverwaltung für diesen Zweck freigegeben wurde. Später zog das Gemeindebüro an den Brühl 24 um; zum Wiederaufbau der Synagoge fehlten jedoch Kraft, Geld und die Unterstützung der städtischen Behörden. Mit JOINT-Paketen wurden die Mitglieder über die Ausgabestelle der Dresdner Gemeinde versorgt. Von 1945 bis zu seiner Übersiedlung nach Westberlin im Jahr 1949 war Siegbert Fechenbach Gemeindevorsitzender, sein Amtsnachfolger war bis 1952 Albert Epstein. Auch andere Juden gingen in die Westzonen, um sich entweder dort niederzulassen oder ihre Auswanderung vorzubereiten. 1952 gehörten der Gemeinde nur noch 40 Juden an.[115]

Der Landesverband Thüringen der Jüdischen Gemeinden

Die Synagogen-Gemeinde zu Erfurt wurde 1946 wiedergegründet. Von den 150 Mitgliedern hatten ihr nur 16 auch früher angehört.[116] Die meisten »Neuen« waren mit den deutschen Umsiedlern aus den nun polnischen Gebieten östlich von Oder und Neiße zugewandert. In Thüringen nahm man die wenigen Überlebenden des Naziterrors fürsorglicher auf als in anderen Ländern. Die ersten Juden, die in Erfurt ankamen, wurden in Hotels untergebracht; später stellte man ihnen ihre früheren Wohnungen oder Häuser von enteigneten Nazis zur Verfügung. Sie erhielten großzügige Lebensmittelrationen, konnten eine Halle als Synagoge nutzen und einen Raum für den Schulunterricht von zwanzig Kindern unter 16 Jahren. Thüringen war auch das erste Land, das ein Wiedergutmachungsgesetz erließ, um Juden ihr von den Nazis »arisiertes« Eigentum zurückzuerstatten.

Den Gemeindevorsitz übernahm Max Cars, als Sekretär und Kantor amtierte Günther Singer. Auf dem Platz des in der Reichskristallnacht niedergebrannten Gotteshauses wurde mit Unterstützung der DDR-Regierung ein Neubau errichtet, der Synagoge und Gemeindehaus umfaßte. Am 31. August 1952 fand die Einweihung statt. Der Oberbürgermeister, Vertreter der evangelischen und der katholischen Kirche, Ottomar Geschke vom Zentralvorstand der VVN sowie der Stellvertretende Ministerpräsident der DDR, Otto Nuschke, überbrachten Glückwünsche. Nuschke hob in seiner Ansprache hervor, die Wiedergutmachung an den Juden sei für die Regierung der DDR oberstes Gebot; die DDR stelle als einziger Staat Rassenhetze unter Strafe. Julius Meyer übermittelte die Grüße der Berliner Gemeinde, des Landesverbandes der Jüdischen Gemeinden der DDR und des Zentralrates der Juden in Deutschland.[117]

Auch in anderen Orten Thüringens gründeten sich 1945/46 Kleinstgemeinden. 1948 waren in der Synagogen-Gemeinde des Stadt- und Landkreises Eisenach (Vorsitzender: Walter Cappel) 20 Juden registriert, bei der Gemeinde in Mühlhausen (Vorsitzender: Siegbert Fein) 18, bei der Israelitischen Kultusgemeinde zu Jena (Vorsitzender: Max Blau) 20 und bei der Synagogen-Gemeinde Gera (Vorsitzender: Joachim Neustein) 9 Juden. Zumindest von der Geraer Gemeinde ist belegt, daß sie den Status einer Körperschaft des öffentlichen Rechts innehatte. Kopfbögen weisen aus, daß die Jenenser zumindest bis 1948 als eigenständige Gemeinde existierte, die Eisenacher bis 1951 und die Geraer bis 1952.[118]

Über die Aktivitäten dieser Gemeinden ist wenig bekannt. Der Eisenacher Vorsitzende Walter Cappel wirkte sehr aktiv im Landesverband der Jüdischen Gemeinden in der SBZ/DDR mit. Bereits 1946 wurde der Landesverband Thüringen der Jüdischen Gemeinden, Sitz Erfurt gegründet, den das Präsidialamt des Landes Thüringen am 10. Oktober 1946 als Körperschaft des öffentlichen Rechts anerkannte.[119] Er wurde geleitet von einem dreiköpfigen Vorstand und einem Beirat, dem Vertreter aller Gemeinden angehörten.[120] Der Landesverband übernahm die Funktion einer Territorialgemeinde und umfaßte alle in Thüringen lebenden Gemeindemitglieder.

Trotz der wohlwollenden Haltung der Landesregierung sahen sich die Thüringer Juden mit massivem Antisemitismus konfrontiert. Im April 1946 kursierte ein Rundschreiben der Erfurter Polizeiinspektion Nord-Mitte, in dem die Aufnahme von zugewanderten Ostjuden untersagt und jüdische Displaced Persons, die vor Pogromen in Polen geflohen waren, als unerwünschte Personen bezeichnet wurden. Der Verfasser dieser Anweisung, ein langjähriger Buchenwald-Häftling, galt als »guter Genosse«: »Es ist festgestellt worden, daß zwischen der polnischen und sowjetischen Besatzungszone ein umfangreicher Menschenhandel getrieben wird. Es handelt sich dabei meistens um Ostjuden. Es ist von seiten der zuständigen Stellen zu achten, daß vor allen Dingen in größeren Städten irgendwelche, aus dem Osten eingewanderte Juden keine Zuzugsgenehmigung erhalten. Es ist im großen ganzen für das Thüringer Land nicht erwünscht, daß solche Personen seßhaft werden. Sollte schon irgendwo in Städten die Zuzugsgenehmigung an solche Personen erteilt sein, sind sie, wenn irgend möglich, rückgängig zu machen. Auf dem Land sind diese Personen unter strengste Kontrolle zu nehmen, um ihnen jede Möglichkeit abzuschneiden, irgendwo als Gewerbetreibende oder selbständige Kaufleute aufzutreten. Meistens sind diese Leute im Besitz von ›Opfer des Faschismus‹-Ausweisen, worauf auf keinen Fall Rücksicht genommen werden braucht.«[121] Der Landesverband Thüringen der Jüdischen Gemeinden erfuhr durch eine anonyme Zuschrift von diesem Polizeibefehl und protestierte daraufhin bei der VVN und beim SED-Zentralsekretariat.

Die Synagogen-Gemeinde zu Magdeburg

Etwa 50 Magdeburger Juden konnten die Nazizeit in der Illegalität oder dank der Ehe mit nichtjüdischen Partnern überleben. Gemeindemitglied Erich Fleischer hatte weitere 12 jüdische KZ-Häftlinge, die nach einem Bombenangriff geflohen waren, wochenlang versteckt. Bereits kurz nach der Befreiung lud der spätere Vorsitzende Horst Ismar Karliner* die wenigen Überlebenden in seine Wohnung ein, um die Synagogen-Gemeinde zu Magdeburg wiederzubegründen. Auf weiteren Zusammenkünften wurden Karliner, Joachim Freiberg und der bald darauf verstorbene Herbert Levy zum Gemeindevorstand gewählt.

Wie andere Gemeinden stand auch die Magdeburger vor dem Nichts. Die große Synagoge in der Schulstraße 2 war während des Novemberpogroms 1938 niedergebrannt, alle anderen Gemeindeeinrichtungen außer dem Friedhof waren zerstört worden. Deshalb befand sich das Gemeindebüro zunächst im Verwaltungsgebäude des Friedhofs, Fermersleber Weg 40–46. 1947 wurde in einer gemieteten Etage des Wohnhaus Halberstädter Straße 113 ein Betsaal eingerichtet. Drei Jahre später erwarb die Stadt Grund und Boden des zerstörten Gemeindehauses in der Schulstraße und stellte statt dessen eine Villa in der Klausener Str. 11/13 zur Verfügung.

1947 gehörten der Synagogen-Gemeinde zu Magdeburg 184 Mit-

* Otto Horst Ismar Karliner: 1895 – ?; aufgewachsen in Myslowitz/Oberschlesien, kaufmännische Lehre, anschließend in Textilbranche tätig, Teilnahme am Ersten Weltkrieg, eigenes Textiliengeschäft in Magdeburg, nach Novemberpogrom 1938 mehrere Wochen KZ Buchenwald, Entzug der Gewerbelizenz, Gärtnerausbildung, seit 1939 Friedhofsdezernent der Reichsvereinigung in Magdeburg, ab 1943 Zwangsarbeit, »Sternträger« und »nichtprivilegierte Mischehe« (Ehefrau Lisbeth war 1927 zum Judentum übergetreten, galt aber nach den Nürnberger Gesetzen als »arisch«), 1945–1953 Vorsitzender der Synagogen-Gemeinde Magdeburg, 1946 bis 1953 Beiratsmitglied des Landesverbandes der Jüdischen Gemeinden in der SBZ/DDR, 1947–1953 Vizepräsident des Landesverbandes der Jüdischen Gemeinden in Sachsen-Anhalt, Januar 1953 Flucht nach Westberlin.

glieder an, mehr als die Hälfte von ihnen wohnten in anderen Ortschaften. Das erschwerte den Aufbau eines Gemeindelebens. In die 1947 konstituierte Gemeinderepräsentanz wurden Erwin Schlein, Sorach Kupowski, Hans Winkler, Oskar Eisenstädt, Georg Kaethner und Hermann Weinstein berufen. Um die außerhalb wohnenden Mitglieder kümmerten sich vom Vorstand benannte Provinzbeauftragte (für Blankenburg Alexander Mayer, für Calbe Willy Heinemann, für Egeln Abraham Glanz, für Schönebeck Hans Winkler und für Oschersleben Siegbert Lewin). Die Gemeinde betreute auch ehemalige jüdische KZ-Häftlinge, bis diese die Heimreise antreten konnten, und einige aus Polen geflüchtete Juden, die kurze Zeit in Magdeburg und Umgebung wohnten, bevor sie in die Westzonen übersiedelten. Der Gemeindevorstand und der 1947 ins Leben gerufene »Landesverband der Jüdischen Gemeinden in Sachsen-Anhalt« setzten sich in besonderer Weise für die Wiedergutmachung der in der Nazizeit erlittenen Schäden an Leib und Leben sowie die Entschädigung bzw. Rückgabe des beschlagnahmten Eigentums ein.

Die Jüdische Gemeinde zu Halle / Saale

1945/46 waren in Halle bereits 87 Juden registriert,[122] eine Jüdische Gemeinde konstituierte sich aber erst verhältnismäßig spät in der Stadt. Die sozialen Belange der zurückkehrenden Juden wurden zunächst von der Sonderabteilung Jüdische Angelegenheiten des Hilfswerks der Provinz Sachsen, Abt. Wirtschaftliche Wiedergutmachung wahrgenommen. Ihr Leiter Hermann Baden*, ein Überlebender des Konzentrationslagers Theresienstadt, bat am 19. Juni 1946 die SMAD, ein Treffen von Juden zu genehmigen. So kam es am 30. Juni 1946 zu einer ersten Zusammenkunft in Badens Büro in der Burgstraße 46. Während die benachbarte Israelitische Religionsgemeinde zu Leipzig bereits als Körperschaft des öffentlichen Rechts bestätigt war, beschlossen die Anwesenden noch zurückhaltend, »in Fortführung der Jüdischen Religionsgemeinschaft eine Jüdische Gemeinschaft innerhalb des Hilfswerks der Provinz Sachsen zu gründen«[123]. Zum Vorsitzenden wurde Hermann Baden, zu Vorstandsmitgliedern Max Abramowitz, Adolf Simonsohn und Leon Zamojre gewählt. Nachdem eine Satzung ausgearbeitet und der sowjetischen Ortskommandantur vorgelegt worden war, teilte der Vor-

* Hermann Baden: 1883–1962, Kaufmann, »nichtprivilegierte Mischehe« und »Sternträger«, Zwangsarbeit, 1944–1945 Theresienstadt, 1947–1962 Vorsitzender der Jüdischen Gemeinde zu Halle, 1953–1962 Präsident des Verbandes der Jüdischen Gemeinden in der DDR.

stand am 31. Januar 1947 dem Ministerpräsidenten der Provinz Sachsen selbstbewußter mit, »daß die Jüdische Gemeinde zu Halle (Saale), deren Existenz unter der nationalsozialistischen Regierung zwangsweise geruht hat, unter der obigen Bezeichnung wieder ins Leben getreten ist und unter Inanspruchnahme ihrer früheren Rechte weiter besteht. Die Unterzeichneten [...] bitten um Anerkennung der Jüdischen Gemeinde in Halle (Saale) als privilegierte Religionsgemeinschaft und juristische Person des öffentlichen Rechts, Anerkennung der Unterzeichneten als deren Vorstand und ihre Bestellung zu Treuhändern des Vermögens der Jüdischen Gemeinde.«[124] Bereits am 7. Februar 1947 gab die Landesregierung diesem Antrag statt.

Von den 62 Mitgliedern, die der Jüdischen Gemeinde zu Halle 1947 angehörten, waren 34 in Konzentrationslagern inhaftiert gewesen, 4 hatten in der Illegalität überlebt, und 24 waren durch ihre nichtjüdischen Ehepartner vor der Deportation bewahrt geblieben (davon hatten 10 in »privilegierter Mischehe« gelebt, und 14 Männer waren »Sternträger« gewesen).[125] Ein Mitglied war staatenlos, alle anderen besaßen die deutsche Staatsangehörigkeit. Dies ist ein weiterer Beleg dafür, daß es jüdischen DPs erschwert wurde, sich in der Sowjetischen Besatzungszone niederzulassen. Wie andere Gemeinden war auch die Hallenser überaltert: 45 Mitglieder waren älter als 45 Jahre und nur eins unter zwanzig.

Trotz der raschen Wiedereinsetzung in ihre Rechte erhielt die Gemeinde nur wenig politische bzw. materielle Unterstützung von der Hallenser Stadtverwaltung. Erst nach gerichtlicher Klärung konnte sie ab 1952 wenigstens wieder zwei Räume ihres früheren Gemeindehauses als Büro nutzen. Ein sanierungsbedürftiges Altersheim mußte sie aus Geldmangel an die Stadt verpachten. Der bereits 1947 geplante Umbau der Trauerhalle auf dem Friedhof Dessauer Straße zur Synagoge nahm sechs Jahre in Anspruch.

Am 5. Oktober 1947, neun Monate nach der Konstituierung und Anerkennung der Jüdischen Gemeinde zu Halle / Saale, wurde der »Landesverband der Jüdischen Gemeinden in Sachsen-Anhalt« gegründet. Er umfaßte die Gemeinden in Halle und Magdeburg mit ihren Dependancen. Seinen Sitz hatte er in Halle, Goethestraße 29. Vorsitzender des Landesverbandes wurde Hermann Baden. Ferner gehörten dem Vorstand Horst Karliner (Stellvertreter), Dr. Otto Bieber, Leon Zamojre und Joachim Freiberg an. Mit Beschluß vom 10. November 1948 erkannte die Landesregierung dem Landesverband den Status einer Körperschaft des öffentlichen Rechts zu. Damit wurde er in die Rechte wiedereingesetzt, die er vor 1933 innehatte.

In Schwerin lebten nach der Befreiung nur noch 17 Juden, in ganz Mecklenburg waren es etwa 100. Sie konnten nur eine Jüdische Landesgemeinde Mecklenburg – als Territorialkörperschaft – wiederbegründen.

Obwohl die Sowjetische Militäradministration in Schwerin den Vorbereitenden Ausschuß zur Bildung der jüdischen Kultusvereinigung Mecklenburg zugelassen hatte, wurde die Konstituierung einer jüdischen Gemeinde trotz wiederholter Eingaben an die Landesregierung und die Stadtkommandatur nicht genehmigt. Hintertrieben wurde die Gemeindegründung insbesondere vom zuständigen Kultusminister Grünberg (SED), der seine antisemitische Gesinnung kaum verbarg. Er erklärte dem Vertreter des Vorbereitenden Ausschusses, Kurt Friedländer, die jüdische Gemeinde verfolge »Sonderinteressen« und werde in Mecklenburg nie zugelassen. Noch deutlicher war seine Invektive wegen der JOINT-Pakete: »Ihr seid keine jüdische Gemeinde, sondern eine amerikanische Speckpaketeempfängerorganisation.«[126] Auch in der VVN sträubte man sich, ehemals rassisch Verfolgte in den Landesvorstand aufzunehmen, weil sie der jüdischen Gemeinde angehörten. Empört darüber, daß »gerade von fortschrittlichen Menschen der Zusammenschluß der jüdischen Gemeinschaft verhindert wird«, wandten sich die Mitglieder des Vorbereitenden Ausschusses an den Mecklenburger Ministerpräsidenten und SED-Landesvorsitzenden, Kurt Bürger, sowie an das Zentralsekretariat der SED.[127] Bürger, der daraufhin unverzüglich seinen Kultusminister Grünberg zu sich bestellt hatte, wurde vom Leiter der ZK-Abteilung Arbeit und Sozialfürsorge, Paul Merker, zu einer Stellungnahme aufgefordert. Offensichtlich halfen diese Interventionen, denn am 7. Juni 1948 bestätigte das Ministerium für Volksbildung des Landes Mecklenburg, daß die Jüdische Landesgemeinde Mecklenburg, Sitz Schwerin nach Art. 88 der Landesverfassung eine Körperschaft des öffentlichen Rechts und Rechtsnachfolgerin der früheren jüdischen Gemeinden in Mecklenburg ist.[128]

Der Vorstand bestand aus dem Vorsitzenden Dr. Franz Unikower*,

* Franz Unikower: 1901–1997, 1918–1922 Jurastudium in Berlin, Assessor im preußischen Justizdienst, 1933 Entzug der Anwaltslizenz, Tätigkeit in der Auswanderungsberatung für Juden, 1938/39 Haft im KZ Buchenwald, Zwangsarbeit, 1943–1945 Haft in den KZ Auschwitz, Nordhausen und Ravensbrück, Todesmarsch, SPD-Mitglied, ab 1946 SED, 1946 acht Monate sowjetische Untersuchungshaft, aktiv in VVN und bei Wiederaufbau der Jüdischen Landesgemeinde Mecklenburg, 1948 bis 1956 ihr Vorsitzender, 1946 bis 1956 verschiedene Tätigkeiten im mecklenburgischen Justizdienst, 1956 Flucht nach Westdeutschland, 1957 bis

seinem Stellvertreter Hugo Mehler** und dem Kaufmann Leo Zloczower***. Die Gemeindemitglieder – 1947 waren 73 Juden beim »Vorbereitenden Ausschuß« registriert – lebten in ganz Mecklenburg. An regelmäßige Zusammenkünfte war deshalb ebensowenig zu denken wie an intensive religiöse Aktivitäten. Im Gemeindehaus in Schwerin wurde zwar ein Betraum eingerichtet, aber in der Regel fanden Gottesdienste nur zu jüdischen Feiertagen statt. Zum Neujahrsfest im Herbst wurden stets einige Hotelzimmer in Schwerin angemietet, um entfernt lebenden Mitgliedern und ihren Familienangehörigen die Teilnahme zu ermöglichen. Auch die Überalterung und der Gesundheitszustand der Mitglieder erschwerten die Gemeindearbeit. 1950 bezeichnete Unikower die Mitgliederkartei als »tragische Statistik«: »Die Gemeinde stirbt ab. Von den 68 Erwachsenen sind elf im Alter zwischen 68 und 89 Jahren, und nur zehn Personen sind unter vierzig. Die Gemeinde bildet etwa eine Pyramide, deren Spitze sich unten befindet. Sie muß zwangsläufig kleiner werden. Es kommt hinzu, daß von den 68 Personen insgesamt neunzehn völlig erwerbsunfähig sind, meistens als Folge des Aufenthalts in einem Lager. Es muß daher damit gerechnet werden, daß die Zahl der Mitglieder rapide zusammenschmelzen wird. Leider befinden sich gerade die ältesten und körperlich schwächsten Mitglieder in sehr schlechten wirtschaftlichen Verhältnissen. Ihnen nützt weder die Freigabe alter Konten etwas: sie hatten sämtlich keine; noch sind bisher die Renten erhöht worden.«[129] 1952 gehörten der Gemeinde 55 Mitglieder an, nach der Fluchtwelle des Jahres 1953 nur noch 40.[130]

1985 Justitiar des Landesverbandes Jüdischer Gemeinden in Hessen, zahlreiche Ehrenämter in der Jüdischen Gemeinde Frankfurt/Main und im Zentralrat der Juden in Deutschland.

** Hugo Mehler: 1880–1967, 1948–1956 Stellvertretender Vorsitzender der Jüdischen Landesgemeinde Mecklenburg, 1956–1962 Vorsitzender, 1962–1967 Ehrenvorsitzender.

*** Leo Zloczower: 1893–?, aufgewachsen in Rumänien, 1913–1936 Inhaber eines Großhandelsgeschäfts für Eier in Karlsruhe, Freiwilliger im Ersten Weltkrieg, 1934 Ausbürgerung, 1936 Enteignung, 1936–1939 Kaufmann in Czernowitz, 1939–1942 Bukarest, 1942–1943 Sofia, verschaffte sich falsche Papiere und gab sich als Volksdeutscher aus, 1943–1944 Zivilangestellter der Wehrmacht in Prag, Dezember 1944–April 1945 Koch beim Hauptverpflegungsamt der SS in Riga, Pommern und Mecklenburg, bei Schwerin Einzug der Alliierten Truppen abgewartet, seit 1947 aktiv beim Wiederaufbau einer Jüdischen Gemeinde, 1948 bis 1953 Stellvertretender Vorsitzender der Jüdischen Landesgemeinde Mecklenburg, Januar 1953 Flucht nach Westberlin.

Ihr Existenzrecht verdankten die jüdischen Gemeinden in Deutschland zunächst der Annullierung der Nazigesetze und der wohlwollenden Duldung durch die Besatzungsmächte; die offizielle Wiedereinsetzung in die entzogenen Rechte durch die Landesverwaltungen erfolgte erst zwischen 1946 und 1948. Trotz der weithin ungeklärten staatsrechtlichen Stellung bemühten sich die jüdischen Gemeinden frühzeitig um den Aufbau von Regional- oder Landesverbänden und einer zonenübergreifenden Dachorganisation.

Am 10. November 1946 trafen sich in Berlin erstmals Vertreter von acht jüdischen Gemeinden aus der Sowjetischen Besatzungszone und Berlin, um einen Dachverband zu gründen.[131] Die Anwesenden befürworteten die Gründung eines Vorbereitenden Ausschusses für den Verband Jüdischer Gemeinden in der russischen Okkupationszone. Er sollte die einzelnen Gemeinden bei der religiösen, kulturellen und sozialen Betreuung ihrer Mitglieder unterstützen sowie Verhandlungen mit der Besatzungsmacht und den deutschen Behörden über Restitution und Wiedergutmachung führen. Zum Präsidenten wurde Julius Meyer, zum Vizepräsidenten Dr. Fritz Grunsfeld und zum Generalsekretär Dr. Hans Erich Fabian gewählt. Als Beiratsmitglieder fungierten Salo Looser, Leo Löwenkopf, Max Cars, Günther Singer, Horst Karliner, Walter Cappel, Erich Nelhans; Dr. Fritz Corsing und Bruno Gewürtz wurden zu Beisitzern ernannt. Auf der zweiten Tagung des Vorbereitenden Ausschusses am 19. Dezember 1946 in Leipzig standen die Verbandsstruktur, die Einbeziehung der SBZ-Gemeinden in die Paketbetreuung des JOINT, die Frage der Wieder- bzw. Neuaufnahme in das Judentum und die Wiedergutmachungsproblematik im Mittelpunkt der Diskussionen. Im Frühjahr 1947 wurde die Dachorganisation von der SMAD offiziell als Landesverband der Jüdischen Gemeinden in der Sowjetischen Besatzungszone zugelassen. Wegen des Viermächtestatus der Stadt gehörte die Jüdische Gemeinde zu Berlin dem Landesverband nicht an, wurde aber durch ihr Vorstandsmitglied Julius Meyer vertreten, der die Juden des Landes Brandenburg repräsentieren sollte.

Im Mai 1947 kam der Landesverband erneut in Berlin zusammen, damit Vertreter der in Westberlin tätigen Hilfsorganisationen wie JOINT und Jewish Agency teilnehmen konnten. Damals wurde beschlossen, die ostdeutschen Gemeinden in die Paketverteilung des JOINT einzubeziehen und Ausgabestellen in Berlin und Dresden einzurichten. Neben den Gemeinden erhielten OdF-Erholungsheime wie Sülzhayn Lebensmittel, die letztlich nicht nur den jüdischen

Patienten zugute kamen. Im Herbst 1947 versorgte der JOINT 1200 Juden in der SBZ mit Nahrungs- und Genußmitteln. Auch bei der Vergabe von Ferienlagerplätzen wurden die ostdeutschen Gemeinden berücksichtigt. Im Sommer 1948 nahmen an dem von der Jewish Agency in Berlin-Kladow veranstalteten Ferienlager neben 50 Berliner Kindern 30 Jungen und Mädchen aus der SBZ teil. Die Jewish Agency gab bekannt, daß »fast die Hälfte der Kinder [...] in nächster Zeit mit der Alijah nach Erez gehen« werde.[132] Ob sich darunter auch Kinder aus der SBZ befinden sollten, ist nicht belegt. Den anhaltenden Drang zur Auswanderung aus Deutschland bestätigt auch Adolf Diamant, der 1946/47 mit einer Gruppe jüdischer Jugendlicher aus Chemnitz und Leipzig nach Berlin ging, um von dort nach Israel auszuwandern.[133]

Im September 1948 veranstaltete der Landesverband in Leipzig ein Sportfest, »an dem Hakoah Berlin mit ihrer 1. Handballmannschaft und Hakoah Erfurt mit ihrer 1. Fußballmannschaft« sowie bekannte Leipziger Sportgruppen teilnahmen. Außerdem fanden mehrere Leichtathletikwettbewerbe statt.[134] Daß sich einzelne Gemeinden trotz ihrer geringen Mitgliederzahl bemühten, nach der Tradition der jüdischen Sportvereine Mannschaften aufzubauen, war bemerkenswert.

Als interzonale Dachorganisation wurde am 7./8. Juni 1947 in Frankfurt/Main die Arbeitsgemeinschaft jüdischer Gemeinden in Deutschland ins Leben gerufen. Neben Fragen der Entschädigung, Auswanderung und Zusammenarbeit mit internationalen Hilfsorganisationen standen gemeinsame Probleme des Gemeindeaufbaus im Mittelpunkt des Interesses. Auf dieser ersten Tagung ging es u. a. um die Frage, wer den jüdischen Gemeinden angehören könne. Da 60 bis 70 Prozent der Mitglieder mit nichtjüdischen Ehepartnern verheiratet waren und somit zumindest zahlenmäßig die Gemeinden dominierten, gab es starke Befürchtungen vor einer Transformation in synkretistische jüdisch-christliche Gemeinden. Um eine solche Entwicklung auszuschließen, wurden sieben Grundsätze formuliert. So sollte an den halachischen Kriterien für die Gemeindezugehörigkeit festgehalten und Mitgliedern, die in einer religiös nicht zulässigen Ehe lebten, das aktive und passive Wahlrecht verweigert werden. Die Umsetzung dieser Beschlüsse oblag jeder Gemeinde selbst; vor allem kleine hielten sich nicht daran, da sie Angst hatten, einen Teil der wenigen Mitglieder zu verlieren. Auch in der Jüdischen Gemeinde zu Berlin wurde das aktive Wahlrecht nicht angetastet und das passive nur für diejenigen eingeschränkt, die ihre Kinder christlich erziehen ließen.

Die zweite Tagung der Arbeitsgemeinschaft jüdischer Gemeinden in Deutschland fand vom 19. bis 22. Oktober 1947 in Berlin statt, die dritte am 11./12. Januar 1948 in Bremen. Die Gemeinden in der SBZ wurden im Arbeitsausschuß der Arbeitsgemeinschaft durch Julius Meyer vertreten, die Jüdische Gemeinde zu Berlin durch ihren Vorsitzenden Dr. Hans Erich Fabian. Außerdem gab es noch einen Beirat mit 15 Mitgliedern, in den jede Besatzungszone und die Gemeinde Berlin jeweils drei Vertreter entsandten. Im Juli 1950 wurde die Arbeitsgemeinschaft vom Zentralrat der Juden in Deutschland abgelöst, dem die DDR-Gemeinden bis 1962 angehörten. In dessen Führungsgremium, dem Direktorium, vertrat Julius Meyer den Landesverband der Jüdischen Gemeinden in der SBZ bzw. DDR. Auf diese Weise konnte trotz der Spaltung Deutschlands ein intensiver Austausch zwischen Funktionären ost- und westdeutscher Gemeinden gepflegt werden.

Im Kontext der damals noch proisraelischen Haltung der Sowjetunion gelang es Julius Meyer, die Diskussion über Entschädigung und Wiedergutmachung in Gesprächen mit hohen SED-Funktionären voranzutreiben. Am 15. März 1948 organisierte er in seiner Wohnung in der Kreuzberger Körtestraße ein Treffen von Vertretern des Landesverbandes, des Zentralrates der Juden in Deutschland, der Jewish Agency und des SED-Parteivorstandes. Von seiten des Landesverbandes nahmen Julius Meyer, Walter Cappel (Eisenach), Siegbert Fechenbach und Albert Epstein (Chemnitz), Günter Singer, Chaskel Goldberg und Herr Aufrichtig (Erfurt), Salo Looser und Dr. Fritz Grunsfeld (Leipzig) sowie Leo Löwenkopf (Dresden) daran teil. Der Zentralrat der Juden in Deutschland war durch seinen Direktoriumsvorsitzenden Hermann van Dam vertreten, die Jewish Agency durch Dr. Nussbaum, Herrn Schoyer und ihren Deutschland-Repräsentanten, Dr. Liebstein. Der SED-Parteivorstand delegierte Paul Merker als Leiter der Abteilung Arbeit und Sozialfürsorge, dessen Mitarbeiter Kurt Nettball sowie den Leiter der Präsidialkanzlei Wilhelm Piecks, Leo Zuckermann.[135] Ein Protokoll dieser Sitzung ist nicht erhalten, doch gab Meyer im Januar 1953 während eines Verhör vor der Zentralen Parteikontrollkommission an, daß sich Merker und Zuckermann für die Rückgabe des gesamten Eigentums aussprachen, das durch die Nazis beschlagnahmt worden war. Zwar sind solche Aussagen nicht unbedingt zuverlässig, da sie oftmals den Verhörten entlasten sollen, doch ist das Engagement Merkers und Zuckermanns für die Lösung des Restitutionsproblems bekannt. Bereits vier Wochen später, im April 1948, wurde nochmals auf höchster Ebene verhandelt und die Bereitschaft zur Wiedergutmachung konkretisiert. Meyer arrangierte erneut ein Treffen des Ko-Vorsitzenden der SED, Otto Grotewohl, mit dem Münchner Vertreter der Jewish Agency, Dr. Chaim Yachil, und deren Berliner Repräsentanten, Dr.

Livneh.[136] Während des dreistündigen Gesprächs in Grotewohls Büro ging es um die Unterstützung der SBZ für den im Entstehen begriffenen Staat Israel und die Zahlung von Wiedergutmachung an seine Bürger. Grotewohl bekundete Solidarität mit dem »Kampf« für den Staat Israel und bot eine Wiedergutmachung an, die jedoch nicht individuell, sondern als Pauschalsumme gezahlt werden sollte. Er sprach sich zunächst für einen sofortigen symbolischen Akt aus, da eine endgültige Regelung noch nicht in Aussicht sei, und schlug vor, das an die Leipziger jüdische Gemeinde zu restituierende Eitingon-Krankenhaus durch ein Schiff zu kompensieren, das jüdische Flüchtlinge nach Palästina bringen sollte. Da sich in der SMAD und somit auch in der SED-Führung eine restitutionsfeindliche Haltung durchzusetzen begann, wurde dieser Vorschlag nicht verwirklicht.

Zwei Jahre später unternahm Meyer nochmals einen Vorstoß, um auf höchster Ebene das drängende Problem der Entschädigung zu lösen. Auf seine Vermittlung hin wurden er als Vorsitzender des Landesverbandes, der Berliner Gastrabbiner Stephen Schwartzschild, der Vorsteher der Repräsentanz der Jüdischen Gemeinde zu Berlin und Präsident des Berliner Kammergerichts, Dr. Hans Freund, vom Präsidenten der DDR, Wilhelm Pieck, am 3. März 1950 in dessen Residenz Schloß Niederschönhausen empfangen. Doch inzwischen war die Bereitschaft zur Regelung dieser Frage weiter gesunken, und so blieb auch dieses Treffen folgenlos. Unverbindlich hieß es in der anschließenden Pressemitteilung: »In einer Atmosphäre freundschaftlichen Verständnisses wurden verschiedene Probleme der jüdischen Bevölkerung in der Deutschen Demokratischen Republik erörtert.«[137]

Während es bislang kaum Konflikte zwischen Gemeinden und Staat gegeben hatte, begannen sich 1950 erste Auseinandersetzungen abzuzeichnen. Durch die Gründung zweier Staaten waren für die jüdischen Gemeinden wie für alle gesamtdeutschen Organisationen grenzüberschreitende Kontakte problematisch geworden. Obwohl fast alle Gemeindevorsitzenden Mitglieder der SED waren, genügte dies nicht als Loyalitätsbeweis, und Partei und Staat versuchten, den »Landesverband der Jüdischen Gemeinden in der Deutschen Demokratischen Republik stärker zu einem zentralistischen Instrument auszubauen. Dazu nutzte man die Finanznot der Gemeinden. Die beim Stellvertretenden Ministerpräsidenten Otto Nuschke angesiedelte Hauptabteilung Verbindung zu den Kirchen verlangte, daß die Gemeinden ihren Bedarf über den Landesverband bei der DDR-Regierung einreichen und die Gelder über den Verband an die Gemeinden ausgezahlt werden. 1951 handelte es sich um Zuschüsse in Höhe von 200 000 DM, 1952 um 300 000 DM zuzüglich der Finanzierung des Neubaus der Erfurter Synagoge.[138] Dieses Verfahren schränkte die traditionelle Gemeindeautonomie erheblich ein.

Wahrscheinlich wurde auch auf eine Umstrukturierung des Landesverbandes, seine Trennung vom Zentralrat der Juden in Deutschland und den Abbruch der Verbindungen in den Westen gedrungen, da sich der Landesverband am 15. Juni 1952 auflöste und als Verband der Jüdischen Gemeinden in der Deutschen Demokratischen Republik neu gründete. An dieser außerordentlichen Tagung nahmen Vertreter aller sieben noch bestehenden Gemeinden teil. Zum Präsidenten wurde wieder Julius Meyer gewählt, zum Vizepräsidenten Dr. Fritz Grunsfeld. Im Beirat waren Leo Löwenkopf (Dresden), Hermann Baden (Halle), Günter Singer (Erfurt), Helmut Salo Looser (Leipzig), Dr. Franz Unikower (Schwerin), Max Cars (Erfurt) und Horst Karliner (Magdeburg) vertreten. Die Verbindung zu den westdeutschen Gemeinden wurde aufrechterhalten: Meyer und Grunsfeld vertraten das Verbandspräsidium im Direktorium des Zentralrats der Juden in Deutschland, Singer (Thüringen), Baden (Sachsen-Anhalt), Looser (Sachsen) und Löwenkopf (Brandenburg) repräsentierten die Länder. Am 9. Juli 1952 verlieh die Hauptabteilung Verbindung zu den Kirchen dem alt-neuen Verband der Jüdischen Gemeinden in der Deutschen Demokratischen Republik die Rechte einer Körperschaft des öffentlichen Rechts.[139]

Restitution und Wiedergutmachung 1945–1953

Fürsorgeanspruch statt individueller Entschädigung der Opfer in der SBZ/DDR

Unter den Alliierten herrschte bereits in Jalta Einigkeit darüber, daß Deutschland für die von ihm verursachten Schäden aufzukommen habe. Die Festlegungen des Potsdamer Abkommens bezogen sich aber nur auf Reparationsleistungen an die Siegermächte. Demnach sollte jede Besatzungsmacht ihre Ansprüche aus der eigenen Besatzungszone und aus deutschen Auslandsguthaben befriedigen. Die Frage der Entschädigung von Personen, die aus rassischen, religiösen oder politischen Gründen verfolgt worden waren, blieb offen. Jedoch war unstrittig, daß Deutschland zumindest moralisch verpflichtet sei, für verfolgungsbedingte Leiden und Vermögensverluste Wiedergutmachung zu leisten.

Nach 1945 bestand im Alliierten Kontrollrat zunächst die Absicht, eine gemeinsame gesetzliche Grundlage für die Rückerstattung in allen vier Besatzungszonen auszuarbeiten. Die Beratungen darüber scheiterten jedoch bereits 1947 an der Forderung der Sowjetunion, nur den in Deutschland lebenden einstigen Verfolgten Entschädigung zu gewähren. Auch die vor allem in den Westzonen diskutierte Frage der Verwendung des durch den Massenmord »herrenlos« gewordenen jüdischen Vermögens sollte nach sowjetischen Vorstellungen vorerst ausgeklammert werden, da sie dieses Vermögen im Unterschied zu den Westalliierten für Reparationen und die OdF-Fürsorge nutzen wollte. Daraufhin beschlossen die Militärregierungen in ihren Besatzungszonen unterschiedliche Gesetze und Anordnungen. Die Rückerstattung feststellbarer Vermögensgegenstände von Opfern des Naziregimes wurde in der amerikanischen Besatzungszone durch das Gesetz Nr. 59 der Militärregierung vom 10. 11. 1947, in der britischen Zone durch die Allgemeine Verfügung Nr. 10 vom 20. 10. 1947 und in der französischen Zone durch die Verordnung Nr. 126 vom 10. 11. 1947 geregelt. In der SBZ galten ab 1948 die SMAD-Befehle Nr. 64 vom 17. April 1948 und Nr. 82 vom 29. April 1948. Der Befehl Nr. 64 wandelte treuhänderisch verwaltetes Eigentum in »Volkseigentum« um, das für Wiedergutmachungsansprüche unantastbar war, und unterstellte es der Verfügungsgewalt der Deutschen Wirtschaftskommission. Der Befehl Nr. 82 untersagte »Ausländern« die Nutzung ihres Eigentums in der SBZ und verhinderte somit die Rückerstattung von Privateigentum an Emigranten. Allerdings enthielt dieser Befehl auch einen Passus über die »Rückgabe des durch den Nazistaat beschlagnahmten Eigentums an demokratische Organisationen«, der zur Grundlage für die Rückerstattung wenigstens eines Teils des Grundvermögens der jüdischen Gemeinden – zumeist Synagogen, Gemeindehäuser, Friedhöfe und wenige soziale Einrichtungen – wurde. Es hieß da: »Bewegliches und unbewegliches Eigentum, das durch den Nazistaat beschlagnahmt oder auf eine andere Weise enteignet war, und früher wohltätigen, kirchlichen oder humanitären Zwecken diente oder für solche bestimmt war, wird an die in der sowjetischen Besatzungszone zugelassenen Organisationen zurückgegeben, in deren Besitz sich dieses Eigentum im Augenblick seiner Beschlagnahme tatsächlich befand.«[140] Falls eine solche Organisation nicht mehr existierte, konnte dieses Eigentum an andere Organisationen mit ähnlichen Zielen restituiert werden. Die Rückerstattung sollte bis zum 1. Juli 1948 abgeschlossen sein, das nach Fristablauf oder wegen unklaren Eigentumsverhältnissen verbliebene Vermögen in Volkseigentum überführt werden. Für den Vollzug dieses Befehls waren Kommissionen der Länder verantwortlich.

Auf diese Weise wollte die Sowjetunion eine Schmälerung der deutschen Reparationsleistungen durch Wiedergutmachungsansprüche verhindern.

Die ursprüngliche Position des Alliierten Kontrollrats wurde anfangs auch von der SED vertreten. Am 13. Februar 1947 stimmte das SED-Zentralsekretariat der Einrichtung eines »ministeriellen Interzonensekretariats« zur Erarbeitung einer einheitlichen Wiedergutmachungsgesetzgebung zu.[141] Da auch in der VVN die Notwendigkeit einer in allen Zonen gleichermaßen gültigen gesetzlichen Regelung der Wiedergutmachung erkannt wurde, rief der Zentralvorstand der VVN der SBZ am 30. März 1947 eine Wiedergutmachungskommission ins Leben, die einen Gesetzentwurf ausarbeiten sollte. Neben Generalsekretär Karl Raddatz, VVN-Landesvertretern, Helmut Lehmann und Leo Zuckermann vom SED-Zentralsekretariat gehörten ihr Julius Meyer und Leo Löwenkopf als Repräsentanten des Landesverbandes der jüdischen Gemeinden in der SBZ an. Vor allem Löwenkopf setzte sich dafür ein, daß das Thema der Wiedergutmachung nicht von der Tagesordnung der VVN-Zentralvorstandssitzungen verschwand. Doch die Erarbeitung des Gesetzentwurfs ging kaum voran, so daß Meyer und Löwenkopf sich genötigt sahen, nicht nur die Trägheit, sondern auch »antisemitische Erscheinungen« in der VVN anzuprangern. Erst im Januar 1948 lag der Entwurf des Gesetzes über die Betreuung der Verfolgten des Naziregimes und die Vorbereitung für Wiedergutmachung vor, der auch vom Zentralsekretariat der SED gebilligt und den Landtagen zur Beschlußfassung zugeleitet wurde.

Bei der Diskussion der Gesetzesvorlage in den Landtagen stritt man sich besonders um die §§ 30 und 31. Sie sahen vor, daß nur in Deutschland lebende Personen anspruchsberechtigt seien und die in Volkseigentum übergegangenen oder für öffentliche Zwecke beschlagnahmten Vermögensgegenstände nicht der Rückerstattung unterliegen. Vor allem die jüdischen Gemeinden protestierten gegen diesen Passus, der Emigranten von der Wiedergutmachung ausschloß und die »Arisierung« im nachhinein festschrieb. In den VVN-Landesverbänden kam es zu heftigen Auseinandersetzungen zwischen politisch und rassisch Verfolgten. Im VVN-Zentralvorstand hatte sich Löwenkopf entschieden »gegen die Heranziehung des herrenlosen jüdischen Vermögens zur Wiedergutmachung [gewandt] und erklärt, daß nur die Jüdische Gemeinde eine Berechtigung hat, als Nachfolgeorganisation über das herrenlose jüdische Vermögen zu verfügen«.[142] In diesen beiden Paragraphen manifestierten sich bereits die Kernpunkte des in den folgenden vierzig Jahren maßgeblichen Unwillens der SED zur Wiedergutmachung. Der Gesetzentwurf wurde in den Landtagen zwar weiter beraten, doch es bestand kaum noch Aussicht auf Realisierung, da sich die politische Situation grundlegend verändert hatte.

Im Frühjahr 1948 setzte sich im Gefolge der sowjetischen Besatzungspolitik auch beim SED-Zentralsekretariat eine restitutionsfeindliche Haltung durch. Auf der 10. Tagung des Parteivorstandes am 12./13. Mai 1948 lehnte man Rückerstattung und Entschädigung ab und sprach sich gegen die Ausarbeitung eines den Westzonen vergleichbaren Wiedergutmachungsgesetzes aus. Der noch wenige Monate zuvor vom Zentralsekretariat gebilligte Entwurf des Gesetzes über die Betreuung der Verfolgten des Naziregimes und die Vorbereitung für Wiedergutmachung wurde unter Hinweis auf die vernachlässigte »Klassenfrage« kritisiert. Die Arbeiterklasse hätte die Kosten der Rückerstattung zu tragen, die einzig jüdischen Kapitalisten zugute käme; auf diese Weise würden kapitalistische Eigentumsverhältnisse restauriert. Der massive Widerstand der Abteilung Justiz gegen eine Wiedergutmachung, den der maßgeblich an der Ausarbeitung des Gesetzes beteiligte Hauptreferent der Abteilung Landespolitik, Leo Zuckermann, als »politische Kampagne« charakterisierte, stützte sich auf folgende »Argumente«:

»1. Die Ausgewanderten haben überhaupt keine Ansprüche mehr. Warum sollen wir ihnen noch etwas nachwerfen?
2. Wenn wir einen Schadensersatz anerkennen, dann stärken wir nur die jüdischen Kapitalisten.
3. Die Umsiedler bekommen ja auch nichts, warum sollen die Juden was bekommen? Das ist nicht gerecht. Auch sie müssen die allgemeine Verarmung durch den Krieg mittragen.
4. Die jüdischen Emigranten gehören nicht zur Arbeiterklasse. Wir gehen in der Ostzone den Weg zum Sozialismus, infolgedessen haben wir kein Interesse daran, zusätzlich neue Bürden auf die Arbeiterklasse abzuwälzen.
5. Wenn wir einen Kollektivanspruch eines jüdischen Staates anerkennen, dann erkennen wir auch die Ansprüche der Monopol- und Trustherren an.
6. Die Sowjetunion lehnt heute die Verantwortung des deutschen Volkes für den Hitlerkrieg ab und handelt nach anderen Grundsätzen.«[143]

Im Parteivorstand gewann ein dumpfer Antisemitismus die Oberhand, der das »jüdische Kapital« wieder als Feindbild ins politische Spiel brachte und die »arisierten« Vermögenswerte quasi zum Volkseigentum erklärte.

Nach einer von Paul Merker einberufenen Beratung mit Vertretern der VVN, des Landesverbandes der Jüdischen Gemeinden in der SBZ und SED-Funktionären, in der sich Meyer und Löwenkopf für eine uneingeschränkte Rückerstattung des von den Nazis enteigneten jüdischen Vermögens aussprachen, schrieb der Leiter der Justizabteilung des Zentralsekretariats, Götz Berger, empört an Walter Ulbricht: »Ich erlaube mir, noch einmal auf die Gefährlichkeit dieser Vorschläge hinzuweisen, die nicht nur unseren Etat außerordentlich belasten würden, sondern auch vom sozialistischen Standpunkt aus nicht zu verantworten sind und eine starke Belastung unserer Partei und der gesamten neuen Ordnung darstellen würden, denn diese Regelung würde ja nichts anderes bedeuten, als daß die Sozialisierung vor dem jüdischen Kapital haltmachen sollte, und daß jüdischen Kapitalisten Sondervergünstigungen gegenüber allen anderen Kapitalisten eingeräumt werden sollen.«[144] Vergeblich verwahrte sich Zukkermann gegen die Position der Abteilung Justiz, die sich nicht allein gegen jüdische Ansprüche, sondern »gegen die Wiedergutmachungsverpflichtungen des deutschen Volkes als solche« richtete.[145] Im Parteivorstand setzten sich jene durch, die mit antisemitischen Argumenten eine Wiedergutmachung grundsätzlich ablehnten.[146] Der von den Landtagen revidierte und weitgehend auf ein Betreuungsgesetz reduzierte Entwurf des Gesetzes über die Betreuung der Verfolgten des Naziregimes und die Vorbereitung für Wiedergutmachung lag im November 1948 bei der SMAD zur Genehmigung vor, wurde dort aber nicht bearbeitet. Von einer Rückerstattung von Vermögenswerten war mit Ausnahme von kleineren Häusern, Gartengrundstücken und Mobiliar ohnehin keine Rede mehr.

Anstelle eines Wiedergutmachungsgesetzes erließ die Deutsche Wirtschaftskommission am 5. Oktober 1949 die Anordnung zur Sicherung der rechtlichen Stellung der anerkannten Verfolgten des Naziregimes. Diese VdN-Anordnung bildete fortan die Grundlage der Rückerstattung, Entschädigung und Wiedergutmachung für in der DDR lebende Personen. Sie definierte die den anerkannten OdF zu gewährenden Sozialleistungen (Alters- und Invalidenrenten, Wohnraum- und Arbeitsvermittlung, gesundheitliche Fürsorge, Ausbildungsbeihilfen für ihre Kinder und ähnliches). In den im Februar 1950 verabschiedeten Durchführungsbestimmungen wurde der Kreis der Berechtigten genauer bezeichnet: Nach den Widerstandskämpfern waren unter Punkt 12 bis 18 auch die rassisch Verfolgten aufgeführt.[147] Doch die VdN-Anordnung hatte kaum noch Ähnlichkeit mit der den anderen Gesetzentwürfen zugrunde liegenden Konzeption der Wiedergutmachung. Der individuelle Rechtsanspruch auf Entschädigung und Rückerstattung des von den Nazis geraubten Vermögens wurde nun durch einen Fürsorgeanspruch ersetzt.[148]

Eine Ausnahme in bezug auf Restitution und Wiedergutmachung stellt das Land Thüringen dar. Dort wurde bereits am 14. September 1945 ein Wiedergutmachungsgesetz erlassen, nach dem die in Thüringen in der Zeit vom 30. Januar 1933 bis zum Einmarsch der amerikanischen Truppen beschlagnahmten oder enteigneten Vermögenswerte »von dem jetzigen Eigentümer, Besitzer oder Inhaber zurückzugewähren [waren], wenn [...] [sie] a) entweder aus jüdischer Hand oder b) aus dem Vermögen von ehemaligen Parteien, Gewerkschaften sowie ehemaligen politischen, religiösen oder Vereinigungen ähnlicher Art« stammten.[149] Erstattungsberechtigt waren die früheren Eigentümer, ihre Ehepartner, Kinder und Enkel. Auch vom Ausland aus erhobene Ansprüche wurden anerkannt. Eine Ergänzungsverordnung vom Juli 1946 stellte alle Grundstücke, die früher jüdisches Privat- oder Gemeindeeigentum waren, unter staatliche Verwaltung. Dies erfolgte zunächst in der Absicht, eine Verschleierung der einstigen Besitzverhältnisse zu verhindern und die im September 1946 ablaufende Anmeldefrist für Ansprüche zugunsten der Emigranten zu verlängern. Dem beim Landespräsidenten angesiedelten Referat für Wiedergutmachung unterstand ein Netz treuhänderischer Verwaltungen ehemaligen jüdischen Eigentums in ganz Thüringen. Am 30. Mai 1947 wurde ein Änderungsgesetz erlassen, das die Rückerstattung bei Enteignung aus politischen, rassischen und religiösen Gründen erweiterte. So mußten z. B. Juden nicht mehr in jedem einzelnen Fall die Zwangssituation der nach 1933 erfolgten Verkäufe nachweisen. Die Dritte Durchführungsverordnung vom 13. Oktober 1947 bestimmte die Rechtsnachfolge der von den Nazis unterdrückten oder verbotenen antifaschistisch-demokratischen Organisationen näher.

Von Anfang an setzten sich die jüdischen Gemeinden und die Landesgemeinde Thüringen für die konstruktive Handhabung des Wiedergutmachungsgesetzes ein, sie wirkten u. a. bei der Erfassung ehemaligen jüdischen Eigentums, seiner treuhänderischen Verwaltung und der Verbesserung des Gesetzestextes mit. Der Vorsitzende der Israelitischen Kultusgemeinde Jena, Max Blau, war Treuhandverwalter im Raum Jena; andere aktive Mitglieder der Thüringer Gemeinden nahmen ähnliche Funktionen wahr. Wie rasch das Thüringer Wiedergutmachungsgesetz den früheren Eigentümern zugute kam, hing einerseits von der jeweiligen Rechtslage, andererseits vom politischen Willen der kommunalen Verwaltungsorgane ab. So gab z. B. die Stadt Eisenach schon 1946 der lokalen jüdischen Gemeinde das Grundstück der Synagoge zurück. Das Gesetz berührte fast ausschließlich in Thüringen lebende Juden, da Emigranten meist erst 1947/48 ihre Ansprüche anmelden konnten – zu einem Zeitpunkt, als das Thüringer Wiedergutmachungsgesetz durch die von der SMAD im April 1948 erlassenen Befehle bereits aufgehoben war.

In Berlin war die Erarbeitung einer gesetzlichen Regelung über Rückerstattung und Wiedergutmachung durch den Viermächtestatus der Stadt besonders kompliziert und somit abhängig von einer zonenübergreifenden Vereinbarung. Um sich einen Überblick über den Umfang des zu restituierenden Eigentums in Berlin zu verschaffen, befahl die Alliierte Kommandatura dem Magistrat am 2. Oktober 1945, eine detaillierte Aufstellung der »beschlagnahmten Güter, insbesondere derjenigen der Juden, Polen und Russen« vorzulegen.[150] Der vom Oberfinanzpräsidenten von Berlin daraufhin erstellte Bericht gab an, das Eigentum der Reichsvereinigung der Juden in Deutschland sowie von ca. 72 000 Juden deutscher Staatsangehörigkeit stünde unter Kontrolle der Vermögensverwaltungsstelle. Das Reinvermögen der Bezirksstelle Berlin der Reichsvereinigung (konfisziertes Eigentum der Berliner jüdischen Gemeinden und Vereinigungen) belief sich am 30. September 1944 auf 18,4 Millionen RM und (mindestens) 37 Grundstücke. Die Höhe der privaten Vermögenswerte war noch nicht berechnet, allerdings hatte man bereits 1 693 Grundstücke früherer jüdischer Eigentümer, davon 685 im sowjetischen Sektor, erfaßt.[151]

Im Dezember 1945 war das Problem der Wiedergutmachung Gegenstand einer Magistratssitzung. Wie Stadtkämmerer Dr. Erich Siebert ausführte, lägen schon seit einiger Zeit Rückerstattungsansprüche von Juden auf ihr vom Deutschen Reich beschlagnahmtes Vermögen vor, doch hätten die amerikanischen und britischen Militärbehörden befohlen, vorerst keine Wiedergutmachung vorzunehmen und die Objekte durch Treuhänder verwalten zu lassen. Aus diesem Grund beschloß man, Bedürftigen eine Soforthilfe zu gewähren. Am 21. Januar 1946 veröffentlichte der Magistrat in Erwartung einer zonenübergreifenden Regelung die Richtlinien für die Gewährung von Vorauszahlungen auf die Wiedergutmachung für die durch das Nazi-Regime verursachten Schäden.[152] Zu den anspruchsberechtigten Geschädigten des Nazi-Regimes gehörten die anerkannten OdF und Juden »im Sinne der aufgehobenen Nürnberger Gesetze«, die zwischen 1933 und 1945 sowie am 1. Januar 1946 ihren Wohnsitz in Berlin hatten. Die Vorauszahlungen bestanden in Renten, einmaligen Zahlungen und Mietzuschüssen.

Am 16. Februar 1946 verabschiedete der Magistrat die »Verordnung über die Anmeldung von Vermögen, das während des Nazi-Regimes früheren Berechtigten aus politischen, rassischen oder religiösen Gründen entzogen oder von ihnen aufgegeben wurde«.[153] Mit dieser Verordnung forderte man die Geschädigten auf, ihre Ansprüche geltend zu machen, und verpflichtete die jetzigen Besitzer und alle, die von fragwürdigen Eigentumsübertragungen wußten, Meldung zu erstatten. Nach der Genehmigung durch die Alliierte Kommandatura wurde diese Verordnung am 4. Dezember 1947, fast zwei Jahre später, von der Stadtverordnetenversammlung angenommen.

Der Magistrat hatte im Frühjahr 1946 mit der Ausarbeitung eines sektorenübergreifenden Wiedergutmachungsgesetzes begonnen, denn zu diesem Zeitpunkt bestand auch im Alliierten Kontrollrat noch die Absicht, eine gemeinsame gesetzliche Grundlage für die Rückerstattung und Entschädigung in allen vier Besatzungszonen zu schaffen.

Um die schleppende Diskussion zwischen den Besatzungsmächten voranzutreiben, wandte sich die Jüdische Gemeinde zu Berlin am 15. Januar 1947 an den Alliierten Kontrollrat und formulierte zehn Grundsätze für das auszuarbeitende Wiedergutmachungsgesetz.[154] Diese Forderungen entsprachen im wesentlichen den später in den Westzonen erlassenen Gesetzen, kollidierten aber in wichtigen Punkten mit den Vorstellungen der SMAD und dem damals praktizierten Thüringer Gesetz, u. a. die Annahme einer Zwangssituation für Verkäufe des Eigentums von Juden seit dem 30. Januar 1933 betreffend. Die Beweispflicht, daß es sich um eine normale Transaktion gehandelt habe, sollte dem Käufer obliegen: »Es kann sich niemand darauf berufen, daß er bei dem Erwerb verlorener Werte der Verfolgten oder bei der Erlangung eines Vorteils gutgläubig gewesen ist.« Darum sei der Käufer zur Rückgabe bzw. zu Schadenersatz verpflichtet. Wäre er dazu nicht in der Lage, habe die Allgemeinheit (Länder, Provinzen, Kommunen) den Verlust zu ersetzen. Die Entschädigung müsse für Emigranten und Auswanderungswillige auch ins Ausland transferierbar sein. Existierten keine Erbberechtigten mehr, sollte der Wiedergutmachungsanspruch einer »zentralen jüdischen Organisation, die von den jüdischen Organisationen innerhalb und außerhalb Deutschlands zu bilden ist«, zustehen. Die SMAD hielt eine Unrechtssituation erst nach dem Pogrom vom 9./10. November 1938 und den darauffolgenden Verordnungen über die Anmeldung und den Einsatz jüdischen Vermögens für gegeben.[155] Für die Zeit davor mußten die früheren jüdischen Eigentümer das ihnen widerfahrene Unrecht nachweisen. Außerdem lehnte die SMAD ab, daß die Länderverwaltungen zu Schadenersatz verpflichtet seien und rückerstattetes Vermögen ins Ausland abfließe. Das »herrenlose« Eigentum sollte den deutschen Ländern zukommen, keinesfalls einer möglicherweise sogar ausländischen Rechtsnachfolgeorganisation.

Der Magistratsentwurf für ein Berliner Wiedergutmachungsgesetz hatte einen Kompromiß zu finden und orientierte sich an den Rückerstattungsgesetzen der Westzonen und den Gesetzentwürfen der Länder. Er legte fest, daß grundsätzlich jede Person anspruchsberechtigt ist, die während der Nazizeit in Berlin gelebt hatte, unabhängig von ihrem gegenwärtigen Wohnsitz (§ 1). Damit wurde auch den Emigranten das Recht auf Wiedergutmachung zugestanden. Jüdisches Eigentum, das nach der Verordnung über die Anmeldung des Vermögens von Juden am 26. April 1938 erworben worden war, mußte zurückerstattet werden. Für die davor liegende Zeit mußte der frühere jüdische Eigentümer nachweisen, daß es sich beim Verkauf nicht um eine normale Transaktion gehandelt hatte (§§ 2 und 3). Die Wiedergutmachung sollte sich darüber hinaus nicht nur auf Vermögen, sondern auch auf gesundheitliche Schäden und die Unterbrechung der Berufsausbildung wie der beruflichen Karriere erstrecken. Zu diesem Zweck wollte man unabhängig von der Wiedergutmachungspflicht einzelner Personen einen Fonds einrichten, der sich aus dem beschlagnahmten Vermögen von NS-Organisationen, dem »herrenlos« gewordenen Vermögen der von den Nazis zerschlagenen juristischen Personen sowie aus Zuschüssen der Stadt zusammensetzte (§ 11). Bis zum 31. Dezember 1948 konnten die Ansprüche angemeldet werden.[156] Doch dazu kam es nicht mehr. Der Gesetzentwurf scheiterte am sich verschärfenden Kalten Krieg und an der Spaltung Berlins. Schon am 13. August 1948 ordnete der Militärkommandeur des sowjetisch besetzten Sektors den Aufbau der Deutschen Treuhandstelle zur Verwaltung des polnischen und jüdischen Vermögens im sowjetisch besetzten Sektor der Stadt Berlin an. Damit wurde die bis dahin gemeinsame Vermögensverwaltung gespalten.[157]

Als im Herbst 1948 in Ost- und Westberlin endgültig zwei separate Magistrate und Stadtverordnetenversammlungen entstanden, wurde das Wiedergutmachungsgesetz von den Parlamentsausschüssen weiter beraten, aber nur in Westberlin beschlossen. Bereits zuvor hatte die Alliierte Kommandatura, der die Sowjetunion nicht mehr angehörte, die »Anordnung über die Rückerstattung feststellbarer Vermögensgegenstände an Opfer der nationalsozialistischen Unterdrükkungsmaßnahmen« beschlossen.[158]

In Ostberlin erarbeitete der Stadtrat für Finanzen, Martin Schmidt, noch im Dezember 1949 eine Magistratsvorlage für eine Verordnung über die Rückgabe des von den Nazis entzogenen Vermögens an die Geschädigten und begründete ihre Notwendigkeit mit der »Wiederherstellung normaler Rechtsverhältnisse« und dem entstandenen Zugzwang durch die für Westberlin erlassene Rückgabeverordnung BK/O (49) 180.[159] Doch wenige Tage später gab ihm sein Kollege, der Wirtschaftsstadtrat Baum, ein Schreiben des Hauptamtes für

Volkseigentum zur Kenntnis, das alle Hoffnungen auf Wiedergutmachung zerstörte. Darin hieß es: »Durch die Deutsche Treuhandstelle zur Verwaltung und Kontrolle des jüdischen und ausländischen Vermögens im sowjetischen Besatzungssektor der Stadt Berlin [...] werden noch immer eine Anzahl Wohnblocks jüdischer Vorbesitzer verwaltet, die auf Grund der Verordnung zur Überführung der Konzerne und sonstigen wirtschaftlichen Unternehmen in Volkseigentum vom 10. Mai 1949 enteignet und in Volkseigentum übergeführt worden sind. [...] Die aus jüdischem Vorbesitz etwa hergeleiteten Wiedergutmachungsansprüche sind, wie dies auch bei den anderen bereits enteigneten und in Volkseigentum übergeführten Vermögenswerten geschieht, in Vormerkung zu nehmen. Es würde dem Sinn der Verordnung vom 10. Mai 1949 widersprechen, wenn lediglich aus der Tatsache heraus, daß es sich um jüdischen Vorbesitz handelt, eine andere Behandlung der Objekte vorgenommen wird.«[160] 1950 wurde die Treuhandstelle aufgelöst und ihr Vermögen fortan von der Abteilung Finanzen des Berliner Magistrats verwaltet.

Die Jüdische Gemeinde zu Berlin schien dennoch auf eine gesetzliche Regelung oder auf einen souveränen Akt des Magistrats zu hoffen. Am 7. November 1950 wandte sich der Gemeindevorstand an Oberbürgermeister Friedrich Ebert und beantragte die »Rückgewährung ihres Gemeindeeigentums«. Begründet wurde dieses Anliegen mit den vielfältigen sozialen und karitativen Aufgaben gegenüber den Mitgliedern und der durch den SMAD-Befehl Nr. 82 in der SBZ wenigstens teilweise erfolgten Rückerstattung von Gemeindegrundvermögen: »Da die Befugnisse der ›Deutschen Treuhandstelle zur Verwaltung des polnischen und jüdischen Vermögens‹ auf den Magistrat von Groß-Berlin übergegangen sind und im Hinblick auf die Gesetze und Anordnungen in der Deutschen Demokratischen Republik, in deren Verlauf die betr. Gemeindeobjekte dem Landesverband der Jüdischen Gemeinden in der Deutschen Demokratischen Republik zurückerstattet wurden, dürften alle etwaigen Bedenken rechtlicher und tatsächlicher Natur beseitigt und alle Voraussetzungen erfüllt sein, das Gemeindeeigentum zurückzuerstatten.«[161] Das Schreiben blieb zunächst unbeantwortet. Als Julius Meyer und Hermann Hirschberg im Dezember 1952 wegen der akuten Finanznot der Gemeinde eine Regelung dringlich anmahnten, wehrte Oberbürgermeister Ebert das Anliegen am 31. Januar 1953 mit der Randbemerkung ab: »Der Übergang des unterzeichneten Vorstandes der Jüdischen Gemeinde zum Feind hat dieses Schreiben gegenstandslos gemacht.«[162]

Auch der neue Gemeindesekretär Bendit unternahm 1953/54 nach der Ablehnung einer Subventionierung der Jüdischen Gemeinde von Groß-Berlin durch den Magistrat mehrere Vorstöße zur Rückerstattung des Gemeindeeigentums und verwies dabei auf die Benachteiligung gegenüber den übrigen jüdischen Gemeinden in der DDR, denen dank des Befehls Nr. 82/48 Grundeigentum zurückerstattet worden war. Vom Magistrat wurde dieses Ansinnen aber zurückgewiesen. Für Ostberlin blieb die Rückerstattungsfrage bis Ende der achtziger Jahre tabu. Die von der Gemeinde genutzten Gebäude wurden zwar von ihr verwaltet, blieben aber wie die anderen Gemeindeobjekte »Eigentum des Volkes«. Von den Nazis »arisiertes« jüdisches Privat- und Kommunaleigentum wurde lediglich von unrechtmäßigem Eigentum des Deutschen Reiches in unrechtmäßiges sozialistisches »Volkseigentum« umgewandelt.

Die judenfeindliche Politik der Jahre 1948 – 1953

Die antijüdischen Kampagnen

Zwei Jahre nach der Kapitulation Hitlerdeutschlands setzten SMAD und SED neue Akzente in der antifaschistischen Bündnispolitik, galt es doch, mehr als 500 000 organisierte NS-Anhänger, ehemalige Offiziere und Soldaten der Wehrmacht in den Wiederaufbau zu integrieren. Die OdF und ihre Organisation, die VVN, verloren dagegen im politischen Leben an Bedeutung, wurden von der SED zur Legitimationsfigur degradiert. Die Vertreter der Opfer hatten schon früh kritisiert, daß sie in den Entnazifizierungskommissionen wenig Mitspracherecht besaßen und beim Wiederaufbau Deutschlands nicht ihrem Selbstverständnis gemäß einbezogen wurden. Auch hatte die VVN keinen Einfluß auf den Erlaß einer Wiedergutmachungsregelung und vermochte sich nicht als überkonfessionelle und überparteiliche gesamtdeutsche Organisation zu profilieren, die Demokratie und Einheit fördert.

Die geistige, politische und juristische Auseinandersetzung mit der NS-Vergangenheit wurde in den verschiedenen Lagern zunehmend von machtpolitischen Erwägungen dominiert.

Der Neid auf OdF-Vergünstigungen von Juden und auf Schwarzmarktgeschäfte einiger DPs hatte sich wiederholt in judenfeindlichen Äußerungen entladen; es war auch mehrfach zu Friedhofsschändungen gekommen. Auf ihrer 2. Hauptkonferenz, die im Februar 1948 in Halle stattfand, forderte die VVN angesichts einer Welle antisemitischer Ausschreitungen im Jahre 1947, Rassenhaß und Antisemitismus verstärkt zu bekämpfen. Antisemitische Vorkommnisse in Ostdeutschland wurden jedoch nicht mehr öffentlich gemacht. Die von VVN und SED breit geführte Kampagne gegen Antisemitismus wurde zunehmend durch Verweise auf die scharfe Strafverfolgung von NS-Verbrechen in der SBZ und das angebliche Wiedererstehen des Faschismus in den Westzonen propagandistisch ersetzt.

1948 durften sich ehemalige NSDAP-Mitglieder wieder politisch organisieren. Im SMAD-Befehl Nr. 35 vom 26. Februar 1948 hieß es, die Entnazifizierungskommissionen hätten ihre Aufgabe erfüllt, nun sollten unbelastete NSDAP-Mitglieder die Chance erhalten, »sich durch ehrliche und loyale Arbeit [...] die Rückkehr zu ihrer Tätigkeit in ihrem Fach« zu verdienen.[1] Nach dem formellen Abschluß der Entnazifizierung betrieben SMAD und SED die Gründung der

National-Demokratischen Partei Deutschlands (NDPD), um das Kräfteverhältnis innerhalb des Antifaschistisch-Demokratischen Blocks weiter zugunsten der SED zu verschieben. Die gesellschaftliche Rehabilitierung früherer Nazis, sofern sie nicht als Kriegsverbrecher gerichtlich verurteilt wurden, fand ihren Höhepunkt im »Gesetz über die staatsbürgerlichen Rechte der ehemaligen Offiziere der faschistischen Wehrmacht und der ehemaligen Mitglieder und Anhänger der Nazipartei«, das die Volkskammer am 2. Oktober 1952 verabschiedete. Das Gesetz hob die noch im »Gesetz über den Erlaß von Sühnemaßnahmen und die Gewährung staatsbürgerlicher Rechte für ehemalige Mitglieder und Anhänger der Nazipartei und Offiziere der faschistischen Wehrmacht« vom 11. November 1949 festgelegten Einschränkungen auf und garantierte diesem Personenkreis volle staatsbürgerliche Gleichberechtigung. Die VVN, in die Strategie der SED eingebunden, konnte die Interessen der OdF, namentlich der rassisch Verfolgten, immer weniger vertreten. Diese öffentliche Degradierung fand ihren deutlich wahrnehmbaren Ausdruck darin, daß ausgerechnet der Vorsitzende der VVN, Ottomar Geschke, dieses Gesetz vor der Volkskammer begründen mußte.

Parallel zur machtpolitischen Umorientierung der Bündnispolitik wurden im Kontext der stalinistischen Säuberungen in Osteuropa seit 1948 auch in der DDR antisemitische Töne laut. Zunächst in rein innerparteilichen Machtkämpfen als Instrument zur Ausschaltung von Gegnern eingesetzt, wirkte sich der Antisemitismus bald auf alle in der DDR lebenden Juden und die jüdischen Gemeinden aus.

Den Kristallisationspunkt bildete der im September 1949 begonnene Rajk-Prozeß in Ungarn, in dem man Noel Field, von Ende 1940 bis 1945 Leiter des Unitarian Service Committee (USC), beschuldigte, zahlreiche in den Westen emigrierte Kommunisten für den amerikanischen Spionagedienst angeworben zu haben.* Der Prozeß wurde vom sowjetischen Geheimdienst inszeniert und sollte den osteuropäischen Parteiführungen und Sicherheitsdiensten als Lehrbeispiel für innerparteiliche Säuberungen durch Schauprozesse dienen. Als Feindbild konstruierte man die Gefahr der »imperialistischen und titoistischen Unterwanderung« der osteuropäischen kommunistischen Parteien. Die Untersuchung traf nahezu alle kommunistischen Parteien im Ostblock. In der DDR richtete sich die Aufmerksamkeit zunächst auf das französische Auslandssekretariat der KPD

* Noel Field und seine Frau Herta leiteten 1940–42 von Marseille und 1942–45 von Genf aus das Büro des Unitarian Service Committee, einer humanitären Quäkerorganisation, die viele Emigranten mit Geld, Medikamenten, Pässen u. ä. unterstütze.

und die Schweizer KPD-Exilgruppe. Im September 1949 ordnete Generaloberst Serow an, einen Ausschuß bei der Zentralen Parteikontrollkommission (ZPKK) der SED einzuberufen, der die Verbindungen deutscher Kommunisten mit Field in der Zeit der Schweizer und der französischen Emigration untersuchen sollte. Des weiteren forderte er die Zentrale Kaderabteilung der SED auf, bestimmte Personengruppen aus wichtigen Partei- und Staatsfunktionen zu entfernen.

Schon seit dem Frühjahr 1949 überprüften in der SBZ Parteikontrollkommissionen VVN-Mitglieder. Im Bericht über die VVN-Gremien in Mecklenburg war von »ungenügender Wachsamkeit« bei der Besetzung von hauptamtlichen Stellen, von »sektiererischen Tendenzen bei alten KPD-Mitgliedern« sowie von »gewissen Zersetzungserscheinungen in der VVN« die Rede.[2] Am 18. Oktober 1949 faßte das Politbüro der SED einen Beschluß zur Überprüfung aller Westemigranten. Sie wurden pauschal verdächtigt, in der Emigrationszeit Kontakte zu imperialistischen Geheimdiensten aufgenommen zu haben, und aus Leitungsfunktionen in Partei und Regierung entlassen. Bereits am 7. September 1949 hatte der Leiter der Zentralen Parteikontrollkommission der SED, Hermann Matern, die Landesparteikontrollkommissionen (LPKK) angewiesen, die jüdischen Emigranten innerhalb der Schweizer KPD-Gruppe gesondert zu überprüfen. Bis Mai 1953 bezogen die LPKK Westemigranten und Parteimitglieder, die früher in jugoslawischer Kriegsgefangenschaft waren, in diese Maßnahme ein. Zumindest aus Sachsen ist bekannt, daß man dort zusätzlich alle Juden, die keiner der beiden Gruppen angehörten, kontrollierte. Sie wurden während verhörähnlicher Vorladungen wiederholt über ihre Emigrationszeit befragt, mußten ihre Lebensläufe mehrmals niederschreiben und hatten »Selbstkritik« zu üben.

Während die öffentlichen Verhandlungen im Rajk-Prozeß noch liefen, wurde der zweite Schauprozeß bereits vorbereitet. Dabei verlagerte sich der Schwerpunkt der Anschuldigungen vom Titoismus und Imperialismus auf den Zionismus. Im Frühjahr 1951 befahl der sowjetische Geheimdienstchef Lawrenti Berija, die Vorwürfe gegen leitende Funktionäre der KPTsch durch die »jüdisch-zionistische Stoßrichtung« zu ergänzen und auch auf Spitzenfunktionäre auszuweiten.[3] Dem Generalsekretär der Partei, Rudolf Slánský, fiel nun die Rolle des Anführers einer titoistisch-trotzkistisch-zionistischen Verschwörung gegen Partei und Regierung zu. Kurz nach Slánskýs Verhaftung im November 1951 wurden zahlreiche jüdische Partei- und Staatsfunktionäre sowie vier israelische Diplomaten und Geschäftsleute festgenommen. Der große Schauprozeß fand – nach gründlicher »Vorbereitung« der Angeklagten und Zeugen auf ihre »Geständnisse« – vom 20. bis 27. November 1952 in Prag statt. In diesem Hauptprozeß, dem noch zahlreiche Nebenprozesse folgten, waren elf der vierzehn Angeklagten Juden, wie die Anklageschrift ausführlich hervorhob. Sie wurden beschuldigt, über Noel Field, die jüdische Hilfsorganisation JOINT und Israel in Verbindung zum amerikanischen Geheimdienst gestanden zu haben. Aus ihrer jüdischen Herkunft leitete man einen kleinbürgerlichen Charakter und einen Hang zu bürgerlichem Nationalismus, Zionismus, Kosmopolitismus und Trotzkismus ab. Die nichtjüdischen Angeklagten verklagte man als »Lakaien der Zionisten«. Das Urteil lautete elfmal auf Todesstrafe und dreimal auf lebenslängliches Zuchthaus.

Zu den Verhandlungen des Slánský-Prozesses, die vor einer sorgsam ausgewählten »Öffentlichkeit« stattfanden, entsandte das SED-Zentralorgan »Neues Deutschland« den Sonderkorrespondenten Georg Krausz. Am 21. November 1952 erschien ein kurzer Bericht über den Beginn des »Prozesses gegen das staatsfeindliche Verschwörerzentrum in Prag«, in dem die Angeklagten genannt und die Anklagevorwürfe zusammengefaßt wurden. Schon das am folgenden Tag wiedergegebene »Geständnis« Slánskýs signalisierte aufmerksamen Lesern, daß dieser Prozeß nicht ohne Auswirkungen auf die DDR bleiben würde. Slánský hatte gestanden, Verbindungen zu Noel Field unterhalten und »trotzkistische, zionistische und andere Verräter des tschechoslowakischen Volkes« um sich geschart zu haben.[4] Einer von ihnen sei der frühere Botschafter der CSR in der DDR, »der berüchtigte Agent des Spionagedienstes von Israel, der Abenteurer Otto Fischl, der zur Zeit der Okkupation im Dienste der Gestapo stand und sich zur Liquidierung der Juden und ihres Besitzes hergab«. Damit war offensichtlich, gegen wen sich die Verfolgungen richten würden. Im Bericht über den zweiten Verhandlungstag wurde schon ein Name genannt: Bedrich Geminder hatte »gestanden«, u. a. »dem deutschen Trotzkisten Paul Merker« Spionagematerial geliefert zu haben.[5] Am dritten Verhandlungstag sagte Artur London aus, daß Noel Field Briefe an Merker schicken ließ.[6] Außerdem hieß es, daß dieser als Mitarbeiter des amerikanischen Geheimdienstes seit Ende 1948 regelmäßigen Kontakt zu Slánský gepflegt habe. In derselben Ausgabe des »Neuen Deutschland« wurde auf der Titelseite mit der Kriminalisierung Merkers begonnen. Ein verdeckt auf Merker zielender Vorwurf, der sich aber in besonderer Weise gegen Juden und jüdische Gemeinden richtete, betraf das Problem der noch immer ausstehenden Wiedergutmachungsregelung. Durch die am 10. September 1952 erfolgte Unterzeichnung des Luxemburger Abkommens zwischen der Bundesrepublik Deutschland, dem Staat

Israel und der Claims Conference als Vertretung jüdischer Diaspora-Organisationen war diese Frage wieder aufgeworfen worden. Die westdeutsche Bereitschaft zu pauschalen Entschädigungszahlungen machte die Selbstdarstellung der DDR als antifaschistischer Staat fragwürdig. Deshalb wurde dieses Abkommen als »schmutziger Handel« denunziert, an dem »nicht nur die israelischen und westdeutschen Großkapitalisten, sondern vor allem die dahinter stehenden Initiatoren des Geschäfts, die USA-Imperialisten«, profitierten.[7] In der DDR hingegen gäbe es die VdN-Regelung, Zuschüsse für jüdische Gemeinden und den Wiederaufbau von Synagogen, und es würden die Voraussetzungen dafür geschaffen, daß sich die Verbrechen des Faschismus nicht wiederholen könnten. Da dies als die »einzig zulässige Haltung in der Frage der Wiedergutmachung« bezeichnet wurde, stand fest, daß alle eventuell noch gehegten Hoffnungen auf Restitution begraben werden mußten und Personen, die sich für die Anerkennung einer Wiedergutmachungsverpflichtung durch die DDR eingesetzt hatten, gefährdet waren.

Am 25. November 1952 befaßte sich das Politbüro der SED erstmals mit dem Slánský-Prozeß und beauftragte den Staatssicherheitsdienst, »unverzüglich die Untersuchungen darüber durchzuführen«.[8] Diese Aufforderung war überflüssig, denn unter Anleitung des sowjetischen Geheimdienstes hatte die Staatssicherheit längst »ermittelt« und die ersten Verhaftungen vorgenommen. Am 3. Dezember 1952 wurde Paul Merker verhaftet, bereits im November 1952 waren jüdische SED-Mitglieder, die mit Merker im Exil waren oder in der DDR mit ihm in Verbindung gestanden hatten, festgenommen worden.[9] Die von Walter Ulbricht, Hermann Matern und Hans Jendretzky ausgearbeiteten »Lehren aus dem Prozeß gegen das Verschwörerzentrum Slánský« wurden am 20. Dezember 1952 vom Politbüro bestätigt und in überarbeiteter Fassung am 4. Januar 1953 im »Neuen Deutschland« veröffentlicht. In diesem Text holte man zum entscheidenden Schlag gegen Merker aus. Dabei benutzte man die gleichen antisemitischen Stereotype wie im Slánský-Prozeß. Als Feindbild diente »die jüdische Rasse«, die durch ein Zerrbild des Zionismus ersetzt wurde, wobei man zwar offiziell die Gleichsetzung von Jude und Zionist vermied, aber doch jedem Juden eine potentielle Sympathie für den Zionismus unterstellte. Auch das Bild vom »zersetzenden Charakter des Judentums« wurde wieder verwendet. Die zionistische Bewegung hatte für die Verfasser nichts gemein mit den »Zielen der Humanität und wahrhafter Menschlichkeit«. Sie wurde angeblich vom USA-Imperialismus »beherrscht, gelenkt und befehligt« und diente ausschließlich seinen Interessen und den Interessen der jüdischen Kapitalisten.[10] Bei den zionistischimperialistischen Slánský-Banditen, die »in der Deutschen Demokratischen Republik schon lange eine systematische Hetze und Wühlarbeit« leisteten, handele es sich um »Todfeinde des friedliebenden deutschen Volkes«.[11] Zugleich warnte man vor der jüdischen Weltverschwörung: »Unter jüdisch-nationalistischer Flagge segelnd, getarnt als zionistische Organisation und als Diplomaten der amerikanischen Vasallenregierung Israels, verrichteten diese amerikanischen Agenten ihr Handwerk. Aus dem im Prager Prozeß enthüllten ›Morgenthau-Acheson-Plan‹ geht eindeutig hervor, daß der amerikanische Imperialismus über den Staat Israel seine Spionage- und Diversantentätigkeit mit Hilfe zionistischer Organisationen in den volksdemokratischen Ländern organisiert und durchführt.«[12] Da man letztlich nicht zwischen »jüdisch« und »zionistisch« differenzieren wollte, wurden nun auch internationale jüdische Hilfsorganisationen, an vorderster Stelle der JOINT, und die mit ihnen zusammenarbeitenden jüdischen Gemeinden als »Agenten-Zentralen« zu Bindegliedern der Verschwörung: »Nach seiner Rückkehr nach Deutschland setzte Merker seine Dienste für die zionistische Agentur fort; zusammen mit Zuckermann forderte er alle Genossen jüdischer Abstammung auf, in die jüdische Gemeinde einzutreten, angeblich, damit sie in den Genuß von Care-Paketen der amerikanischen Agenten-Zentrale Joint kommen sollten, in Wirklichkeit, damit sie auf diese Weise dieser imperialistischen Agentur verpflichtet würden.«[13] In den Kontext der Verschwörungstheorie gehörte auch der Vorwurf des Kosmopolitismus, der das alte Vorurteil neu belebte, Juden seien wurzellose, illoyale Staatsbürger.

Das Thema Wiedergutmachung, die als »Verschiebung von deutschem Volksvermögen« bezeichnet wurde, gab den antisemitischen Anschuldigungen in den »Lehren aus dem Prozeß gegen das Verschwörerzentrum Slánský« eine besondere deutsche Note.[14] Einerseits appellierte man damit an den sonst als kleinbürgerlich denunzierten Nationalismus, andererseits wurde der von den Nazis systematisch durchgeführte Raub von Privat- und Gemeindeeigentum als wenig bedauernswerte Enteignung von jüdischem Kapital dargestellt: »Merker fälschte die aus den deutschen und ausländischen Arbeitern herausgepreßten Maximalprofite der Monopolkapitalisten in angebliches Eigentum des jüdischen Volkes um. In Wirklichkeit sind bei der ›Arisierung‹ dieses Kapitals nur die Profite ›jüdischer‹ Monopolkapitalisten in die Hände ›arischer‹ Monopolkapitalisten übergewechselt.«[15]

Daß die antijüdischen Säuberungskampagnen im Zuge der Rajk- und Slánský-Prozesse etwas mit Antisemitismus zu tun haben könnten, wurde entrüstet zurückgewiesen. Schamlos habe der amerikanische Imperialismus ausgenutzt, »daß vor allem die Werktätigen in den volksdemokratischen Ländern, die im Geiste der Völkerfreundschaft und des proletarischen Internationalismus erzogen werden, Antisemitismus nicht dulden und sich mit den vom Faschismus so stark verfolgten Juden solidarisch fühlen«.[16] Diese Solidarität sollte nun durch »revolutionäre Klassenwachsamkeit« ersetzt werden. Der einst den OdF eingeräumte politische und moralische Bonus wurde aufgehoben, die antifaschistische Bündnispolitik in der Nazi- und Nachkriegszeit in einen belastenden Anklagepunkt verkehrt.

Außer Paul Merker, der kurzerhand zum Kopf des zionistischen Spionagerings in der DDR gemacht wurde, benannten die »Lehren« namentlich Erich Jungmann, Alexander Abusch, Fritz Sperling, Kurt Müller, Erika Glaser-Wallach, Leo Zuckermann sowie die KPD-Leitungen in Frankreich, der Schweiz und Mexiko als »Agenten«. Somit war die Richtung des für die DDR geplanten Schauprozesses und der ihm vorangehenden Verfolgung vorgegeben. Nach der Veröffentlichung der »Lehren aus dem Prozeß gegen das Verschwörerzentrum Slánský« begann im Januar 1953 eine Welle von Verhören durch die Parteikontrollkommissionen, Denunziationen, Entlassungen und Verhaftungen weiterer Juden im Staats- und Parteidienst.

Die Fluchtwelle 1952/53

Die antisemitischen Schauprozesse zielten auf eine innerparteiliche Säuberung, mittels derer sich Stalin die völlige Hörigkeit der osteuropäischen Staaten sichern wollte. Die in der DDR aus dem Slánský-Prozeß gezogenen »Lehren« zeitigten für die jüdischen Gemeinden verheerende Folgen. Viele Gemeindevorsteher und -mitglieder gehörten der SED an und hatten ihr Engagement in den Gemeinden nie als Widerspruch zur Parteipolitik empfunden. Doch nachdem am 14. Januar 1953 die »Prawda«, tags darauf das »Neue Deutschland« eine erste Meldung über die Verhaftung jüdischer Ärzte in Moskau veröffentlichte, die als Agenten des JOINT, »der internationalen jüdischen bürgerlich-nationalistischen Terrororganisation«, angeblich bereits mehrere sowjetische Partei- und Staatsfunktionäre ermordet hätten und planten, auch Stalin umzubringen, wurde allen Juden in der DDR bewußt, wie gefährlich die Situation für sie war. In einer Besprechung über die Aufgaben der Parteikontrollkommissionen nach dem ZK-Beschluß über die »Lehren« äußerte der Leiter der ZPKK, Hermann Matern: »Der RIAS trommelt, daß wir plötzlich Anti-Semiten geworden sind, weil bei den Gaunern auch Juden sind. Uns ist Religion und Hautfarbe gleich, aber das, was jetzt ist, ist eine

Klassenfrage und keine Rassenfrage. Wir reden auch nicht von Semiten, sondern von ›Zionisten‹.«[17] Das kam eher einer Legitimation der antisemitischen Motive als einem Dementi gleich.

Eine der ersten prominenten Personen, die sich nun als Juden bedroht fühlten und in den Westen flohen, war Leo Zuckermann, der Rektor der Potsdamer Hochschule für Staat und Recht und frühere Leiter der Präsidialkanzlei Wilhelm Piecks. Er hatte sich im SED-Zentralsekretariat für die Anerkennung einer Wiedergutmachungspflicht der DDR und die Verabschiedung eines dementsprechenden Gesetzes eingesetzt. In den »Lehren aus dem Prozeß gegen das Verschwörerzentrum Slánský« war er bereits als Komplize Merkers gegeißelt worden: Gemeinsam mit Merker habe er jüdische Parteimitglieder aufgefordert, den jüdischen Gemeinden beizutreten, um in den Genuß von JOINT-Paketen zu kommen. Mit seiner Frau und seinen beiden Kindern, von denen er eines im jüdischen Kinderheim in Berlin-Niederschönhausen hatte erziehen lassen, floh er bereits am 15. Dezember 1952 nach Westberlin. Anders reagierte das Mitglied der Repräsentanz der Jüdischen Gemeinde zu Berlin, Dr. Erich Cohn: Mit einem Schreiben vom 7. Januar 1953 legte er sein Mandat nieder und erklärte seinen Rücktritt von sämtlichen Funktionen in der Gemeinde, da er sie »aus Zeitmangel« nicht mehr wahrnehmen könne.[18]

Julius Meyer war aufgrund seiner vielen Funktionen ein geradezu ideales Opfer der Kampagne. Er hatte sich bereits verdächtig gemacht, als er bei der Tagung des Landesverbandes der Jüdischen Gemeinden im Juni 1952 vorschlug, jede Tagung mit dem Gedenken an den Staat Israel und die Menschen, die dort unter schwierigen Bedingungen leben müssen, zu beginnen und eine Patenschaft über ein israelisches Kinderheim zu übernehmen.[19] Am 6. Januar 1953, zwei Tage nach der Veröffentlichung der »Lehren«, wurde er vor die ZPKK geladen und von Günter Tenner stundenlang verhört. Im Mittelpunkt stand neben der Untersuchung von Verbindungen zum »Verschwörerzentrum Slánský« die Aufklärung von Vorgängen in Kleinmachnow, wo Meyer, dem auch eine Dienstwohnung in Berlin-Johannisthal zur Verfügung stand, seinen Hauptwohnsitz hatte. Dort war die Ortsparteileitung nicht eingeschritten, als am 30. Oktober 1952 bei einer öffentlichen Gemeinderatsversammlung Einwohner gegen die Absperrung der Zonengrenze zu Westberlin demonstrierten. Im Oktober 1952 verurteilte das Bezirksgericht Potsdam elf örtliche Funktionäre und SED-Mitglieder, darunter mehrere Juden, zu hohen Zuchthausstrafen. Zu einigen dieser Personen hatte Meyer enge Kontakte unterhalten.

Auch wollte man genauer aufklären, ob er während seiner Israelreise im Jahre 1949 Kontakte mit der Regierung gehabt und über Wiedergutmachungsfragen verhandelt hatte.[20] Laut ZPKK-Protokoll hat Meyer mit dem Gemeindevorsitzenden »Galinski und Marina [richtig: Rabbiner] Schwartzschild« unter anderem »die Kiputs-Bewegung (Konsum)« (sic!) besucht, die Frage nach seiner Zugehörigkeit zu zionistischen Organisationen jedoch verneint. Das Gespräch über Wiedergutmachung, das Vertreter der Jewish Agency und Otto Grotewohl 1948 führten, und Meyers Kontakte nach Prag waren für die ZPKK ebenfalls von Interesse. Meyer gab zu Protokoll, daß er »mehrere Male dort war. *Er habe aber mit diesen Slánský-Leuten nichts zu tun.* Er sei immer im Kreise der Auschwitzer gewesen. Das letzte Mal sei er vor zwei Jahren dort gewesen. Fischl habe er einmal bei einem Empfang bei Gen. Pieck gesehen. Zuckermann oder Paul Baender seien nicht bei ihm gewesen. Zuckermann sei vor sechs Monaten aus der jüdischen Gemeinde ausgetreten. Der Brief mit der Austrittserklärung sei noch vorhanden.«[21] Den Auftrag, der jüdischen Gemeinde beizutreten, habe er von Paul Merker bekommen. Der von der ZPKK wiederholt gegen Merker erhobene Vorwurf, daß er jüdische Genossen aufgefordert habe, den jüdischen Gemeinden beizutreten, ist bis heute unbewiesen und von Merker selbst immer wieder bestritten worden.[22] In diesem Fall ist er eine Konstruktion, da Merker erst 1946 aus dem Exil in Mexiko zurückkehrte, Meyer jedoch schon im Dezember 1945 dem Vorstand der Jüdischen Gemeinde zu Berlin angehörte. Des weiteren wurde Meyer eingehend über die Jüdische Gemeinde zu Dresden und die Parteizugehörigkeit ihrer Mitglieder sowie über die Praxis des JOINT bei der Verteilung von Paketen an Juden in Ostdeutschland befragt. Zum Schluß forderte ihn die ZPKK auf, am 7. Januar 1953 erneut zu erscheinen und zu dieser »Aussprache« die letzten fünf Ausgaben der »Allgemeinen Jüdischen Wochenzeitung« und das Protokoll des Treffens von Vertretern des Landesverbandes der Jüdischen Gemeinden in der DDR, des Zentralrates der Juden in Deutschland und der Jewish Agency mit Paul Merker und Leo Zuckermann am 15. März 1948 mitzubringen. »Außerdem soll er einiges schreiben über seine Reise nach Israel, über die Vorkommnisse am 30. 10. 52 in Kleinmachnow, mit wem er nach diesen Vorkommnissen gesprochen hat und wer ihn besucht hat.«[23]

Dieser Aufforderung kam Meyer nach. In den Unterlagen der ZPKK ist kein Protokoll des Verhörs vom 7. Januar 1953 erhalten, sein Inhalt kann nur anhand der Pressekonferenz rekonstruiert werden, auf der Meyer, Singer, Looser und Dr. Grunsfeld in Westberlin über die Situation informierten. Meyer teilte mit, er sei über Verbindungen zum JOINT und zu westlichen jüdischen Organisationen befragt worden. Da er in einem Westberliner Kaufhaus gesehen worden sei und zu Hause Gästen Bohnenkaffee servieren konnte, habe man ihm vorgeworfen, er bekomme Agentenlohn vom JOINT. Tenner forderte ihn auf, eine Liste der Empfänger von JOINT-Paketen aufzustellen und im Landesverband der Jüdischen Gemeinden in der DDR eine öffentliche Erklärung durchzusetzen, in der JOINT als eine Organisation von amerikanischen Agenten bezeichnet, Zionismus mit Faschismus gleichgesetzt und Wiedergutmachung als Ausbeutung des deutschen Volkes verurteilt wird.[24]

Vermutlich unter dem Vorwand, die geforderte Erklärung abfassen zu wollen, hatte Meyer alle Gemeindevorsitzenden der DDR zu einer außerordentlichen Sitzung des Landesverbandes am 13. Januar 1953 nach Berlin eingeladen. Wenige Tage nach dem letzten Verhör fuhr er mit seinem Auto nach Erfurt, Leipzig und Dresden, um über seine Vernehmungen und die zu erwartenden Verhaftungen von Juden, die mit westlichen jüdischen Organisationen in Verbindung standen und sich für eine Wiedergutmachungsregelung eingesetzt hatten, zu informieren.[25] Er wollte vor allem die besonders gefährdeten Vertreter des Landesverbandes warnen. Löwenkopf bat am 11. Januar einen Bekannten, seine Frau am nächsten Tag wegen eines angeblichen Arztbesuches im Auto mit nach Berlin zu nehmen.[26] Die Gemeindevorsitzenden von Erfurt, Leipzig und Dresden, Günter Singer, Helmut Salo Looser und Leo Löwenkopf, fuhren mit Meyer im Auto zurück nach Berlin, wo sie sich gleich in die Westsektoren begaben.[27] Ihre Ehefrauen und Dr. Fritz Grunsfeld mit seiner Schwester Hildegard nahmen den Zug. Am selben Tag floh der Sekretär des Landesverbandes, Leo Eisenstädt. Am 14. Januar folgten Leon Zamojre, der Stellvertretende Vorsitzende der Hallenser Gemeinde, und Walter Cappel, der Eisenacher Vorsitzende. Zwei Tage später hatte sich auch Albert Hirsch, der Beauftragte für Jüdische Angelegenheiten in der Hauptabteilung Verbindung zu den Kirchen des Stellvertretenden Ministerpräsidenten Otto Nuschke nach Westberlin »abgesetzt«. Am 2. Februar 1953 meldete sich der Magdeburger Gemeindevorsitzende Horst Karliner in Westberlin im Notaufnahmeverfahren. Insgesamt verließen zehn führende Gemeindefunktionäre sowie fünfzehn ihrer Angehörigen innerhalb kurzer Zeit die DDR.

Die von der SED verlangte Erklärung hatte keiner der Gemeindevorsitzenden unterzeichnet. Am 17. und 18. Januar 1953 wurden mehrere Gemeindebüros sowie Wohnungen und Büros von Vorstandsmitgliedern von der Volkspolizei und der Staatssicherheit durchsucht und dabei Akten, Gebetbücher, Briefe und Personalausweise beschlagnahmt.[28]

Unterdessen ging die Medienkampagne gegen die verhafteten Moskauer Ärzte weiter. In Berichten der sowjetischen Presse über Wirtschaftssabotage trugen die Beschuldigten Namen wie Grinberg, Kaplan, Kahn. Am 16. Januar 1953 wurde in Budapest der Präsident des Landesverbandes der ungarischen jüdischen Gemeinden und JOINT-Beauftragte für Ungarn, Lajos Stoeckler, verhaftet. Anfang Februar wies man den israelischen Kulturattaché aus Ungarn aus und verhaftete den Justizminister und andere jüdische Staatsfunktionäre. Aus der CSR kamen ebenfalls Berichte über Verhaftungen von Juden. Die Interpretation dieser Vorgänge als Beginn einer Judenverfolgung in der Sowjetunion und ihren Satellitenstaaten war unabweisbar. Der Oberrabbiner von Großbritannien, Dr. Israel Brodie, und der Vertreter des Board of Deputies of British Jews, Prof. Selig Brodetsky, rieten den Juden in Osteuropa zur Flucht.[29] Der Westberliner Rabbiner Peter Nathan Levinson berief zu diesem Zweck eigens eine Pressekonferenz ein. Daraufhin trafen am 19. Januar wieder 27 jüdische Flüchtlinge in Westberlin ein, am 20. und 21. Januar waren es weitere 55.[30] Am 21. Januar 1953 meldete die »New York Times«, daß seit Anfang des Jahres schon 355 Juden geflohen seien. Auch das Jüdische Kinderheim in Berlin-Niederschönhausen wurde aufgelöst. Die meisten Kinder fuhren mit ihren Betreuern in der Straßenbahn nach Westberlin, wo sie eine provisorische Bleibe im Jüdischen Krankenhaus fanden. Mitte Februar 1953 schätzte die »Allgemeine Wochenzeitung der Juden in Deutschland« die Zahl der jüdischen Flüchtlinge aus der DDR seit Dezember 1952 auf 500 Personen.[31] Ende April betreute die Jüdische Gemeinde zu Berlin (West) 570 Flüchtlinge, weitere 260 waren schon nach Westdeutschland ausgeflogen worden.[32]

Wegen der verstärkten Absperrung der DDR-Grenze seit 1952 flohen die meisten Juden über Westberlin. Dort wurden sie zunächst von der Jüdischen Gemeinde zu Berlin aufgenommen und im Krankenhaus in der Iranischen Straße oder im Gemeindesaal in der Joachimstaler Str. 13 untergebracht. Als die Aufnahmekapazität erschöpft war, eröffneten die Deutsche Liga für Menschenrechte und die Gemeinde am Berliner Wannsee gemeinsam das »Walther-Rathenau-Heim«, das ausschließlich jüdischen Flüchtlingen zur Verfügung stand und von Hermann Hirschberg, Leo Eisenstädt und Dr. Hans Freund geleitet wurde. Die Gemeindemitglieder wurden aufgerufen, Privatunterkünfte, Kleidung und Geldspenden bereitzustellen. Unter Leitung des JOINT und mit Beteiligung aller Landesverbände der jüdischen Gemeinden in der Bundesrepublik rief man ein Nothilfeprogramm ins Leben, durch das die Flüchtlinge mit Taschengeld, Lebensmitteln, Kleidung, Unterkunft und Mitteln für die Auswanderung in westliche Länder versorgt wurden.

Der Vorstand der Jüdischen Gemeinde zu Berlin (West) vereinbarte mit Sozialsenator Otto Bach und dem Leiter des Anerkennungsausschusses des Aufnahmeverfahrens, daß jeder jüdische Zuwanderer aus der DDR, sofern er nicht besondere politische Funktionen ausgeübt hatte, den Status eines politischen Flüchtlings erhält. Damit wurde eine »kollektive Fluchtbegründung« zuerkannt, mit der sich das Recht auf Aufenthaltsgenehmigung, Anerkennung als politisch und rassisch Verfolgte und somit die Gewährung von prV-Renten sowie der Anspruch auf Wiedergutmachung verband. Nach Registrierung eines jüdischen Neuankömmlings wandte sich der Leiter des Bundesnotaufnahmeverfahrens in Berlin an den Referenten für jüdische Angelegenheiten im Beirat für Kirchliche Angelegenheiten des Senats, Siegmund Weltlinger, und die Jüdische Gemeinde zu Berlin (West), die die Anträge in der Regel ähnlich befürworteten wie bei der Theresienstadt-Überlebenden Rebecca Daumann aus Leipzig: »Es erscheint in jeder Weise glaubwürdig, daß sie sich in Anbetracht der Schwierigkeiten, die sich für Mitglieder der Jüdischen Gemeinde in der DDR ergeben haben, nach Westberlin abgesetzt hat, nachdem sie in Erfahrung brachte, daß der Vorstand und andere Mitglieder der Gemeinde in Leipzig nicht mehr anzutreffen waren. Als Verfolgte des Naziregimes, die wohl einmalige Verhältnisse kennengelernt hat, ist es verständlich, daß sie sich ebenfalls aus Leipzig abgesetzt hat, nachdem ihr bekannt war, daß sie einer ständigen Bespitzelung ausgesetzt war.«[33]

Mit der Fluchtwelle fand das mehr als sieben Jahre währende Bemühen der Jüdischen Gemeinde zu Berlin um politische Neutralität und gute Beziehungen zu beiden Stadthälftenregierungen ein Ende. Die Gemeinde gab ihre Zurückhaltung auf und protestierte in einer Erklärung öffentlich gegen »die letzten Ereignisse des Slánský-Prozesses, die Verhaftung der als Juden gekennzeichneten Ärzte in Moskau und die Methoden der Feststellung, daß Juden wegen ihrer angeblichen internationalen Beziehungen in der Ostzone ihrer Funktionen enthoben und in Haft genommen worden sind«[34]. Um die noch verbliebenen Juden nicht zu gefährden, wurde der Vertrieb der »Allgemeinen Jüdischen Wochenzeitung« in der DDR eingestellt. Obwohl inzwischen fast alle Verbindungen abgerissen waren, sagte die Gemeinde weiterhin die religiöse Betreuung der in Ostberlin lebenden Juden zu; auch das Jüdische Krankenhaus in der Iranischen Straße würde ihnen zur Behandlung offenstehen.

Trotz der Beschwörung der jüdischen Solidarität, die den Flüchtlingen zuteil werden sollte, übte man in Vorstand und Repräsentanz scharfe Kritik an Julius Meyer, der sich in SED, VVN und Volkskammer politisch zu sehr exponiert und durch seine Funktion als Ko-Vorsitzender die Gemeinde in diese Konflikte hineingezogen habe.

Zwar wurde auch Meyer als politischer Flüchtling anerkannt, doch mit Beschluß vom 21. Januar 1953 forderte ihn die Repräsentantenversammlung auf, binnen fünf Tagen sein Vorstandsamt niederzulegen.[35]

Während die Zeitungen in Westberlin auf ihren Titelseiten über die Flucht der Gemeindefunktionäre berichteten,[36] fand sie in der DDR-Presse zunächst keine Erwähnung. Der einzige Hinweis darauf ließ sich einer Mitteilung der VVN entnehmen. Die Organisation, in der politisch und rassisch Verfolgte des Naziregimes eine Heimstatt haben sollten, widersetzte sich der antijüdischen Kampagne nicht, ja zum Teil übernahm sie konstruierte antisemitische Vorwürfe und entzog sich spätestens hiermit ihre eigene Legitimation. Am 21. Januar 1953 erklärte das Generalsekretariat den Ausschluß von Meyer, Looser, Löwenkopf und Singer aus der VVN, wobei seine Diktion den »Lehren aus dem Prozeß gegen das Verschwörerzentrum Slánský« nicht nachstand: »Nachdem sie erkannten, daß ihre sowohl in der Jüdischen Gemeinde wie in der VVN gespielte Doppelrolle durchschaut wurde [...] [haben sich – U. O.] Meyer und seine Kumpane [...] nach Westberlin abgesetzt und [...] bezeichnenderweise in diesem Eldorado der faschistischen Mordbanden, der Henker an Millionen jüdischer Menschen, im Hauptquartier der amerikanischen Agentenzentrale Zuflucht gesucht. Sie sind in den Schoß der Organisatoren der faschistischen Massenvernichtungslager von Auschwitz, Maidanek und Treblinka, der Organisatoren des barbarischen Massenmordes und der Zerstörung von Lidice und Oradour geflüchtet [...]. Indem der Zentralvorstand der VVN diese zionistischen Verräter und Agenten aus den Reihen der antifaschistischen Widerstandskämpfer verstößt, ruft er alle Kameraden der VVN auf, in enger Gemeinschaft mit allen patriotischen Kräften unseres Volkes den Kampf gegen die Vorbereitung eines neuen Krieges, gegen den faschistischen Terror in Westdeutschland und Westberlin zu verstärken und die Wachsamkeit im Kampfe gegen alle Agenten der Kriegstreiber zu erhöhen!«[37]

Diese Erklärung konnte die Juden in der DDR in keiner Weise beruhigen. Die Fluchtwelle setzte sich noch bis Herbst 1953 fort. Mindestens ein Viertel der Mitglieder der jüdischen Gemeinden verließ die DDR. Besonders schwer wog, daß die meisten Vorsitzenden und Vorstandsmitglieder flohen und die Gemeinden führungslos blieben. Auch für die Jüdische Gemeinde zu Berlin waren die Folgen gravierend: Sie spaltete sich endgültig in eine Ost- und eine Westgemeinde; die in den sieben Jahren seit Kriegsende mühsam aufgebauten Gemeindestrukturen rissen in der Mitte durch. Enorm geschwächt, mußten die Gemeinden in Ostberlin und der DDR wieder einen Neuanfang versuchen.

Die Rekonstituierung der jüdischen Gemeinden in der DDR nach der Fluchtwelle 1953

Die seit Kriegsende anhaltende Abwanderung von Einwohnern der SBZ bzw. DDR-Bürgern nach Westberlin und Westdeutschland erreichte 1953 mit 408 100 Flüchtlingen einen Rekord.[1] Die Fluchtbewegung hatte verschiedene Ursachen: allgemeine Verschärfung der politischen und wirtschaftlichen Situation in der DDR, Abriegelung der Republiksgrenzen, Repressionen gegen Christen u. a. Allein 1953 wurde 315 470 Übersiedlern der Status eines politischen Flüchtlings zuerkannt.[2]

Daß die Massenflucht jüdischer Bürger aber speziell durch die antijüdische Propaganda und die Repressalien seit Herbst 1952 ausgelöst wurde, ist unverkennbar. Aus Panik und Angst vor erneuter Verfolgung flohen selbst viele Juden, die sich eigentlich für ein Leben in der DDR entschieden hatten, nach Westberlin bzw. Westdeutschland. Auch jene, die eine Übersiedlung zwar erwogen, sich aber bislang nicht von ihrer neuaufgebauten Existenz, von Wohnung und Arbeit trennen konnten, empfanden die Situation als bedrohlich. Sie alle wollten sich wenige Jahre nach dem Ende der Nazidiktatur keiner erneuten Gefährdung aussetzen. Manchen dürfte der Entschluß zur Flucht leichter gefallen sein, weil in der DDR jegliche Hoffnung auf Wiedergutmachung zunichte geworden war, in der Bundesrepublik jedoch nach Abschluß des »Luxemburger Abkommens« ein Bundesentschädigungsgesetz in Aussicht stand, das individuelle Wiedergutmachungsansprüche regeln sollte.[3]

Der Tod Stalins am 5. März und die Rehabilitierung der Moskauer Ärzte Anfang April ließ auf Entspannung hoffen, doch die SED änderte ihren Kurs zunächst nicht: Weder wurden jene freigelassen, die in der DDR wegen vermeintlicher Spionagetätigkeit für Noel Field oder für das »Verschwörerzentrum Slánský« verhaftet worden waren, noch die Befragungen jüdischer Parteimitglieder durch die Parteikontrollkommissionen über ihre Verbindungen zum JOINT und zu zionistischen Organisationen abgebrochen. Zahlreiche Memoiren dokumentieren, wie stark damals nicht nur die Verhöre der Kontrollkommissionen und der Staatssicherheit, sondern auch die Parteiversammlungen von antisemitischen Tönen geprägt waren.[4]

Auf der 13. Tagung des ZK der SED am 13. / 14. Mai 1953 gab der

Vorsitzende der Zentralen Parteikontrollkommission, Hermann Matern, einen Bericht über die »Durchführung des Beschlusses des ZK der SED ›Lehren aus dem Prozeß gegen das Verschwörerzentrum Slánský‹«. Auch hier war von einer Revision der bisherigen Haltung keine Rede, im Gegenteil: Die SED bekräftigte die Vorwürfe gegen »Feinde«, »Zionisten« und »Agenten«. Franz Dahlem wurde aus dem Politbüro der SED ausgeschlossen und weiterer Parteifunktionen enthoben. Seine Kampfgefährten warfen ihm u. a. politische Blindheit gegenüber imperialistischer Agententätigkeit in der Emigration und nach 1945 sowie die Unterstützung Paul Merkers vor. Damit konnte der Kreis der Moskau-Emigranten um Ulbricht seine Macht in der SED weiter festigen. Antisemitische Nachstellungen, die Verfolgung von Westemigranten und einer Reihe von Widerstandskämpfern ließen die antifaschistische Programmatik der SED vollends zur Farce verkommen.

Am »Fall Dahlem« und an der Auflösung der VVN werden fast parallel ablaufende Vorgänge der Instrumentalisierung von jüdischen und nichtjüdischen Kräften in der DDR 1952/53 deutlich: Dahlem, Spanienkämpfer und neben Merker Leiter der Auslandsorganisation der KPD in Paris, eng befreundet mit kommunistischen Opfern der Field-Kampagne, war als »idealer Kandidat« für die Anklage in einem Schauprozeß auserkoren und von Ulbricht mehrfach scharf angegriffen worden. Dennoch bediente sich die Partei der Autorität dieses Vorstandsmitglieds der VVN, als die Auflösung der Organisation durchgesetzt werden sollte. Da die SED nicht auf das durch die Opfer des Faschismus repräsentierte Image verzichten konnte, hatte sie zugleich die Bildung des »Komitees der Antifaschistischen Widerstandskämpfer« angeordnet.[5] Daraufhin beschloß der VVN-Zentralvorstand am 21. Februar 1953 die »Selbstauflösung« mit der Begründung, daß »in der Deutschen Demokratischen Republik die Fortführung des Erbes der antifaschistischen Widerstandskämpfer gesichert und zur Sache des ganzen Volkes geworden« sei.[6] Auf den tags darauf in allen Bezirken der DDR stattfindenden Delegiertenkonferenzen wurde dieser Beschluß bestätigt und ein Komitee der antifaschistischen Widerstandskämpfer gewählt, das analog zu den sowjetischen gesellschaftlichen Komitees strukturiert war. Es sah keine formelle Mitgliedschaft für die ehemals Verfolgten wie in der VVN vor, war organisatorisch vom ZK abhängig und wurde aus dem Staatshaushalt finanziert. Auf diese Weise war es jederzeit kontrollierbar.

Ein ähnliches Muster politischer Instrumentalisierung durch die SED offenbarte sich auch im Zuge der Neukonstituierung der jüdischen Gemeinden in Berlin und der DDR, die zeitgleich mit der Gründung des Komitees der Antifaschistischen Widerstandskämpfer stattfand. Während manche SED-Mitglieder aus der jüdischen Gemeinde austraten, um der Partei ihre Loyalität zu beweisen,[7] wurden andere Genossen, noch während die Mitgliederbefragungen und die Parteiversammlungen mit ihrem antisemitischen Tenor weitergingen, aufgefordert, sich in den Gemeinden zu engagieren und die Positionen der geflohenen Gemeindefunktionäre zu übernehmen.

Die Jüdische Gemeinde von Groß-Berlin

Durch die Fluchtwelle im Januar 1953 war die Funktionsfähigkeit der Gemeinde im Ostteil Berlins stark beeinträchtigt, denn neben Mitgliedern der Repräsentanz und des Vorstandes hatten sich Angestellte der Gemeindeverwaltung (Sekretärinnen und Hausmeister), des Alters- und Kinderheims sowie anderer Einrichtungen »abgesetzt«.[8] Sie hatten auch einen Teil der Akten mitgenommen. Am 16. Januar 1953 blieb das Gemeindebüro in der Oranienburger Str. 28 zunächst geschlossen. Noch am gleichen Tag übernahm Willy Bendit* (SED) im Auftrag seiner Partei die Gemeindegeschäfte.[9] Bendit war als einziges Mitglied der erst im Juni 1952 gewählten Repräsentanz zurückgeblieben. Am 19. Januar wurde er für zunächst zwei Wochen von seiner Arbeitsstelle, dem Freien Deutschen Gewerkschaftsbund Deutschlands (FDGB), freigestellt. Am gleichen Tag erschien im »Vorwärts«, der Montagsausgabe des »Neuen Deutschland«, ein propagandistischer Artikel, in dem Willy Bendit, Israel Rothmann und Prediger Martin Riesenburger Westberlin und Westdeutschland als Hort des »wiederauflebenden Faschismus« anprangerten. Die Autoren priesen den »Geist der Völkerfreundschaft und des proletarischen Internationalismus« in der DDR, wo Antisemitismus nicht geduldet werde. Mit keinem Wort gingen sie auf die Ursachen der Flucht von Juden aus der DDR ein.[10] Nach altbekanntem Muster sollte dieses mutmaßliche Auftragswerk Vorwürfe von einer neuen Judenverfolgung durch einfache Umkehrung der Beschuldigungen zurückweisen.

* Willy Bendit: 1902–?, Hilfsschlosser, 1918–1924 Mitglied der KPD, 1927 bis 1933 Mitglied der SPD, 1933–1936 arbeitslos, »nichtprivilegierte Mischehe« und »Sternträger«, Zwangsarbeit, 1945–1946 Mitglied der KPD, 1949–1952 Kandidat der SED, 1952 Mitglied, 1948–1953 Bezirkssekretär der IG Handel Berlin-Mitte, 1952–1953 Mitglied der Repräsentanz der Jüdischen Gemeinde zu Berlin, 1953–1957 Mitglied des Provisorischen Beirats der Jüdischen Gemeinde von Groß-Berlin, 1953–1958 Gemeindesekretär, 1958–1967 Friedhofsarbeiter, seit 1960 IM »Alfred« des MfS.

Bendits vordringliche Aufgabe bestand darin, die Jüdische Gemeinde in Ostberlin funktionsfähig zu erhalten, aber organisatorisch völlig von der Jüdischen Gemeinde zu Berlin zu trennen, die nur noch im Westteil der Stadt agieren sollte. Diese Ostberliner Rumpfgemeinde nannte sich von nun an Jüdische Gemeinde von Groß-Berlin – in Anlehnung an den Ostberliner Magistrat, der mit seinem Namen ebenfalls den Anspruch erhob, ganz Berlin einschließlich der Westsektoren zu vertreten. Der erste Schritt zur Unabhängigkeit war die Schaffung eigener Leitungsgremien. Für den 21. Januar wurde kurzfristig eine Versammlung einberufen, auf der sich ein Vorstand und ein Beirat als »provisorische« Gemeindeleitung konstituierten. Der Vorstand bestand aus Georg Heilbrunn (SED), Bernhard Jacobus und Israel Rothmann (SED). Bald darauf wurde noch Heinz Schenk* (SED) kooptiert. Dem Beirat gehörten zunächst 12 Mitglieder an: Dr. Hans Freund (Vorsitzender, SED), Willy Bendit (SED), Martin Riesenburger, Nikolaus Blättermann, Hermann Nathanson, Heinz Cols, Alfred Levy, Eugen Rosenthal, Willi Israel (SED), Moritz Spitzer, Lena Nachuma Kasten (SED) und Kurt Hamel. Der bisherige Prediger Martin Riesenburger wurde zum Gemeinderabbiner ernannt.

In der ersten Erklärung der neuen Gemeindeleitung hieß es: »Die Fürsorge für unsere jüdischen Menschen in religiöser und kultureller Beziehung sowie die fürsorgerischen Maßnahmen für die Anstalten der Jüdischen Gemeinde (Altersheim, Kinderheim, Synagoge und Friedhof) in vorderster Linie zu stellen, werden wir als unsere dringendste Aufgabe betrachten. Der Provisorische Vorstand und Beirat der Jüdischen Gemeinde werden in engster Verbindung mit der demokratischen Staatsmacht zum Wohle der gesamten jüdischen Bevölkerung verantwortungsbewußt wirken.«[11] Die antijüdische Politik der SED in den letzten Wochen und Monaten wurde ausgespart, dafür aber um so prononcierter die Flucht führender Gemeindemit-

* Heinz Schenk: 1910–1971, 1916–1928 Waisenhaus der Jüdischen Gemeinde zu Berlin, 1925–1929 Klavierbauerlehre, anschließend als Tischler und Eiskonditor tätig, 1934–1937 Tischler in der Jüdischen Gemeinde zu Berlin, 1938–1940 Zwangsarbeit, 1940–1944 KZ Buchenwald, 1944–1945 KZ-Außenlager Magdeburg, 1945 KPD-Mitglied, August 1945 – November 1945 KPD-Funktionär in Belzig, 1946 SED-Mitglied, 1946–1948 Verwaltungstätigkeit in Belzig, 1949 bis 1950 Referent der DWK in Berlin, 1950–1957 Handelsorganisation Berlin,1957 Klubhausleiter, 1953–1962 Mitglied des Provisorischen Vorstands der Jüdischen Gemeinde von Groß-Berlin, 1962–1971 Vorsitzender, 1958–1971 Gemeindesekretär, 1961–1966 Beirat des Verbandes der Jüdischen Gemeinden in der DDR, 1966–1967 Verbandspräsidium, 1961–1971 Redaktionskollegium des »Nachrichtenblatts«, seit 1960 IM »Heinz« des MfS, 1970 Vaterländischer Verdienstorden in Bronze.

glieder – Julius Meyer wurde namentlich genannt – verurteilt: »Sie haben ein doppelzüngiges Spiel getrieben, das ihnen durch die Regierung der Deutschen Demokratischen Republik entgegengebrachte Vertrauen mißbraucht und sich mit den Gegnern des Friedens und den Menschen verbündet, die die faschistischen Verbrecher decken.«[12] In bekannter Manier wurde behauptet, »daß in der DDR und im demokratischen Sektor Berlins antisemitische Handlungen auf Grund der Verfassung und des Gesetzes zum Schutze des Friedens strafrechtlich geahndet und die Rechte der jüdischen Mitbürger gewahrt und geschützt werden, während in Westdeutschland und Westberlin ständig antisemitische Handlungen begangen werden, ohne daß die faschistischen Urheber zur Verantwortung gezogen werden«[13].

Trotz der markigen Worte erodierte auch dieses Gremium: Am 25. Januar 1953 floh der gerade erst zum Beiratsvorsitzenden ernannte Dr. Hans Freund, zuletzt Präsident des Berliner Kammergerichts, mit seiner Frau nach Westberlin, »einem Hort des Antisemitismus«. Bei der Neubesetzung des Vorstands bewährte sich zum ersten Mal das Wirken der neuen Gemeindeleitung »in engster Verbindung mit der demokratischen Staatsmacht«. Israel Rothmann informierte am 27. Januar 1953 die Staatliche Verwaltung der Berliner SED-Bezirksleitung von der Flucht. Wie diese Abteilung in einer Notiz für den Ersten Sekretär, Hans Jendretzky, festhielt, »schlug der Gen. Rothmann vor, für den nach Westberlin gegangenen Dr. Freund den Gen. London, Staatsanwalt im Stadtbezirksgericht Mitte, als Vorsitzenden des Beirats zu benennen«. Des weiteren heißt es dort: »Die hier vorhandenen Unterlagen des Gen. London sind in Ordnung. Wir schlagen vor, mit dem Gen. London Rücksprache zu nehmen und ihn für diese Tätigkeit einzusetzen.«[14] Folgerichtig ernannten die Gemeindevertreter Paul London in der konstituierenden Sitzung des Beirates am 27. Januar 1953 zum Vorsitzenden, Willy Bendit zum Stellvertreter und Nikolaus Blättermann zum Schriftführer.

Die verschiedenen Kommissionen der Gemeinde wurden in der Regel mit Vertretern des Vorstandes und des Beirates besetzt, in den für Verwaltung, Personal sowie Soziale Betreuung zuständigen Ressorts waren von drei Vertretern mindestens zwei Mitglied der SED. Dies entsprach der bereits in der KPD üblichen Taktik, gerade die inneren Angelegenheiten und die Kaderpolitik fest in die Hand zu nehmen. Der Verwaltungs- und Personalkommission gehörten an: Israel Rothmann, Willy Bendit und Hermann Nathanson; der Kommission für Soziale Betreuung Georg Heilbrunn (SED), Lena Nachuma Kasten (SED) und Kurt Hamel; der Kommission für Beitrags- und Finanzwesen Georg Heilbrunn (SED), Heinz Cols und Alfred Levy; der Kultuskommission Martin Riesenburger, Eugen

Rosenthal und Willi Israel (SED); der Kaschruth-Kommission Bernhard Jacobus und Moritz Spitzer.[15] In den folgenden Wochen flohen auch Blättermann, Nathanson und Hamel nach Westberlin, so daß die Dominanz der SED-Mitglieder noch deutlicher wurde.

Darüber hinaus legte Israel Rothmann der SED-Bezirksleitung nahe, daß »unbedingt ein Gen. vom Vorstand hauptamtlich in der Oranienburgerstr. arbeiten muß«, und schlug vor, »den Gen. Bendit für diese Funktion einzusetzen«.[16] Auf Geheiß der Bezirksleitung gab Bendit kurz darauf seine bisherige Arbeit beim Freien Deutschen Gewerkschaftsbund (FDGB) auf und wechselte in das Gemeindebüro. Obwohl er dort als »Geschäftsführender Sekretär« tätig war, wurde sein Gehalt in den nächsten Wochen weiter vom FDGB gezahlt.[17] Nun hatte die SED Leitungsgremien und Verwaltung der Gemeinde fest unter Kontrolle, zumal die Gemeindefunktionäre auch künftige Personalentscheidungen laufend mit der SED-Bezirksleitung, dem Amt für Kirchenfragen beim Magistrat und dem 1957 eingerichteten Staatssekretariat für Kirchenfragen abklärten. Als Bendit 1958 wegen verschiedener Unstimmigkeiten nicht mehr als Gemeindesekretär tragbar schien, wurde er »im Einvernehmen mit der Bezirksleitung der Partei [...] seines Postens enthoben und als Friedhofsinspektor eingesetzt«.[18] Zuvor legte man den »Einsatz des Gen. Schenk als Sekretär der Jüdischen Gemeinde« fest.[19]

Diese Praxis sollte in den nächsten Jahrzehnten das Verhältnis der jüdischen Gemeinden in der DDR zum Staat kennzeichnen. Das Gefühl für eine notwendige Grenzziehung zwischen staatlichen Interessen und eigenen war den neuen Gemeindefunktionären abhanden gekommen bzw. bei ihnen nie entwickelt gewesen. Sie betrachteten die Gemeinde quasi als eine der Partei und der staatlichen Verwaltung untergeordnete »Abteilung für jüdische Angelegenheiten«. Selbst vor der Übergabe von Briefen schreckten sie nicht zurück. Hans Jendretzky, Erster Sekretär der SED-Bezirksleitung, rügte den Leiter des Amtes für Kirchenfragen des Magistrats, Arndt, noch Anfang Februar 1953, sich nicht genügend um die Verbindung zur Berliner Jüdischen Gemeinde zu bemühen. Arndt konnte schon wenige Tage später stolz mitteilen, daß ihm »der Genosse Rothmann [...] einen Teil der bei der Jüdischen Gemeinde eingegangenen Post zu treuen Händen überlassen« hat.[20] Offensichtlich beteiligte sich Rothmann selbst an der durch den Slánský-Prozeß ausgelösten fieberhaften Suche nach »zionistischen Agenten«, denn wie Arndt mitteilte, sei es »bei diesen Anfragen, die fast aus allen kapitalistischen Ländern der Erde stammen, [...] sehr leicht möglich, daß sich dahinter irgendwelche feindliche Agenten verbergen. Ich habe nach entsprechender Rücksprache mit den Genossen von der Abteilung Staatliche Verwaltung der Bezirksleitung und des ZK den Genossen Rothmann gebeten, eine Beantwortung dieser Anfragen bis auf weiteres nicht vorzunehmen«.[21] Die von Arndt gleichzeitig geplante Übernahme von Archivgut, das sich in der Gemeindeverwaltung befand, erfolgte allerdings erst zu einem späteren Zeitpunkt.

Die Fortführung des Gemeindelebens

Da die Ostberliner Gemeindeleitung als autark gelten wollte, mußte sie nun selbst für religiöse und kulturelle Aktivitäten sowie für die Kommunikation mit den Mitgliedern sorgen. Die »Allgemeine Wochenzeitung der Juden in Deutschland« mit der Berlin-Seite »Der Weg« wurde seit Januar 1953 in der DDR nicht mehr vertrieben, um die Abonnenten nicht zu gefährden. Deshalb begannen der Provisorische Vorstand und der Beirat im Sommer mit der Herausgabe eines Gemeinderundbriefs, der in unregelmäßigen Abständen bis 1961 zumeist dreimal jährlich versandt wurde.[22]

Die neuen Funktionäre hatten sich bislang kaum am Gemeindeleben beteiligt. Während sich die meisten aufgrund ihrer SED-Mitgliedschaft für eine konformistische Gemeindepolitik einsetzten, besaß Martin Riesenburger als künftiges geistliches Oberhaupt der Jüdischen Gemeinde von Groß-Berlin ein persönliches Interesse an der Spaltung. Er hatte sein Anfang der dreißiger Jahre begonnenes Studium an der Hochschule für die Wissenschaft des Judentums abgebrochen und kein Rabbinatsdiplom (Smicha) erlangt. Daß er dennoch in den Rang eines Rabbiners erhoben wurde, schmeichelte ihm und erfüllte offenbar lang gehegte Wünsche, machte ihn aber auch abhängig von Vorstand und Beirat der Gemeinde, die mit anderen jüdischen Organisationen nicht kooperierte und von Partei und Staat protegiert wurde.[23] Neben seiner SED-freundlichen Einstellung war dies wohl die wesentliche Ursache seiner bedingungslosen Loyalität gegenüber der DDR.

Als religiöses Zentrum stand der Jüdischen Gemeinde von Groß-Berlin die Synagoge in der Rykestraße im Bezirk Prenzlauer Berg zur Verfügung. Im März 1952 hatte sie wegen Einsturzgefahr gesperrt werden müssen. Für die umfangreichen Instandsetzungsarbeiten gewährte der Magistrat im November 1952 einen Baukostenzuschuß von 300 000 Mark. Zu den Hohen Feiertagen im September 1953 wurde die Synagoge unter dem Namen »Friedenstempel« wiedereingeweiht. Bis zur Gemeindespaltung hatte morgens noch ein täglicher Minjan in der Gemeindeverwaltung Oranienburger Straße bestanden; nun fanden Gottesdienste nur am Schabbat und an Feiertagen statt. Dazu nutzte man meist einen kleineren Seitenraum, der etwa 50 Personen Platz bot. Als Vorbeter amtierte Moritz Spitzer, den zu Feiertagen, Konzerten oder anderen Anlässen die Westberliner Kantoren Icek Dawidowicz, Estrongo Nachama und Leo Roth unterstützten. Bei normalen Gottesdiensten kam die in der Liturgie geforderte Anzahl von zehn Männern nicht immer zusammen.

Martin Riesenburger übernahm einmal wöchentlich den Religionsunterricht für Kinder und führte einen Vortragszyklus über verschiedene Aspekte der jüdischen Geschichte und Religion weiter, den er bislang gemeinsam mit dem Westberliner Rabbiner Nathan Peter Levinson in der Synagoge Rykestraße abgehalten hatte. Auch die früher vom Westberliner Prediger Leo Glück gestalteten Sabbatfeiern des Berliner Rundfunks übernahm er. Viele Mitglieder beteiligten sich kaum noch am Gemeindeleben. Am ehesten trafen sie sich auf dem jährlichen Chanukka-Ball und dem selten veranstalteten Simchat-Thora-Ball. Oder sie begegneten sich auf dem Friedhof in der Lothringenstraße in Weißensee, wo durchschnittlich sieben bis acht Beerdigungen im Monat stattfanden.

Auch die Versorgung mit koscheren Lebensmitteln für das Pessachfest blieb schwierig. Weil die Gemeindeleitung auf die Einfuhr von Mazzemehl, Mazze und Wein bzw. die Annahme von Lebensmittelspenden aus Westdeutschland und Westberlin verzichten wollte, wurde eine Waffelfabrik, der VEB »Kobold«, beauftragt, Mazze zu backen. Doch selbst Herta Hülsen vom Staatssekretariat mußte zugeben: »Das hergestellte Gebäck ist [...] sehr hart und hat nicht das gewohnte Aussehen. Die Mitglieder der jüdischen Gemeinde erkennen es nicht an und besorgen sich Mazzot aus Westberlin bzw. Westdeutschland.«[24] Nach diesem Fehlschlag importierte man auch für die anderen Gemeinden Mazze und Wein aus Ungarn. Koscheres Fleisch gab es in einer Fleischerei in Prenzlauer Berg, die auch das Altersheim in Niederschönhausen versorgte.

Das Gemeindeblatt und andere Dokumente der fünfziger Jahre vermitteln den Eindruck, daß – abgesehen von Gottesdiensten und Begräbnissen – die politische Propaganda ein Schwerpunkt der Gemeindearbeit war. In der Ausgabe vom Oktober 1953 sind die Glückwünsche zum 4. Jahrestag der DDR und zur Wiederwahl Wilhelm Piecks als Staatspräsident den Nachrichten über das Gemeindeleben vorangestellt. Den Lesern wurde auch mitgeteilt, daß der Provisorische Vorstand und Beirat sowie die Belegschaft anläßlich des 7. Oktober Kränze am Sowjetischen Ehrenmal in Treptow niederlegten.[25] In Vorbereitung des von der SED im Juni 1954 inszenierten »Volksentscheides für Frieden, Einheit und Demokratie« führte der Vorstand mit den Mitarbeitern Belegschaftsversammlungen durch.[26] Auf einer Wahlkundgebung im Oktober 1954, die unter dem Motto stand »Auch wir geben unsere Stimme den Kandidaten des demokratischen Blocks der Nationalen Front«, hielt Vorstandsmitglied Heinz Schenk eine Ansprache.[27] Mit der Teilnahme an der Mai-Demonstration 1956 bekundeten die Gemeindeangestellten »ihre Solidarität zu unserem Staat in aller Öffentlichkeit«.[28] Zum 8. Jahrestag der DDR-Gründung am 7. Oktober 1957 fanden wieder »Feierlichkeiten, verbunden mit Bestarbeiter-Ehrungen«, statt: »Auf diesen Veranstaltungen sprachen Mitarbeiter der Jüdischen Gemeinde von Groß-Berlin nicht nur über unser Arbeitsgebiet, sie sprachen auch über die gewaltige Veränderung, die sich in unserem Leben vollzieht seit dem Tage der Gründung der Deutschen Demokratischen Republik. [...] Der Regierung des 1. Arbeiter- und Bauernstaates und ihren Mitarbeitern wünschen wir weitere Erfolge in ihrer Arbeit zur Festigung der Deutschen Demokratischen Republik, für die Schaffung der Einheit in ganz Deutschland sowie für die Erhaltung und Sicherung des Friedens in der ganzen Welt.«[29] Bereits einen Monat später trafen sich Mitarbeiter und Vorstandsmitglieder anläßlich des Jahrestages der Oktoberrevolution erneut zur Demonstration mit anschließender Kranzniederlegung.

Die Organe registrierten die staatskonforme Führung der Gemeinde und die Verläßlichkeit ihrer Repräsentanten mit Genugtuung. 1955 fand die Abteilung Erlaubniswesen des Präsidiums der Volkspolizei Berlin in einer »Gesamtübersicht über die Struktur der Jüdischen Gemeinde« nur lobende Worte: »Die Jüdische Gemeinde setzt sich stark für die Erhaltung des Friedens ein, und nimmt auch aktiven Anteil an den Aufbauarbeiten im demokratischen Sektor. Anläßlich der Volkswahl und Volksbefragung wurde von seiten des Vorstandes darauf hingewiesen, daß alle Mitglieder an den Wahlen teilnehmen müssen.«[30]

Riesenburger, Heilbrunn und Schenk lud man wiederholt als Redner zu Massenkundgebungen ein, auf denen das Erstarken des Neonazismus und Antisemitismus in Westdeutschland angeprangert wurden. Der parteilose Riesenburger sprach z. B. im März 1956 auf Kundgebungen unter dem Motto »Gegen Judenmörder und Pogromhelden« neben Volkskammerpräsident Johannes Dieckmann und anderen. Der offiziellen Propaganda von antifaschistischer DDR und nazistischer BRD folgend, appellierte er an die Zuhörer: »Hier im demokratischen Teil unseres Vaterlandes werden Synagogen aufgebaut, dort werden sie wieder wie einst geschändet. [...] Wir haben, wie Romain Rolland einmal sagte, Bastillen zu stürmen; die Bastillen des wiederauflebenden Faschismus und Antisemitismus in Westdeutschland. Keiner kann heute wieder sagen, er habe es nicht gewußt.«[31] Der gleiche Tenor prägte gemeinsame Veranstaltungen der

Jüdischen Gemeinde von Groß-Berlin und des Komitees der Antifaschistischen Widerstandskämpfer in der DDR zum 9. November, zum jährlichen Tag der Opfer des Faschismus im September und zu anderen Anlässen.

Partei und Staat wußten dieses Wohlverhalten zu würdigen. Wilhelm Pieck verlieh Riesenburger am 8. Mai 1956 anläßlich seines 60. Geburtstages »als Anerkennung seines furchtlosen Kampfes und seiner Mitarbeit beim Aufbau einer neuen friedlichen Gesellschaftsordnung« den Vaterländischen Verdienstorden in Silber.[32] Auf Beschluß des Politbüros wurde er 1961, zu seinem 65. Geburtstag, mit dem Vaterländischen Verdienstorden in Gold und der Verleihung der Ehrendoktorwürde der Juristischen Fakultät der Humboldt-Universität gewürdigt.[33]

Diese Auszeichnungen konnten die Jüdische Gemeinde von Groß-Berlin jedoch nicht für die Schwierigkeiten entschädigen, die sie trotz aller Konformität und bereitwilligen Dienstbarkeit mit staatlichen Stellen hatte. Meist ließen sich die Gemeindefunktionäre aus Überzeugung für die DDR-Propaganda mißbrauchen, mitunter beugten sie sich den Anweisungen des Amtes für Kirchenfragen auch wider besseres Wissen. Beispielsweise hatte Propst Heinrich Grüber im Herbst 1956 die Berliner Jugend in Ost und West aufgerufen, sich durch Arbeitseinsätze an der Wiederherstellung der jüdischen Friedhöfe zu beteiligen. Der Appell fand ein breites Echo, so daß bei einer Vorbesprechung schon fünfzig Vertreter der verschiedensten Jugend- und Studentenorganisationen aus beiden Stadthälften anwesend waren – das Spektrum reichte von der FDJ über christliche Verbände bis zu den Falken. Nachdem aber weder Grüber noch die Jugendvertreter dem Vorschlag der FDJ und des Amtes für Kirchenfragen folgen wollten, das Projekt dem »Nationalen Aufbauwerk« zu unterstellen, mußte die Gemeinde diese Arbeitseinsätze mit einer fadenscheinigen Begründung absagen – obwohl sie nicht in der Lage war, die Friedhöfe mit eigenen finanziellen Mitteln und personellen Kräften wiederherzustellen und zu pflegen.[34] Auch als 1958 der Hauptteil der zerstörten Neuen Synagoge in der Oranienburger Straße gesprengt und abgetragen wurde – angeblich, um den Straßenverkehr nicht zu gefährden, wobei der abzureißende Gebäudeteil überhaupt nicht an die Straße grenzte –, gab Heinz Schenk die ausdrückliche Zustimmung der Gemeinde.[35]

Nach der Spaltung wuchs das Haushaltsdefizit: Monatlichen Ausgaben von 37 200 Mark standen Einnahmen von 29 600 Mark gegenüber.[36] Die meisten Zuschüsse erforderten das Altersheim, das Kultuswesen und die Personalkosten für die 100 Angestellten, von denen 80 auf den Friedhöfen tätig waren.

Der 1953 vom Gemeindevorstand beim Magistrat beantragte Zuschuß von 50 000 Mark wurde »aus grundsätzlichen Erwägungen heraus« abgelehnt: »Mit Recht würden die anderen Gemeinden ebenfalls Zuschüsse dieser Art verlangen, die der Magistrat von Groß-Berlin der Bevölkerung gegenüber nicht verantworten kann.«[37] Daß die Jüdische Gemeinde nicht mit anderen Religionsgemeinschaften zu vergleichen und die Finanznot der Naziverfolgung und der fehlenden Wiedergutmachung geschuldet war, wurde geflissentlich übersehen. Im Unterschied zu den Gemeinden in der DDR konnte die Berliner über ihren Grundbesitz nicht wieder verfügen. Bereits im März 1953 hatte es das Amt für Kirchenfragen abgelehnt, dem Vorstand wenigstens eine Aufstellung der vom Magistrat verwalteten Gemeindegrundstücke auszuhändigen. Auch spätere Vorstöße der Berliner Gemeinde, in dieser Hinsicht den anderen DDR-Gemeinden gleichgestellt zu werden, scheiterten: »Nachdem sich die BL [Bezirksleitung der SED], das ZK und das Ministerium [der Finanzen] mit dieser Frage befaßt hatten, blieb es jedoch bei der jetzigen Regelung, daß die Jüdische Gemeinde nur einen geringen Teil ihres Besitzes zur Nutzung erhält. Es ist auch fraglich, ob die Jüdische Gemeinde durch die Zurückgabe ihres ehemaligen Grundbesitzes ihre Lage verbessern könnte.«[38]

Das Amt für Kirchenfragen erkannte, daß sich das politische Interesse an der Gemeinde, an ihrer ideologischen Ausrichtung und Abgrenzung von den Westberliner Gremien auch finanziell ausdrücken mußte. Nach mehreren Gesprächen erklärte sich der Magistrat schließlich bereit, ab 1954 jährlich Zuschüsse zur Verminderung des Haushaltsdefizits zu zahlen. Diese Ausgaben wurden gemeinsam von Magistrat und DDR-Regierung (Ministerium des Innern, Abt. Kultfragen; ab 1957 Staatssekretariat für Kirchenfragen) getragen.[39] 1956 erhielt die Jüdische Gemeinde von Groß-Berlin 135 000 Mark, 1957 90 000 Mark und 1958 125 000 Mark. Die Zuwendungen für den Friedhof betrugen 1956 20 000 Mark, 1957 ca. 100 000 Mark.[40] In den folgenden Jahren wurden die Zuschüsse für die Gemeinde und den Friedhof erhöht.

Sozialistische Demokratie in einer jüdischen Gemeinde

Ursprünglich war geplant, den nur per Akklamation zustande gekommenen Provisorischen Vorstand und Beirat im Juni 1953 durch Wahlen zu legitimieren. Ein Bericht des Kirchenamtes gibt Aufschluß über Absprachen mit SED und Magistrat. Darin heißt es: Da »Genosse Bendit« befürchte, daß »der Genosse Rothmann nur sehr wenige Stimmen erhalten und [...] nicht als Vorstandsmitglied gewählt werden wird«, schlug er »als evtl. Ersatz den Genossen Rosenberg vor, der bisher Hauptsachbearbeiter bei der VVN war«. [41] Die Wahl fand dennoch nicht statt. Wahrscheinlich wurde sie als zu heikel empfunden: Es hätte eventuell zu »Störungen« von seiten der Westberliner Jüdischen Gemeinde zu Berlin kommen können, und auch die Haltung der verbliebenen Ostberliner Mitglieder war schwer berechenbar.

1956 wurde eine Wahlordnung ausgearbeitet,[42] und im Januar 1957 fand ein Umtausch der Mitgliedsausweise statt, damit ein Wählerverzeichnis erstellt werden konnte.[43]

Die Gemeindeleitung lag in den Händen von Israel Rothmann, Georg Heilbrunn, Heinz Schenk, Martin Riesenburger und Sekretär Willy Bendit. Nachdem die Beiratsmitglieder Josef Chrzanowski, Willi Israel, Paul London und das Vorstandsmitglied Bernhard Jacobus gestorben und Georg Heilbrunn aus Gesundheits- und Altersgründen aus dem Vorstand ausgetreten war, wurde 1957 der Beirat neu gebildet. Von ihrer neuen Leitung erfuhren die Mitglieder aber erst aus dem Gemeindeblatt: »Zur weiteren guten und ersprießlichen Gemeindearbeit wurde der Gemeinde-Vorstand dementsprechend erweitert. Derselbe setzt sich nunmehr bis zur baldigen endgültigen Wahl durch die Gemeindemitglieder aus folgenden Herren zusammen: Rabbiner Martin Riesenburger, Heinz Schenk, Ernst Frey, Herbert Rosenberg und Alfred Levy.«[44] Daß Riesenburger und Schenk, ab April 1958 Gemeindesekretär, als Angestellte nicht für eine ehrenamtliche Vorstandsfunktion geeignet waren, wurde nicht berücksichtigt. 1958 und 1959 fanden Gemeindeversammlungen statt, auf denen ein Wahlvorstand gewählt wurde. Als daraufhin noch immer alles beim alten blieb, richteten neun Mitglieder im Februar 1961 einen Beschwerdebrief an Heinz Schenk. Sie warfen ihm vor, die Wahlvorbereitungen zu blockieren: »In der Zwischenzeit sind drei Jahre vergangen. Die Jüdische Gemeinde von Groß-Berlin hat heute weder einen Beirat noch einen provisorischen Vorstand. Zur Zeit werden die Interessen der Jüdischen Gemeinde von Groß-Berlin nur von Herrn Rabbiner Riesenburger und von Ihnen wahrgenommen. Sie wissen genau wie wir, daß die Leitung der Jüdischen Gemeinde von Groß-Berlin nicht den Statuten entspricht und es höchste Zeit ist, diesen untragbaren Zustand zu verändern.«[45] Unter Berufung auf die sozialistische Demokratie hieß es dann weiter: »Der erste Arbeiter- und Bauernstaat in Deutschland gibt seiner gesamten Bevölkerung ein volles Mitbestimmungsrecht in allen Fragen unseres gesellschaftlichen Lebens: *Arbeite mit, Plane mit, Regiere mit.* Wo bleibt das demokratische Mitbestimmungsrecht der Mitglieder der Jüdischen Gemeinde von Groß-Berlin?«

Schenk suchte Unterstützung beim Staatssekretariat für Kirchenfragen und übergab dort den Briefwechsel und eine Liste der »Rebellen« mit Geburtsdatum, Adresse, Beruf und Stand der Beitragszahlungen. Der im Referat »Kleine Religionsgemeinschaften« zuständige Sachbearbeiter Haslinger alarmierte sogleich Staatssekretär Seigewasser: »Es besteht innerhalb der jüdischen Gemeinde im demokratischen Berlin eine Gruppe, welche in offensiver Form gegen die gegenwärtige Führung auftritt und mit organisationstechnischen Mitteln versucht, entscheidenden Einfluß auf die Leitungsgeschäfte zu gewinnen. [...] Auf Grund der politisch bedeutenden Rolle der jüdischen Religionsgemeinschaft in beiden deutschen Staaten und beiden Teilen Berlins muß dieser Entwicklung größte Beachtung geschenkt werden, um die Geschlossenheit der jüdischen Gemeinde im demokratischen Berlin zu sichern. Es kann keinen Zweifel darüber geben, daß die reaktionären Kräfte in der jüdischen Gemeinde in Westberlin, welche 1953 die einheitlich für ganz Berlin bestehende jüdische Gemeinde spalteten und sich nach Westberlin absetzten, weiterhin das Ziel verfolgen, schwankende und beeinflußbare jüdische Bürger des demokratischen Berlin gegen die aktiven jüdischen Antifaschisten mit Rabbiner Riesenburger an der Spitze, aufzubringen, um die jüdische Gemeinde im demokratischen Berlin zu zerschlagen, was ihnen 1953 nicht gelang.«

Um die Entwicklung in der Gemeinde unter Kontrolle zu halten, schlug Haslinger vor:

»1. Parteiseitig in die Klärung der Fragen einzugreifen und die Motive, die zur Gruppenbildung führten, bloßzulegen und zu beseitigen.
2. Einfluß dahingehend zu nehmen, daß eine den Satzungen entsprechende Leitungswahl erfolgt, wobei
   a) die Geschlossenheit der jüdischen Gemeinde;
   b) die politische Qualität der Leitung gewährleistet sein muß, damit die jüdische Gemeinde von Groß-Berlin in jeder Hinsicht weiterhin Vorbild für die jüdischen Gemeinden in der DDR sein kann.«[46]

Der Konflikt wurde »in einer zwanglosen Unterhaltung« zwischen Schenk und den Kontrahenten gelöst: Wieder berief man »in voller Übereinstimmung« »einen provisorischen Vorstand von 5–7 Personen, der im Kollektiv alle notwendigen Arbeiten durchführt«: Alfred Behrendt, Eva Binnewies, Georg Heilbrunn, Sally Simoni, Heinz Schenk, Siegfried Wexberg. Weiter heißt es in dem Bericht: »Von einer Wahl eines Vorstandes wird zur Zeit noch abgesehen, da es notwendig ist, im Rahmen unserer kleinen Gemeinde neue Statuten zu erarbeiten, die nach Abschluß eines Friedensvertrages mit der DDR mit allen Mitgliedern beraten werden sollen. Bis dahin wird der provisorische Vorstand seine Arbeit aufnehmen und durchführen.«[47]

Welche Beziehung zwischen der demokratischen Legitimation der neuen Gemeindeführung und einem internationalen Friedensvertrag bestehen sollte, blieb den Empfängern des Rundschreibens ein Rätsel. Die Verfasser wollten wohl in erster Linie die im Umkreis der Wahl zu erwartenden Diskussionen über die Leitung und die eventuelle Wiedervereinigung der Gemeinden vermeiden. So blieben der ursprünglich nur für eine Übergangszeit gebildete »Provisorische Vorstand und Beirat« – oder vielmehr sein Rest – fast zwanzig Jahre lang bestehen. Eine Gemeindewahl fand erst 1972 statt.

Die enge Kooperation mit Partei- und Staatsorganen ist bezeichnend für das Selbstverständnis der Mitglieder von Vorstand und Beirat. Mit der für eine Gemeinde konstitutiven Religionsausübung hatten diese Genossen nichts im Sinn.

Die Beziehungen zur Jüdischen Gemeinde zu Berlin

Die Berliner Jüdische Gemeinde war die einzige Religionsgemeinschaft, bei der das staatliche Ziel einer Trennung der organisatorischen Einheit zwischen Ost- und Westteil bereits lange vor dem Mauerbau erreicht war. Deshalb wollte das Staatssekretariat für Kirchenfragen, das seit 1957 die Politik gegenüber den jüdischen Gemeinden koordinierte, verhindern, daß sich die Ostberliner Juden aus finanziellen oder anderweitigen Gründen genötigt sehen könnten, sich wieder der Jüdischen Gemeinde zu Berlin anzuschließen: »Auf Grund der in gesellschaftlicher und politischer Hinsicht positiven Haltung der Jüdischen Gemeinde Berlin und auf Grund der Bestrebungen der Jüdischen Gemeinde in Westberlin, den fortschrittlichen Vorstand auszuschalten bzw. Einfluß auf die Mitglieder im demokratischen Sektor zu erhalten, ist eine Unterstützung der Jüdischen Gemeinde im demokratischen Sektor von Groß-Berlin dringend erforderlich.«[48]

Auch die Gemeindeführungen förderten den Status quo. Der Provisorische Vorstand und Beirat der Ostberliner Gemeinde bzw. Riesenburger sahen ihre Legitimation nicht gesichert, und die Westberliner Repräsentanten bemühten sich um Abgrenzung von der Leitung der Schwestergemeinde und vom »Roten Rabbiner«[49]. Der völlige Abbruch aller offiziellen Beziehungen verwundert, zumal er von vielen Mitgliedern nicht mitgetragen wurde – Ostberliner Juden besuchten weiterhin Synagogen im Westteil der Stadt oder ließen ihre Kinder an Ferienprogrammen in Westberlin und Westdeutschland teilnehmen, und Westberliner Juden gingen häufig zum Friedhof in Weißensee.

Erst 1955 beschloß die Repräsentanz der Jüdischen Gemeinde zu Berlin, auf Antrag der oppositionellen »Unabhängigen Jüdischen Liste«, drei Vertreter zu benennen, die Kontakt nach Ostberlin aufnehmen sollten.[50] Bis das Gespräch mit dem Beirat in der Gemeindeverwaltung Oranienburger Straße 28 stattfand, ging ein weiteres Jahr ins Land. Allgemein sprachen sich alle Teilnehmer für eine künftige Zusammenarbeit beider Gemeinden aus. Als ein Ostberliner Beiratsmitglied sich nach dem Bezug der »Allgemeinen Wochenzeitung der Juden in Deutschland« erkundigte, erklärte Heinz Schenk, »daß einer Zulassung von Zeitungen aus Westdeutschland nichts im Wege stehen würde, wenn diese Zeitungen die volle Anerkennung der Regierung der Deutschen Demokratischen Republik und des Magistrats von Groß-Berlin akzeptieren. Es darf auch nicht vorkommen, daß in irgendwelcher Form, und sei es in versteckter Weise, Hetze gegen unsere DDR getrieben wird.«[51] Die Westberliner schlugen vor, sich gemeinsam um das Altersheim in Niederschönhausen zu kümmern und häufiger beide Synagogen zu besuchen. Laut Protokoll empfahlen die Vertreter der Jüdischen Gemeinde von Groß-Berlin, »zur weiteren Entspannung der Zusammenarbeit [...] eine interne Aussprache mit den Vorständen (fünf) der Gemeinde West herbeizuführen, um einige Diskriminierungen, die gegen unseren Vorstand und unseren Rabbiner vorliegen, zu klären«.

Es blieb bei diesem ersten Gespräch zwischen Vertretern der Westberliner und der Ostberliner Gemeindeleitung. An der Grundsteinlegung des neuen Gemeindezentrums in der Fasanenstraße im September 1957 nahmen zwei Vorstandsmitglieder der Jüdischen Gemeinde von Groß-Berlin teil, weitere offizielle Kontakte sind kaum zu verzeichnen. Nachdem die Jüdische Gemeinde zu Berlin im Jahr 1955 einen eigenen Friedhof angelegt hatte, nahmen die Beerdigungen und Besuche von Westberlinern auf dem Friedhof in Weißensee ab. Die Ostberliner Gemeinde schmerzten vor allem die geringeren Einnahmen für Begräbnisse und Grabpflege. Durch den Mauerbau wurden zudem die persönlichen Kontakte unterbrochen. Eine Wiedervereinigung hatte jedoch auch vor dem August 1961 keine Seite ernsthaft angestrebt. Beide Leitungen stellten die Politik ihrer Regierungen über die religiöse, kulturelle, soziale und historische Verbundenheit, die für eine Kooperation gesprochen hätte. Erst in den siebziger Jahren unterhielten sie wieder – distanzierte – Beziehungen.

Die Rekonstituierung der jüdischen Gemeinden in der DDR und ihres Dachverbandes

Die Auswirkungen des Slánský-Prozesses bedeuteten einen tiefen Einschnitt im Leben aller jüdischen Gemeinschaften in der DDR. Antisemitische Nachstellungen versetzten nicht nur Vorsitzende und Vorstandsmitglieder in Panik, sondern auch viele Juden, die keine Funktionen bekleideten. Die Gemeinden, ohnehin klein und überaltert, verloren binnen weniger Wochen ein Viertel bis ein Drittel ihrer Mitglieder. Auch Austritte trugen zu dem Aderlaß bei, meinten doch vornehmlich SED-Genossen, auf diese Weise Repressalien entgehen zu können. Um ihre Existenz nicht weiter zu gefährden, bemühten sich die Gemeinden, die Leitungen rasch zu rekonstituieren.

Am 24. Januar 1953 wurde Moritz Engelberg anstelle von Salo Looser und Dr. Fritz Grunsfeld in den Vorstand der Israelitischen Religionsgemeinde zu Leipzig kooptiert. Vom bisherigen Vorstand waren Richard Frank, Ernst Goldfreund und Heinrich Rosenthal geblieben. Nach der Presseerklärung des VVN-Zentralvorstandes vom 21. Januar 1953 über den Ausschluß der »zionistischen Agenten« versuchte die neue Leitung, sich und die Gemeinde gegen weitere Verdächtigungen abzusichern. Im Brief vom 27. Januar an das VVN-Generalsekretariat distanzierte sie sich von den Geflohenen: »Wir haben von der Veröffentlichung in der Presse über den Fall Looser usw. Kenntnis genommen. Wir geben die ausdrückliche Erklärung ab, daß uns von den in dieser Veröffentlichung bekanntgegebenen Tatsachen nie etwas bekannt gewesen ist und daß wir durch die plötzliche Flucht des Herrn Looser und der Vorstandsmitglieder anderer Gemeinden vollkommen überrascht worden sind. Da wir als selbstverständlich voraussetzen dürfen, daß die in dem Artikel erhobenen Anschuldigungen durchaus begründet sind, so geben wir die Erklärung ab, daß wir von dem Verhalten des Herrn Looser und der Mitglieder anderer Vorstände energisch abrücken. Wir haben auch insoweit die Konsequenz gezogen, als wir in unserer ersten Vorstandssitzung vom 24. Januar 1953 Herrn Looser aus der Mitgliederliste der Gemeinde gestrichen haben.«[52]

Die Schikanen gegen Leipziger Juden gingen jedoch weiter. Wie bereits erwähnt, hatten einige SED-Kreisleitungen der Stadt eigenmächtig beschlossen, alle jüdischen Genossen von den Parteikontrollkommissionen überprüfen zu lassen. Mindestens 100 Personen, darunter 74 Gemeindemitglieder, waren von Nachstellungen infolge des Slánský-Prozesses betroffen. 53 von ihnen flohen nach Westdeutschland.[53] Die Israelitische Religionsgemeinde zu Leipzig schrumpfte durch Flucht und Austritte von 261 Mitgliedern im Dezember 1952 auf 173 Mitglieder im August 1953.[54]

Im März 1953 legte Richard Frank sein Vorstandsamt »aus gesundheitlichen Gründen« nieder.[55] Heinrich Rosenthal wurde im Frühjahr wie Hans Zellner und Manfred Rosenthal unter dem Vorwand der Steuerhinterziehung angeklagt.[56] Man enteignete ihn, und er mußte sich im Alter von 67 Jahren eine neue Existenz aufbauen. Heinz Zellner und Manfred Rosenthal flohen mit ihren Ehefrauen in die Bundesrepublik. Da im Oktober 1953 Ernst Goldfreund und Heinrich Rosenthal wegen zu enger Kontakte mit Looser aus dem Vorstand ausgeschlossen wurden, blieb Moritz Engelberg vorübergehend dessen einziges Mitglied. Erst die für den 2. Mai 1954 einberufene Generalversammlung wählte einen neuen zehnköpfigen Vorstand und beschloß eine neue Satzung.

Die Mitglieder der Synagogen-Gemeinde zu Magdeburg wurden nach der Flucht des Vorsitzenden Horst Karliner per Rundschreiben aufgefordert, »vollzählig« zum Freitagabend-Gottesdienst am 30. Januar 1953 zu erscheinen: »Im Hinblick auf die letzten Ereignisse wird unser kommissarisches Mitglied des Landesverbandes der Jüdischen Gemeinden in der Deutschen Demokratischen Republik, Herr Georg Kaethner, und ein Vertreter der VVN grundlegende Ausführungen machen.«[57] Den Vorsitz übernahm Kaethner (SED), der im März 1953 durch Wahlen in diesem Amt bestätigt wurde.

Die Jüdische Gemeinde zu Dresden, der im Dezember 1952 163 Mitglieder angehört hatten, reduzierte sich bis März 1953 auf 114. Der im Oktober 1952 gewählte Vorsitzende Leo Löwenkopf und sein Stellvertreter Dr. Werner Kussy waren mit Julius Meyer nach Westberlin geflohen. Am 21. Januar 1953 wurde ein neuer Vorstand gewählt, dem Walter Friedländer (Vorsitzender), Hans Ogrodek und Helmut Aris* angehörten. Bald darauf floh auch Ogrodek, an seiner Stelle wurde Richard Lewinsohn Vorstandsmitglied.

In Thüringen verringerte sich die Mitgliedschaft von Dezember 1952 bis März 1953 von 217 auf 185 Personen. Die Juden in Eisenach (deren Gemeindevorsitzender Walter Cappel war ebenfalls geflohen), Jena und Gera schlossen sich noch enger an die Erfurter Gemeinde an. Max Cars blieb Vorsitzender in Erfurt, sein Stellvertreter

* Helmut Aris: 1908–1987, kaufmännische Lehre in Dresden, anschließend in Textilbranche tätig, nach »Kristallnacht« 1938 wochenlang inhaftiert, wegen nichtjüdischer Ehefrau freigelassen, 1940–1945 Zwangsarbeit, sollte am 14. 2. 1945 deportiert werden, wovor er durch die Bombardierung Dresdens in der Nacht zuvor bewahrt blieb, Februar – Mai 1945 Illegalität, 1945 Mitglied der SPD, 1946 SED, Kaufmännischer Leiter und Verwaltungsdirektor verschiedener Industriebetriebe, 1953 Vorstandsmitglied der Jüdischen Gemeinde zu Dresden, 1956 – 1987 ihr Vorsitzender, 1958–1962 Vizepräsident des Verbandes der Jüdischen Gemeinden in der DDR, 1962–1987 Präsident, Mitglied des Nationalrats der Nationalen Front, des

wurde Herbert Ringer. Daß der Landesverband Thüringen der jüdischen Gemeinden, Sitz Erfurt faktisch mit der Erfurter Gemeinde identisch war, kam 1981 in der Umbenennung in Jüdische Landesgemeinde Thüringen, Sitz Erfurt zum Ausdruck.

Die Gemeinde in Chemnitz war wohl am wenigsten von der Fluchtwelle betroffen. Ihr Vorstand blieb intakt, die Hallenser Gemeinde sowie die Landesgemeinde Mecklenburg hatten den Verlust eines Leitungsmitglieds zu beklagen. Die Republikfluchten setzten sich dort massiv fort. Bis September 1953 hatte ein Drittel der 56 Mitglieder die Mecklenburger Gemeinde verlassen, darunter 5 Kinder (von 6). Der Vorsitzende Dr. Franz Unikower floh 1956 nach Westdeutschland.

Der Landesverband der Jüdischen Gemeinden in der DDR mußte fast vollständig umgebildet werden. Bis auf Baden, Cars und Unikower hatten alle Funktionäre die DDR verlassen. Baden und Kaethner forderten in einem Rundschreiben alle Gemeinden auf, zu einem Treffen in Berlin »mindestens ein vertretungsberechtigtes Vorstandsmitglied« zu delegieren.[58] Die Stadt war wohl als Tagungsort gewählt worden, weil die Verbandsunterlagen sichergestellt und die Verfügungsberechtigung über die Konten beim Berliner Stadtkontor neu geregelt werden mußten. Am 3. Februar 1953 versammelten sich Abgesandte sämtlicher Gemeinden in den Räumen des Landesverbandes im Gemeindehaus Oranienburger Straße 28: Hermann Baden und Max Abramowitz (Halle), Max Cars und Herbert Ringer (Erfurt), Hans Ogrodek (Dresden), Ernst Goldfreund (Leipzig), Georg Kaethner (Magdeburg), Franz Unikower (Schwerin) und Dorrit Geiblinger (Chemnitz). Martin Riesenburger, Willy Bendit und Israel Rothmann waren nur als Gäste geladen, da die Jüdische Gemeinde von Groß-Berlin erst 1961 in den Dachverband aufgenommen wurde.

Im Mittelpunkt der Diskussion stand zunächst die Frage, ob der Landesverband nicht aufgelöst werden sollte, da er durch die Flucht seiner Leitung bei den staatlichen Behörden diskreditiert sei. Da

Präsidiums des Friedensrats, der Zentralleitung des Komitees der Antifaschistischen Widerstandskämpfer in der DDR, des Präsidiums der Liga für die Vereinten Nationen, des DDR-Komitees für die Kampfdekade gegen Rassismus, 1964 Verdienstmedaille der DDR, 1965 Vaterländischer Verdienstorden in Bronze und Deutsche Friedensmedaille, 1969 Ernst-Moritz-Arndt-Medaille der Nationalen Front, 1978 Vaterländischer Verdienstorden in Gold und Carl-von-Ossietzky-Medaille des Friedensrates, 1981 Ehrennadel für Verdienste um die Freundschaft der Völker in Gold, 1983 Ehrenspange zum Vaterländischen Verdienstorden in Gold und Deutsche Friedensmedaille in Gold.

aber der Zusammenschluß als sinnvoll empfunden wurde, beschloß man, an seiner Existenz festzuhalten. In den neuen Vorstand wurden Baden (Vorsitzender), Kaethner und Cars gewählt. Der Sitz des Verbandes der Jüdischen Gemeinden in der DDR sollte sich künftig im Wohnort des Vorsitzenden, d. h. zunächst in Halle, befinden.

Mit dem Sitzungsprotokoll wurde der Entwurf einer Presseerklärung versandt, mit der man sich von den geflohenen Verbandsvertretern im gleichen Ton wie die VVN distanzieren wollte: Julius Meyer habe »sein Amt gewissenlos und um sich privat zu bereichern verwaltet« und die DDR verlassen, »um sich seinen faschistischen Auftraggebern mit noch einigen anderen zur Verfügung zu stellen«.[59] Die von ihm geplante Zerschlagung der jüdischen Gemeinden konnte gerade noch verhindert werden. Nach einem Bekenntnis zur DDR hieß es abschließend: »Wir bedauern, daß ein Teil unserer jüdischen Menschen sich durch die bewußte Hetze des RIAS und der westlich lizensierten Presse sowie den [sic!] Machenschaften des geflüchteten Vorstandes hat beeinflussen lassen. Ihr Los ist ein furchtbares. Sie gehen ihren Henkern und einem zweiten KZ entgegen. Ihre Zukunft ist grauenvoll. Wir richten an diejenigen, die sich beeinflussen ließen, einen Appell, daß sie zu jeder Zeit und Stunde zurückkommen können.« Die Verbandsvertreter billigten diesen verlogenen und zynischen Entwurf nicht. Es ist auch keine andere öffentliche Distanzierung des Gremiums von den geflohenen Gemeinde- und Verbandsmitgliedern bekannt.

Hermann Baden war parteilos. Im Gegensatz zu seinem Vorgänger Julius Meyer und den neuen Gemeindefunktionären in Ostberlin versuchte er, Distanz zu Partei- und Regierungsinstanzen zu wahren und Kontakte auf das im Verbandsinteresse Notwendige zu beschränken. Es wäre ihm nicht in den Sinn gekommen, die Besetzung von Funktionen im Verband oder in seiner Hallenser Gemeinde bzw. andere Fragen der Verbandspolitik mit der SED abzustimmen. Für einseitige öffentliche Stellungnahmen, die den Antifaschismus in der DDR priesen und den Antisemitismus in der Bundesrepublik verdammten, war er ebenfalls nicht zu gewinnen. Zudem war er stark an Beziehungen zu jüdischen Gemeinden und Organisationen in Westdeutschland interessiert.

Der Verband blieb weiterhin dem Zentralrat der Juden in Deutschland mit Sitz in Düsseldorf angeschlossen. Mehrmals im Jahr nahm der Vorstand an Zentralratstagungen teil, wo er auch Stimmrecht besaß. Baden bemühte sich darum, daß jüdische Kinder aus der DDR an den Ferienprogrammen des Zentralrates in Westberlin und Westdeutschland teilnehmen konnten. Außerdem organisierte er zu

Pessach die Versorgung der DDR-Gemeinden mit koscheren Lebensmitteln, die der Zentralrat als Spende bereitstellte.

Ein großes Problem stellte die finanzielle Notlage der Gemeinden dar. Es war den Mitgliedern nicht möglich, aus eigener Kraft Einrichtungen zu unterhalten und religiöse und soziale Aktivitäten zu bezahlen. Die Hauptabteilung Verbindung zu den Kirchen verwaltete seit 1951 einen Fonds zum Wiederaufbau von zerstörten Sakralbauten, aus dem Mittel für Synagogen und jüdische Friedhöfe bereitgestellt wurden. Diese Gelder reichten bei weitem nicht aus, um die zum Teil stark zerstörten Begräbnisstätten auf dem Territorium der DDR wieder in einen würdigen Zustand zu versetzen, doch konnten wenigstens die Hauptfriedhöfe in Dresden, Leipzig, Karl-Marx-Stadt, Erfurt, Halle, Magdeburg und Schwerin hergerichtet werden. Mit Hilfe dieses Nuschke-Fonds erhielt die Magdeburger Gemeinde 1954 eine Synagoge in der Klausenerstr. 11/13. Für Verwaltungsaufgaben, Kultuspersonal und andere Zwecke bekam der Verband jährlich einen Zuschuß, den Baden an die Gemeinden weiterverteilte. Von 1957 bis 1959 betrugen die Zuwendungen 28 000 Mark. Der Bedarf war weit größer, doch Anträge auf Erhöhung dieser Summe lehnte die Hauptabteilung Verbindung zu den Kirchen jahrelang ab, nicht zuletzt aufgrund der politischen Unliebsamkeit Badens.

Auch wegen der Verbindungen zum Zentralrat der Juden in Deutschland war Badens Amtsführung dem Staatssekretariat ein Dorn im Auge. Das Innenministerium und das Ministerium für Außenhandel und Innerdeutschen Handel erteilten Genehmigungen zur Einfuhr der gespendeten koscheren Lebensmittel, aber die Ferienreisen von Kindern nach Westdeutschland konnte Baden nicht durchsetzen. Alljährlich bestand für etwa 20 jüdische Kinder aus der DDR die Möglichkeit, im Sommer vier Wochen im Erholungsheim des Zentralrates in Wembach im Schwarzwald zu verbringen. 1955 und 1956 wurde die Ausreisegenehmigung verweigert. Nachdem Baden auch für 1957 Ausreiseanträge gestellt hatte, sah man sich im Staatssekretariat für Kirchenfragen veranlaßt, mit ihm eine »Aussprache« zu führen. Die Ablehnung wurde damit begründet, »daß der Staat für den Schutz und die Sicherheit der Kinder von Bürgern der Deutschen Demokratischen Republik verantwortlich ist und daß auf Grund des immer aggressiver werdenden Antisemitismus in Westdeutschland diese Sicherheit nicht gegeben ist«. Den Vorschlag, »die Kinder in der Deutschen Demokratischen Republik zu verschicken«,[60] lehnte Baden ab. In Westdeutschland würden sie in einem jüdischen Heim aufgenommen und mit den rituellen Vorschriften des jüdischen Glaubens vertraut gemacht, damit sie dem Judentum näherkämen. In

Erholungsheimen der DDR seien »vorschriftsmäßige Ernährung (kein Schweinefleisch, nur koscheres Fleisch von geschächteten Tieren), Durchführung von Gottesdiensten und religiöse Unterweisung« nicht möglich. Fragen der Sicherheit und des Antisemitismus hielt er nicht für akut. Doch das Staatssekretariat beharrte wegen »der politischen Lage in Westdeutschland und der dort auflebenden antisemitistischen [sic!] Strömungen« auf seiner Position: »In der DDR wird im Gegensatz zu Westdeutschland durch die großzügigen Maßnahmen unseres Staates sehr viel für die Kinder und Jugendlichen getan, insbesondere auch in der Frage der Erholung. Die Verschikkung der Kinder von Bürgern der DDR nach Westdeutschland kann von westdeutschen politischen Stellen gegen die DDR mißbraucht werden, ganz abgesehen von der negativen Beeinflussung der Kinder.«

Herta Hülsen, Oberreferentin für Kleine Religionsgemeinschaften, empfahl, ein Erholungsheim in der DDR zur Verfügung zu stellen und das Ministerium für Volksbildung sowie das Amt für Jugendfragen einzuschalten, um Badens Argumentation zu entkräften und die Eltern von dieser Alternative zu überzeugen. Als der Verband der Jüdischen Gemeinden den Antrag stellte, 1958 ein Heim in der DDR für ein jüdisches Ferienlager nutzen zu dürfen, wollte Hülsen von ihrem eigenen Vorschlag nichts mehr wissen. Nunmehr war sie der Meinung, »daß es nicht vertretbar ist, daß mit Unterstützung unseres Staates ein konfessionelles Ferienlager durchgeführt wird«.[61] Eine Kindergruppe des Verbandes könne mit einem eigenen Betreuer an einem Pionierferienlager teilnehmen. Sofern Baden diesen Vorschlag ablehne, sollten die Referenten für Kirchenfragen der einzelnen Bezirke mit den Eltern Gespräche führen, »um unter Ausschaltung des Verbandes den jüdischen Kindern die Teilnahme an dem Pionierlager zu ermöglichen. In diesem Fall würde die Jüdische Gemeinde Berlin – die nicht dem Verband angeschlossen ist – die Regelung der organisatorischen Fragen übernehmen. Die Jüdische Gemeinde Berlin wird sich mit der Leitung des Pionierlagers in Verbindung setzen, damit evtl. eine koschere Verpflegung (kein Schweinefleisch) erfolgt.«[62]

Nicht nur aus diesem Anlaß wollte man die Jüdische Gemeinde von Groß-Berlin und den Verband der Jüdischen Gemeinden in der DDR gegeneinander ausspielen. Ferienaufenthalte von jüdischen Kindern in Westdeutschland wurden weiterhin nicht genehmigt. Ab 1959 organisierte der Vorsitzende der Schweriner Gemeinde, Alfred Scheidemann, Ferienlager innerhalb der DDR. Diese wurden zunächst in Mecklenburg, dann bis 1989 fast jedes Jahr im Rahmen eines Pionierlagers in Glowe / Rügen durchgeführt. Der ursprüngliche Zweck der jüdischen Sozialisation und religiösen Erziehung der Kinder konnte nur noch bedingt verwirklicht werden. Zwar reisten jedesmal Betreuer der jüdischen Gemeinden mit, doch außer einer Schabbatfeier am Freitagabend und einer Einführung in das Judentum und die hebräische Sprache unterschied sich das Ferienlager kaum noch von anderen.

Das Verhältnis des Verbandes der Jüdischen Gemeinden in der DDR zur Jüdischen Gemeinde von Groß-Berlin

Daß die neugegründete Ostberliner Gemeinde nicht in den Verband aufgenommen wurde, war kein Zufall, sondern Ausdruck der Distanzierung von ihrem nicht legitimierten Vorstand, der die Berliner Gemeinde faktisch gespalten hatte.

Offiziell argumentierte der Verband, erst nach der demokratischen Wahl der Leitungsgremien könne die Jüdische Gemeinde von Groß-Berlin Mitglied werden. Baden und Vertreter anderer Gemeinden akzeptierten Martin Riesenburgers Ernennung zum Rabbiner nicht, da er keine Smicha besaß. Der Verbandsvorsitzende teilte der Israelitischen Religionsgemeinde zu Leipzig auf eine Anfrage hin mit, daß der »›Rabbiner‹ Riesenburger im Bereiche des Verbandes der Jüdischen Gemeinden in der Deutschen Demokratischen Republik keine Tätigkeit ausübt und auch keinen Auftrag zu einer solchen hat«.[63] Man wolle sich bei dem Rabbinerkongreß in Frankfurt / Main erkundigen, »wie weit unter Berücksichtigung des hier herrschenden Notstandes die Befugnisse zur Ausübung religiöser Amtshandlungen eines Nicht-Rabbiners gehen«[64].

Inoffiziell verwahrte sich vor allem Baden gegen die Staatsnähe und die häufigen propagandistischen Erklärungen der Berliner Gemeindeführung. Der Schweriner Vorsitzende Unikower warf der Jüdischen Gemeinde von Groß-Berlin vor, »Personenkult für den Seelsorger« zu betreiben.[65] Riesenburger wurde sogar als Denunziant und Stasi-Spitzel beschimpft, da er u. a. gemeldet hatte, welche Familien ihre Kinder im Sommer 1954 in ein jüdisches Erholungsheim nach Westberlin geschickt hatten.[66] Umgekehrt denunzierte Schenk den Verbandsvorsitzenden beim Staatssekretariat für Kirchenfragen, weil der bei einer Gemeindetagung 1959 in Magdeburg geäußert hatte, es gäbe auch in der DDR Antisemitismus.[67]

Diese Spannungen und der fortwährende Kampf zwischen Verband und Berliner Gemeinde um Einflußsphären und die Befugnis, jüdische Interessen zu vertreten, hielten bis in das nächste Jahrzehnt an. Dies war ein Kampf ungleicher Konkurrenten, in den sich auch

Partei- und Staatsorgane einmischten. Die Jüdische Gemeinde von Groß-Berlin hatte doppelt so viele Mitglieder wie alle anderen Gemeinden in der DDR zusammen und somit mehr Möglichkeiten, eine jüdische Infrastruktur (regelmäßige Gottesdienste, eigenes Altersheim, andere religiöse, kulturelle und soziale Aktivitäten) aufrechtzuerhalten. Ihre Führung genoß die massive Unterstützung der SED und staatlicher Institutionen. Das Staatssekretariat benutzte die Gemeinde, um die Position des Verbandes und seines politisch mißliebigen Vorsitzenden zu untergraben. 1959 und 1963 organisierte die Berliner Gemeinde Tagungen mit Vertretern von jüdischen Gemeinden aus anderen sozialistischen Ländern. Der Verband konnte die Teilnahme nicht verweigern und mußte in Kauf nehmen, daß sie als Propagandaveranstaltungen mit öffentlichen Erklärungen gegen Revanchismus und Antisemitismus in Westdeutschland und dem Bekenntnis zur antifaschistischen DDR instrumentalisiert wurden.

Die Jüdische Gemeinde von Groß-Berlin verhehlte nicht, daß sie im Verband eine staatsloyale politische Linie sowie die Anerkennung ihrer Leitung und von Martin Riesenburger als Rabbiner durchsetzen wollte. Die wiederholt gestellten Aufnahmeanträge wurden jedoch stets abgelehnt. 1956 lautete die Begründung, der Beitritt sei »aus verwaltungs- und satzungsmäßigen Gründen z. Zt. nicht möglich«.[68] Im Mai 1958 richteten Bendit, Riesenburger und Heilbrunn eine »Denkschrift« an den Verband, die ihre politischen Absichten klar zum Ausdruck brachte: »Im Zuge der politischen Entwicklung, die durch den unverständlichen Beschluß der reaktionären Bonner Bundestagsmehrheit, die Bonner Bundeswehr mit atomaren Waffen auszurüsten, auf einen für die ganze Menschheit gefährlichen Höhepunkt getrieben wurde, sehen wir uns veranlaßt, nicht nur wie bisher als Jüdische Gemeinde von Groß-Berlin Protest zu erheben, sondern als Vertretung der Juden in der DDR und als Vertreter der Juden im demokratischen Sektor endlich gemeinsame Schritte zu unternehmen. Nach innen wie auch nach außen müssen wir Juden als eine geschlossene Gemeinschaft erscheinen.«[69] Unter dem Motto der »zum Wohle unserer Gemeinden und zum Segen für die Menschheit« gebotenen Einheit ging es nicht nur um eine Vereinigung der »Juden des demokratischen Sektors mit den Juden in der DDR«, sondern auch um gemeinsame »Proteste, Aktionen gegen die Herausforderer von gestern« und die »Schaffung einer gemeinsamen Vertretung gegenüber dem Zentralrat der Juden in Deutschland«.

Obwohl nach wie vor der Vorstand der Jüdischen Gemeinde von Groß-Berlin nicht legitimiert war und der Rabbinerstatus von Riesenburger angezweifelt wurde, konnte der Verband dem Aufnahmegesuch bald nichts mehr entgegensetzen. Die DDR-Gemeinden wurden immer kleiner, und es gab keinen Rabbiner, einzig der Leipziger Kantor Werner Sander nahm hauptamtlich religiöse und seelsorgerliche Funktionen wahr. Inzwischen dominierten unter den Gemeindevorsitzenden und den Verbandsvertretern die SED-Mitglieder. Mitarbeiter des Staatssekretariats und der Räte der Bezirke ersuchten diese Genossen, den Antrag der Berliner Gemeinde zu unterstützen. Baden war häufig krank und konnte sich im Verband nicht mehr durchsetzen, so daß der 1958 zum Vizepräsidenten gewählte Dresdner Gemeindevorsitzende Helmut Aris mehr und mehr die Führung übernahm. Mit seinem Amtsantritt mehrten sich öffentliche Erklärungen des Verbandes, die die Propagandakampagnen der DDR unterstützten, seit 1960 führte er die Gespräche mit dem Staatssekretariat für Kirchenfragen in Berlin.

Im Januar 1960 fand in Halle eine außerordentliche Verbandssitzung statt, zu der die Berliner Gemeinde eingeladen war, um ihren Aufnahmeantrag zu begründen. Schenk, Rosenberg und Riesenburger erklärten, »die augenblickliche Situation in der Welt [...] erfordere, daß alle jüdischen Gemeinden in der Deutschen Demokratischen Republik zusammenarbeiten«. Und Helmut Aris unterstrich, daß »die Juden zusammen kämpfen und zusammenstehen« müssen.[70] Auf der Verbandssitzung am 21. Februar 1960 wurde die Jüdische Gemeinde zu Berlin Mitglied. Im Präsidium war sie jedoch nur kurzzeitig während der sechziger und achtziger Jahre vertreten. Martin Riesenburger wurde 1961 auf Antrag der Berliner Gemeinde vom Verband zum Landesrabbiner ernannt und nahm seitdem in allen DDR-Gemeinden rabbinische Funktionen wahr.

Die Berliner Gemeinde erstrebte unverhohlen die Dominanz innerhalb der Vertretung aller jüdischen Gemeinden in der DDR. Sie beantragte während der Diskussion des Entwurfs für ein neues Verbandsstatut im Jahre 1965, die DDR-Hauptstadt zum ständigen Verbandssitz zu bestimmen. Dies wurde abgelehnt. Die Konkurrenz zwischen dem Verband und der Berliner Gemeinde als größter und am besten ausgestatteter jüdischer Gemeinschaft sorgte für weitere Konflikte.

Die Entwicklung des Gemeindelebens

Religiöses Leben

In den fünfziger Jahren bemühten sich die Gemeinden intensiv um die Instandsetzung der Synagogen und Friedhöfe, dennoch mußten sich manche noch lange mit Provisorien begnügen. So hatte z. B. die Synagogen-Gemeinde zu Magdeburg bis Dezember 1954 nur die Trauerhalle auf dem Friedhof nutzen können, bis sie im Dezember 1954 eine Villa in der Klausenerstr. 11–13 als Ersatz für zerstörte Gemeindegebäude erhielt und dort einen Betraum einrichtete. Zwölf Jahre später mußte sie auch dieses Haus räumen, da es von der Sowjetarmee beansprucht wurde. Wieder stand für Gottesdienste und Gemeindeveranstaltungen nur die Trauerhalle auf dem Friedhof zur Verfügung. Zum Purimfest im März 1968 konnte endlich die Synagoge in der Villa Gröperstraße 1a feierlich eingeweiht werden, doch Gottesdienste fanden nur noch gelegentlich statt. Am häufigsten traf man sich zu Feiern, die eher den Charakter eines gemütlichen Beisammenseins trugen. Nach dem Tod des langjährigen Gemeindevorsitzenden Abraham Glanz 1979, der diese Feiern liturgisch geleitet hatte, wurden auch diese Zusammenkünfte seltener.

Am längsten mußte die Chemnitzer Gemeinde (ab 1953 die Karl-Marx-Städter) auf eine Synagoge und andere Räume verzichten. Der 1949 in der Straße der Nationen 33 eingeweihte kleine Betsaal wurde 1953 vermutlich aus Geldmangel gekündigt. Im Frühjahr und Sommer des gleichen Jahres signalisierte der Vorsitzende, Hans Kleinberg*, mehrfach, seine Gemeinde müsse sich der Leipziger anschließen, da sie auch kein Büro und keine Schreibkraft mehr unterhalten könne.[1] Nur dank der Beihilfen des Verbandes und der Leipziger Gemeinde bewahrte sie sich letztendlich ihre Eigenständigkeit. Das Gemeindebüro wurde in die Wohnung des Vorsitzenden verlegt.

Bereits 1952 wies die Stadtverwaltung das der Gemeinde gehörende Grundstück Stephansplatz 3 / Hohestr. 9, wo sich die Synagoge befunden hatte, einer Berufsschule als Bauplatz zu. Für den

* Hans Kleinberg: 1908–1966, Kaufmann in Chemnitz, Oktober 1938 nach Polen deportiert, in der Illegalität überlebt, Mitglied einer polnischen Partisanengruppe, 1945 Rückkehr nach Chemnitz, 1948–1952 Vorstandsmitglied der Jüdischen Gemeinde Chemnitz, 1952–1966 Gemeindevorsitzender, 1956–1966 Vizepräsident des Verbandes der Jüdischen Gemeinden in der DDR, Medaille Kämpfer gegen den Faschismus, Verdienstmedaille der DDR.

Synagogenneubau lag bereits eine Finanzierungszusage der Hauptabteilung Verbindung zu den Kirchen unter Otto Nuschke vor, doch der Rat des Bezirkes lehnte den Bauantrag der Jüdischen Gemeinde Karl-Marx-Stadt 1955 ab, da »es nicht vertreten werden [könne], daß an dem städtebaulich außerordentlich hervorragenden Punkt [...] ein solcher in Volumen und Gestaltung unzureichender Baukörper errichtet wird«.[2] Das Ministerium für Aufbau wies Kleinbergs Einspruch gegen den Bebauungsplan ab, und der Rat der Stadt drohte gar, das Synagogengrundstück zu beschlagnahmen, wenn die Gemeinde nicht in den Tausch mit einem anderen zwangsenteigneten Grundstück einwillige. Kleinberg wehrte sich postwendend: »Diese antisemitische Tendenz, verbunden mit dem Kirchenkampf, den Sie gegen uns führen, lehnen wir ab«,[3] und hielt dem Baurat seine Vergangenheit als Rottenführer der SA vor.

Weitere Protestbriefe an den Ministerpräsidenten Otto Grotewohl, seinen für religiöse Angelegenheiten zuständigen Stellvertreter Otto Nuschke, den Volkskammerpräsidenten Johannes Dieckmann und den Volkskammerabgeordneten Max Seydewitz bewirkten, daß die Abteilung Kultfragen des Innenministeriums im Januar 1957 ihm und Baden zumindest weitere Tauschgrundstücke anbot. Nach Rücksprache mit dem Gemeindevorstand und dem Verband willigte Kleinberg in den Tausch ein. Das in der Stollberger Straße 28 errichtete Gemeindehaus wurde im April 1961 festlich eingeweiht. Gottesdienste und Veranstaltungen fanden hier jedoch nur zu Feiertagen statt. Die Gemeinde war inzwischen zu klein geworden und hatte keinen Kantor oder Vorbeter.

In der Erfurter Synagoge hielt man bis in die achtziger Jahre regelmäßig vierzehntägig Schabbatgottesdienste ab, obwohl viele Mitglieder der Gemeinde außerhalb wohnten. Die Israelitische Religionsgemeinde zu Leipzig profitierte von der Großstadtsituation. Hier veranstaltete man am Schabbat und zu Feiertagen Gottesdienste, wenn auch häufig nur zu einem der zwei Festtage von Pessach, Schawuot, Sukkot und Rosch Haschana. Auch zu Sederabenden, Purim- und Chanukkafeiern kamen Mitglieder zusammen. Vor allem zu Messezeiten verstärkten Besucher den Minjan. Die zugezogenen polnischen Juden wirkten sich förderlich auf die Gemeindearbeit aus, da sie im Gegensatz zu den assimilierten deutschen Juden über Kenntnisse der jüdischen Tradition verfügten. Zu ihnen gehörte der langjährige Vorsitzende Eugen Gollomb*, der in seiner Jugend zwei

* Eugen Gollomb: 1917–1988, als Getzel Taube in einer orthodoxen Familie in Lodz geboren, die mit der chassidischen Dynastie der Gerer Rebben verwandt war. 1938 Eintritt in die polnische Armee, 1940–1944 Haft in verschiedenen Konzentrationslagern, u. a. Auschwitz-Birkenau. Ehefrau und Kind und siebzig weitere

Jahre eine Jeschiwa besucht hatte, und sein Nachfolger Aron Adlerstein*. Sie leiteten die Gottesdienste und andere rituelle Handlungen (zumeist Beerdigungen) und gaben auch Religionsunterricht.

Dagegen fanden in der Jüdischen Gemeinde Dresden, immerhin der zweitgrößten Gemeinde der DDR, nur zu Feiertagen und zu Verbandstagungen Gottesdienste statt. Zu Pessach wurde ein Sederabend in einem Hotel veranstaltet, und auch zu Chanukka kam die Gemeinde zu einer Feier zusammen.

Ein Grund für die wenigen Gottesdienste war die Schwierigkeit, einen Minjan – das vorgeschriebene Quorum von zehn Männern für das Sprechen der Gebete – zusammenzubekommen. Dazu verfaßte Riesenburger 1963 ein Gutachten, in dem es hieß: »Durch die barbarische Gewaltherrschaft des Faschismus wurden in den Reihen der Jüdischen Gemeinden gewaltige Lücken gerissen, die aufzufüllen in einer absehbaren Zeit nicht mehr möglich sein wird. Mit der Vernichtung Millionen jüdischer Menschen wurde auch das religiöse Leben so stark beeinflußt, daß in vielen Gemeinden der Deutschen Demokratischen Republik kaum noch eine gesicherte Möglichkeit besteht, alle Gottesdienste traditionsgemäß abzuhalten, das heißt, an den Sabbaten einen Minjan zusammenzuführen.«[4] Die Kultuskommission des Verbandes empfahl zunächst, »dort, wo ein Notstand vorhanden ist, den Gottesdienst mit weniger als zehn Mann abzuhalten«[5]. Da die Mitgliederzahlen weiterhin rapide sanken, legte die Kultuskommission schon wenige Jahre später fest, daß in allen Synagogen bei Anwesenheit von drei männlichen, erwachsenen Juden voller Gottesdienst durchgeführt und das Kaddischgebet gesprochen werden darf.[6]

Es gab nur sehr wenige Männer, die dank ihrer Kenntnisse der hebräischen Sprache und der Liturgie in der Lage waren, einen Gottesdienst oder andere religiöse Zeremonien zu leiten. Der Leipziger Kantor Werner Sander wurde 1962 zum Oberkantor des Verbandes der Jüdischen Gemeinden in der DDR ernannt. Ihm oblag neben seinem Amt in der Leipziger Synagoge die Leitung von Gedenkzeremonien und Gottesdiensten anläßlich der Verbandstagungen. Zu den seltenen Anlässen von Bar-Mizwa-Feiern oder Hochzeiten amtierte er auch in anderen Gemeinden. Sander baute zudem den Leipziger Synagogalchor auf, der sich der Pflege traditioneller jüdischer und Synagogalmusik widmete und seit 1962 offiziell als Chor des Ver-

Familienangehörige wurden ermordet. Flucht aus einem Nebenlager des KZ Auschwitz, 1944–1946 Partisan und Offizier der polnischen Volksarmee, Annahme der deutschen Staatsbürgerschaft, als selbständiger Unternehmer tätig, 1959 Wahl in den Gemeindevorstand, von 1967 bis zu seinem Tod Gemeindevorsitzender.

* Aron Adlerstein: geb. 1913, seit 1988 Gemeindevorsitzender.

bandes galt. Gelegentlich trat er zu Gottesdiensten und Gedenkfeiern des Verbandes auf, gab Konzerte – darunter jährlich ein Konzert in der Berliner Synagoge – und nahm mehrere Schallplatten auf. Der Chor bestand fast ausschließlich aus Nichtjuden und wurde nach Sanders Tod 1972 von dem Tenor Helmut Klotz geleitet.

Der Mangel an Kultuspersonal, vor allem an Vorbetern und Kantoren, war ein permanentes Problem. Häufig fungierten Vorsitzende und Vorstandsmitglieder als Kantoren, z. B. Gollomb und Adlerstein in Leipzig, Scheidemann* in Schwerin, Glanz in Magdeburg, Ringer und Rudi-Raphael Scharf-Katz** in Erfurt. Zu Feiertagen, besonders zu Rosch Haschana und Jom Kippur, unterstützten Kantoren und Rabbiner aus Ungarn die Gemeinden. Der ungarische Kantor Lászlo Lugosi betreute die Dresdner Gemeinde mehr als zwanzig Jahre. Mit Billigung des Staatssekretariats für Kirchenfragen nahmen seit den sechziger Jahren auch die Westberliner Kantoren Estrongo Nachama und Leo Roth Aufgaben in DDR-Gemeinden wahr.

Weitere Amtshilfe von Rabbinern aus dem westlichen Ausland wurde jahrelang vom Staatssekretariat für Kirchenfragen blockiert. Noch 1980 lehnte das Staatssekretariat ein Dauervisum für den Westberliner Rabbiner Ernst Stein ab, da dies »als Legalisierung ›gesamtdeutscher‹ kirchlicher Tätigkeit verstanden werden« könne: »Die Tätigkeit eines Westberliner Rabbiners in der Hauptstadt der DDR wäre ein eklatanter Versuch des Unterlaufens der Abgrenzung, die in den Beziehungen Hauptstadt Berlin / Westberlin von besonderer Bedeutung ist.«[7] 1984 verweigerte man Rabbiner Stein sogar ein Dienstvisum für die Trauung eines Ostberliner Paares, so daß er als Tourist einreisen mußte.

Nach dem Weggang von Dr. Ödön Singer, der von 1965 bis 1969 die Nachfolge von Martin Riesenburger angetreten hatte, bemühte sich der Verband zweimal, eigenen Nachwuchs am Budapester Rabbinerseminar ausbilden zu lassen. Der engagierte Leipziger Wilfried

* Alfred Scheidemann: 1905–1972, Besuch einer jüdischen Schule und Mitglied im Chor der orthodoxen »Alten Synagoge« in Berlin, kaufmännische Lehre, 1941–1945 »Sternträger«und Zwangsarbeit, 1945–1947 Angestellter des Magistrats von Berlin, ab 1947 kaufmännische Tätigkeit in Hagenow und Schwerin, SED-Mitglied, seit 1953 Mitglied des Vorstandes der Jüdischen Landesgemeinde Mecklenburg und des Verbandsbeirates, 1962–1972 Gemeindevorsitzender, 1966–1970 Vizepräsident des Verbandes, 1962–1972 Mitarbeit im Redaktionskollegium des »Nachrichtenblatts«.

** Raphael (Rudi) Scharf-Katz: 1917–1994, Automechanikerlehre, Studium an der Technischen Hochschule Stuttgart, 1938 nach Polen deportiert, 1939–1945 in verschiedenen Konzentrationslagern, u. a. Mittelbau-Dora inhaftiert, 41 Angehörige wurden ermordet, 1947 Rückkehr nach Erfurt, seit 1977 stellvertretender Vorsitzender, seit 1984 Vorsitzender der Landesgemeinde Thüringen.

Fink beging 1970 Selbstmord, und der zur Kantorenausbildung entsandte Sohn der Hallenser Gemeindevorsitzenden, Frank Mylius, wurde wegen krimineller Vergehen 1984 vom Seminar relegiert und strafrechtlich belangt. Zudem hatte sich herausgestellt, daß seine Mutter keine Jüdin war.

Meist übernahmen die Vorbeter den Unterricht in Religion und Hebräisch sowie die Bar-Mizwa-Vorbereitung. Die Unterweisungen fanden notgedrungen häufig als Einzelunterricht statt. Nur das seit 1959 jährlich im Sommer organisierte Ferienlager bot Gelegenheit, Altersgenossen aus anderen Gemeinden kennenzulernen. Feiern wurden nur selten durch Kinder und Jugendliche belebt. In manchen Gemeinden gab es überhaupt keinen Nachwuchs. Laut einer Mitgliederstatistik von 1976 waren in der Berliner Gemeinde gerade noch acht Kinder unter 16 Jahren, in Dresden und Leipzig vier, in Halle zwei, während die Gemeinden in Thüringen, Mecklenburg, Karl-Marx-Stadt und Magdeburg keine Kinder zählten.[8]

Generell lebten die Mitglieder sehr assimiliert, beachteten kaum religiöse Vorschriften, und nur wenige besaßen genauere Kenntnisse der jüdischen Religion, Geschichte und Kultur sowie der hebräischen Sprache. Einerseits nahmen die Gemeinden entgegen dem matrilinearen Religionsgesetz mitunter Kinder jüdischer Väter als Mitglieder auf. Die Kultuskommission des Verbandes erlaubte seit 1963 auch Feuerbestattungen und die Beisetzung nichtjüdischer Ehepartner auf jüdischen Friedhöfen. Andererseits orientierten sich die Gemeinden traditionell: Im Gottesdienst hielt man an der herkömmlichen Liturgie fest, die Gebetssprache war Hebräisch, Männer und Frauen saßen getrennt, liturgische Funktionen wurden nur von Männern wahrgenommen. Diesen Elementen eines orthodoxen Gottesdienstes standen der gelegentliche Einsatz von Orgel und gemischtem Chor sowie die Aufhebung des Minjan-Gebotes entgegen. Diese Mischung war nicht das Ergebnis einer bewußten Entscheidung für eine bestimmte Liturgieform. Angesichts der Assimiliertheit, der geringen Kenntnisse und des hohen Altersdurchschnittes der Gemeindemitglieder wollte man die traditionellen Gottesdienstformen als verbindlichen Rahmen wahren, hätte aber beim Festhalten am Quorum von zehn jüdischen Männern in der Regel nur an hohen Feiertagen Gottesdienste abhalten können. Als Rabbiner Neuman, der sich selbst der Reformbewegung zurechnete, 1987 in der Berliner Synagoge Elemente des egalitären Gottesdienstes einführen wollte, kam es zu heftigen Debatten über religiösen Pluralismus, die mit der Beibehaltung des Status quo endeten, um Konflikte oder gar eine Gemeindespaltung abzuwenden.

Soziale und kulturelle Gemeindeaktivitäten

Aufgrund der geringen Mitgliederzahl verfügten die Gemeinden über keine eigenen sozialen Einrichtungen wie Krankenhäuser, Kindergärten, Schulen. Nur die Berliner Gemeinde betrieb bis 1990 ein eigenes Altersheim, in dem auch Mitglieder anderer Gemeinden Aufnahme fanden. Ältere und kranke Mitglieder, mitunter auch deren nichtjüdische Ehepartner, wurden ehrenamtlich betreut, nur die Jüdische Gemeinde Berlin konnte in den achtziger Jahren eine Mitarbeiterin einstellen. Vorstandsmitglieder wie Herbert Ringer, Abraham Glanz, Ella Wittmann engagierten sich darüber hinaus in den VdN-Bezirkskommissionen, die sich der gesundheitlichen und sozialen Probleme der Verfolgten des Naziregimes annahmen.

Selbst in Berlin gingen kulturelle Veranstaltungen – mit Ausnahme der Synagogalmusikkonzerte – lange Zeit kaum über den Rahmen der bei Chanukka- und Purimfeiern gepflegten Geselligkeit hinaus. Erst in den siebziger Jahren organisierte die Gemeinde eine Veranstaltungsreihe mit Vorträgen und Lesungen zur jüdischen Geschichte und Kultur, in der neben jüdischen Schriftstellern, Künstlern und Historikern aus der DDR gelegentlich ausländische Referenten zu Wort kamen. 1977 wurde eine Gemeindebibliothek eröffnet. Renate Kirchner, die Ehefrau des Gemeindevorsitzenden, leitete die allgemein zugängliche Einrichtung. Der Bestand vergrößerte sich bis 1987 von ca. 1 600 Bänden Judaica auf mehr als 5 000 Bände. Davon machten allerdings zu wenige Gemeindemitglieder Gebrauch. Insgesamt waren ca. 200 Nutzer eingetragen.

In Leipzig hatte die Israelitische Religionsgemeinde 1978 in Zusammenarbeit mit dem Rat der Stadt eine »Literarisch-musikalische Matinee« ins Leben gerufen. Mehrmals jährlich fanden in diesem Rahmen Lesungen und Konzerte von Synagogalmusik und jiddischen Liedern im Rathaus statt. Manche Gemeinden hatten kein Interesse an öffentlichen Kulturveranstaltungen, da sie sich ausschließlich als Religionsgemeinschaft verstanden. Nachdem z. B. in Dresden auf privater Ebene mehrere Konzerte, Lesungen und Vorträge organisiert worden waren, stellte der Musikwissenschaftler Peter Zacher im Oktober 1976 bei der Bezirksleitung des Kulturbundes den Antrag, einen Arbeitskreis »Kultur des Judentums« zu gründen. Aris hatte zuvor argumentiert, »daß ein solcher Arbeits- und Freundeskreis nicht an die jüdische Gemeinde angegliedert werden kann, die ja als Religionsgemeinschaft ausschließlich für die Belange ihrer eigenen Mitglieder tätig werden kann«.[9] Gleichwohl war er bereit, dem Vorstand dieses Arbeitskreises anzugehören, zumal die Institutionalisierung beim Kulturbund die »Garantie für die Wahrung und Durchsetzung unserer kulturpolitischen Ziele« zu bieten schien.[10] Der Antrag nahm einen langen Weg durch die Instanzen, bis letztlich das Staatssekretariat für Kirchenfragen nach zwei Jahren entschied, der Bildung eines solchen Arbeitskreises könne »aus grundsätzlichen Erwägungen nicht zugestimmt werden«. In der Begründung wurde offenbar, daß die Pflege jüdischer Kultur allein auf den Kultus reduziert werden sollte und man sich weigerte, Judentum als Nationalität aufzufassen: »Die Pflege des Judentums geschieht durch die jüdischen Gemeinden in der DDR und sollte auch – wenn notwendig – unsererseits dort Unterstützung finden. Das Judentum gleichzusetzen mit nationalen Entwicklungen, wie vielleicht den Sorben, würde sowohl unserer politischen Konzeption, der Nationalitätenpolitik und auch unserer kirchenpolitischen Konzeption zuwiderlaufen. Wir bitten aus den genannten Gründen, und da nach unserer Information zum großen Teil sich solche Personen um die Bildung dieses Arbeitskreises bemühen, die in ihrer gesellschaftlichen Haltung nicht eindeutige Positionen beziehen, bei der Bezirksleitung des Kulturbundes in Dresden eine Ablehnung des Antrages zu erwirken.«[11] Erst Mitte der achtziger Jahre, als die DDR die Pflege jüdischer Kultur in den Dienst der Außenpolitik stellte, wurde es möglich, kulturelle Aktivitäten auch unter dem Dach öffentlicher Institutionen zu entfalten.

Problemgemeinden

Die Jüdische Landesgemeinde Mecklenburg

Die Jüdische Landesgemeinde Mecklenburg war schon in der Nachkriegszeit kaum in der Lage, zu den Feiertagen und am Schabbat regelmäßig Gottesdienste abzuhalten. Nur wenige Mitglieder wohnten in Schwerin, viele mußten Entfernungen von bis zu 200 km zurücklegen, um an Gemeindeveranstaltungen teilnehmen zu können. Der Assimilationsgrad war noch höher als in anderen Gemeinden, fast alle lebten in Mischehen. Der Tod des langjährigen Vorsitzenden Alfred Scheidemann im Dezember 1972 und der krankheitsbedingte Rücktritt seines Stellvertreters Lukas Valentin Lindner warf neue Probleme auf. Im April 1973 wurden Simon Migdal und Udo Abrahamson zu Vorstandsmitgliedern, Heinrich Sniatkiewicz zum Vorsitzenden gewählt. Der aus Berlin zugezogene Abrahamson veruntreute als geschäftsführendes Vorstandsmitglied Haushaltsmittel: Er verkaufte das Gemeindeauto und vertrank die Gelder, die für den Unterhalt der Gemeinde und der Friedhöfe bestimmt waren. Deshalb trat Simon Migdal bereits nach einen Monat wieder von seinem

Vorstandsamt zurück. An seiner Stelle wurde Michael Geber ernannt, aber Abrahamson und Sniatkiewicz wehrten dessen Versuche zur Kontrolle der Geschäftsführung ab. 1974 forderte Geber den Verbandsvorsitzenden Aris auf, die Verwendung der vom Verband nach Schwerin überwiesenen Gelder zu kontrollieren. Auf einer Verbandstagung war die Angelegenheit bereits ruchbar geworden, doch sie wuchs sich zum Skandal aus, da Aris nichts unternahm. Das von Geber ebenfalls informierte Staatssekretariat für Kirchenfragen steckte in einer Zwickmühle: einerseits ging es um die Veruntreuung staatlicher Gelder, andererseits wollte man eine stille Lösung finden und Kritik an der Verbandsführung abwenden. Im Juni 1975 wurde Abrahamson verhaftet und vom Kreisgericht Schwerin-Stadt wegen verbrecherischen Diebstahls zu einer Freiheitsstrafe von drei Jahren verurteilt. Noch Monate nach der Affäre bemühte sich Geber vergeblich darum, daß Abteilungsleiter Hans Wilke vom Staatssekretariat und Rudi Bellmann von der Arbeitsgruppe Kirchenfragen des ZK der SED Aris aufgrund seiner Mitverantwortung zum Rücktritt nötigten. Sie hatten kein Interesse an personellen Konsequenzen in der Verbandsspitze und gaben sich mit der strafrechtlichen Verurteilung Abrahamsons zufrieden, der die veruntreuten 17 300 Mark an den Verband der Jüdischen Gemeinden der DDR zurückzahlen mußte.[12]

Das Gemeindeleben kam nun völlig zum Erliegen. Wer ein Bedürfnis nach religiösen und kulturellen Aktivitäten hatte, besuchte Veranstaltungen in Berlin. In der zweiten Hälfte der siebziger Jahre sollte die Gemeinde aufgelöst werden, und die Mitglieder sollten sich Berlin anschließen. Aber Verbandspräsident Aris wehrte die Pläne des Staatssekretariats ab mit dem Argument, eine solche Aktion hinterlasse außenpolitisch einen ungünstigen Eindruck.

Friedrich Broido, der seit 1982 als Vorsitzender amtierte, wandelte die Gemeinde schließlich in ein museales Projekt um: Er verstand sich als letzter Mecklenburger Jude und Nachlaßverwalter der tausendjährigen jüdischen Geschichte in dieser Region.[13] Betstube und Gemeinderäume funktionierte Broido zu einem kleinen jüdischen Museum um und regte die Aufstellung eines Gedenksteins im Hof des Gemeindehauses an. Am 10. Oktober 1984 wurde die »Gedächtnisstätte in den Räumen der Jüdischen Landesgemeinde Mecklenburg« eröffnet. Fortan vermeldete man als einzige »Gemeindeaktivitäten« die Führung verschiedener Besuchergruppen und ihre Eintragungen ins Gästebuch. Nachdem am 22. Januar 1987 Broido und der Schweriner Oberbürgermeister eine Vereinbarung über die Übergabe der »jüdischen Gedenkstätte« an den Rat der Stadt unterzeichneten, wurde das Gemeindehaus in der Schlachterstr. 3 / 5 vom Bereich

Stadtgeschichte des Historischen Museums verwaltet – die Jüdische Landesgemeinde Mecklenburg hatte damit ihre formale Existenz aufgegeben.

Die Jüdische Gemeinde zu Halle/Saale

Die Jüdische Gemeinde zu Halle veranstaltete schon zu Badens Lebzeiten in der Regel nur dann Gottesdienste, wenn Beirat und Vorstand des Verbandes zusammenkamen. Nach seinem Tod 1962 wurde Franz Kowalski Gemeindevorsitzender und Karin Loebel Vorstandsmitglied. Ungeklärt ist, wieso diese Frau 1961 überhaupt Gemeindemitglied werden konnte, da ihre Eltern keine Juden waren.[14] Ihr Vater, Polizeihauptwachtmeister Paul Loebel, hatte sich 1941/42 freiwillig zu den SS-Einsatzkommandos gemeldet, die in Osteuropa mörderisch die »Endlösung der Judenfrage« betrieben. Zwar wurde er 1947 vom Polizeidienst suspendiert, doch nicht als aktiver Nazi eingestuft. Seit Mitte der fünfziger Jahre arbeitete er als Hausmeister bei der Jüdischen Gemeinde zu Halle und bezog dort eine Dienstwohnung. Karin Loebel wurde als Sekretärin angestellt. Bald verbreitete sie, das Ehepaar Loebel habe sie als jüdisches Waisenkind Karin Morgenstern während der Nazizeit adoptiert. Diese Legende schmückte sie mit widersprüchlichen Details aus: Gelegentlich trug sie ein angeblich autobiographisches Gedicht vor, in dem ein jüdisches Mädchens schildert, wie es der Erschießung seiner Eltern zusehen mußte, und erzählte, wie ihre Mutter ihr einen Gelben Stern angeheftet habe.[15] Ein anderes Mal behauptete sie, 1938 von ihren Eltern getrennt worden zu sein.[16] Die Dreistigkeit dieser Frau ging noch weiter: Im Oktober 1968 erklärte Karin Mylius, sie hatte mittlerweile geheiratet, den bisherigen Vorsitzenden, Franz Kowalski, für abgesetzt und berief ohne dessen Kenntnis Vorstandswahlen ein. Formal begründete sie diesen Schritt damit, Kowalski wohne nicht – wie laut Statut gefordert – im Bezirk Halle, sondern in Uthleben im Bezirk Erfurt. Obwohl Kowalski und die Vorsitzenden der Gemeinden in Berlin, Leipzig, Magdeburg, Karl-Marx-Stadt und Schwerin protestierten, setzte sich Karin Mylius dank der Unterstützung von Aris durch.[17] Das Argument, eine Frau dürfe keiner Gemeinde vorstehen, wies sie mit dem Hinweis auf die in der DDR-Verfassung festgeschriebene Gleichberechtigung von Männern und Frauen zurück. Kowalski trat aus der Hallenser Gemeinde aus und schloß sich der Dresdner an.

Bis auf den Vorsitzenden pflegten alle Mitglieder des Verbandes ein distanziertes Verhältnis zu Karin Mylius, deren »Führung« für die Hallenser Juden verheerende Konsequenzen hatte. Wer wenigstens zu den Feiertagen in einer Synagoge beten wollte, mußte die Gottesdienste der Israelitischen Religionsgemeinde zu Leipzig besuchen. Die zur Synagoge umgebaute Friedhofskapelle wurde nur einmal genutzt – anläßlich der Bar-Mizwa ihres Sohnes Frank. Religiöse Feiern fanden nur statt, wenn sie ein persönliches Interesse daran hatte: So ließ sie 1974 und 1977 ihre nichtjüdischen Eltern auf dem Gemeindefriedhof beisetzen und hielt selbst die Beerdigungszeremonie im Talar ab. Ihren Sohn entsandte sie, unterstützt von Aris und dem Staatssekretariat für Kirchenfragen, 1981 zur Kantorenausbildung an das Budapester Rabbinerseminar, von wo er jedoch nach zwei Jahren wegen Diebstahl und Verkauf von Büchern und Kultusgegenständen relegiert wurde. Bereits als Kind hatte er sich kriminell betätigt, indem er am Gemeindehaus Hakenkreuze schmierte, Scheiben einschlug, einen Davidstern an die Wohnungstür malte und Knallkörper durch das offene Fenster warf.[18]

Die Rubrik der Hallenser Gemeinde im »Nachrichtenblatt« enthielt vor allem Informationen über die gesellschaftliche Tätigkeit der Vorsitzenden, z. B. ihre Mitarbeit in der Schiedskommission, im Demokratischen Frauenbund Deutschlands (DFD) und die dafür verliehenen staatlichen Auszeichnungen.[19] Über die Gemeinde gab es nichts zu berichten.

Warum ließen sich die Mitglieder der Hallenser Gemeinde und Verbandsvertreter ein solches Verhalten bieten, das zweifellos pathologische Züge trug? Frau Mylius war gut abgesichert durch ihre gesellschaftlichen Aktivitäten, ihren Ehemann Professor Dr. Klaus Mylius, einen Parteisekretär an der Leipziger Universität, der sie auch zu Dienstgesprächen mit den Kirchenreferenten beim Rat des Bezirkes Halle begleitete, und sie besaß Rückhalt bei Helmut Aris. Der Verband wollte die für ihn unangenehme Affäre möglichst geräuschlos beenden. Zwei ehrenamtliche Mitarbeiterinnen informierten nach 1980 mehrfach Hermann Simon und Peter Kirchner* in Berlin sowie Ella Wittmann und Eugen Gollomb in Leipzig. Doch erst nachdem mehrere Versuche, den Fall bei Tagungen zu erörtern, am Widerstand von Aris und Mylius gescheitert waren, setzte Gollomb das Staatssekretariat davon in Kenntnis, und Kirchner erstattete

* Peter Kirchner: geb. 1935, 1943–1945 Illegalität, 1954–1966 Medizinstudium, 1967–1985 Facharzt für Neurologie und Psychiatrie, 1985–1991 ärztlicher Gutachter, 1971–1990 Vorsitzender der Jüdischen Gemeinde Berlin und Mitglied des Redaktionskollegiums des »Nachrichtenblatts«, 1988–1990 Vizepräsident des Verbandes der Jüdischen Gemeinden in der DDR, 1988–1990 Präsident der Stiftung »Neue Synagoge Berlin – Centrum Judaicum«, 1977–1980 IM, 1980–1989 IMB »Burg« des MfS.

bei der Staatsanwaltschaft in Berlin Anzeige. Das Staatssekretariat entzog sich einer Stellungnahme mit dem scheinheiligen Argument, es mische sich in die inneren Angelegenheiten von Religionsgemeinschaften nicht ein – derartige Skrupel waren dieser Behörde sonst fremd. Nachdem das Dresdner Gemeindemitglied Helmut Eschwege obendrein die Geburtsurkunde von Karin Mylius beibrachte, die sie als leibliche Tochter des Ehepaars Loebel auswies, konnte Aris nicht umhin, Schritte gegen seinen »Schützling« einzuleiten. Im August 1986 informierte er zunächst Wilke während eines Gesprächs im Staatssekretariat über die beabsichtigte Amtsenthebung. Einen Monat später teilte er Frau Mylius und dem Rat des Bezirkes Halle mit, sie sei abgesetzt, sperrte die Bankkonten der Gemeinde und ließ die Gemeinderäume versiegeln, die sie bald darauf wieder aufbrach.

Karin Mylius ging zum Gegenangriff über: »Eine solche Diskriminierung meiner Person verträgt sich nicht mit meinen Eigenschaften als Ordensträgerin und Volksvertreterin. Darüber wird noch anderweitig zu reden sein.«[20] Sie erstattete Anzeige gegen Aris, kritisierte seine Amtsführung und denunzierte ihn im Staatssekretariat. Ihre Drohung fand keine Resonanz. Weder Verbandspräsident Aris noch die SED und die für Religionspolitik zuständigen Organe oder das Ministerium für Staatssicherheit konnten eine Person länger stützen, die innen- wie außenpolitisch ein Störfaktor war. Eine offene Konfrontation sollte dennoch unbedingt vermieden werden, daher kam es Verband und Staatssekretariat gelegen, daß Karin Mylius im Dezember 1986 starb. Mit Genehmigung des Verbandes wurde sie auf dem Jüdischen Friedhof in Halle beigesetzt. 1990 wurden zwar die Leichen des SS-Mannes Paul Loebel und seiner Ehefrau Emilie exhumiert, aber das Grab ihrer Tochter befindet sich noch immer dort.

Die 1995 dem Archiv des Centrum Judaicum in Berlin übergebenen Akten der Jüdischen Gemeinde zu Halle wurden mit einer Sperrfrist von dreißig Jahren belegt. An wirklicher Aufklärung dieses Falles besteht bis heute kein Interesse.

Das »Nachrichtenblatt des Verbandes der Jüdischen Gemeinden in der DDR und der Jüdischen Gemeinde von Groß-Berlin«

Seit 1961 erschien viermal jährlich das »Nachrichtenblatt des Verbandes der Jüdischen Gemeinden in der DDR und der Jüdischen Gemeinde von Groß-Berlin«. Es wurde an alle Gemeindemitglieder verschickt, etwa ein Drittel der Auflage von 1800 Exemplaren ging an verschiedene jüdische Institutionen und an Einzelpersonen im Ausland. Das Redaktionskollegium war fast identisch mit dem Verbandspräsidium: Über lange Zeit gehörten ihm u. a. der Verbandspräsident Helmut Aris, der Vizepräsident Herbert Ringer sowie die Berliner Gemeindevorsitzenden Heinz Schenk (bis 1971) und Dr. Peter Kirchner an.

Das »Nachrichtenblatt« diente vor allem als Propagandaorgan: Auf ein kurzes Editorial folgten seitenlang Grußschreiben, die der Verband in den zurückliegenden Monaten mit dem ZK der SED, dem Staatssekretariat für Kirchenfragen sowie Vertretern anderer staatlicher Institutionen und der Nationalen Front aus verschiedenen Anlässen ausgetauscht hatte: Gratulationen zum Tag der Republik, zum Jahrestag der Großen Sozialistischen Oktoberrevolution, zum Tag der Befreiung, zum Jahreswechsel und zu Rosch Haschana, zu Geburtstagen und Dienstjubiläen von Staats-, Partei- und Gemeindefunktionären. Die Berichte über das Gemeindeleben waren so stark geglättet, daß sie trotz abnehmender Aktivitäten und Mitgliederzahl Erfolgsmeldungen glichen.

Neben einer kurzen religiösen Betrachtung konnte man heimatgeschichtliche Artikel und Buchrezensionen lesen. Probleme der Gemeinden oder religiöse und kulturelle Fragen wurden nicht erörtert – von politisch brisanteren Themen ganz zu schweigen. Das Blatt war so uninteressant, daß sogar das Staatssekretariat für Kirchenfragen eine Verbesserung des »politischen Profils« forderte: »Es kann nicht nur Grüße und Glückwünsche vermitteln oder allgemeine Berichte aus den Gemeinden abdrucken. Wir brauchen aktuelle politische Grundsatzartikel der leitenden Männer der jüdischen Gemeinden, die das gesellschaftliche Engagement der sozialistischen Staatsbürger jüdischen Glaubens deutlich werden lassen.«[21]

Auch intern wurde Kritik am Charakter des Blattes und der von Aris und Ringer ausgeübten Zensur laut. Nachdem 1974 zwei Buchbesprechungen nicht erschienen waren, die Mitglieder der Jüdischen Gemeinde von Groß-Berlin eingereicht hatten, schrieb Kirchner erbost an den Verbandsvorsitzenden: »Jahrelang war das Nachrichtenblatt eine Publikation, die auch nicht den geringsten Anspruch darauf erheben konnte, interessant, vielseitig und informativ zu sein. Von unzähligen Mitgliedern und ausländischen Freunden habe ich die Worte gehört: ›Es wanderte ungelesen in den Papierkorb!‹. Was sollte denn auch an endlosen Glückwunschwiedergaben interessant sein? Dazu kamen, was leider in Teilbereichen auch heute noch so ist, die ständigen Wiederholungen. Sind wir unseren Lesern, gleich wo sie leben, nicht mehr schuldig? Sollte es nicht im Gegenteil unser Bemühen sein, ihnen soviel als möglich aus jüdischer Religion, Geschichte, Literatur und Kunst zu bieten? Ist nicht die Wieder- oder Neuentdeckung jüdischer Gelehrter, Literaten etc. etc. viel wichtiger als zu drucken, wer wem zum Geburtstag gratulierte? Unsere Standpunkte in dieser Frage wie auch in anderen waren seit jeher und sind auch jetzt grundverschieden.«[22]

Aris wolle ihn aus der weiteren gemeinsamen Arbeit ausschließen, denn er sei »von Anfang an ein sehr unbequemer Partner« gewesen. »Seit meiner Mitgliedschaft im Redaktionskollegium habe ich eine Umprofilierung des Blattes angestrebt und um viele Artikel gegen den Widerstand von Ihnen und Herrn Ringer kämpfen müssen.« Die Ankündigung, er werde austreten und für die Berliner Gemeinde eine eigene Publikationsmöglichkeit suchen, mußte eine leere Drohung bleiben. Aris und allen Gemeindevorsitzenden, denen Kirchner Kopien seines Briefes schickte, war klar, das Staatssekretariat für Kirchenfragen würde für eine neue Berliner Zeitung weder eine Druckgenehmigung noch Geld gewähren.

Helmut Aris reagierte beleidigt und warf Kirchner gekränkte Eitelkeit, Überheblichkeit und »mangelndes Verständnis für die vielfachen Tätigkeiten für den Verband« vor. Ringer als festen Verbündeten einkalkulierend, argumentierte er scheinheilig, daß innerhalb des dreiköpfigen Redaktionskollegiums alle Möglichkeiten einer demokratischen Meinungsbildung gegeben seien, nur: »Maßgeblich bleibt dann die Ansicht der Majorität.«[23] An der Zusammensetzung des Redaktionskollegiums wurde festgehalten, und das Profil des »Nachrichtenblatts« änderte sich trotz wiederholter Kritik bis 1990 nicht wesentlich.

Außenkontakte

Inhalt und Stil des »Nachrichtenblatts« sowie Eigenheiten der Verbands- und Gemeindeführung resultierten zum Teil aus der mangelnden Kommunikation mit jüdischen Gemeinden und Organisationen im Ausland. Seit dem Mauerbau 1961 waren die Kontakte des Verbandes zum Zentralrat der Juden in Deutschland abgerissen, und keine der beiden Führungen bemühte sich, dies zu ändern. Im Gegenteil, wegen der engen Verflechtung des Verbandes mit dem Staat und der SED-Mitgliedschaft vieler Gemeindefunktionäre gingen jüdische Gemeinden und Organisationen westlicher Länder auf Distanz. Nach einer New-York-Reise im Jahr 1963 klagte Aris, er sei nicht sehr freundlich empfangen worden, weil man ihn für einen kommunistischen Funktionär hielt, dabei habe er nur freundschaftliche Kontakte zu den dortigen jüdischen Gemeinden anbahnen wollen. Daß er bei internationalen Kongressen tatsächlich in staatlichem Auftrag agierte, verschwieg er wohlweislich.

Der Zentralrat hat sich kaum um eine differenzierte Betrachtung des jüdischen Lebens in der DDR bemüht. Dieser Vorwurf ist mehr als berechtigt. Unter den wenigen Personen, die engere Beziehungen zwischen den jüdischen Gemeinden in beiden deutschen Staaten anstrebten, ist vor allem Professor Dr. Herbert Lewin hervorzuheben. Lewin, Vorsitzender der Offenbacher Gemeinde und Mitglied des Direktoriums des Zentralrates, nutzte seine häufigen Dienstreisen in die DDR zur Kontaktaufnahme und -pflege.

In der vom Zentralrat herausgegebenen »Allgemeinen Wochenzeitung der Juden in Deutschland« fanden die DDR-Gemeinden nur sehr selten Erwähnung. Symptomatisch für die arrogante Einstellung von Zentralratsfunktionären war die Antwort des Chefredakteurs Hermann Lewy an den kanadischen Journalisten Peter Lust, der einen Reisebericht über die jüdische Gemeinde in Dresden eingesandt hatte: »Dear colleague Lust, I found your report very interesting. But I do not feel that we should print any report about the East German Jewish Community. After all, why should we advertise the activities of this group? Please send us reports about Jewish life in Canada instead. We will appreciate this, and print it at once.«[24]

Mit internationalen Organisationen wie dem Jüdischen Weltkongreß (JWK) nahm der Verband der Jüdischen Gemeinden in der DDR erst spät Verbindung auf. Seit 1977 hatte er beim JWK den Beobachterstatus inne, ein Antrag auf Vollmitgliedschaft wurde 1989 gestellt – nach vorangegangenem Beschluß des SED-Zentralkomitees. Den sich seit 1975 häufenden Einladungen zu Tagungen ins westliche Ausland konnte nur ein kleiner Kreis von Verbandsfunktionären Folge leisten: Kirchner und Aris, später auch Siegmund Rotstein, Dr. Irene Runge, Dr. Hermann Simon und Oljean Ingster. Erst Mitte der achtziger Jahre durften weitere Gemeindemitglieder an Konferenzen der World Union of Jewish Students (WUJS) und an der Sommeruniversität der Hochschule für Jüdische Studien in Heidelberg teilnehmen oder aus anderen Anlässen reisen.

Verbindung nach außen wurde vor allem durch Juden hergestellt, die in die DDR kamen. Mitunter suchten Emigranten ihre Geburtsorte oder die Gräber von Angehörigen auf, andere fuhren dienstlich zur Leipziger Messe oder zu wissenschaftlichen Kongressen in die DDR. Privatbesuche im westlichen Ausland wurden Juden genausowenig gestattet wie anderen DDR-Bürgern. Juden traf diese Restriktion besonders hart, da ihre Familien häufig von den Nazis fast ausgerottet worden waren und sie nur noch Verwandte in Israel, den USA oder anderen Ländern besaßen. Eugen Gollomb, der Eltern, Ehefrau und Kind sowie siebzig weitere nahe Angehörige durch die Nazis verloren hatte, beschwerte sich im Staatssekretariat darüber, daß »es

z. B. jedem ehemaligen Nazi vergönnt werde, als Rentner in die BRD zu fahren, während er als ehemaliger Partisan und als Kämpfer gegen den Faschismus nicht die Erlaubnis erhalte, seinen einzigen noch lebenden Bruder in Israel zu besuchen (sieben Geschwister sind ermordet worden)«.[25] Wenige Wochen bevor der Leipziger Gemeindevorsitzende das Visum endlich erhielt, starb der Bruder.

Die Gemeinden hatten bis Ende der siebziger Jahre kaum Kontakte zur nichtjüdischen Umwelt. Diese Isolation resultierte nicht aus einem Abgrenzungsbedürfnis der jüdischen Gemeinden, sondern aus deren Anpassung an ihre gesellschaftliche Rolle. Der Staat erwartete, daß sie sich ausschließlich als Religionsgemeinschaften verstanden und nur um die eigenen Mitglieder kümmerten.

Auch von nichtjüdischer Seite war das Interesse und das Wissen um die Existenz der jüdischen Gemeinden eher gering. Lediglich einige engagierte Pfarrer der evangelischen Kirche führten Konfirmandengruppen in Synagogen und nahmen Gespräche mit Gemeindevertretern auf. Ende der siebziger, Anfang der achtziger Jahre wurden in Berlin, Leipzig, Dresden und anderen Städten Arbeitsgemeinschaften für christlich-jüdischen Dialog gegründet, fast bei jedem Kirchentag gab es seitdem eine Arbeitsgruppe Christentum-Judentum. Auf jüdischen Friedhöfen fanden Arbeitseinsätze der Aktion Sühnezeichen, des Ökumenischen Jugenddienstes und anderer kirchlicher Gruppierungen statt. Zudem eröffneten die Arbeitsgruppen für christlich-jüdischen Dialog neue Möglichkeiten für kulturelle Aktivitäten, denen in den Gemeinden mitunter kein Platz eingeräumt wurde. Die Beteiligung hing stark vom persönlichen Engagement einzelner ab. Gollomb, der die Arbeitsgemeinschaft in Leipzig mit ins Leben gerufen hatte, die Berliner Vorstandsmitglieder Kirchner, Dr. Werner Zarrach und Kantor Oljean Ingster, der Dresdner Helmut Eschwege, der Erfurter Raphael Scharf-Katz, der Magdeburger Dr. Gunther Helbig und andere wirkten in Veranstaltungen und Arbeitsgruppen zur jüdischen Regionalgeschichte mit, die von kirchlichen Institutionen getragen wurden und auch Mitgliedern der jüdischen Gemeinden zugute kamen. Da über die Kirchen jüdische Referenten, u. a. auch Rabbiner, eingeladen wurden, stellte dies für manche Mitglieder der jüdischen Gemeinden eine seltene Gelegenheit dar, überhaupt einmal einen Rabbiner kennenzulernen.

Die Instrumentalisierung der jüdischen Gemeinden

Das Staatssekretariat für Kirchenfragen

Als staatlicher Ansprechpartner für den Verband der Jüdischen Gemeinden diente das Staatssekretariat für Kirchenfragen. Es war 1956 eingerichtet worden, um den bereits für Kirchenfragen verantwortlichen Abteilungen des SED-Zentralkomitees und des Ministeriums für Staatssicherheit eine entsprechende Institution im Staatsapparat zur Seite zu stellen, die in der Öffentlichkeit als Akteur der Religionspolitik in Erscheinung trat. Auf diese Weise sollte die Politik gegenüber den Kirchen und Religionsgemeinschaften effizienter gestaltet und die teilweise konkurrierenden Zuständigkeiten der Abteilung Kultfragen im Ministerium des Innern und der Hauptabteilung Verbindung zu den Kirchen beim Stellvertretenden Ministerpräsidenten, Dr. Otto Nuschke, sowie verschiedener Fachministerien und anderer staatlicher Institutionen zusammengefaßt werden.

Formal unterstand das Staatssekretariat zwar dem Ministerrat, faktisch hatte es sich aber den Vorgaben der Arbeitsgruppe Kirchenfragen des ZK zu fügen. Diese Arbeitsgruppe war dem Staatssekretariat übergeordnet und traf in Abstimmung mit dem für Kirchenfragen zuständigen Politbüromitglied die maßgeblichen Entscheidungen. Auf lokaler Ebene wurde das Staatssekretariat von den Referenten für Kirchenfragen in den Räten der Bezirke und Kreise unterstützt, für die es allerdings keine Weisungsbefugnis hatte, da sie zum Innenressort gehörten. Gleichwohl wurden diese in regelmäßigen Konferenzen vom Staatssekretariat politisch angeleitet.

Der erste Staatssekretär, Werner Eggerath, nahm seine Tätigkeit am 1. April 1957 auf. Die Entmündigung der CDU in der Religionspolitik kaschierte man dadurch, daß Nuschkes Persönlicher Referent, Max Hartwig*, zum Stellvertreter des Staatssekretärs für Kir-

* Max Hartwig (geb. 1922) war 1940 in die Waffen-SS eingetreten, wurde bei den Totenkopfverbänden in den KZ Buchenwald und Sachsenhausen ausgebildet und bekleidete den Rang eines Rottenführers. Während eines Gesprächs mit Eggerath und Hartwig 1957 erkannte Propst Heinrich Grüber, der 1940–1943 in den KZ Sachsenhausen und Dachau inhaftiert war, den KZ-Bewacher wieder. Das MfS wußte um Hartwigs Vergangenheit und nutzte sie vermutlich zur Erpressung aus. Entlassen wurde Hartwig »wegen verschwiegener Zugehörigkeit zur Waffen-SS« aber erst im März 1960, nachdem der Westberliner Untersuchungsausschuß Freiheitlicher Juristen dies bekanntgemacht hatte. (BAP, DO-4–376 u. -5497; Vollnhals, Die Kirchenpolitik, S. 127 u. 147).

chenfragen berufen wurde und fortan diese Funktion einem Mitglied des CDU-Hauptvorstandes vorbehalten blieb. Schon 1960 mußte Hartwig fristlos entlassen werden, da Westmedien seine einstige Zugehörigkeit zur Waffen-SS aufgedeckt hatten. Sein Nachfolger wurde Fritz Flint, der bis zu seiner Pensionierung 1977 amtierte. Von 1977 bis 1990 übernahm Hermann Kalb diese Funktion. Als Hauptabteilungsleiter wurde der frühere Leiter der ZK-Arbeitsgruppe für Kirchenfragen, Hans Weise, eingesetzt. Auch das übrige Personal gewann man aus linientreuen Mitarbeitern der Abteilung Kultfragen des Innenministeriums. Ihr Leiter, Ernst Kusch, wurde Abteilungsleiter, und die bisherige Oberreferentin Hülsen betreute wieder das Arbeitsgebiet Kleine Religionsgemeinschaften, zu dem auch die jüdischen Gemeinden gehörten. Bis zum Ende der DDR zeichnete sich das Staatssekretariat für Kirchenfragen durch eine ungewöhnlich hohe personelle Kontinuität aus, so daß sich die Protagonisten der Politik gegenüber den jüdischen Gemeinden »an zwei Händen abzählen« lassen. Staatssekretäre waren Werner Eggerath (1957–1960), Hans Seigewasser (1960–1979), Klaus Gysi (1979–1988), Kurt Löffler (1988–1989), als Leiter des Amtes für Kirchenfragen wirkten Lothar de Maizière (November 1989 – März 1990) und Hermann Kalb (bis Oktober 1990). Maßgeblich waren außerdem Hans Weise, Ernst Kusch, Dr. Hans Wilke, Herta Hülsen, Josef Haslinger und Barbara Janott. Auch die Mitarbeiter der politisch übergeordneten Arbeitsgruppe Kirchenfragen des ZK wechselten kaum. Ihr standen Willi Barth (1954–1977), Rudi Bellmann (1977–1988) und Peter Kraußer (1988–1989) vor.

Die Aufgabe der ZK-Arbeitsgruppe und des Staatssekretariats bestand darin, die Kirchen und Religionsgemeinschaften zu kontrollieren und Konflikte mit ihnen zu minimieren. Sie sollten sich zu gesellschaftlich marginalen, aber politisch angepaßten Institutionen entwickeln, deren Personal- und Sachentscheidungen steuerbar waren. Diese Politik wandte man auch gegenüber den jüdischen Gemeinden an. Offiziell verstand die SED unter Juden die »Bürger jüdischen Glaubens«. Als Jude galt demzufolge nur, wer einer jüdischen Gemeinde angehörte. Obwohl das Judentum ausschließlich unter religiösem Aspekt gesehen wurde, spielten atheistische Propaganda und andere religionspolitische Aspekte gegenüber den jüdischen Gemeinden kaum eine Rolle.

Spätestens nachdem der DDR Antisemitismus vorgeworfen worden war, hatte man die innen- wie außenpolitische Bedeutung der jüdischen Gemeinden als Indikatoren für den antifaschistischen und Religionsfreiheit garantierenden Charakter der DDR erkannt. Schon 1956 hob die zuständige Sachbearbeiterin hervor, daß »die Jüdischen Gemeinden nicht schlechthin als Religionsgemeinschaft anzusehen sind, sondern auch einen gesellschaftlich politischen Faktor darstellen«.[1] Man übernahm weitgehend die Personal- und Sachkosten der Gemeinden und finanzierte die Pflege jüdischer Friedhöfe, die ab 1957 durch das »Gesetz über die Örtlichen Organe des Staates« geregelt wurde. Doch für Propagandazwecke reichte die materielle Absicherung der jüdischen Gemeinden nicht aus. Wichtiger waren öffentliche Erklärungen von Gemeinderepräsentanten, die zu allen relevanten Themen wie Antifaschismus, Vergangenheitsaufarbeitung, Nahostpolitik und Religionsfreiheit die Position der Partei- und Staatsführung verkündeten. Als leuchtendes Beispiel stand den Mitarbeitern des Staatssekretariats die Jüdische Gemeinde von Groß-Berlin vor Augen, die ihre Gemeindeangelegenheiten laufend mit der SED-Bezirksleitung und dem Magistrat abstimmte und regelmäßig mit staatskonformen Erklärungen an die Öffentlichkeit trat. Um derartiges Verhalten republikweit zu sichern, bedurfte es einer intensiven und kontinuierlichen Personalpolitik gegenüber den Gemeindevertretern. Neben repressiven Maßnahmen gegenüber DDR-kritischen Personen stand die Förderung der positiv bewerteten Kräfte im Vordergrund. Zu diesem Zweck führten z. B. die SED-Bezirksleitungen und die Bezirksreferenten für Kirchenfragen regelmäßig Gespräche mit den Parteimitgliedern in den Gemeindevorständen. Zudem holte das Staatssekretariat bei den Kreis- und Bezirksreferenten Informationen über die einzelnen jüdischen Gemeinden und ihre Vertreter ein. Sie bildeten die Grundlage für Einschätzungen der Vorstandsmitglieder und Gemeindeaktivitäten und die Formulierung von Zielstellungen für den Umgang mit den Gemeinden. Solche »Analysen« wurden jährlich vom zuständigen Referenten erarbeitet und dem Staatssekretär sowie der Arbeitsgruppe Kirchenfragen beim ZK vorgelegt.

Im Dezember 1956 verfaßte Hülsen für den Übergang der Abteilung Kultfragen in das Staatssekretariat für Kirchenfragen einen ersten, neun Seiten umfassenden Bericht, in dem sie sich auf die Charakterisierung der politischen Haltung und Parteizugehörigkeit der Vorstandsmitglieder, ihre berufliche Tätigkeit und die Machtverhältnisse innerhalb des Verbandes konzentrierte.* Bereits die Schwer-

* Die Funktionäre der SED-Religionspolitik, sei es in der ZK-Arbeitsgruppe, dem Staatssekretariat oder in den Räten der Bezirke und Kreise, verfügten über keine Vorbildung in Religionsangelegenheiten und hatten durch ihre Sozialisation in der kommunistischen Jugendbewegung und Partei niemals mit Kirchen und Religionsgemeinschaften in Kontakt gestanden. Herta Hülsen wurde 1954 von ihrem Vorgesetzten bescheinigt: »Ihre politische Schulung erfolgte durch einen vierzehntägigen Lehrgang an der Kreisparteischule Angermünde 1947 und durch die zwei-

punktsetzung verdeutlicht, daß es in den angestrebten politischen Gesprächen weniger um Sachfragen, als um die Durchsetzung von Personen und parteikonformen Positionen ging. Damit unterschieden sich die anfangs in unregelmäßigen Abständen, später jährlich veranstalteten Gesprächsrunden mit allen Gemeindevorsitzenden deutlich von den Verhandlungen, die zuvor von der Hauptabteilung Verbindung zu den Kirchen und der Abteilung Kultfragen geführt wurden. Da Verbandspräsident Baden auf Distanz zu staatlichen Stellen achtete, waren solche politischen Gespräche in den fünfziger Jahren noch nicht möglich.

Baden war beim Staatssekretariat außerordentlich unbeliebt und wurde von der zuständigen Referentin Hülsen dafür verantwortlich gemacht, »daß der Verband als Repräsentanz der Jüdischen Gemeinden in der DDR in keiner Weise als gesellschaftlich positives Moment gewertet werden kann.«[2] Er gebe im Vorstand den Ton an und habe »einen großen Teil der Vorstandsmitglieder der einzelnen Jüdischen Gemeinden, darunter auch Genossen, wie Gen. Goldschmidt und Gen. Engelberg, Leipzig, ganz abgesehen von Gen. Kleinberg, Karl-Marx-Stadt, in seinem Sinne beeinflußt. Vertreter der Jüdischen Gemeinden, die die Politik des Baden nicht mitmachten (Gen. Kaethner, Magdeburg – Herr Cars, Erfurt) wurden aus dem Vorstand herausgedrängt. In Verhandlungen mit Vertretern der Jüdischen Gemeinden entsteht der Eindruck, daß diese sich sehr vorsichtig gegenüber Mitarbeitern des Staatsapparates verhalten, voreingenommen sind und versuchen – das ist auch die Linie Badens – Negatives gegen den Staat in den Vordergrund zu stellen.«

Aufgrund dieser Einschätzung empfahl Hülsen, das Staatssekretariat müsse sein Hauptaugenmerk darauf richten, »Baden zu isolieren und einen positiven, im Sinne unserer Gesellschaftsordnung arbeitenden Vorstand zu schaffen«. Es sollten »die in den Vorständen der Jüdischen Gemeinden vorhandenen Genossen [...] durch die Partei unter Hinzuziehung des Staatsapparates zentral zusammengenommen werden, um die aufgetretenen Mißstände innerhalb des Verbandes

jährige Teilnahme am Zirkel der Stalinbiographie. Sie verfügt über Grundkenntnisse des Marxismus-Leninismus und wird im nächsten Parteilehrjahr am Zirkel der Geschichte der KPdSU teilnehmen. Sie ist sehr aufnahmefähig und intelligent. Durch ihre zweieinhalbjährige Tätigkeit im Referat hat sie sich gute Kenntnisse über die Religionsgemeinschaften, inbesondere die Evangelische Kirche, erworben. Ihre Stärke liegt in der Auswertung der zur Verfügung stehenden Unterlagen und in ihren schriftlichen Formulierungen. Dabei vermag sie die Bestrebungen der Religionsgemeinschaften richtig zu erkennen.« (BAP, DO-4–1913, Bl. 28 f.) Die anderen »Kirchenreferenten« dürften für den Umgang mit religiösen Anliegen und Fragestellungen ähnlich qualifiziert gewesen sein.

durchzusprechen und ihnen Anleitung und Hinweise zu geben, wie sie vom Parteistandpunkt aus ihre Aufgaben innerhalb der Jüdischen Gemeinden lösen müssen. [...] Vor der Aussprache müßte von seiten der Partei genau geprüft werden, mit welchen Genossen man sprechen kann.« Um diese Prüfung zu erleichtern, enthielt ihr Bericht eine politische Beurteilung der Gemeindevorsitzenden.

Maßgebliche Kriterien für die Eignung zur Leitung einer jüdischen Gemeinde waren dabei Parteizugehörigkeit und loyale Haltung zur DDR. Der Vizepräsident des Verbandes und Vorsitzende der Karl-Marx-Städter Gemeinde, Hans Kleinberg, gehöre zwar der SED an, werde aber »vom Rat des Bezirkes als Parteibuchträger und typischer Bourgeois eingeschätzt«. Das dritte Mitglied des Verbandspräsidiums, Georg [d.i. Walter] Friedländer, sei parteilos, gelte aber beim Rat des Bezirkes »als bürgerlich und streng gläubig, jedoch dem Staat positiv gegenüberstehend«; die anderen beiden Vorstandsmitglieder der Dresdner Gemeinde (Aris, Lewinsohn) seien Mitglieder der SED. Der bisherige Vorsitzende der Schweriner Gemeinde, Dr. Franz Unikower (»Mitglied der SED, aktive Mitarbeit im Vorstand des Kulturbundes«), wäre seit Dezember 1956 republikflüchtig, aber zu den beiden verbliebenen Vorstandsmitgliedern zählte immerhin der Genosse Alfred Scheidemann. Der Magdeburger Vorsitzende, Georg Kaethner, wurde von ihr als »Mitglied der SED positiv« eingeschätzt. Der Erfurter Vorsitzende, Max Cars, parteilos, sei zwar »kleinbürgerlich«, stehe aber »positiv zum Staat«. Sein Stellvertreter, Herbert Ringer, SED, werde »vom Rat des Bezirkes und auch durch Genossen Kaethner positiv eingeschätzt«. Von den sieben Vorstandsmitgliedern seien immerhin zwei in der SED. Auch der Leipziger Vorsitzende, Albert Goldschmidt, sei Mitglied der SED, habe aber »kleinbürgerliche Überreste«, sei »leicht beeinflußbar«, jedoch guten Willens, »positiv mitzuarbeiten«. Im fünfköpfigen Gemeindevorstand seien drei SED-Mitglieder vertreten. Völlig negativ bewertete sie dagegen den Hallenser Vorsitzenden und Verbandspräsidenten Baden: »Parteilos, starkes Geltungsbedürfnis, steht der Politik der DDR völlig passiv, wenn nicht ablehnend gegenüber, nur auf den eigenen Vorteil bedacht«.

Die Parteizugehörigkeit vieler Vorstandsmitglieder war ein wesentlicher Schlüssel für die Instrumentalisierbarkeit der Gemeinden. Bei ihnen konnte man auf eine loyale Haltung zur DDR hoffen. Das Staatssekretariat aktivierte deshalb die Räte der Bezirke und die SED-Bezirksleitungen: »Die Bezirksleitungen der Partei müssen die Genossen in den Vorständen der Jüdischen Gemeinden ständig unterstützen und anleiten.« Zudem plante man die Entmachtung Badens. Als ersten Schritt empfahl Hülsen, die (in den fünfziger Jahren ohnehin raren) staatlichen Zuwendungen nicht mehr über den Verband, sondern über die Räte der Bezirke direkt an die Gemeinden auszuzahlen. Dadurch sollten Baden die mit der Verteilung der Gelder verbundenen Einflußmöglichkeiten entzogen werden. Besonders negativ wurde ihm angerechnet, daß er Beziehungen zum Zentralrat der Juden in (West-)Deutschland pflegte und von dort Hilfsleistungen für die DDR-Gemeinden bezog. Des weiteren entwickelte Hülsen konkrete Pläne für die künftige Zusammensetzung des Verbandspräsidiums: »Das jetzige Mitglied des Verbandsvorstandes, Friedländer, sollte, obwohl er bürgerlich und streng religiös ist, in dem neu zu wählenden Vorstand des Verbandes bleiben. Ihm zur Seite müßten allerdings gute Genossen stehen. Gen. Kleinberg entspricht nicht diesen Anforderungen. Um Friedländer von der Beeinflussung des Baden zu lösen, sollte sein Antrag auf Genehmigung der Einfuhr eines Pkw aus Westberlin genehmigt werden. Dadurch ist er nicht mehr an den Wagen des Baden gebunden.«[3]

Als vordringliche Aufgabe betrachtete Hülsen darüber hinaus die Aufnahme der Berliner Gemeinde in den Verband. Um das größte Hindernis – die fehlende Legitimation des Vorstandes und Anerkennung des Rabbinertitels von Martin Riesenburger – zu beseitigen, sollten staatliche Dienststellen und die SED Hilfestellung leisten: »Mit den Genossen der jüdischen Gemeinden ist die positive Rolle der Berliner Jüdischen Gemeinde zu besprechen, mit dem Ziel der Aufnahme in den Verband. Bei der Wahl der Jüdischen Gemeinde Berlin muß Anleitung der Genossen durch die Bezirksleitung erfolgen, da das Bestreben aufgetreten ist, reaktionäre Kräfte für den Vorstand vorzuschlagen.« Weiterhin sollte Verbindung zum tschechoslowakischen Kirchenamt aufgenommen werden, um Maßnahmen einzuleiten, »die die Bestätigung des Herrn Riesenburger als ordentlicher Rabbiner gemäß den kultischen Vorschriften durch ein Rabbinerkonzil zum Ziel haben. Da Riesenburger nicht als Rabbiner bestätigt ist, ist er nach den Kultvorschriften nicht berechtigt, die einem Rabbiner vorbehaltenen Kulthandlungen durchzuführen. Aus diesem Grunde wird Riesenburger von einem Teil der gläubigen Juden abgelehnt. Mit der Bestätigung als Rabbiner wird dieses von den negativen Kreisen der Jüdischen Gemeinden gegen Riesenburger in den Vordergrund gestellte Argument entkräftet.« Es ist unklar, was sie sich unter einem, im Judentum unbekannten, »Rabbinerkonzil« vorstellte – vermutlich dachte sie an ein Gremium von Rabbinern aus sozialistischen Ländern, die auf staatliches Geheiß bestimmte religiöse Handlungen vornahmen.

Offenbar ließen sich nicht alle Vorschläge verwirklichen, denn in einer Vorlage über die jüdischen Gemeinden vom 10. März 1959 kritisierte Hülsen, daß die Genossen unter den Gemeindemitgliedern nicht durch die SED »bearbeitet« wurden, und wiederholte ihre Empfehlungen, Baden zu isolieren.[4] Eine aus ihrer Sicht positive Änderung der Verbandspolitik vollzog sich tatsächlich erst, als Baden durch Krankheit und Alter seine Funktion als Präsident nicht mehr im vollen Umfang wahrnehmen konnte. Die »Liquidierung der negativen Beziehungen des Verbandes der jüdischen Gemeinden zum Zentralrat in Deutschland, welcher seinen Sitz in der Westzone hat und sich der Politik der Adenauerregierung unterordnet«,[5] wurde durch den Mauerbau im August 1961 gesichert. Entscheidend war aber, daß sich die Zusammensetzung des Verbandspräsidiums veränderte: Anstelle des »Reaktionärs«[6] Hans Kleinberg wurde 1958 Helmut Aris zum Vizepräsidenten gewählt; damit wurde eine stärkere Repräsentanz von treuen Genossen erreicht. Aris war seit der Flucht von Friedländer im Jahre 1957 nach Westdeutschland Vorsitzender der Dresdener Gemeinde. Zufrieden konnte das Staatssekretariat 1960 feststellen, daß »durch das altersbedingte Absinken der Aktivität Badens als Vorsitzender des Vorstandes [...] die Initiative mehr auf den positiveren Stellvertreter Aris übergegangen [ist], der auch erstmalig engere Beziehungen zwischen Verband und jüdischer Gemeinde von Groß-Berlin herstellte und unterhält.«[7] Während Baden regelmäßig an den Tagungen des Zentralrates teilgenommen hatte, war Aris an der Aufrechterhaltung dieser Kontakte nicht interessiert und vermochte es, sich auch in anderen Angelegenheiten gegen Baden durchzusetzen. Seit seinem Amtsantritt häuften sich die öffentlichen Erklärungen des Verbandes, die Aris in Dresden formulierte und von Badens Sekretärin, Karin Loebel (später verheiratete Mylius), schreiben und verbreiten ließ. Durch diesen Machtwechsel fiel es dem Staatssekretariat nicht schwer, nach Badens Tod 1962 heuchlerisch zu bedauern, daß »unsere sozialistische Gemeinschaft einen aufrechten Patrioten« verliere, der »stets in staatsbewußter Weise und im guten Einvernehmen mit den Organen der Staatsmacht zusammenarbeitete«.[8]

Mit Beginn der Ära Aris veränderte sich das Verhältnis des Verbandes der Jüdischen Gemeinden zur DDR grundlegend. Aris, der 1962 zum Verbandspräsidenten gewählt worden war und dieses Amt bis zu seinem Tod 1987 ausübte, hatte keinerlei Berührungsängste gegenüber staatlichen Stellen, war loyales SED-Mitglied und bemüht, die DDR-Politik nach Kräften zu unterstützen. Nachdem das Staatssekretariat mit Aris' Hilfe die wichtigsten Ziele – ein anderer Verbandsvorstand, die Aufnahme der Jüdischen Gemeinde von Groß-Berlin in den Verband, der Abbruch der Beziehungen zum Zentralrat – verwirklicht sah, strebte es danach, »in den Reihen der Juden die politische Orientierung zu verbreitern und ideologisch zu vertiefen« und »die Organisation geschlossener, aktiver und wirksamer« auftreten zu lassen.[9] Der Verband der Jüdischen Gemeinden sollte nun intensive Kontakte zu jüdischen Gemeinden und Organisationen in den sozialistischen Ländern sowie ausgewählten »progressiven Kräften« im westlichen Ausland pflegen und dadurch engagiert für die internationale Anerkennung der DDR wirken. Ein Treffen, das im September 1959 zwischen dem Verband und einer Delegation des Rates der Jüdischen Gemeinden in den Böhmischen Ländern stattgefunden hatte, hatte bereits positive Resultate gebracht. Zum Abschluß dieser Begegnung, die die Gemeinden in Berlin und Magdeburg in enger Zusammenarbeit mit dem Staatssekretariat und den Bezirksreferenten für Kirchenfragen vorbereitet hatten, unterzeichneten Baden, Kaethner und Oskar Eisenstädt im Namen des Verbandes die »Magdeburger Erklärung«, die eine Loyalitätsadresse an die DDR und die ČSSR richtete und vor Faschismus und Antisemitismus in der Bundesrepublik warnte. Vor der Veröffentlichung ließ der Berliner Gemeindevorsitzende, Heinz Schenk, die Erklärung vom Amt für Kirchenfragen des Magistrats redigieren.[10]

Derart ermutigt, plante das Staatssekretariat für das Jahr 1960 eine Konferenz mit Gemeindevertretern aus sozialistischen Ländern, die aber wegen organisatorischer Schwierigkeiten und immer wieder aufflammender Rivalitäten zwischen dem Verband und der Jüdischen Gemeinde von Groß-Berlin mehrfach verschoben wurde. Zuvor hatte man bei den Kirchenämtern der »Bruderstaaten« Erkundigungen über die Funktionäre der jüdischen Gemeinden und ihre politische Zuverlässigkeit eingeholt. Auf Einladung des Verbandes kamen im Mai 1961 Vertreter der Landesverbände jüdischer Gemeinden von Böhmen und Mähren, der Slowakei, Polens und Ungarns sowie aller Gemeinden der DDR zu einem »Gedanken- und Erfahrungsaustausch« nach Berlin, der vom Staatssekretariat finanziert und vorbereitet wurde. Bei dieser Gelegenheit konnte auch die internationale Anerkennung Riesenburgers befördert werden, denn die Tagungsteilnehmer besuchten einen Empfang der Berliner Gemeinde anläßlich seines 65. Geburtstages, auf dem ihm vom Verband der Titel »Landesrabbiner« und vom Staatsrat der Vaterländische Verdienstorden in Gold verliehen wurde. Anschließend lud Staatssekretär Seigewasser zu einer »inhaltsreichen Aussprache über jüdische und gesellschaftliche Probleme« ein.[11] Das staatliche Engagement zahlte sich aus: Die Delegierten wandten sich zum Abschluß der Tagung mit dem »Appell aus Dresden an alle Juden und jüdischen Organisationen in der ganzen Welt«, in dem sie zur Wachsamkeit gegen die von der Bundesrepublik ausgehende Kriegsgefahr aufriefen.

Das Ergebnis dieser Zusammenkunft bestätigte das Staatssekretariat. Seigewasser konnte gegenüber dem Zentralkomitee auf eine erfolgreiche Umsetzung der Religionspolitik durch seine Behörde verweisen, die ihm bei der evangelischen und der katholischen Kirche noch verwehrt blieb.

Kurz darauf beabsichtigte das Staatssekretariat erneut, eine internationale Konferenz von Gemeindevertretern zu veranstalten. Im Juli 1962 reichte Abteilungsleiter Kusch bei der Arbeitsgruppe Kirchenfragen des ZK eine Vorlage über die »Durchführung einer Beratung von Vertretern zentraler Organisationen jüdischer Gemeinden des In- und Auslandes im September 1962 im demokratischen Berlin über die Verstärkung des gemeinsamen Kampfes der Völker gegen Imperialismus, Militarismus und Antisemitismus« zur Beschlußfassung durch das ZK-Sekretariat ein.[12] Die Tagung sollte dem »antifaschistischen Kampf der jüdischen Bürger in den kapitalistischen Ländern durch die jüdischen Gemeinden in den sozialistischen Ländern eine stärkere Unterstützung« zukommen lassen und »die Notwendigkeit des konsequenten und wirkungsvollen antifaschistischen Kampfes der Juden im Gegensatz zu den antisowjetischen und opportunistischen Beschlüssen der jüdischen und zionistischen Weltkongresse gegenüber der imperialistischen Politik und Rassendiskriminierung sichtbar« machen. Im Verlauf der Konferenz wollte man einen »Appell aus Berlin« beschließen und veröffentlichen. Obwohl das Staatssekretariat die Tagung finanzierte, Inhalt und Ablauf mit der Arbeitsgruppe Kirchenfragen und den für religiöse Angelegenheiten und Westeuropa zuständigen Politbüromitgliedern, Paul Verner und Albert Norden, abgestimmt und schließlich vom ZK-Sekretariat beschlossen wurde, hieß es in der Vorlage: »Die Konferenz ist als Veranstaltung der jüdischen Religionsgemeinschaft durchzuführen«. Die außenpolitische Propaganda war wirksamer, wenn der vermeintlich unabhängige Verband der Jüdischen Gemeinden in der DDR als Veranstalter auftrat. Da die SED dabei dennoch nicht die Regie aus der Hand geben wollte, legte sie fest, daß »die Erreichung des politischen Zieles [...] durch Einflußnahme der Dienststelle des Staatssekretärs für Kirchenfragen über den Sekretär der Jüdischen Gemeinde von Groß-Berlin, Gen. Schenk, zu sichern« ist. Vermutlich aufgrund der terminlichen Überschneidung mit den Feiern zum 20. Jahrestag des Warschauer Ghettoaufstandes und dem Prozeß gegen den Staatssekretär im Bundeskanzleramt und einstigen Kommentator der Nürnberger Gesetze, Dr. Hans Globke, der vor dem Obersten Gericht der DDR lief, fand die Tagung doch nicht wie geplant im Frühjahr 1963 statt. Anstelle der eigenen Konferenz des Verbandes der Jüdischen Gemeinden in der DDR mit jüdischen

Gästen aus dem Ausland wurden Teilnehmer der in Polen veranstalteten Gedenkfeiern kurzfristig vom Komitee der Antifaschistischen Widerstandskämpfer zu einem mehrtägigen, gemeinsam mit der Jüdischen Gemeinde von Groß-Berlin organisierten Aufenthalt in die DDR eingeladen. Im Gegenzug reiste Aris mit der Delegation des Widerstandskämpferkomitees zu den Feierlichkeiten nach Polen – nach der Auflösung der VVN 1953 bezog das Komitee zum ersten Mal wieder einen offiziellen Vertreter der jüdischen Gemeinden ein.

In die Inszenierung des Globke-Prozesses wurde der Verband ebenfalls eingebunden: Er hatte »progressive« Juden aus dem Ausland als Prozeßbeobachter einzuladen und ein Begleitprogramm für sie zu veranstalten. Außerdem trat Aris im Prozeß als Zeuge auf. Bei den Feierlichkeiten zum 25. Jahrestag der »Kristallnacht«, die der Verband im November 1963 mit jüdischen Gästen aus sozialistischen Ländern in Dresden veranstaltete, wurden Teilnehmerliste und Ablauf zuvor mit dem Staatssekretariat, dem Nationalrat der Nationalen Front und dem Komitee der Antifaschistischen Widerstandskämpfer abgestimmt und eine Erklärung des Verbandes »An die Juden der Welt und alle Menschen guten Willens« verabschiedet, die zum Kampf gegen Faschismus, Militarismus und Völkerhetze in der Bundesrepublik aufrief. Wenn auch die ursprünglich geplante internationale Gemeindevertreterkonferenz nicht stattfand, konnten das Staatssekretariat und die ZK-Arbeitsgruppe für Kirchenfragen mit dem propagandistischen Ertrag des Jahres 1963 zufrieden sein. In den Gedenkveranstaltungen und während des Farce-Prozesses gegen Globke hatten sich der Verband der Jüdischen Gemeinden in der DDR und die Jüdische Gemeinde von Groß-Berlin als zuverlässige Partner der Partei und der von ihr gelenkten Organisationen erwiesen und zahlreiche engagierte Stellungnahmen abgegeben.

Die Tagung 1961 und die Veranstaltungen 1963 markieren einen Wendepunkt in den Beziehungen zwischen dem Verband der Jüdischen Gemeinden in der DDR und dem Staatssekretariat für Kirchenfragen. Binnen weniger Jahre hatte sich das konfrontative Verhältnis zu einer »Partnerschaft« gewandelt. Diese Entwicklung war durch die Wahl von Helmut Aris in den Verbandsvorstand sowie die stärkere Präsenz von treu ergebenen SED-Mitgliedern in der Verbandsleitung und in den Gemeindevorständen befördert worden. Nach Badens Tod bildeten jüdische Funktionäre die Mehrheit, deren Wirken in den Gemeinden vom Bemühen um die Stärkung der DDR gekennzeichnet war. Da viele von ihnen nur wenig über das Judentum wußten und keine Beziehungen zur Religion besaßen, bestimmten sie ihre jüdische Identität vorwiegend als antifaschistisch. Ihnen fehlte das Verständnis für das Wesen von Gemeinden, die sich vornehmlich kultischen, sozialen und kulturellen Zwecken widmen und dabei auch eine gewisse Staatsferne wahren. Problematisch war nicht ihr politisches Engagement, sondern ihre Funktionalisierung für die SED-Politik. Aris, Ringer, Kaethner, Bendit, Heilbrunn, Rosenberg und Schenk setzten keine Differenzen zwischen den Interessen der jüdischen Gemeinden und der staatlichen und Parteiinstanzen voraus, sondern hielten diese für weisungsbefugt. Ihre subalterne Haltung ging so weit, daß sie das Staatssekretariat für Kirchenfragen und seine Referenten in den Bezirken als übergeordnete Behörden betrachteten, mit denen auch Gemeindeangelegenheiten besprochen wurden. So schaltete Aris z. B. bei verbandsinternen Diskussionen den Dresdner Bezirksreferenten und das Staatssekretariat ein, um sich Instruktionen zu holen und seine Position auch mittels der Denunziation anderer Verbandsvertreter durchzusetzen. Es war üblich, dem Staatssekretariat Abschriften des verbandsinternen Schriftverkehrs zuzusenden. Schenk brachte es jedoch fertig, einen an ein Verbandsmitglied gerichteten Brief dem Staatssekretariat zu schicken und dem Adressaten nur einen Durchschlag zu geben. Da Aris bereit war, bei Gemeindeangelegenheiten staatliche Anweisungen einzuholen, verwundert es nicht, daß er öffentliche Erklärungen des Verbandes vom Staatssekretariat oder der Arbeitsgruppe Kirchenfragen des ZK vorformulieren ließ. Auch dessen Nachfolger, Siegmund Rotstein, akzeptierte das Staatssekretariat als »Ghostwriter« für Reden und Stellungnahmen des Verbandes.

Die Kooperationswilligkeit der SED-Gemeindefunktionäre zeigte sich selbst bei einer so sensiblen Gemeindeangelegenheit wie der Berufung eines Rabbiners. Nach dem Tod Martin Riesenburgers 1965 suchten der Berliner Gemeindevorsitzende Schenk und der Stellvertretende Staatssekretär, Fritz Flint, gemeinsam nach einem Nachfolger. Sie fuhren nach Ungarn und führten Gespräche mit drei Kandidaten, die vom ungarischen Kirchenamt überprüft und vorgeschlagen worden waren. Ihre Wahl fiel auf Rabbiner Dr. Ödön Singer aus Nagykaniszá, der mit seiner Frau nach Berlin übersiedelte und von 1965 bis 1969 für die DDR-Gemeinden zuständig war. Die Anstellung eines Rabbiners aus dem Ausland war nicht ohne staatliche Unterstützung möglich, doch stellt die gleichberechtigte Teilnahme des Stellvertretenden Staatssekretärs an Bewerbungsgesprächen einen beträchtlichen Eingriff in die Gemeindeautonomie dar.

Um das einvernehmliche Verhältnis zu den Gemeindevertretern aufrechtzuerhalten und die Differenzierungsstrategie weiter zu verfolgen, wurde die »Gesprächspolitik« fortgesetzt. Neben Einzelgesprächen fanden regelmäßig – meist einmal jährlich – Treffen des Staatssekretärs mit den Gemeindevorsitzenden statt. Damit diese Begegnungen einen harmonischen Verlauf nahmen, traf man umfangreiche Vorbereitungen, die sich besonders gut am Beispiel des Gesprächs vom 30. Januar 1973 zwischen Staatssekretär Seigewasser und den Gemeindevorsitzenden demonstrieren lassen. Zunächst erarbeitete die zuständige Abteilung I (Abteilungsleiter Dr. Hans Wilke und Sachbearbeiterin Barbara Janott) anhand von Gesprächen im Staatssekretariat und von Informationen der Bezirksreferenten für Kirchenfragen eine Vorlage, die das Ziel des Treffens festlegte. Sie wurde mit dem Leiter der Arbeitsgruppe Kirchenfragen des ZK, Willi Barth, abgestimmt und bei einer Dienstbesprechung des Staatssekretariats am 22. Januar 1973 vorgetragen. Die Vorlage, die den Vermerk »Nur für den Dienstgebrauch, streng vertraulich« trug, brachte die Absicht klar zum Ausdruck, die Gemeindevorsitzenden hinsichtlich der Israel- und der Wiedergutmachungspolitik der DDR »auf Kurs zu bringen«. »Die Bürger jüdischen Glaubens in der DDR müssen dokumentieren, daß sie in der DDR frei als sozialistische Staatsbürger leben. [...] Die Abgrenzung von der imperialistischen Politik der Führung des Staates Israel und der zionistischen Aggressionskonzeption muß erfolgen. Gleichzeitig ist die provokatorische Forderung nach Reparationen an die DDR zurückzuweisen.«[13] Inzwischen war man nicht mehr zufrieden, wenn die Gemeinden darauf verzichteten, sich kritisch zu Themen wie der Nahostpolitik oder der Wiedergutmachung zu äußern, sondern forderte, daß sie sich unter Verleugnung eigener Interessen die DDR-Position zu eigen machten und öffentlich vertraten. Wilke schlug in seiner Vorlage für die Dienstbesprechung vor: »Es sollte in der Folge nach dem Gespräch, im Zeitraum von 14 Tagen, durch das Präsidium eine Erklärung ausgearbeitet werden, die dieser Zielstellung Rechnung trägt.« Da fraglich war, ob alle Gemeindevorsitzenden eine solche Erklärung mittragen würden, wollte man sich vor allem auf Helmut Aris und Herbert Ringer* stützen, die dann im Namen des Verbandes auftreten würden und sich in dieser Hinsicht schon mehrfach bewährt hatten.

* Herbert Ringer: 1905–1988, stammte aus Breslau, 1938–1945 in verschiedenen KZs inhaftiert, überlebte dank seiner nichtjüdischen Ehefrau; nach der Umsiedlung der Deutschen aus den nun polnischen Westgebieten 1945/46 nahm er in Erfurt seinen Wohnsitz, Mitglied der SED, seit 1949 Mitarbeit in VdN-Bezirkskommission, 1964 Verdienstmedaille der DDR, 1985 Vaterländischer Verdienstorden in Gold, seit 1947 Repräsentant der Jüdischen Gemeinde Erfurt, 1961 bis 1985 Vorsitzender der Jüdischen Landesgemeinde Thüringen, seit 1953 Beirat, 1962–1985 Vizepräsident des Verbandes der Jüdischen Gemeinden in der DDR.

An dem mehr als dreistündigen Gespräch am 30. Januar 1973 nahmen neben Aris und Ringer Dr. Peter Kirchner, Dr. Kurt Cohn*, Karin Mylius (Halle), Goldi Giese (Halle), Siegmund Rotstein (Karl-Marx-Stadt), Abraham Glanz (Magdeburg), Eugen Gollomb und Udo Abrahamson (Schwerin) teil. Das Staatssekretariat war durch Dr. Hans Wilke und Barbara Janott vertreten. Gemäß seiner Konzeption referierte Wilke eingangs die Positionen der DDR-Regierung zu den aktuellen Problemen. Der Leipziger Gemeindevorsitzende Gollomb machte seinem Unmut Luft, noch bevor Ringer seine vorbereitete Stellungnahme abgeben konnte. Er kritisierte Wilkes Formel vom »Wolfsgesetz des Imperialismus in Israel« und die Weigerung der DDR, sich als Nachfolgestaat des Dritten Reiches zu verstehen. Im Protokoll wurde Gollombs Widerspruch als »provokatorisch« bewertet.[14] Sogar Aris ließ sich zu leiser Kritik des Referats hinreißen. Cohn griff die Wiedergutmachungspraxis an: Auch in berechtigten Fällen hätten Juden ihre Forderungen gegen faschistische Nutznießer nicht durchsetzen können. Da die DDR in gewissem Sinn doch Rechtsnachfolger des Deutschen Reiches sei, wären dies »Schulden«, die dem antifaschistischen Wesen des Staates widersprächen. Überdies wandte er sich gegen eine politische Erklärung des Verbandes: Die Gemeinden seien »eine Religionsgemeinschaft und als solche nicht prädestiniert für Erklärungen politischen Charakters. Wir beschäftigen uns nur mit Glaubensfragen.« Kirchner verurteilte zwar die israelische Politik, versuchte aber, sich mit dem Hinweis auf die »Vielschichtigkeit« des Nahostproblems einer öffentlichen Erklärung zu entziehen. Nur die Hallenser Vorsitzende Mylius folgte der von Wilke vorgegebenen Linie: »Den Weg zur Lösung von nationalen Fragen kann uns nur der Marxismus-Leninismus zeigen. Deshalb sollten die jüdischen Gemeinden in der DDR die Theorie des Marxismus-Leninismus propagieren.« Allerdings blieb sie mit dieser Auffassung allein – das Protokoll vermerkte zu-

* Kurt Cohn: 1899–1987, 1918–1922 Jurastudium in Leipzig, 1923 Promotion, Landgerichtsrat und Richter in Chemnitz, April 1933 entlassen, Rechtsberater der Jüdischen Gemeinde Chemnitz, 1936 Geschäftsführer des Jüdischen Kulturbundes Chemnitz, 1934–1938 Geschäftsführender Vorsitzender des Landesverbandes Mitteldeutschland des Central-Vereins Deutscher Staatsbürger jüdischen Glaubens, November 1938 bis Anfang 1939 KZ Buchenwald, 1939 Emigration nach Großbritannien, 1947 Rückkehr nach Chemnitz, Richter, 1949 Oberrichter am Obersten Gericht der DDR, 1962 Präsidium des Obersten Gerichts, langjährig Mitglied des Zentralvorstandes der LDPD, der Zentralleitung des Komitees der Antifaschistischen Widerstandskämpfer, des Bundesvorstandes des Kulturbundes, 1974 Vaterländischer Verdienstorden in Gold, 1984 Stern der Völkerfreundschaft in Gold, seit 1972 ehrenamtlicher Rechtsberater und 1979 bis 1982 Vorstandsmitglied der Jüdischen Gemeinde Berlin.

rückhaltend: »Dieser Beitrag fand keine Resonanz. In Pausengesprächen wurde er negativ diskutiert.«

Trotz positiver Äußerungen von Ringer, Aris, Kirchner, Rotstein und Mylius mußte das Staatssekretariat den Gesprächsverlauf als unbefriedigend werten. Eine Verbandserklärung zur Verurteilung Israels würde nun nicht mehr zustande kommen. In der Auswertung der »Aussprache« hielt Wilke fest, daß »die überwiegende Mehrheit der Vorsitzenden der Gemeinden zu der gesamten Problematik Israel/Zionismus unklare Auffassungen hat, die sie hindern, den Standpunkt der sozialistischen Staaten zu verstehen und anzuerkennen«. Zur Fortsetzung der »politisch-differenzierte[n] Auseinandersetzung« legte er folgende Maßnahmen fest:

»1. Die Bezirksbeauftragten, in deren Bereichen jüdische Gemeinden tätig sind, werden informiert und werten die Beratung mit ihren Bezirken aus. Dort muß systematisch weitergearbeitet werden.
2. Im Monat April wird das Gespräch mit den Vorsitzenden durch die Dienststelle fortgesetzt.
3. Mit zwei–drei Vorsitzenden der Gemeinden werden Artikel für die Tagespresse zu politischen Grundfragen vorbereitet.«[15]

Aufschlußreich ist der Verteiler: Alle relevanten Stellen sollten in die Auswertung einbezogen werden, um die Politikziele vor Ort durchzusetzen. Die Information über das Gespräch ging an Staatssekretär Seigewasser, Bellmann (AG Kirchenfragen des ZK), Wilke, die für die jüdischen Gemeinden zuständige Abteilung I des Staatssekretariats und an die »Bezirke, zum Verteilen und Ausgeben an die Bezirksbeauftragten«. Die Referenten für Kirchenfragen bei den Räten der Bezirke wurden angewiesen, »ihre« Gemeindevorsitzenden auf ihre Äußerungen im Staatssekretariat hin anzusprechen, um sie zu einer »prinzipiellen Klärung ihres Standpunktes« zu drängen.

Vorbereitung, Durchführung und Auswertung des Gesprächs zeigen exemplarisch, wie das Staatssekretariat seine Funktion gegenüber den jüdischen Gemeinden verstand. Im Grunde wollte man den Gemeindevorsitzenden nur die offiziellen Positionen vermitteln und sie zu deren Annahme und möglichst öffentlicher Akklamation bewegen. Obwohl – oder gerade weil – man die politische Bedeutung der jüdischen Gemeinden erkannt hatte, ging es nicht um Kooperation, sondern Kontrolle. Zu diesem Zweck beschaffte man sich umfassende Informationen. Dem dienten die Treffen im Staatssekretariat und mit den Bezirksreferenten für Kirchenfragen ebenso wie die Auswertung von Berichten über Gespräche mit Gemeindevertretern auf anderen Ebenen (Nationale Front, Arbeitsgruppe Christliche Kreise, CDU etc.). Selbstverständlich gehörte dazu auch der Austausch mit dem Ministerium für Staatssicherheit, besonders der für Kirchen und Religionsgemeinschaften zuständigen Abteilung XX/4. Diese Informationen waren die Voraussetzung, einzelne als politisch zuverlässig eingeschätzte Personen zu bearbeiten. Öffentliche Erklärungen von Gemeindevertretern waren ja nur dann politisch wirksam, wenn glaubhaft war, daß sie freiwillig abgegeben wurden. Zudem versuchte man ständig, Einfluß auf die Besetzung von Vorstandspositionen zu nehmen und das Handeln der Amtsträger durch häufige Einzelgespräche zu steuern. Dies ist z. B. aus einem Gespräch ersichtlich, das der Stellvertretende Oberbürgermeister für Inneres, Günter Hoffmann, 1983 mit dem Berliner Gemeindevorsitzenden, Dr. Peter Kirchner, führte. Als Kirchner die Absicht andeutete, wegen Arbeitsüberlastung und gemeindeinterner Kritik an ihm als »Rotem Kirchner« sein Amt niederzulegen, munterte ihn Hoffmann auf: Staatliche Stellen schätzten ihn als geeigneten Vorsitzenden, und sein Verbleiben im Amt habe nicht nur Bedeutung für die Jüdische Gemeinde Berlin, sondern sei eine »zutiefst politische Frage«.[16] Kirchner bedankte sich für den Zuspruch und blieb bis 1990 im Amt. Seit den siebziger Jahren zählte er neben Aris und Ringer zu den bevorzugten Verhandlungspartnern des Staatssekretariats. Er wurde gezielt als Vertrauensperson aufgebaut und gewann gerade als loyaler Parteiloser Bedeutung für die außenpolitische Repräsentation des jüdischen Lebens in der DDR.

Solch Kooperation und Wohlwollen vortäuschende Kontakte wurden nicht allen zuteil. Während man »fortschrittliche Kräfte« durch regelmäßige Gespräche und die Berufung in verschiedene Gremien (Nationalrat der Nationalen Front, Deutscher Friedensrat etc.) zu gewinnen versuchte, hatte man dem früheren Verbandspräsidenten Baden mehrfach Gespräche verweigert. Gelegentlich sicherte man sich die Zuneigung bestimmter Gemeindevertreter auch durch Vergabe von Privilegien und Unterstützung bei der Beschaffung von Autos. Zu den sonstigen Vergünstigungen zählte der Aufenthalt in den Ferienheimen des Staatssekretariats »Haus Fortuna« im thüringischen Tabarz und »Haus Frieden« in Juliusruh an der Ostsee. Ein solcher Ferienplatz wurde als Auszeichnung nur an Personen vergeben, die die Räte der Bezirke oder das Staatssekretariat empfohlen hatten. Das Heim in Tabarz war schon 1955 eingerichtet worden (Juliusruh folgte 1969), um »progressiven« Mitgliedern der Kirchen und Religionsgemeinschaften die Möglichkeit zur Erholung zu geben. Sie durften dort ihren Urlaub gemeinsam mit Mitarbeitern des Staatssekretariats und der Bezirksreferate für Kirchenfragen verbringen. Die Heimleiter übermittelten dem Staatssekretariat Berichte über das Verhalten der Gäste und Abschlußbeurteilungen. Riesenburger, Aris,

Ringer und Kirchner mit ihren Ehepartnern zählten zu den Personen, die eines solchen Urlaubsplatzes für würdig befunden wurden und ihn wiederholt in Anspruch nahmen.

Zum Aufgabenbereich des Staatssekretariats gehörte auch die Kontrolle der Auslandskontakte der jüdischen Gemeinden. Besuche von Repräsentanten jüdischer Organisationen mußten – sofern sie nicht mit einem Touristenvisum kamen – ebenso über das Staatssekretariat beantragt werden wie Reisen von Gemeindevertretern zu Kongressen im sozialistischen und kapitalistischen Ausland. Die langfristige Bearbeitungszeit der »kirchlichen Dienstreisen« ermöglichte es, Nachforschungen über die betreffenden Personen und Institutionen anzustellen, in die stets die Staatssicherheit einbezogen wurde. Die Genehmigung dieser Reisen erfolgte in Absprache mit dem MfS und der Arbeitsgruppe Kirchenfragen des ZK.

Seit Anfang der siebziger Jahre luden internationale jüdische Organisationen DDR-Gemeinden öfter zur Mitarbeit bei Konferenzen und in Gremien ein. Gemäß ihrer Abschottungspolitik stand die DDR diesen Angeboten sehr mißtrauisch gegenüber, zumal auf solchen Tagungen verstärkt die Ausreiseerlaubnis für sowjetische Juden gefordert wurde. Damit war der Verdacht antisowjetischer Tätigkeit gegeben. Als der Jüdische Weltkongreß (JWK) Kirchner 1973 zur European Conference of Jewish Communities einlud, wollte man kein nach außen ungünstig wirkendes Verbot aussprechen und legte ihm in mehreren Gesprächen im Staatssekretariat nahe, diese Tagung selbst abzusagen. Kirchner folgte diesem Rat und drückte in seinem Schreiben an den JWK die Hoffnung aus, »möglicherweise bei einer späteren Veranstaltung Ihrer Einrichtung einmal zu den Problemen der in der Hauptstadt der DDR lebenden jüdischen Mitbürger Ausführungen [machen zu können], um die in westlichen Ländern vorhandenen offensichtlich falschen Vorstellungen über die angeblichen Beschränkungen der religiösen und persönlichen Freiheiten dieser Personen zu beseitigen«.[17]

Nach der KSZE-Schlußakte von Helsinki 1975 war es politisch nicht angezeigt, die bisherige Abgrenzung restriktiv aufrechtzuerhalten. Als Aris und Kirchner 1975 erneut von der europäischen Sektion des Jüdischen Weltkongresses zur Teilnahme an einer Konferenz in London mit Beobachterstatus eingeladen wurden, sahen sich die Organe veranlaßt, für diese Frage eine grundsätzliche Lösung zu finden. Nach Erarbeitung einer Vorlage durch das Staatssekretariat legte der Leiter der Arbeitsgruppe Kirchenfragen beim ZK, Rudi Bellmann, dem im Politbüro zuständigen Paul Verner den Fall zur Entscheidung vor: »Auf diesem Kongreß sind in der Vergangenheit antikommunistische, antisowjetische und zionistische Positionen bezogen worden. Unsere Kenntnis über die konkrete Lage in dieser Institution ist jedoch gering. Die Genossen beim Staatssekretär für Kirchenfragen haben deshalb erwogen, die beiden Vorgenannten zum Kongreß reisen zu lassen mit der Maßgabe, daß sie sich dort weder als Delegierte noch als Beobachter nominieren lassen. Sie sollten erklären, daß sie sich zunächst informieren möchten, ehe sie [sich] zu ihrem Status äußern.«[18] Das Staatssekretariat habe sich schon diesbezüglich mit dem Stellvertreter des Vorsitzenden des Rates für religiöse Angelegenheiten beim Ministerrat der UdSSR, Viktor Titow, in Verbindung gesetzt: »Genosse Titow äußerte sich positiv zu diesen Erwägungen. Er halte diesen Vorschlag für ausgezeichnet, um von dort einmal konkretere Informationen zu erhalten. Zumal ein Genosse (Aris) mitfährt, hätten sie gar keine Bedenken.« Dennoch entschied Verner, keine Ausreisegenehmigung zu erteilen – ausschlaggebend war vermutlich die Tagesordnung, die u. a. Diskussionen über die Position Israels und des Zionismus in der internationalen Politik, den arabischen Boykott Israels und die Bedeutung der Helsinki-Dokumente für die sowjetischen Juden aufführte und abschließend eine Resolution vorsah.

Offenbar mußte auch Kirchner nicht lange überzeugt werden, die Einladung auszuschlagen, denn schon drei Monate später sandte er dem Jüdischen Weltkongreß ein Telegramm, dessen Parteilichkeit keine Wünsche offenließ: »In meiner Eigenschaft als Vorsitzender der größten Jüdischen Gemeinde in der Deutschen Demokratischen Republik verwahre ich mich dagegen, den gegenwärtig in Brüssel stattfindenden ›Weltkongreß Jüdischer Gemeinden‹ als Fürsprecher aller Juden anzuerkennen. Dies schließt die Anmaßung ein, auch im Namen der in den sozialistischen Ländern lebenden Bürger jüdischen Glaubens zu sprechen. Die auf der Grundlage völliger Gleichberechtigung aller Bürger entstandene sozialistische Gesellschaftsordnung garantiert auch für die in ihr lebenden Juden gleiche Rechte in allen Fragen. Der Versuch, diesen Umstand zu leugnen oder verfälscht darzustellen, läßt die wahren Beweggründe erkennen, nämlich eine gegen die Sowjetunion und die übrigen sozialistischen Staaten gerichtete Polemik betreiben zu können. Dafür sprechen der Zeitpunkt dieses Kongresses und sein Thema ›Judenverfolgung in der Sowjetunion‹. Nicht zuletzt nach der Konferenz von Helsinki muß dieses Treffen eindeutig als bewußte Provokation gegen die von den Unterzeichnerstaaten angestrebte weitere Entspannung in Europa und der Welt angesehen werden.«[19]

Nachdem Kirchner sich so eindeutig von den politischen Zielen des Jüdischen Weltkongresses distanziert und sich seit 1975 auf anderen Tagungen im westlichen Ausland bewährt hatte, wurde ihm und Aris im Juni 1976 erstmalig die Teilnahme an einer Konferenz der Europäischen Sektion des JWK in den Niederlanden gestattet. Von nun an vertraten Aris und Kirchner jährlich den Verband der Jüdischen Gemeinden in der DDR bei internationalen Konferenzen. Für die DDR-Außenpolitik waren diese Reisen von großer propagandistischer Bedeutung, da sie das Streben nach internationaler Anerkennung unterstützten. Wie aus den Reiseberichten ersichtlich, konnte sich das Ministerium für Auswärtige Angelegenheiten auf das positive Auftreten der Gemeindevertreter verlassen: »Die Delegierten der sozialistischen europäischen Staaten berichteten übereinstimmend über die Möglichkeiten einer freien religiösen Betätigung jüdischer Gemeinden in ihren Ländern und die Bewahrung des jüdisch-kulturellen Erbes innerhalb der einzelnen Gemeinschaften.«[20] Auch das Staatssekretariat war zufrieden und empfahl Politbüromitglied Verner die Genehmigung weiterer Reisen Kirchners mit folgender Begründung: »Dr. Kirchner gilt bei uns und auch in der Normannenstraße als ein zuverlässiger Auslandskader, der schon an mehreren internationalen jüdischen Konferenzen teilgenommen hat.«[21] Daß Kirchner als Inoffizieller Mitarbeiter für das Ministerium für Staatssicherheit tätig war, dürfte anderen staatlichen sowie Parteiinstanzen nicht bekannt gewesen sein. Für sie war entscheidend, daß sie in ihm einen zuverlässigen Partner an der Spitze der größten und politisch wichtigen Berliner Gemeinde hatten.

Trotz vereinzelter Probleme konnte das Staatssekretariat seine Politik gegenüber den jüdischen Gemeinden bis 1989 als Erfolg betrachten. Es hatte sich ein »partnerschaftliches« Verhältnis herausgebildet, Konflikte wurden in der Regel schon innerhalb des Verbandes gemäß den staatlichen Vorgaben häufig in Selbstbeschneidung jüdischer Interessen entschärft. Begünstigt wurde dieses Verhältnis durch die SED-Zugehörigkeit von Gemeindefunktionären wie Aris, Ringer, Schenk und vielen anderen Vorstandsmitgliedern sowie durch die parteikonforme Haltung von Parteilosen wie Riesenburger, Rotstein und Kirchner.

Auch die geringe Zahl der Mitglieder – 1989 waren es ca. 380 –, ihre Überalterung und ihr hoher Assimilierungsgrad erschwerten es den acht Gemeinden, der massiven Vereinnahmung durch den Staat entgegenzutreten. Nicht zu unterschätzen ist der Umstand, daß das Staatssekretariat als politische Kontrollinstanz zugleich für die Bewilligung der Finanzbeihilfen an den Verband und für sonstige organisatorische Probleme zuständig war. Dessen Mitarbeiter drohten zwar nie mit der Einstellung der Zahlungen bei politischem Mißverhalten, ließen aber keine Gelegenheit ungenutzt, um die Gemeindevertreter und die Öffentlichkeit auf diese »Großzügigkeit« des Staates hinzuweisen. Gegenüber dem Geldgeber mißliebige politische Forderungen mit Nachdruck zu vertreten ist stets schwierig.

Als Mitte der achtziger Jahre die jüdischen Gemeinden in besonderer Weise ins Blickfeld außenpolitischer Interessen gerieten, konnte man auf eine politisch homogene Führungsschicht in den Gemeinden und im Verband vertrauen, die auch nach dem Generationswechsel* die Gewähr für die Kontinuität der bisherigen Positionen bot. Um »den Dank für ihre bewiesene Treue und Einsatzbereitschaft auszusprechen«, wurden auf einem Festakt im Staatsrat im November 1988 u. a. alle Gemeindevorsitzenden »in Anerkennung hervorragender Arbeitstaten und Leistungen bei der Errichtung der antifaschistisch-demokratischen Ordnung und beim Aufbau des Sozialismus in der DDR« mit dem Vaterländischen Verdienstorden ausgezeichnet.[22]

Ohne die langjährige differenzierte Politik des Staatssekretariates gegenüber den jüdischen Gemeinden wäre diese Belobigung für politisches Wohlverhalten nicht möglich gewesen. Zu diesem Zeitpunkt waren die Beziehungen zur evangelischen und zur katholischen Kirche nahezu eingefroren, und das Staatssekretariat drohte mit dem Scheitern der SED-Politik seine Existenzberechtigung zu verlieren. Um so mehr konzentrierte es sich auf die jüdischen Gemeinden als Beleg der guten Zusammenarbeit mit den Religionsgemeinschaften. Dieses Arbeitsgebiet wurde auch erfolgreich bemüht, um die Fortexistenz des im November 1989 in Amt für Kirchenfragen umbenannten Staatssekretariats mit nur wenigen personellen Veränderungen bis zur deutschen Vereinigung im Oktober 1990 zu rechtfertigen.

Das Ministerium für Staatssicherheit

Die Politik gegenüber den jüdischen Gemeinden wurde nicht allein durch die SED und das Staatssekretariat bestimmt, sondern auch durch das Ministerium für Staatssicherheit (MfS). Während das MfS gegenüber den Religionsgemeinschaften überwiegend konspirativ in Erscheinung trat, stellte es für den Partei- und Staatsapparat ein legitimes und notwendiges Machtinstrument dar, mit dem auf offizieller, institutionalisierter Ebene wie auch auf inoffizieller Ebene (durch Offiziere im besonderen Einsatz und Inoffizielle Mitarbeiter)

* Ringer trat aus gesundheitlichen Gründen 1985 zurück, Aris starb 1987. Daraufhin wurden 1988 Rotstein zum Verbandspräsidenten, Kirchner und Hans-Joachim Levy (Magdeburg) zu Vizepräsidenten gewählt.

zusammengearbeitet wurde. Trotz unterschiedlicher Wirkungsweisen, sich verselbständigender Bürokratien und konkurrierender, zum Teil einander widersprechender Zuständigkeiten waren sämtliche Akteure den Weisungen des Politbüros unterworfen.

Zur Absicherung der SED-Herrschaft strebte die Staatssicherheit die totale Kontrolle aller Lebensbereiche an. Dazu bedurfte es umfassender Informationen mittels hauptamtlicher und Inoffizieller Mitarbeiter sowie technischer Hilfsmittel (Abhören von Telefonen und Räumen, Postkontrolle etc.). Unverzichtbar war die Gewinnung zuverlässiger IMs in Führungspositionen, damit an leitender Stelle Einfluß genommen und vermeintliche staatsfeindliche Aktivitäten »zersetzt« werden konnten. Diesen Intentionen kam in der Religionspolitik besondere Bedeutung zu, denn die Kirchen und Religionsgemeinschaften stellten mit ihrer nicht durch die sozialistische Gesellschaftsdoktrin begründeten Existenz und organisatorischen Eigenständigkeit die sozialistische Gesellschaftskonzeption in Frage. Die SED hatte sich seit den späten fünfziger Jahren notgedrungen mit dem Fortbestehen der Kirchen und Religionsgemeinschaften abgefunden, war jedoch nicht bereit, ihnen über rein kultische Handlungen hinaus eigene gesellschaftliche Arbeitsbereiche zuzugestehen. Soziale, kulturelle und Bildungsaktivitäten wurden im Grunde schon als Einmischung in staatliche Belange empfunden. Diese Wirkungsfelder von Kirchen und Religionsgemeinschaften einzuschränken, daraus resultierende, politisch nicht opportune Konflikte mit dem Staat schon präventiv zu verhindern und oppositionelle Positionen und Personen zu »zersetzen« war eine wichtige Funktion des MfS und seiner Kirchenabteilung V/4 (ab 1964 XX/4). Ein solch repressiver und destruktiver Grundzug kennzeichnete sämtliche Aktivitäten des MfS in der Religionspolitik, unabhängig von der Intention einzelner hauptamtlicher und Inoffizieller Mitarbeiter.

Die Kirchenabteilung des MfS wurde im Dezember 1954, einen Monat nach der Bildung der ZK-Abteilung für Kirchenfragen, gegründet und war der Hauptabteilung für Politische Untergrundtätigkeit zugeordnet. Dies belegt eindeutig, daß Religionsgemeinschaften als »Fremdkörper« in der sozialistischen Gesellschaft betrachtet wurden. Die Tätigkeit der Staatssicherheit war jeglicher öffentlichen Kontrolle entzogen. Bezüglich der jüdischen Gemeinden gesellte sich zur allgemeinen Religionsfeindlichkeit des Mielke-Imperiums Antisemitismus, der sich nicht nur in persönlichen Haltungen von MfS-Mitarbeitern und Zuträgern ausdrückte, sondern durch die SED und ihr Verhältnis zum Slánský-Prozeß, zur Wiedergutmachungsproblematik und zum Staat Israel offiziell gefördert wurde. Die generelle Identifizierung von Juden mit dem Feindbild der Zionisten, die bis 1989 häufig anzutreffen war, entsprach der offiziellen Politik. Ohnehin wähnten sich Partei- und Staatsorgane mit ihrer Selbstbestimmung als »antifaschistisch« per definitionem außer Verdacht, antisemitisch zu sein. Es fand daher keine Auseinandersetzung mit Antisemiten oder antijüdischen Einstellungen statt, wie sie z. B. in der Charakterisierung eines Gemeindefunktionärs als »typischer Jude«, der »nur die materiellen Vorzüge sieht«, zum Ausdruck kamen,[23] sondern man befaßte sich eher mit denen, die derartige »staatsfeindliche« Vorwürfe erhoben. Unbekümmert empfahlen MfS-Offiziere, zur Informationsgewinnung über einzelne Personen Gestapomaterial einzusehen.[24]

Trotz politischer Zuverlässigkeit und SED-Mitgliedschaft der meisten Vorstandsmitglieder trauten Partei und Staatssicherheit den 1953 konstituierten Gemeindevorständen nicht. Der Verdacht zionistischer Aktivitäten, die allen jüdischen Organisationen unterstellt wurden, war ein zusätzlicher Beweggrund, Überwachungsmaßnahmen einzuleiten. So begründete die Berliner Bezirksverwaltung des MfS im Dezember 1955 das Anlegen eines »Objektvorgangs« über die Jüdische Gemeinde von Groß-Berlin mit der »Beobachtung eventueller zionistischer Gruppierungen«.[25] Die Ermittlungen wurden schnell auf die anderen Gemeinden und den Verband ausgeweitet. Selbstkritisch stellte das MfS fest, daß »die operative Bearbeitung der jüdischen Gemeinde und deren Organisationen und Zentralen bisher sehr mangelhaft« war.[26] Um diesem Informationsdefizit abzuhelfen, erarbeitete die Hauptabteilung V/4/III im März 1957 einen »Maßnahmeplan«, der folgende Schritte vorsah:

»a) Anlegung von Objekt-Vorgängen

Die Bearbeitung der jüdischen Gemeinde Berlin, demokratischer Sektor, wird von der Verwaltung Berlin, Abteilung V/4, übernommen und alles Material, was die Berliner Gemeinde betrifft, ist an die zuständige Abteilung der Verwaltung zu übergeben.

Um eine koordinierende Arbeit zu gewährleisten, schlagen wir vor, daß in jedem Quartal ein Sachstandsbericht über den Stand der operativen Bearbeitung der Hauptabteilung V/4 zugesandt wird. Betreffs der operativen Bearbeitung der Person X ist ein Maßnahmeplan auszuarbeiten und der Hauptabteilung V/4 zur Einsichtnahme vorzulegen.

Die Bearbeitung des Vorstandes des Verbandes der Juden im Gebiet der DDR und deren Zentralen in Westdeutschland und Westberlin wird von der Hauptabteilung V/4 in Zusammenarbeit mit der zuständigen Bezirksverwaltung Halle durchgeführt. Die weiteren jüdischen Gemeinden, welche dem Verband der Juden angeschlossen sind, obliegen in der operativen Bearbeitung den zuständigen Bezirksverwaltungen. Die Hauptabteilung V/4 ist nach Beendigung eines jeden Quartals über den Stand der Bearbeitung zu informieren.

b) Einleitung von Postüberwachung
Um über die Verbindungen und Korrespondenz der jüdischen Gemeinden einen Überblick zu bekommen, macht es sich erforderlich, über den Vorstand des Verbandes und der Gemeinde Berlin Postüberwachung einzuleiten.

c) Anschreiben der Bezirksverwaltung Halle, betreffs Einleitung von Postüberwachung über den Vorstand.
Die Postüberwachung über die Gemeinde Berlin, demokratischer Sektor, wird von der Verwaltung Groß-Berlin eingeleitet. Die Bezirksverwaltungen, in deren Bezirk sich eine jüdische Gemeinde befindet, erhalten zum dortigen Verbleib einen Auskunftsbericht über die jüdischen Gemeinden und deren Organisationen in Deutschland.«[27]

Das MfS hatte bereits bei den Untersuchungen der Parteikontrollkommissionen im Gefolge des Slánský-Prozesses mitgewirkt und auch sonst Informationen über einzelne Personen und Ereignisse in den Gemeinden gesammelt. Die republikweite Einleitung des »Objektvorgangs« im Jahre 1955 bewirkte, daß die jüdischen Gemeinden als sicherheitsrelevanter Bereich eingestuft wurden und sich die »Kirchenlinie« des MfS, die HA XX/4 mit ihren Ablegern in den Bezirks- und Kreisdienststellen, systematisch mit ihnen befaßte. Somit erhielt die Überwachung der jüdischen Gemeinden eine neue Qualität. Zugleich wurden die MfS-internen Kommunikationsstränge gestrafft. Über das Staatssekretariat für Kirchenfragen und die Referenten für Kirchenfragen in den Räten der Bezirke und Kreise konnte man problemlos Informationen gewinnen, da die Bezirks- und Kreisreferenten der Abteilung Inneres unterstanden und das Staatssekretariat aus dem Innenministerium hervorgegangen war; ohnehin arbeiteten diese Behörden auf offizieller und inoffizieller Ebene mit dem MfS zusammen. Bei der Kontaktaufnahme zu Gemeindevertretern mußte hingegen konspirativ vorgegangen werden. Einblick in Gemeindeinterna konnte das MfS nur dann gewinnen, wenn es gelang, Kontaktpersonen und Inoffizielle Mitarbeiter, möglichst in Leitungsfunktionen, anzuwerben. Ein zusätzliches Hilfsmittel stellte die flächendeckende Kontrolle der in den Büros der Gemeinden und des Verbandes eingehenden Post dar. Zeitschriften mit hebräischen Schriftzeichen oder Briefe von internationalen jüdischen Organisationen wurden häufig konfisziert.[28] Zu den Überwachungsmaßnahmen gehörte auch der Einsatz hauptamtlicher Mitarbeiter bei Gemeindeaktivitäten wie Gottesdiensten und Gedenkveranstaltungen. Die auf diese Weise erlangten Informationen wurden gleichzeitig benutzt, um die Zuverlässigkeit der Inoffiziellen Mitarbeiter zu überprüfen.

Das aus unterschiedlichen Quellen zusammengetragene Material wurde von der Berliner Hauptabteilung ausgewertet und im zentralen »Objektvorgang« abgelegt. Parallel dazu führten die jeweiligen Bezirksverwaltungen Akten über die in ihrem Bezirk ansässigen Gemeinden. Verantwortlich zeichnete hierfür die für Kirchen und Religionsgemeinschaften zuständige *Hauptabteilung V/4* (nach der Neustrukturierung des MfS 1964 *HA XX/4*) mit ihren Bezirksdependancen. Ihre Leiter Willi Butter (Februar 1955 – Dezember 1957), Hans Ludwig (Dezember 1957 – Oktober 1969), Franz Sgraja (Oktober 1969 – März 1979) und Joachim Wiegand (März 1979 – Dezember 1989) beschäftigten sich nicht nur mit der Auswertung des zugelieferten Materials, sondern betätigten sich auch selbst als Führungsoffiziere wichtiger Inoffizieller Mitarbeiter aus den Gemeinden und den mit ihnen befaßten Dienststellen des Staatsapparats.

Die »Kirchenabteilung« arbeitete mit anderen MfS-Abteilungen zusammen. Das betraf den Austausch von Ermittlungen zu operativen Vorgängen über einzelne Personen ebenso wie die Berichte von Inoffiziellen Mitarbeitern, die von verschiedenen Abteilungen geführt wurden. Zu nennen sind besonders die *Abteilung M* (Postkontrolle), die *Abteilung 26* (Telefonüberwachung) sowie die *Hauptabteilung IX*, die sich mit der Dokumentation und Aufklärung von politischen Straftaten, speziell von Delikten mit antisemitischem oder rechtsextremistischem Hintergrund befaßten. Mitunter wurde auch die *Hauptabteilung II* (Spionageabwehr) in die Ermittlungen einbezogen, wenn Besucher der jüdischen Gemeinden aus dem westlichen Ausland in die DDR einreisten. In einigen Fällen leitete man schon bei Bekanntwerden der Reisepläne einen »Suchvorgang« ein, um festzustellen, ob in anderen Abteilungen Erkenntnisse über die betreffende Person vorlagen. Bei der Einreise wurden die Pässe mit Spezialkameras fotografiert (die Filme befinden sich in den Akten der HA XX/4), und nach Möglichkeit observierte man die Personen während ihres Aufenthalts. Bei hochrangigen Funktionären jüdischer Organisationen leistete auch die *Hauptabteilung Personenschutz* »Amtshilfe«. Während der Aktion »Kristall«, der Überwachung der Gedenkveranstaltungen zum 50. Jahrestag der »Kristallnacht«, an der viele ausländische Gäste teilnahmen, war diese Hauptabteilung rund um die Uhr im Einsatz.

Hatten Mitglieder der jüdischen Gemeinden Ausreiseanträge gestellt, wandte sich die *Zentrale Koordinierungsgruppe Übersiedlung*

(ZKG) *des MfS* an die HA XX/4. Auch das Staatssekretariat für Kirchenfragen nahm zu den Anträgen Stellung und wirkte an der »Bearbeitung« der Antragsteller mit. Die *Rechtsstelle des MfS* wurde von der HA XX/4 konsultiert, wenn politische Entscheidungen juristisch verbrämt werden mußten. Sie fertigte z. B. unter Oberst Lemme Rechtsgutachten an, die die Behandlung von »arisiertem« jüdischem Eigentum als Volkseigentum oder die Beschlagnahme jüdischer Archivalien rechtfertigten. Die *Zentrale Auswertungs- und Informationsgruppe* (ZAIG) übermittelte Lageeinschätzungen und wichtige operative Erkenntnisse dem Minister, dem Politbürosekretär für Kirchenfragen, dem Leiter der ZK-Arbeitsgruppe für Kirchenfragen, dem Staatssekretär für Kirchenfragen und anderen relevanten Stellen der Partei- und Staatsführung. So hatte die HA XX/4 ein Netz gesponnen, mit dem sämtliche Aktivitäten der jüdischen Gemeinden und mit ihnen zusammenhängende Vorgänge überwacht werden konnten.

Der »Objektvorgang 2764/60 Jüdische Gemeinde von Groß-Berlin« wurde 1964 von der Bezirksverwaltung Berlin mit der Begründung wieder eingestellt, es handle sich um ein »befreundetes Objekt mit enger Verbindung zur Partei und zum Staatsapparat«, von dem keine »Feindtätigkeit« ausgehe, »in den letzten Jahren« sei auch keine »Feindtätigkeit« gegen das Objekt zu verzeichnen« gewesen.[29] Durch seine Überwachung hatte das MfS feststellen können, daß auf die Loyalität der Berliner Gemeindeleitung Verlaß war und sie sich nicht nur dem Partei- und Staatsapparat, sondern auch der Staatssicherheit gegenüber kooperativ zeigte. Es war gelungen, mehrere Kontaktpersonen und Inoffizielle Mitarbeiter anzuwerben, die das MfS über Gemeindeinterna auf dem laufenden halten sollten. Der Verdacht zionistischer Aktivitäten hatte sich nicht bestätigt. Mit der Aufzeichnung von 500 Seiten wurde zwar der »Objektvorgang« formal abgeschlossen, die Beschaffung jeglicher Informationen aber unter anderem Etikett fortgesetzt. Da das MfS »präventiv« wirken sollte, verfolgte es nun das Ziel, sämtliche oppositionellen Handlungen von vornherein zu unterbinden. Unabhängig von der positiven Beurteilung einzelner Funktionäre und Aktivitäten ging die Überwachung unvermindert weiter. Und das Netz der damit befaßten Dienststellen, hauptamtlichen und Inoffiziellen Mitarbeiter wurde ausgebaut.

Die Zusammenarbeit zwischen dem MfS und dem Staatssekretariat für Kirchenfragen

Die mit Religionsangelegenheiten befaßten Referate des MfS von der Hauptabteilung bis hinab zur Kreisebene dienten nicht nur dazu, die Kirchen und Religionsgemeinschaften zu unterwandern und somit von innen zu kontrollieren, sie leiteten auch die Inoffiziellen Mitarbeiter und die Offiziere im besonderen Einsatz (OibE) in den für die Religionspolitik zuständigen Instanzen im Staatsapparat an. Die wichtigste Institution war in diesem Zusammenhang das Staatssekretariat für Kirchenfragen, dessen personelle Besetzung seit der Gründung im Jahr 1957 zwischen der ZK-Arbeitsgruppe und der HA V/4 bzw. XX/4 abgesprochen wurde. Staatssekretär Klaus Gysi galt dem MfS nach langjähriger IM-Tätigkeit (1956–1964) als ebenso zuverlässig wie sein Stellvertreter Hermann Kalb (IM von 1950 bis 1966).[30] Gysis Nachfolger Kurt Löffler wurde 1975 von der Staatssicherheit sogar mit der Medaille für Waffenbrüderschaft in Silber ausgezeichnet. Sie boten die Gewähr dafür, daß die Zusammenarbeit mit dem MfS auch von seiten der Leitung des Staatssekretariats abgesichert war.

Das MfS nahm auf das Staatssekretariat für Kirchenfragen mittels vielfältiger offener und verdeckter Arbeitskontakte Einfluß. Innerhalb des Staatssekretariats waren die Beziehungen zur HA XX/4 im »Sektor I« institutionalisiert. Da dessen Akten im November 1989 den Reißwölfen zum Opfer fielen, läßt sich seine Arbeitsweise nicht detailliert rekonstruieren. Laut Strukturplan des Staatssekretariats von 1985 gehörte zu den »speziellen Arbeitsaufgaben« dieses Sektors u. a. die Wahrung von Dienst- und Staatsgeheimnissen und der Umgang mit Verschlußsachen.[31] Vermutlich liefen über den Sektor I sämtliche offiziellen Arbeitskontakte zum MfS, von der Weitergabe von Anträgen auf Dienstreisen ins Ausland über Arbeitsplanungen bis hin zur Teilnahme von HA XX/4-Vertretern an Dienstbesprechungen des Staatssekretariats. Fest steht, daß im Staatssekretariat erarbeitete Vorlagen an das Mielke-Ministerium ebenso selbstverständlich verteilt wurden wie an andere Dienststellen des Partei- und Staatsapparates auch.[32] Umgekehrt war der Staatssekretär für Kirchenfragen auch im Verteiler des MfS aufgeführt, wenn es um Informationen ging, die für die Partei- und Staatsführung bestimmt waren.[33] Die Akten des MfS über die jüdischen Gemeinden enthalten eine Vielzahl von Schriftstücken aus dem Staatssekretariat. Ob diese über den Sektor I oder über eine direkte Verbindung des Staatssekretärs an das MfS weitergegeben wurden, ist nach der derzeitigen Aktenlage unklar. Auch wenn sie zu einem großen Teil das MfS über eine verdeckte Ebene erreichten, ist gewiß, daß Arbeitskontakte zur Staatssicherheit eine Selbstverständlichkeit waren und nicht die Anrüchigkeit einer illegalen Verbindung hatten.

Zahlreiche Angestellte des Staatssekretariats für Kirchenfragen waren konspirativ für das MfS tätig. An erster Stelle sind hier die »Offiziere im besonderen Einsatz« (OibE) zu nennen, von denen zuletzt drei im Staatssekretariat arbeiteten: Hauptabteilungsleiter Peter Heinrich, sein Referent Eckhard Stephan und Peter Arndt in der Abteilung Rechts- und Grundsatzfragen.[34] OibE waren hauptamtliche Stasi-Offiziere, die in entscheidenden Positionen im Staatsapparat, Wirtschaft, Verwaltung, Bildungseinrichtungen usw. eingesetzt wurden und deren MfS-Zugehörigkeit getarnt war. Besondere Bedeutung kam Hauptabteilungsleiter Peter Heinrich zu, der dem Staatssekretär direkt unterstellt war und in dessen Abwesenheit als Verbindungsmann zur ZK-Arbeitsgruppe für Kirchenfragen wirkte. In seine Verantwortlichkeit fiel u. a. die Anleitung der für die jüdischen Gemeinden zuständigen Abteilung »Evangelische Kirche und Kleine Religionsgemeinschaften«, die Instruktion der Mitarbeiter für Kirchenfragen bei den Räten der Bezirke und Kreise, die Abteilung Rechts- und Grundsatzfragen und das Sachgebiet »Internationale Beziehungen«. Er führte auch offizielle Dienstbesprechungen mit dem MfS durch.

Ein weiterer Gewährsmann des Informationsflusses zur HA XX/4 war der von 1958 bis 1990 im Staatssekretariat tätige Dr. Hans Wilke. Im Laufe seiner Karriere stieg er bis zum Leiter der Abteilung »Evangelische Kirchen und Kleine Religionsgemeinschaften« auf. Seit den sechziger Jahren befaßte er sich mit der Politik gegenüber den jüdischen Gemeinden, erstellte Einschätzungen und Konzeptionen, führte Gespräche mit den Gemeindevertretern. Für das MfS war er seit 1954 als Inoffizieller Mitarbeiter unter dem Decknamen »Horst« tätig. Wegen seiner Zuverlässigkeit und seiner hochrangigen Stellung stieg er zum »Inoffiziellen Mitarbeiter mit Feindberührung« (IMB) auf, der höchsten IM-Kategorie. Alle wesentlichen Schriftstücke – Vorlagen an den Staatssekretär und die ZK-Arbeitsgruppe für Kirchenfragen, Protokolle der Gespräche, Schriftwechsel mit Gemeindevertretern und Funktionären ausländischer jüdischer Organisationen, Berichte über Veranstaltungsplanungen und Auslandsreisen etc. – übermittelte er der HA XX/4. In der politischen Steuerung und geheimdienstlichen Kontrolle der jüdischen Gemeinden nahm er eine Schlüsselstellung ein.

Die Fülle der dem MfS zur Verfügung gestellten Unterlagen des Staatssekretariats ist überwältigend. Über sämtliche Vorgänge war die HA XX/4 bestens informiert. Vermutlich dienten fast alle Mitarbeiter des Staatssekretariats wie auch die Referenten für Kirchenfragen der Bezirke und Kreise, wenn sie nicht schon als Inoffizielle Mitarbeiter oder sogar als OibEs verpflichtet waren, dem MfS als »Gesellschaftliche Mitarbeiter Sicherheit« oder als »Kontaktpersonen«. Sie wurden bei Bedarf von der Staatssicherheit angesprochen, lieferten mündliche und schriftliche Berichte und hatten über diese Kontakte Stillschweigen zu wahren.

Ein Beispiel für die nahezu reibungslose Zusammenarbeit zwischen Staatssekretariat und MfS, die offenbar kaum durch Interessenkonflikte oder Kompetenzgerangel beeinträchtigt wurde, ist die Aktion »Kristall« vom November 1988. Anläßlich des 50. Jahrestages der »Kristallnacht« fand eine Vielzahl von Gedenkveranstaltungen statt, deren Krönung eine Sondersitzung der Volkskammer und ein Empfang des Staatsrates am 8. November darstellten. Vertreter jüdischer Gemeinden und Organisationen aus dem In- und Ausland, u. a. aus Israel und den USA, waren eingeladen und einige Veranstaltungen in Absprache mit dem Zentralrat der Juden in Deutschland geplant worden. Die internationale Öffentlichkeit widmete Inhalt und Verlauf der Aktivitäten beachtliche Aufmerksamkeit. Angesichts der politischen Bedeutung dieser Gedenkwoche mußten Partei-, Staats- und Sicherheitsapparat eng zusammenwirken, um das Gelingen dieser Inszenierung abzusichern. Die verschiedenen MfS-Abteilungen koordinierten ihren Einsatz unter der Leitung der Hauptabteilung XX und gaben dieser Aktion »passend« zum Jahrestag den Decknamen »Kristall«. Sie sollte am 6. November 1988 beginnen und bis zum 15. November 1988 währen.

Die Vorbereitungen hatten bereits im Jahr 1987 begonnen. Die Fäden liefen bei der Operativen Einsatzgruppe der HA XX zusammen. Die Einsatzplanung erfolgte gemäß den vom Staatssekretariat und der ZK-Arbeitsgruppe für Kirchenfragen ausgearbeiteten Unterlagen über Art, Ablauf und Teilnehmerkreis der Veranstaltungen. Von besonderem Interesse waren die ausländischen Gäste. Die persönliche Sekretärin des Staatssekretärs und Protokollverantwortliche, Sabine Kleinig, übermittelte der HA XX die detaillierten Pläne über An- und Abreise, Hotel, Tagesablauf, beabsichtigte Begegnungen, individuelle Besichtigungswünsche etc. Die für die Grenzübergangsstellen zuständige HA VI wurde durch die HA XX über den erwarteten Personenkreis informiert, damit die Einreise komplikationslos vonstatten ging, die Pässe ausgewählter Personen fotografiert und die Uhrzeit der Ein- und Ausreise vermeldet wurden. Die HA Personenschutz übernahm mit dem Grenzübertritt die Begleitung einzelner Gäste, z. B. des Zentralratsvorsitzenden Heinz Galinski, des Ehrenpräsidenten des Jüdischen Weltkongresses Gerhard

Riegner und des ehemaligen Innenministers von Israel Dr. Josef Burg. Zusätzlich wurde ihnen wie den anderen ausländischen Teilnehmern ein »personengebundener Begleiter« an die Seite gestellt, der sich ihnen unter falschem Namen als Mitarbeiter des Außenministeriums vorstellte. Täglich hatten diese »Begleiter« der Operativen Einsatzgruppe schriftliche Berichte über Äußerungen, Reaktionen, Eigenarten ihrer »Schützlinge« und besondere Vorkommnisse zu übermitteln.

Auf diese Weise konnte mancher Eklat schon hinter den Kulissen beigelegt werden. Unter anderem wurde durch den »Begleiter« und IMB »Horst« – Hans Wilke vom Staatssekretariat – »erarbeitet«, daß Gerhard Riegner und Sir Sigmund Sternberg, Vorsitzender des Sternberg Centre for Judaism in London, die geplante Auszeichnung durch Erich Honecker mit dem Großen Stern der Völkerfreundschaft ablehnen wollten. Der Grund war nicht, daß sie sich nicht auf diese Weise durch die DDR kompromittieren lassen wollten, sondern daß dieser Orden auch den Repräsentanten der Landesverbände jüdischer Gemeinden der Tschechoslowakei und Ungarns, Bohumil Heller und Dr. Gezane Seifert, verliehen werden sollte. Wilke überlieferte Riegners empörte Äußerung: »Mit solchen Leuten wie dem Mann aus der ČSSR und aus Ungarn lasse er sich nicht auf eine Stufe stellen«.[35] Riegner und Sternberg konnten durch Gespräche im Staatssekretariat überzeugt werden, die Auszeichnung doch anzunehmen, so daß die Veranstaltungsregie nicht geändert werden mußte und eine öffentliche Blamage erspart blieb.

Die Anwerbung Inoffizieller Mitarbeiter in den Gemeinden

Die SED hatte 1953 schneller als die Staatssicherheit auf die Vorgänge in den Gemeinden reagiert und »aufgrund der vorhandenen Informationen über die reaktionären Kreise innerhalb der jüdischen Gemeinden [...] zur Überwachung ihrer Tätigkeit Maßnahmen eingeleitet«.[36] Diese Aussage bezog sich wahrscheinlich auf die enge Zusammenarbeit der SED-Bezirksleitungen mit den Referenten für Kirchenfragen bei der personellen Besetzung der neuen Gemeindevorstände. Um das Informationsdefizit aufzuholen und die vermutete Feindtätigkeit zu verhindern, war es für das MfS »erforderlich, die operative Bearbeitung zu verbessern, um die reaktionären Kreise (Zionisten) innerhalb der jüdischen Gemeinde und deren Organisationen zu entlarven. Zur Bearbeitung ist es notwendig, qualifizierte GIs und GMs zu werben, um in die Zentralen und deren Organisationen einzudringen und die Ziele und Pläne der sich dort befind-

lichen zionistischen Kreise zu erkennen, um geeignete Maßnahmen einleiten zu können.«[37]
Zunächst wandte man sich an diejenigen Mitglieder, die 1953 auf Geheiß oder mit dem Einverständnis der SED Leitungsfunktionen übernommen hatten. Bereits am 9. November 1955 führte ein Offizier der Abt. V der Berliner Bezirksverwaltung ein erstes Gespräch mit dem Sekretär der Jüdischen Gemeinde von Groß-Berlin, Willy Bendit. Zwei Tage später traf er sich mit Bendit, Schenk und Heilbrunn zu einer gemeinsamen Unterredung. Alle drei zeigten sich sehr aufgeschlossen und hilfsbereit. Erfreut berichtete der MfS-Offizier: »Das Vorstandsmitglied Schenk machte uns das Angebot, daß wir jederzeit in die Kartei der jüdischen Gemeinde Einsicht nehmen können.«[38] Schenk machte sein Versprechen wahr und ließ für das MfS ein Verzeichnis ehemaliger und aktueller Mitglieder anfertigen – ein unglaublicher Vorgang wenige Jahre nach der Erfahrung, daß die Gestapo zur Verfolgung von Juden Mitgliederlisten benutzt hatte. Darüber hinaus händigte Schenk eine Aufstellung aus, die Adresse, Geburtsdatum, Zeitpunkt des Dienstantritts und Gehaltsgruppe aller 85 Gemeindeangestellten enthielt. Als Gegenleistung bediente sich Schenk der Hilfe des MfS, um die Entlassung seines Konkurrenten Bendit, der zugleich Gewerkschaftssekretär der Jüdischen Gemeinde von Groß-Berlin war, zu erwirken. Am 12. September 1958 erschien er in der Bezirksverwaltung und »bat um eine Aussprache«, die daraufhin am 17. September im Gemeindebüro mit ihm und dem Vorstandsmitglied Herbert Rosenberg geführt wurde.[39] Schenks Anwerbung als Spitzel der Staatssicherheit erfolgte aber erst, nachdem er schon fünf Jahre lang seine Kooperationswilligkeit unter Beweis gestellt hatte. Die Verpflichtung fand am 30. Mai 1960 bei einem Besuch von Unterleutnant Schleupner in Schenks Wohnung statt: »Schenk erklärte sich damit einverstanden, inoffiziell mit dem MfS zusammenzuarbeiten, mit der Zielsetzung, die Jüdische Gemeinde zu einem wichtigen politischen Instrument gegen die Faschisierung Westdeutschlands zu machen.«[40] Er wurde von der Abteilung V/4 der Bezirksverwaltung Berlin unter dem Decknamen »Heinz« geführt und traf sich häufig mit seinem Führungsoffizier. Anfangs fanden die Treffen in seiner Wohnung statt; als seine Frau, die um seine inoffizielle Mitarbeit wußte, dagegen protestierte, wich man an andere Orte aus. Am 22. Juni 1960 übergab Schenk dem MfS die Schlüssel zu den Kellerräumen der Gemeindeverwaltung in der Oranienburger Straße 28.

Fast gleichzeitig wurde sein Widersacher Bendit als Geheimer Informator angeworben. Am 9. Mai 1960 unterschrieb Willy Bendit – ebenfalls in häuslicher Atmosphäre – die Verpflichtungserklärung.

Man vereinbarte ein Losungswort, und Bendit wählte sich den Decknamen »Alfred«.[41] Sein »Führungsoffizier« war der Geheime Hauptinformator (GHI) »Peter«, der wie Bendit auf dem Gemeindefriedhof arbeitete und zudem selbst andere Inoffizielle Mitarbeiter anleitete. Bendit zeigte sich ebenfalls sehr einsatzfreudig und versprach, dem MfS weitere Kontaktpersonen zu empfehlen.

Zu den weiteren Mitgliedern der Berliner Gemeinde, die als Geheime Informatoren gewonnen wurden, gehörten das Vorstandsmitglied Israel Rothmann[42], das Vorstandsmitglied Siegfried Wexberg, das sich als GI »Siegfried« betätigte[43], und der Pächter der koscheren Schlächterei in der Eberswalder Straße, der unter dem Decknamen »Fleischerei« agierte.[44] Mit Martin Riesenburger führten Stasi-Offiziere mehrere Gespräche, doch offenbar ließ er sich nicht als Inoffizieller Mitarbeiter anwerben. Sein Nachfolger hingegen, Rabbiner Dr. Ödön Singer, der von 1965 bis 1969 in den jüdischen Gemeinden der DDR amtierte, hatte schon in Ungarn für den dortigen Staatssicherheitsdienst gearbeitet. Bald nach seiner Ankunft in Berlin nahm das MfS zu ihm Verbindung auf. Bereits beim ersten Treff am 29. September 1965 erklärte sich Singer zur inoffiziellen Mitarbeit bereit.[45] Sein Deckname war bis 1966 »Dr.«, danach »Reb«. Als selbsternannter Oberrabbiner erhielt er sogleich »Chefbedienung«, denn sein Führungsoffizier, Major Franz Sgraja, war der Leiter der HA XX/4. Seine Zuverlässigkeit ließ sich Singer vom MfS mehrfach mit Geld honorieren.

Nach dem Tod von Heinz Schenk übernahm Dr. Peter Kirchner 1971 den Gemeindevorsitz. Weil er dem Staatssekretariat bereits positiv aufgefallen war, erwog auch das MfS, ihn als Inoffiziellen Mitarbeiter anzuwerben. Am 21. Oktober 1976 beschloß die HA XX/4, über ihn die IM-Vorlaufakte »Peter« anzulegen, und begründete dies wie folgt: »Der Kandidat wird mit dem Ziel der Gewinnung zur Zusammenarbeit mit dem MfS allseitig aufgeklärt. Die religiöse Funktion des Kandidaten eröffnet die Möglichkeit, zu Fragen des Zionismus Informationen zu erarbeiten und abwehrmäßig auf Probleme des Judentums Einfluß zu nehmen.«[46] Nach einem Jahr, am 20. Oktober 1977, wurde Kirchner als IM »Burg« registriert, sein Führungsoffizier war Werner Sprotte.[47] Da die Kontakte der Berliner Gemeinde und des Verbandes der Jüdischen Gemeinden ins westliche Ausland seit Mitte der siebziger Jahre zunahmen und Kirchner zuverlässig über internationale Tagungen und Begegnungen mit ausländischen Besuchern berichtete, beförderte man ihn am 9. Dezember 1980 in die höchste Spitzelkategorie eines IMB.[48] Er hatte also nicht mehr nur »Feindberührung«, sondern wurde auch zur »Bearbeitung im Verdacht der Feindtätigkeit stehende[r] Personen, feindliche[r] Stellen und Kräfte«[49] eingesetzt. Er war der einzige Inoffizielle Mitarbeiter unter den Gemeindefunktionären, den man als IMB einstufte – außer ihm führte die HA XX/4 nur sieben weitere IMBs in der evangelischen Kirche. Unter dem Decknamen »Burg« lieferte Kirchner Berichte über Konferenzen jüdischer Organisationen im Ausland, über Verbandstagungen, über interne Vorgänge der Jüdischen Gemeinde Berlin. Durch ihn war die Staatssicherheit stets über geplante Veranstaltungen und Zusammenkünfte der Gemeindevertreter informiert.[50] Auch einen »operativen Hinweis« zur Versorgung ausländischer jüdischer Gäste mit koscherem Essen in Berliner Hotels verdankte ihm das MfS.[51] Noch in der Wendezeit berichtete Kirchner über die Sitzung des Verbandspräsidiums vom 15. Oktober 1989 in Dresden.[52] Am 29. November 1989 gab der stellvertretende Leiter der HA XX/4, Oberstleutnant Artur Hermann, den Befehl zur Vernichtung der Unterlagen des IMB »Burg«, seiner vom MfS geführten Personalakte wie auch einer Akte des »Teils II«, in dem vermutlich seine Berichte abgelegt waren.[53] Am 13. Dezember 1989 galt die Zusammenarbeit mit dem IMB »Burg« als beendet.[54]

Neben Kirchner war u. a. das Vorstandsmitglied Werner S. Zarrach in den siebziger und achtziger Jahren als Inoffizieller Mitarbeiter des MfS tätig. Zarrach hatte von 1954 bis zu seiner Übersiedlung in die DDR 1957 für den polnischen Sicherheitsdienst gearbeitet.[55] Am 28. Juni 1963 wurde er von der Bezirksverwaltung Frankfurt/Oder als IM »Rainer Buch« angeworben.[56] Bis 1969 stellte er der Staatssicherheit seine Wohnung als konspirativen Treffpunkt zur Verfügung und berichtete aus seinem persönlichen und beruflichen Umfeld. Nach seinem Umzug nach Berlin ließ er sich 1971 erneut anwerben, diesmal von der HA XX/1 als IMS »Gerd Steinberg«.[57] Sein letztes Treffen mit seinem Führungsoffizier (zuletzt Leutnant Müller) fand am 27. Oktober 1989 in seiner Wohnung statt. Die von ihm bis zu diesem Zeitpunkt gelieferten Berichte füllen vier Bände. Er äußerte sich über Freunde und Bekannte, über seine Tätigkeit als Polnisch-Dolmetscher, »kundschaftete« die polnische Opposition »aus« und übermittelte zahlreiche Informationen über die Jüdische Gemeinde Berlin, deren Vorstand er seit 1972 angehörte. Unter anderem stellte er dem MfS Vorstandsprotokolle zur Verfügung, denunzierte die mutmaßliche Unterstützung der »Republikflucht« eines Gemeindemitglieds, schätzte Personen und Stimmungen in der Gemeinde ein. Seine IM-Tätigkeit hat man mehrfach mit Prämien, der Auszeichnung mit der Verdienstmedaille der NVA in Bronze (1975) und in Silber (1981) sowie Blumen, Büchern und Sachgeschenken belohnt. Übersetzungen, die er für das MfS anfertigte, wurden mit mehreren tausend Mark honoriert.

Dr. Irene Runge, seit 1983 Vorstandsmitglied der Jüdischen Gemeinde Berlin, war gleichfalls viele Jahre für das MfS tätig. Von 1962 bis 1966 und von 1971 bis 1985 arbeitete sie als IMS »Stefan« für die HA XX/7 (Politische Untergrundtätigkeit in Kunst und Kultur) und verdiente sich durch die Bespitzelung von Bekannten und Freunden mehrere tausend Mark.[58] 1985 beendete sie ihre inoffizielle Mitarbeit, der IM-Vorgang wurde daraufhin archiviert.[59]

Auch Funktionäre anderer Gemeinden wirkten als Inoffizielle Mitarbeiter des MfS. Nach dem Sechs-Tage-Krieg forderte die HA XX im Juli 1967 von allen MfS-Bezirksverwaltungen, in deren Territorium Gemeinden ihren Sitz hatten, die Mitgliederverzeichnisse an: »Auf Grund der politischen Situation im Nahen Osten macht es sich erforderlich, eine namentliche Aufstellung der Mitglieder der Jüdischen Gemeinden in Ihrem Bezirk zu beschaffen und der HA XX/4 bis zum 17. August 1967 zu übersenden. Die Beschaffung der Namen hat nur insoweit zu erfolgen, wie sie unter strengster Wahrung der Konspiration möglich ist.«[60]

Zumindest die Gemeindevertreter von Leipzig, Dresden, Halle, Schwerin und Berlin zeigten sich gegenüber dem MfS kooperativ, wenn sie nicht sogar Inoffizielle Mitarbeiter waren. In mehreren Fällen konnten die Bezirksverwaltungen auf bereits vorliegende Aufstellungen zurückgreifen – das Verzeichnis der Leipziger Gemeinde mit Stand vom 1. Januar 1962 wurde im August 1967 nur ergänzt.[61] Wie der Berliner Vorsitzende, Heinz Schenk, hatten also auch andere Gemeindefunktionäre keine Bedenken, die Mitgliederlisten zu übergeben. Die Anweisung der HA XX zur strikten Wahrung der Konspiration bei der Beschaffung der Namen zeigt, daß sich die Offiziere der Staatssicherheit der Schutzwürdigkeit der Mitgliederverzeichnisse eher bewußt waren als manche Gemeindefunktionäre.

Da die meisten Inoffiziellen Mitarbeiter von den Bezirks- und Kreisverwaltungen des MfS geführt wurden, ist es kaum möglich, ein umfassendes Bild über die Zahl der Stasi-Zuträger in den jüdischen Gemeinden und das Ausmaß der auf diese Weise ermöglichten Einflußnahme des MfS auf das Gemeindeleben zu gewinnen. Hier soll nur noch auf einige weitere prominente Inoffizielle Mitarbeiter eingegangen werden.

Am 1. März 1954 hatte sich der spätere Verbandspräsident Helmut Aris, damals noch Vorstandsmitglied der Jüdischen Gemeinde zu Dresden, als Geheimer Informator unter dem Decknamen »Lanus« verpflichtet.[62] Seine Anwerbung begründete die Staatssicherheit mit seiner Gemeindefunktion: »Aris ist im Vorstand der Jüdischen Gemeinde zu Dresden und kennt die jüdischen Personen, die sich nach dem Westen abgesetzt haben, wie Löwenkopf usw. persönlich. Auch besteht die Vermutung, daß er noch mit diesen Personen in Verbindung steht. Aufgrund seiner vielseitigen Verbindungen kann er uns gute Hinweise geben. Auch besteht die Möglichkeit, ihn zur Jüdischen Gemeinde in Westberlin zu schicken [...]«[63] Zwar gelang es, ihn wie geplant »durch Überzeugung« anzuwerben, doch schon zwei Jahre später schloß die Bezirksverwaltung Dresden seine Akte, da sich die Zusammenarbeit als sehr unbefriedigend erwiesen hatte.[64] Aris erschien nur unpünktlich oder überhaupt nicht zu den vereinbarten Treffen mit seinen Führungsoffizieren, versuchte sie mit allgemein gehaltenen Berichten über seinen Betrieb zufriedenzustellen und weigerte sich, über Mitglieder oder Aktivitäten der Jüdischen Gemeinde zu berichten.

Offenbar war die Erinnerung an die Gestapo bei ihm noch sehr frisch, so daß ihm eine konspirative Tätigkeit für das MfS verwerflich erschien. Seine uneingeschränkte Loyalität gegenüber der DDR stellte er durch willige Kooperation mit dem Staatssekretariat für Kirchenfragen und dem Dresdner Referenten für Kirchenfragen unter Beweis – er informierte sie ausführlich über innere Angelegenheiten der Gemeinden und des Verbandes und befolgte ihre Politikvorgaben.

Anders verhielt sich das Dresdner Gemeindemitglied Helmut Eschwege gegenüber dem MfS. Seine persönliche Gegnerschaft zu Aris und die großen Schwierigkeiten bei der Publikation von Büchern zu jüdischer Geschichte hatten ihm zunächst den Ruf eines kritischen Oppositionellen eingetragen. Dieses Image pflegte er auch durch seine 1991 erschienene Autobiographie, in der er seine Konflikte mit der SED, mit der offiziellen Geschichtspolitik sowie mit Helmut Aris und anderen in den Vordergrund stellte.[65] Im November 1989 gehörte er zu den Mitbegründern der Sozialdemokratischen Partei in Dresden und wurde im Februar 1990 als Opfer des Stalinismus rehabilitiert. In seinen Memoiren verschwieg er, daß er trotz aller beruflichen Behinderung stets loyal zur DDR gestanden hatte und bis zur Wende 1989 jahrelang als Inoffizieller Mitarbeiter der Staatssicherheit wirkte. Er war als IMS, d. h. als »Inoffizieller Mitarbeiter zur politisch-operativen Durchdringung und Sicherung des Verantwortungsbereichs (IMS)« eingestuft und hatte Hinweise auf »feindlich-negative« Handlungen, Personen und Personenkreise aus seinem beruflichen und privaten Umfeld zu liefern. Gemäß einer MfS-Richtlinie diente die Arbeit eines IMS der »umfassenden, sicheren Einschätzung und Beherrschung der politisch-operativen Lage im Verantwortungsbereich und der Weiterführung des Klärungsprozesses ›Wer ist wer?‹«.[66] Diesen Erwartungen wurde Eschwege gerecht.

Mitunter traf er sich monatlich mehrfach mit seinem Führungsoffizier von der Bezirksverwaltung Dresden und diktierte ihm seine Berichte auf Band. Unter dem Decknamen »Ferdinand« informierte er ausführlich über innere Verhältnisse in den jüdischen Gemeinden der DDR, über Tagungen zum jüdisch-christlichen Dialog, über Vorstandsmitglieder der Jüdischen Gemeinde zu Dresden und des Verbandes, über Gespräche mit dem amerikanischen Gastrabbiner Isaac Neuman und übergab Kopien von Rundbriefen an die Gemeindevorsitzenden. Die Auswertungs- und Kontrollgruppe der Bezirksverwaltung Dresden sandte die jüdische Angelegenheiten betreffenden Passagen seiner Tonbandabschriften an die HA XX / 4 in Berlin, um so die mit seiner Hilfe gewonnenen Erkenntnisse zu verbreiten und die Kontrolle der jüdischen Gemeinden zu gewährleisten.[67] Noch in der Wendezeit berichtete Eschwege über politische Veranstaltungen und seine Absicht, der Sozialdemokratischen Partei beizutreten. Beim letzten Treff mit seinem Führungsoffizier am 14. November 1989 in seiner Wohnung übergab er das SDP-Statut und brachte »seine Bereitschaft zur weiteren Zusammenarbeit [...] zum Ausdruck«.[68]

Auch Dr. Peter Fischer, der im April 1989 als Sekretär des Verbandes angestellt wurde und die Leitung der neueingerichteten Berliner Geschäftsstelle übernahm, war jahrelang als Spitzel tätig.[69] Von 1969 bis 1974 arbeitete er als IM »René« für die HA II (Spionageabwehr). 1971 wurde er sogar von der Hauptverwaltung Aufklärung darüber informiert, daß sie ihn als »Perspektivkader« bestätigt hatte.[70] Nachdem die Staatssicherheit über Fischer 1987 kurzzeitig den IM-Vorlauf »Jan« angelegt hatte, konnte er kurz darauf unter dem Decknamen »Frank« als IMS angeworben werden. Am 19. Dezember 1989 beendete das MfS die Zusammenarbeit, und der IM-Vorgang »Frank« wurde archiviert.[71] Dennoch ist Fischer weiterhin in führender Position tätig: seit 1990 leitet er die Berliner Außenstelle des Zentralrats der Juden in Deutschland.

Die Einbeziehung der jüdischen Gemeinden in die »Bündnispolitik« der SED

Zur Durchsetzung ihrer Religions- und Gesellschaftspolitik nutzte die SED nicht nur das Staatssekretariat für Kirchenfragen und das Ministerium für Staatssicherheit, sondern auch verschiedene gesellschaftliche Organisationen, die vor allem gegenüber kleinen Religionsgemeinschaften wirksam wurden. An erster Stelle ist hier die Nationale Front* zu nennen, die als pseudopluralistische Institution den Einfluß der SED auf alle Gesellschaftsbereiche sichern sollte. Aber auch außenpolitisch orientierte Gremien wie der Ausschuß für Deutsche Einheit, der Deutsche Friedensrat oder die Liga für Völkerfreundschaft wurden für die Differenzierungsstrategie, das Kernstück der SED-Religionspolitik, eingesetzt. Alle diese Organisationen, Komitees und Gremien waren von der SED geschaffen worden, um ihrer Alleinherrschaft einen demokratischen Anstrich zu geben. Sie setzten sich aus Mitgliedern der Parteien und Massenorganisationen sowie loyalen Einzelpersönlichkeiten zusammen, die als Vertreter verschiedener Interessengruppen die vermeintliche Übereinstimmung der Bevölkerung mit der SED-Politik zum Ausdruck brachten. Der Führungsanspruch der SED wurde ausdrücklich anerkannt und die eigene Tätigkeit der Weisungsbefugnis des ZK untergeordnet. Der Pluralismus dieser Vereinigungen, denen je nach Notwendigkeit unterschiedliche innen- und außenpolitische Funktionen zugewiesen wurden, war daher nicht mehr als eine propagandistische Farce.

In die »Bündnispolitik« der SED, die die »politisch-moralische Einheit des Volkes« demonstrieren sollte, wurde auch der Verband der Jüdischen Gemeinden in der DDR einbezogen. Die Voraussetzung hierfür war, daß sich der Verband seit Anfang der sechziger Jahre, mit Beginn der Ära Aris, zu einer »gesellschaftlich-positiven Kraft« entwickelt und mehrfach seine Loyalität gegenüber der DDR unter Beweis gestellt hatte. In gewissem Sinn stellte der Verband der Jüdischen Gemeinden für die SED den Idealtyp einer Religionsgemeinschaft dar. Mit häufigen Bekenntnissen zur DDR hatten sich seine Repräsentanten das Vertrauen der Partei- und Staatsführung erworben; kritische Äußerungen, etwa zur Nahostpolitik, waren unterblieben. Nach 1953 war es in mehreren Gemeinden, vornehmlich aber in der größten und politisch wichtigen Berliner Gemeinde, gelungen, Leitungspositionen mit SED-Mitgliedern zu besetzen. Die Loslösung von westdeutschen Gemeinden und Organisationen war erreicht; das Verbandspräsidium gab zu fast jeder Gelegenheit Ergebenheitserklärungen ab, deren Tenor lautete: »Wir Bürger jüdischen Glaubens sind unserer Deutschen Demokratischen Republik treue Bürger, da sie uns [...] das gegeben hat, wonach wir uns immer

* Die Nationale Front, deren Vorläufer, die Volkskongreßbewegung, schon 1947 gegründet worden war, sollte als Dachorganisation der Parteien und Massenorganisationen die Einparteienherrschaft der SED verschleiern. Sie hat die Führungsrolle der SED ausdrücklich anerkannt und programmatisch wie auch strukturell umgesetzt, u. a. mußten personelle Besetzungen je nach Ebene von den SED-Kreis- bzw. Bezirksleitungen oder dem Politbüro genehmigt werden, das Politbüro war gegenüber dem Nationalrat weisungsbefugt.

sehnten: Sicherheit, Gleichberechtigung und ein Leben in Freiheit und Geborgenheit. Wir arbeiten und kämpfen für deren hohe Ziele, für Glückseligkeit aller Menschen, für Völkerverständigung und Frieden, denn ›Scholaum‹ – Frieden – ist das hehrste Wort unserer hebräischen Gebetssprache.«[72]

Das politische Wohlverhalten der Funktionäre empfahl den Verband zur Mitarbeit in der Nationalen Front, für die er sich auch strukturell vorzüglich eignete: Offiziell repräsentierte er die jüdischen Gemeinden, inoffiziell sicherte er durch die Parteimitgliedschaft seiner Vertreter die Dominanz der SED ab. Für die Einbindung religiöser Kräfte in die SED-Politik waren im Rahmen der Nationalen Front die CDU und die Arbeitsgruppe »Christliche Kreise« zuständig.* Dieser Aufgabe wurden sie gerecht, indem sie zu Veranstaltungen der Arbeitsgruppe »Christliche Kreise« als »progressiv« eingeschätzte Personen einluden und ihnen das Gefühl der Wertschätzung und gesellschaftlichen Integration vermittelten. Zudem suggerierten sie ihnen, durch die Begegnung mit Referenten für Kirchenfragen und Parteifunktionären Einfluß auf die Religionspolitik nehmen zu können. Diese Vorstellung bedeutete für sie eine gesellschaftliche Aufwertung, die sie, mitunter verstärkt durch staatliche Auszeichnungen und Orden, auf eine subtile Weise korrumpierte, während sie selbst lediglich als Aushängeschild für die »konstruktive Mitarbeit« religiöser Kreise mißbraucht wurden.

Der Verband der Jüdischen Gemeinden war die einzige Vertretung einer Religionsgemeinschaft, die dem Nationalrat der Nationalen Front angehörte. Aus den Kirchen und anderen christlichen Religionsgemeinschaften konnten nur einzelne Geistliche, Amtsträger und prominente Laien zur Mitarbeit in der Nationalen Front gewonnen werden – die Kirchenleitungen selbst wehrten sich gegen eine derartige Vereinnahmung. Das Privileg war Aris und dem Verband 1969 zuteil geworden, nachdem sich Gemeindevertreter schon in den Kreis- und Bezirksausschüssen der Nationalen Front als »zuverlässige Bündnispartner« erwiesen hatten. Bei den Bezirksdelegiertenkonferenzen der CDU und auf Tagungen der Arbeitsgruppe Christliche Kreise hatten sie zu jeder sich bietenden Gelegenheit ihre treue

* Während die CDU ohnehin kaum noch Einfluß auf die Religionspolitik hatte, war die Arbeitsgruppe Christliche Kreise nach dem Muster der sowjetischen Gesellschaftskomitees aufgebaut: An der Spitze standen einige ausgewählte Personen, die vom Nationalrat der Nationalen Front berufen worden waren. Auf den Bezirks- und Kreisebenen gab es keine formale Mitgliedschaft und somit keine institutionalisierte Mitbestimmungsmöglichkeit. Die Arbeitsgruppe ließ sich schon aufgrund ihrer Struktur leicht für Repräsentationszwecke für die SED instrumentalisieren.

Ergebenheit gegenüber der DDR bekundet, in der »Bürger jüdischen Glaubens in jeder Hinsicht und Beziehung vollkommen gleichberechtigt« seien und »jeder gläubige Bürger frei und ungehindert seinem Kultus nachgehen« könne.[73]

Eine solche Einstellung von Vertretern einer Religionsgemeinschaft ließ sich auch für ein besseres Ansehen der DDR im Ausland nutzen. 1965 bestanden nur zu zwölf sozialistischen Staaten diplomatische Beziehungen auf Botschafterebene. Die DDR gehörte mehreren internationalen Organisationen und Verbänden an und unterhielt in einer Vielzahl anderer Staaten Generalkonsulate und Handelsvertretungen, doch wegen der »Hallstein-Doktrin«* erkannten die meisten dieser Länder sie nicht als selbständiger Staat an. Diese Isolierung versuchte die DDR auf vielfältige Weise zu durchbrechen. Nichtstaatliche, scheinbar unabhängige Organisationen wie der Deutsche Friedensrat, der Ausschuß für Deutsche Einheit, die Liga für Völkerfreundschaft und die Liga für die Vereinten Nationen sollten dieses Bestreben unterstützen. Auch der Verband der Jüdischen Gemeinden erwies sich aufgrund seiner internationalen Kontakte und seiner Loyalität als nützlicher Partner. »Wir Bürger jüdischen Glaubens haben hier nicht nur eine Heimat, weit mehr, wir haben hier unser Vaterland wiedergefunden, in dem wir treu nach unserer Religion – unbehelligt und ungestört – leben können.«[74] Erklärungen dieser Art konnte man regelmäßig im »Nachrichtenblatt« lesen. 1963 war Aris gemeinsam mit dem Thüringer Bischof Dr. Moritz Mitzenheim zu einer interkonfessionellen Tagung nach New York gereist, auf der sie sich als Propagandisten der DDR bewährten. 1964 kooptierte man ihn in das Präsidium der Liga für die Vereinten Nationen, deren Aufgabe es war, für die Aufnahme der DDR in die UNO zu werben. Zudem wurde Aris in die Liga für Völkerfreundschaft, in das DDR-Komitee für die Kampfdekade gegen Rassismus und in den Friedensrat der DDR berufen. Nachdem er 1965 sogar ins Präsidium des Friedensrates aufgestiegen war, ernannte man auch den Verbandsvizepräsidenten, Siegmund Rotstein, als Mitglied. Seit 1963 gehörte Aris darüber hinaus der Zentralleitung des Komitees der Antifaschistischen Widerstandskämpfer in der DDR an.

Diese Einbindung suggerierte ihm und den anderen Mitgliedern des Verbandes große gesellschaftliche Bedeutung, doch ihre Ämter beschränkten sich auf repräsentative Funktionen, Einflußnahme auf

* Die Bundesregierung erhob den Anspruch, allein berechtigt zu sein, alle Deutschen politisch, rechtlich und moralisch zu vertreten. Die DDR sollte als »sowjetisches Marionettenregime« international geächtet werden. Bemühungen von Drittstaaten, die DDR anzuerkennen, wurden mit Sanktionen bis hin zum Abbruch der diplomatischen Beziehungen geahndet.

politische Entscheidungen war fast gänzlich ausgeschlossen. Insbesondere Aris fühlte sich jedoch durch die zahlreichen Einladungen und Berufungen geschmeichelt und bewertete seine Mitarbeit in diesen Gremien als Ausweis für die umfangreichen Aktivitäten des Verbandes.

Zu den zentralen, von der SED zugewiesenen und kontrollierten Aufgaben der Nationalen Front gehörte die Vorbereitung der Kommunal- und Volkskammerwahlen, das Aufstellen der Kandidatenlisten und Verkünden von Wahlprogramm und -aufruf. Als Mitglied des Nationalrates nahm Aris diese Tätigkeit sehr ernst, und so verwundert folgende redaktionelle Mitteilung im »Nachrichtenblatt« zum jüdischen Neujahrsfest kaum: »Das herausragende Ereignis in unserer Deutschen Demokratischen Republik [waren] die Volkswahlen am 14. Juni, die ein überwältigendes Bekenntnis zu unserer Republik und damit zur steten Politik des Humanismus und zum Frieden dokumentieren«.[75] Allerdings entbehrt es nicht einer gewissen Komik, wenn stolz berichtet wurde, daß »die Wähler in der Deutschen Demokratischen Republik, und natürlich auch die jüdischen Glaubens, ihr Vertrauen« den Kandidaten der Nationalen Front schenkten, denn als quantité négligeable konnten die in der DDR lebenden Juden ohnehin nicht die bei 99 Prozent liegende Annahme des »Wahlvorschlages« schmälern.[76] Für die Aufbesserung des Images dieser Wahlen war die aktive Unterstützung durch den Verband der Jüdischen Gemeinden gleichwohl von Bedeutung.

Auch auf andere Kampagnen und Ereignisse des öffentlichen Lebens sowie viele staatliche Feiertage reagierte der Verband mit Veranstaltungen oder Kommentaren im »Nachrichtenblatt«. Das betraf den Aufruf zur Annahme der neuen Verfassung 1968 ebenso wie die Beteiligung an den vor SED-Parteitagen stattfindenden »großen Volksaussprachen«. Aus Anlaß des 70. Jahrestages der Großen Sozialistischen Oktoberrevolution veranstaltete der Verband in Dresden einen Festgottesdienst, auch der 40. Jahrestag der DDR wurde vom Verband auf diese Weise begangen.

Die Verbindung von religiösen Aktivitäten mit säkularen Anlässen spiegelte sich zudem in der im »Nachrichtenblatt« veröffentlichten Besinnung auf die Sefira-Zeit wider, in der man die siebenwöchige Periode zwischen dem Pessach- und dem Schawuotfest mit dem 100. Geburtstag Lenins in Beziehung brachte. Lenin wurde in Moses-Typologie beschrieben und in eine Traditionslinie mit den jüdischen Propheten und Freiheitskämpfern gestellt: »Was neben allen großen Worten über diesen bescheidenen Mann gesagt werden kann, läßt sich zusammenfassen in dem so bedeutsamen Satz: Er hat mit seinem Leben und seiner Lehre einen wesentlichen Beitrag zur Befreiung der ganzen Menschheit geleistet. Darauf, und das sei besonders herausgestellt, konzentrierten sich auch die besten Anstrengungen unserer großen jüdischen Vorfahren.«[77] Die Hallenser Vorsitzende Mylius sprach in anderem Kontext sogar davon, daß ihre Gemeinde »unter der Führung der Partei der Arbeiterklasse« stünde und ihre Tätigkeit verstärken werde, »bis den imperialistischen Brandstiftern endgültig die Kriegsfackel aus der Hand geschlagen sein wird«.[78]

Zu runden Jahrestagen verfaßte der Verband längere Erklärungen, die in der Tagespresse und natürlich auch im »Nachrichtenblatt« wiedergegeben wurden. In Standardfloskeln bekräftigten die Verbandsfunktionäre darin ihre Loyalität zur DDR, wobei sie immer wieder die gleichen Textbausteine verwendeten, z. B. »Bürger jüdischen Glaubens« (nicht etwa: die Bezeichnung »Juden« mit ihrem nationalen Anklang), »treue Bürger«, »unsere Deutsche Demokratische Republik«, »Nazismus mit der Wurzel ausgerottet«, »Leben in Sicherheit, Freiheit und Geborgenheit«, »gleichberechtigt und gleichgeachtet«.

Für ihre bedingungslose Treue wurden fast alle Verbandsfunktionäre mit Orden und Auszeichnungen überhäuft: mit dem Vaterländischen Verdienstorden, der Verdienstmedaille der DDR, der Ehrenmedaille der Nationalen Front, der Deutschen Friedensmedaille.

Anläßlich des Staatsaktes zum 28. Jahrestages der DDR 1977 kam es zu einer ersten offiziellen Begegnung zwischen Honecker, Aris und Kirchner, der später noch weitere Treffen folgten. Zu staatlichen Feiertagen wie dem Ersten Mai, dem Tag der Befreiung oder dem Tag der Opfer des Faschismus durften Aris und Rotstein auf den Ehrentribünen Platz nehmen. Selbst zum Internationalen Frauentag wurde Rotstein durch den Demokratischen Frauenbund Deutschlands (DFD) 1989 als Ehrengast auf der Tribüne in Karl-Marx-Stadt begrüßt.

Liest man die unzähligen Loyalitätsbekundungen zu »unserer Deutschen Demokratischen Republik«, drängt sich der Vergleich zu den patriotischen Bekenntnissen deutscher Juden im 19. und Anfang des 20. Jahrhunderts auf, die ihre nichtjüdische Umwelt und sich selbst davon zu überzeugen suchten, daß sie selbstverständlicher Teil der deutschen Nation seien. Die trotz der außerordentlichen Assimilationsbereitschaft von der Umwelt verweigerte Akzeptanz beförderte eher die Aufgabe eigener kultureller, sozialer und religiöser Werte als die Besinnung auf eine eigene Identität. Nach der Schoah waren derartige patriotische Bekenntnisse nur noch sehr selten aus dem Munde deutscher Juden zu hören, wenngleich die tiefen historischen und kulturellen Bindungen von ihnen nicht in Frage gestellt wurden. Ein uneingeschränktes, distanzloses Bekenntnis zum eigenen deutschen Staat, wie es die Verbandsfunktionären abgaben, war sehr ungewöhnlich.

Ihre Treueerklärungen zu »unserem Vaterland« entsprangen weniger dem Streben nach Zugehörigkeit zum deutschen Volk als zu einer »sozialistischen Nation«, die sich unter Führung der marxistisch-leninistischen Partei dem Aufbau des Sozialismus widmet. Anfang der siebziger Jahre war in Politbüro und Staatssekretariat der Begriff vom »sozialistischen Staatsbürger jüdischen Glaubens« geprägt worden, der von den Verbandsfunktionären freudig aufgegriffen wurde.* Vor allem aber ging es darum, trotz – oder gerade wegen – des Slánský-Prozesses und der Nahostpolitik jegliche Verdächtigung der Illoyalität auszuräumen. Nicht als Deutsche, sondern als treue Parteimitglieder anerkannt zu sein war der sehnlichste Wunsch von Aris, Ringer, Schenk und anderen der SED angehörenden Gemeindevorsitzenden. Die behauptete Interessengleichheit zwischen den jüdischen Gemeinden und dieser Partei speiste sich aus dem ideologischen Konstrukt, daß die Kommunisten als die entschiedensten Widerstandskämpfer gegen die Nazis mit der am meisten verfolgten Gruppe der Juden solidarisch gewesen seien und somit im Umkehrschluß alle antikommunistischen Haltungen als antijüdisch und faschistisch klassifiziert werden müssen. Damit bot sich die Übernahme des dualistischen kommunistischen Weltbildes an, und zugleich wurde ausschließlich eine von »fortschrittlich-sozialistischer« Gesinnung geprägte jüdische Identitätsbestimmung zugelassen. Erklärungen der Partei- und Staatsführung wie auch des Verbandes ließen keine Gelegenheit ungenutzt, um diese Kongruenz zu unterstreichen: »In Gestalt der DDR entstand erstmals ein deutscher Staat, in dem getreu den Idealen der revolutionären deutschen Arbeiterbewegung und anderer humanistischer Kräfte des deutschen Volkes der Nationalismus, der Rassismus und der Antisemitismus überwunden und alle Formen der Kriegs- und Völkerhetze unter Strafe gestellt wurden. Gemäß den im Potsdamer Abkommen festgelegten Maßnahmen waren es die Aktivisten der ersten Stunde, die auf dem Gebiet der heutigen DDR jene geistige Umwälzung ins Werk setzten, in der die Ideale der Völkerfreundschaft, des realen Humanismus und des Friedens zur herrschenden Ideologien zur geistigen Grundhaltung des

* Dieser Begriff geht zurück auf Albert Norden, Leiter der Westabteilung des ZK und Politbüromitglied, der bei einem Grußwort auf dem Erfurter CDU-Parteitag im Oktober 1972 die Formel vom »sozialistischen Staatsbürger christlichen Glaubens« gebraucht hatte. Da sein Vater Rabbiner war, kannte Norden aus seiner Jugend den Central-Verein deutscher Staatsbürger jüdischen Glaubens, deren deutschnationales Motto er für die DDR-Verhältnisse modifizierte. Durch die Verbandsfunktionäre wurde dieser Begriff nun wieder »rejudaisiert«.

ganzen Volkes wurden. Schon damals und in den folgenden nun fast 30 Jahren Geschichte der DDR zeigte sich, daß die neue sozialistische Gesellschaft den jüdischen Bürgern die volle Gleichberechtigung und Gleichachtung brachte. Es bestätigte sich, daß die sozialistische Revolution in der DDR tiefgreifend das moralische Antlitz der Menschen verändert hat. Die Überwindung des faschistischen Ungeistes ist und bleibt eine wirklich historische Tat, die durch die Arbeiterklasse und ihre Partei, durch die im Demokratischen Block vereinten Parteien und Massenorganisationen kämpferisch gelöst wurde.«[79] Auf diese Weise akklamierte der Verband der Jüdischen Gemeinden auch den Gründungsmythos der DDR als antifaschistischer Staat, der vorgab, mit seinen »neuen Menschen« in keinerlei Kontinuität zum Nazideutschland zu stehen.

Angesichts der zahllosen Ergebenheitsadressen und der daraus erwachsenden Einbindung des Verbandes in das gesellschaftliche Gefüge der DDR stellt sich die Frage nach den Prioritäten in der Verbandsarbeit. Das Substituieren von Gemeindeaktivitäten durch die geschäftige Wahrnehmung gesellschaftlicher Verpflichtungen dokumentiert den Substanzverlust, den die Gemeinden in der Nachkriegszeit durch die Abwanderung von Mitgliedern und Vorstehern bis hin zur Massenflucht 1953 sowie durch den hohen Assimilationsgrad der verbleibenden Juden erlitten hatten. Die fehlende Traditionsbindung der mit Unterstützung der SED in ihre Positionen gekommenen Gemeindefunktionäre, ein geringes jüdisches Wissen, der Mangel an Rabbinern, Kantoren und Lehrern, die sinkende Zahl der Mitglieder und ihre geringe Verbindung untereinander schufen eine Situation, in der es leichter war, durch Erklärungen und Mitarbeit in politischen Organisationen eine Präsenz im öffentlichen Leben zu erreichen als durch die eigentliche Gemeindearbeit. Besonders auffällig war dieses Mißverhältnis in der Dresdner Gemeinde, die mehr als dreißig Jahre von Aris geleitet wurde. Während Gottesdienste fast ausschließlich zu Feiertagen und anläßlich der jährlichen Verbandstagungen stattfanden, Kinder und Jugendliche nur während des Ferienlagers im Sommer Religionsunterricht erhielten und kulturelle Veranstaltungen völlig entfielen, engagierte sich Aris in der Arbeitsgruppe Christliche Kreise, nahm an CDU-Parteitagen und -Bezirksdelegiertenkonferenzen, an verschiedensten Fest- und Gedenkveranstaltungen, den Tagungen des Nationalrates, des Friedensrates und anderer Gremien in Berlin teil und besuchte Konferenzen im Ausland. Da er und einige andere SED-Mitglieder unter den Gemeindefunktionären ihre Tätigkeit in Verband und Gemeinden eher als eine sehr spezifische Form der Parteiarbeit auffaßten, fiel ihnen die Diskrepanz gar nicht auf. Die SED konnte ihre

Strategie, den Verband der Jüdischen Gemeinden in religions- und gesellschaftspolitische Organisationen und Kampagnen einzubinden, als Erfolg betrachten. Diese Strukturen ermöglichten ihr in unauffälliger Weise, die Repräsentanten der jüdischen Religionsgemeinschaft für die Aufbesserung des Images der SED-Herrschaft im In- und Ausland zu instrumentalisieren.

Die Position der jüdischen Gemeinden zur SED-Politik

Zur Debatte um Wiedergutmachung

Die »VdN-Anordnung« von 1949 hatte den in der DDR und im Ausland lebenden Juden jede Hoffnung auf Wiedergutmachung genommen. Doch der 1948 gegründete Staat Israel und die jüdischen Diasporaorganisationen, die die DDR ebenso wie die Bundesrepublik als Nachfolgestaat des Deutschen Reiches betrachteten, waren nicht bereit, dies zu akzeptieren. In der am 12. März 1951 den vier Siegermächten übergebenen Note forderte Israel finanzielle Entschädigung für die Naziverbrechen am jüdischen Volk, eine Milliarde US-Dollar von Westdeutschland und 500 Millionen Dollar von der DDR. Die Interessen jüdischer Überlebender außerhalb Israels sollten von der 1951 durch 24 jüdische Organisationen in New York ins Leben gerufenen Conference on Jewish Material Claims against Germany (Claims Conference) wahrgenommen werden.

Am 27. September 1951 hatte Bundeskanzler Adenauer offiziell die Bereitschaft seiner Regierung erklärt, mit Vertretern des Staates Israel und jüdischer Diasporaorganisationen zu verhandeln. In dem am 10. September 1952 unterzeichneten »Luxemburger Abkommen« war die Zahlung von drei Milliarden Dollar an Israel und von 450 Millionen Dollar an die Claims Conference vorgesehen. Individuelle Ansprüche auf Kompensation für gesundheitliche Schädigungen und Vermögensverluste wurden in dem 1953 verabschiedeten Bundesentschädigungsgesetz geregelt. Die Sowjetunion hingegen erklärte am 25. 3. 1952 in ihrer Antwort auf die Note, die Frage der Wiedergutmachung müsse bis zum Abschluß eines Friedensvertrages offen bleiben. Damit gab sich die israelische Regierung jedoch nicht zufrieden. Im Zusammenhang mit dem Außenministertreffen der vier Siegermächte in Berlin, auf dem über das künftige Schicksal Deutschlands entschieden werden sollte, schlug sie der DDR erneut Verhandlungen über Wiedergutmachungsleistungen vor. Die von Diplomaten beider Staaten in Moskau geführten Gespräche brachten keine neuen Resultate, da die DDR Israel nicht zu den reparationsberechtigten Staaten zählte. Am 28. Dezember 1955 überreichten Vertreter des DDR-Außenministeriums dem israelischen Botschafter in Moskau ein Aide-mémoire, das alle Propagandahülsen enthielt, die bis 1989 immer wieder angeführt werden sollten. Darin hieß es: »Die Regierung der Deutschen Demokratischen Republik hat bisher alles in ihren Kräften Stehende getan, um den deutschen Faschismus mit seinen Wurzeln zu vernichten und Bedingungen zu schaffen, die ausschließen, daß von Deutschland nochmals eine Bedrohung der Sicherheit und Existenz anderer Völker – auch des jüdischen Volkes – ausgeht. Den auf dem Territorium der Deutschen Demokratischen Republik wohnhaften Opfern des Faschismus wurde in großzügiger Weise Unterstützung und Hilfe gewährt. Die Regierung der Deutschen Demokratischen Republik hat die von den vier Alliierten festgelegten Reparationsleistungen zur Wiedergutmachung des von dem deutschen Faschismus angerichteten Schadens erfüllt.«[1] Das DDR-Außenministerium wies am 9. Juli 1956 die israelischen Wiedergutmachungsforderungen endgültig zurück und lehnte zudem direkte Verhandlungen zwischen beiden Staaten ab. Auch auf inoffizieller Ebene bestanden zwischen Regierungsvertretern der DDR und Israels bis 1989 keine Kontakte.

Außenpolitische Komplikationen zwangen die DDR jedoch erneut, sich mit dem Problem der Wiedergutmachung zu befassen. 1972 hatte das Politbüro beschlossen, diplomatische Beziehungen zu den USA aufzunehmen, um das internationale Ansehen und die Außenwirtschaftskontakte der DDR zu verbessern. Da die Vereinigten Staaten die Klärung der Wiedergutmachungsproblematik und der offenen Vermögensfragen zur Vorbedingung erhoben, sagte die DDR zu, *nach* Aufnahme diplomatischer Beziehungen darüber zu verhandeln. Als Gesprächspartner wurde das Komitee der Antifaschistischen Widerstandskämpfer benannt. Am 4. September 1974 unterzeichneten Vertreter beider Staaten in Washington das Kommuniqué über die Herstellung diplomatischer Beziehungen, aber die DDR war nicht bereit, ihre Zusagen einzulösen. Am 6. März 1975 beschloß der Ministerrat die »Konzeption für die Verhandlungen mit den USA zur Regelung offener vermögensrechtlicher Fragen«, in der es hieß: »Es sind alle Möglichkeiten auszuschöpfen, um die Verhandlungen über einen langen Zeitraum auszudehnen, jedoch so, daß die weitere Entwicklung der Beziehungen zu den USA entsprechend den Notwendigkeiten zur Durchsetzung der Prinzipien der friedlichen Koexistenz nicht gestört werden.«[2] Diese Haltung wirkte sich vor allem auf die DDR-Außenwirtschaftspolitik nachteilig aus. Zwar nahm der Umfang der Handelskontakte nach Aufnahme diplomatischer Beziehungen zu, doch im wesentlichen blieb der Warenaustausch eine Einbahnstraße: die Importe amerikanischer Waren stiegen, während die Exporte in die USA stark behindert wurden. Weil die DDR das Grenzregime aufrechterhielt und Wiedergutmachungsleistungen ablehnte, wurde ihr der Status einer »most favored nation«, verweigert, der ihr niedrige Einfuhrzölle und günstige Kredite gesichert hätte. 1976 schienen die

USA zu Handelserleichterungen bereit, wenn die DDR-Regierung wenigstens durch eine »symbolische Geste« ihren guten Willen zur Lösung der offenen Vermögensfragen demonstrieren würde. Daraufhin wurde der Direktor der Claims Conference, Benjamin Ferencz, zu einem Treffen mit der Leitung des Komitees der Antifaschistischen Widerstandskämpfer am 22. November 1976 eingeladen. Statt eines Gesprächs inszenierte der Vorsitzende des Komitees, Otto Funke, jedoch eine Zeremonie, in der er feierlich erklärte: »Geleitet von den Ideen der Humanität hat das Komitee der Antifaschistischen Widerstandskämpfer der DDR entschieden, zur Unterstützung von Bürgern der USA jüdischen Glaubens, die vom Naziregime verfolgt wurden, einmalig einen Beitrag von 1 Million US-Dollar zu gewähren.«[3] Funke fügte hinzu, die DDR werde weder moralische noch rechtliche Ansprüche auf Wiedergutmachung anerkennen und sei auch nicht bereit, darüber zu verhandeln. Die Million wurde kommentarlos überwiesen. Das Politbüro glaubte, mit dieser einmaligen Zahlung habe die DDR der historischen Verpflichtung Genüge getan.[4] Ein westdeutscher Journalist charakterisierte dieses Vorgehen als »Weltniveau der Schäbigkeit«.[5] Die Claims Conference wollte sich nicht mit einem Almosen zufriedengeben und überwies das Geld zurück. Zugleich schraubte sie die ursprüngliche Forderung von einer Milliarde Dollar auf 100 Millionen zurück und schlug eine »Paketlösung« vor: Die Meistbegünstigungsklausel sollte ohne Vorbedingungen gewährt werden und die DDR einen Teil der Exporterlöse für die Abzahlung der Ansprüche verwenden. Fast ein Jahrzehnt bewegte sich nichts. Mitte der achtziger Jahre kam die DDR angesichts ihrer katastrophalen Wirtschaftslage allerdings auf den Vorschlag zurück. Am 23. Juni 1987 berieten darüber der Präsident der Claims Conference, Dr. Israel Miller, und Saul Kagan in Berlin mit Erich Honecker sowie einen Tag darauf mit dem Staatssekretär für Kirchenfragen, Klaus Gysi. Nach wie vor bestritt die DDR eine Rechtspflicht zu Entschädigungsleistungen – sollten im Ergebnis der Verhandlungen Zahlungen vereinbart werden, war die DDR allenfalls bereit, sie als »humanitäre Hilfe für notleidende jüdische Opfer in anderen Ländern« zu deklarieren. Ein Jahr später wurden in der »Erklärung des Sprechers des Außenministeriums zu Wiedergutmachungsleistungen für jüdische Bürger« die altbekannten Positionen wiederholt: »Die DDR hat als ein seinem Ursprung und Wesen nach antifaschistischer Staat alle Wurzeln und Formen von Rassismus und Antisemitismus konsequent ausgemerzt und bewahrt den Opfern des Hitlerfaschismus stets ein ehrendes Gedenken. Sie hat alle juristischen und völkerrechtlichen Verpflichtungen zur Wiedergutmachung, wie sie sich aus dem Potsdamer Abkommen ergeben, strikt erfüllt. [...] Die Bürger der DDR werden stets der Opfer des Hitlerfaschismus, so bekräftigte Erich Honecker, der über sechs Millionen ermordeten jüdischen Menschen gedenken. Ausdruck dessen sei auch die große Aufmerksamkeit des Staates und der gesellschaftlichen Kräfte für das Leben und Wirken der acht jüdischen Gemeinden im Lande. Ihnen werde jegliche Unterstützung, nicht zuletzt zur Erhaltung und Pflege ihrer Zentren, der Synagogen und Gebetshäuser, zuteil.«[6] Erst aus dem Schlußsatz erfuhr die DDR-Öffentlichkeit, daß es Verhandlungen über Wiedergutmachungszahlungen gab: »Darüber hinaus hat die DDR auf Ersuchen jüdischer Organisationen ihre Bereitschaft erklärt, humanitäre Hilfe für notleidende jüdische Opfer in anderen Ländern zu leisten. Über Form und Höhe dieser Hilfe werden gegenwärtig Gespräche geführt.« Da sich die Regierung der moralischen und juristischen Verpflichtung mit den bekannten Argumenten entzog, mußten auch die Vorstellungen der DDR und der Claims Conference über die Höhe der zu leistenden Zahlungen unvereinbar bleiben. 1986 verwies Erich Honecker nochmals auf die zehn Jahre zuvor über das Komitee der Antifaschistischen Widerstandskämpfer bereitgestellte eine Million US-Dollar,[7] doch die Claims Conference blieb bei ihrer Forderung von einhundert Millionen Dollar. Zu konkreten Verhandlungen über die Höhe der zu zahlenden Summe kam es aber nie – ein zusätzliches Indiz dafür, daß das Politbüro im Grunde nicht zu einer Anerkennung der Wiedergutmachungsverpflichtung bereit war und lediglich eine Verzögerungstaktik verfolgte.

Angesichts dieser Blockade beschloß die US-Regierung Anfang September 1988, mit der DDR erst dann über Handelserleichterungen zu verhandeln, wenn die Vermögensforderungen und die Wiedergutmachungsansprüche geregelt seien. Damit war die »Paketlösung« endgültig vom Tisch. In einem Gespräch mit dem für Außenpolitik zuständigen ZK-Sekretär und Politbüromitglied, Hermann Axen, am 21. September 1988 unterstrich der Botschafter der USA in der DDR, Francis Meehan, daß »es keine Chance für ein Wiederaufgreifen der Paketlösung bei künftigen Gesprächen geben könne«.[8] Axen reagierte beleidigt und machte allein die USA für das Scheitern dieses Vorschlages verantwortlich. In maßloser Selbstüberschätzung erklärte er, die USA würden sich mit ihren Handelsrestriktionen letztlich selbst schaden, da »sie anderen Partnern den lukrativen Markt der DDR überließen«. Doch das Politbüro beharrte in den Gesprächen mit USA-Vertretern auf der »Paketlösung«. Zu diesem Zeitpunkt hätte die DDR die Ansprüche nicht mehr begleichen können. Diesen Offenbarungseid wollte das Politbüro aber weder anderen noch sich selbst gegenüber leisten. Es hoffte verstärkt auf die Unterstützung der vermeintlich mächtigen »jüdischen Lobby« in den USA. Der Besuch des Präsidenten des Jüdischen Weltkongresses, Edgar Miles Bronfman, im Oktober 1988 war deshalb höchst willkommen, zumal Bronfman eine »symbolische Zahlung« ausreichend fand. Das Politbüro und der Ministerrat beschlossen, die Einflußmöglichkeiten des Jüdischen Weltkongresses für eine Normalisierung der Beziehungen zwischen der DDR und den Vereinigten Staaten, einschließlich der Gewährung der Meistbegünstigung oder ihr ähnlicher Bedingungen, zu nutzen. Auch die Gespräche mit der Claims Conference über »Fragen humanitärer Hilfe für in Not geratene jüdische Verfolgte des Faschismus« sollten fortgeführt werden.[9] Für die jüdischen Organisationen war die Position der DDR zur Wiedergutmachung und ihre Haltung gegenüber dem Staat Israel, den sie noch immer nicht diplomatisch anerkannt hatte, nicht annehmbar. Nach wie vor berief sich die DDR hinsichtlich der israelischen Ansprüche auf das Argument, der Staat Israel sei erst 1948 gegründet worden und somit nicht berechtigt, irgendwelche Reparationsleistungen zu fordern. Zudem vertrat sie noch immer die antizionistischen und antiisraelischen Positionen der fünfziger und sechziger Jahre und gab vor, daß Israel nicht als Sprecher der Juden in aller Welt auftreten könne und die im Luxemburger Abkommen vereinbarten Wiedergutmachungszahlungen an Israel lediglich reaktionären Bestrebungen zur Niederschlagung antiimperialistischer Befreiungsbewegungen dienten.[10] Selbst wenn die DDR eine angemessene Wiedergutmachungssumme gezahlt hätte, wäre es fraglich gewesen, ob sie angesichts dieser Politik gegenüber Israel tatsächlich engagierte Fürsprecher bei den amerikanischen jüdischen Organisationen gefunden hätte. Zudem war die USA auch nicht mehr gewillt, diesem Staat, der sich so vehement allen, inzwischen sogar von der Sowjetunion propagierten Demokratisierungsbemühungen widersetzte, irgendwelche wirtschaftlichen Vergünstigungen einzuräumen. Es blieb der Modrow-Regierung vorbehalten, auch auf diesem Politikfeld eine Umkehr zu vollziehen. Während der drei Verhandlungsrunden zwischen der DDR und Israel am 29. Januar / 1. Februar, 7. / 9. März und 2. / 3. Juli 1990 in Kopenhagen über die Aufnahme diplomatischer Beziehungen wurde auch die Frage der Wiedergutmachung besprochen. In dem Brief, den Modrow Anfang März 1990 an Edgar M. Bronfman sowie an den israelischen Ministerpräsidenten, Jizchak Schamir, richtete, hieß es: »Die DDR anerkennt ihre humanitäre Verpflichtung gegenüber den Überlebenden des jüdischen Volkes, die unter der Naziunterdrückung gelitten haben, und bekräftigt ihre Bereitschaft zur solidarischen materiellen Unterstützung ehemaliger Verfolgter des Naziregimes jüdischer Herkunft.«[11] Die israelische Regierung und die Claims Conference bildeten einen Koordinierungsausschuß, der am 25. / 26. Juni 1990 erste

*1 Bürgermeister Dr. Ferdinand Friedensburg begrüßt die 295 Rückkehrer aus Schanghai, die am 21. August 1947 in Berlin eintrafen.
Zweiter von links: Siegmund Weltlinger, Referent für Jüdische Angelegenheiten des Magistrats; dritter von links: Erich Nelhans, Vorstandsmitglied und erster Nachkriegsvorsitzender der Jüdischen Gemeinde zu Berlin; dahinter rechts: Heinz Galinski, Mitglied der Repräsentanz.*

2 *Vorstandsmitglied Julius Meyer bei einer Protestveranstaltung am 4. Mai 1949 in der Synagoge Rykestraße gegen den Freispruch von Veit Harlan, dem Regisseur des Films »Jud Süß« und weiterer Nazipropagandastreifen. Er war freigesprochen worden von der Anklage, mit seiner filmischen Tätigkeit Verbrechen gegen die Menschlichkeit begangen zu haben. Gegen dieses Urteil und die Aufführung von Harlan-Filmen hatte die Jüdische Gemeinde zu Berlin mehrfach Demonstrationen organisiert.*

3 Regierungsdirektor Fritz Katten, Mitglied der Repräsentanz der Jüdischen Gemeinde zu Berlin und Zweiter Vorsitzender der Berliner VVN, wurde 1949 von einem sowjetischen Militärtribunal zu 25 Jahren Zwangsarbeit verurteilt. Bemühungen des Gemeindevorstands um seine Freilassung blieben erfolglos.

4 *Martin Riesenburger (rechts) und die Mitglieder des Provisorischen Vorstands der Jüdischen Gemeinde von Groß-Berlin, Georg Heilbrunn, Israel Rothmann und Gemeindesekretär Willy Bendit, legten am Tag der Beerdigung Stalins im März 1953 einen Kranz nieder.*

5 *Die Mitarbeiter der Jüdischen Gemeinde von Groß-Berlin auf der Demonstration zum 1. Mai 1953*

6 *Blick in den Betsaal der Jüdischen Landesgemeinde Mecklenburg 1950/51.*

7 *Gedenkstätte für die zerstörte Schweriner Synagoge im Hof des Gemeindehauses Schlachterstraße 3/5, 1950/51.*

8 *Die Gemeindevorsitzenden bei einem Gespräch mit Staatssekretär Seigewasser im Januar 1967.*
Von links: Hans Seigewasser, Helmut Aris, Alfred Behrendt, Emanuel Henik, Roman König, Rabbiner Dr. Ödön Singer, Alfred Scheidemann, Abraham Glanz, Herbert Ringer, Franz Kowalski (verdeckt).

9 *Die Gemeindevorsitzenden beim jährlichen Gespräch mit dem Staatssekretär für Kirchenfragen.*
Von links: Staatssekretär Hans Seigewasser, Abraham Glanz, Roman König, Franz Kowalski, Alfred Behrendt, Alfred Scheidemann, Rabbiner Dr. Ödön Singer, Helmut Aris, Herbert Ringer, Emanuel Henik.

10 *Trotz der spürbaren Auswirkungen der antisemitschen Kosmopolitismus-Kampagne in der Sowjetunion und der beginnenden Israel-Feindschaft wurden zur Einweihung der Dresdner Synagoge 1950 die Fahnen der DDR und Israels nebeneinander gehißt.*

11 Bei der Einweihung des Gemeindehauses der Karl-Marx-Städter Gemeinde 1961, eines gesichtslosen Mehrzweckbaus, wehte nur noch die DDR-Fahne.

12 *Der Gemeindevorsitzende Dr. Peter Kirchner führt nach Abschluß der Rekonstruktionsarbeiten 1987 durch die Synagoge Rykestraße.*
Von links: Günter Hoffmann, Stellvertretender Oberbürgermeister für Inneres, Günther Behncke, Staatssekretariat für Kirchenfragen, Klaus Gysi, Staatssekretär für Kirchenfragen, N. N., Dr. Stefan Mußler, Abteilung Inneres des Magistrats, Dr. Hans Wilke, Abteilungsleiter im Staatssekretariat für Kirchenfragen, N. N., Günter Schabowski, Erster Sekretär der SED-Bezirksleitung, N. N., Dr. Peter Kirchner.

13 Empfang Erich Honeckers für das Präsidium des Verbandes der Jüdischen Gemeinden am 2. Juni 1988.
Von links: Erich Honecker, Joachim Herrmann, Hans-Joachim Levy (verdeckt), Dr. Peter Kirchner, Siegmund Rotstein.

14 *Edgar M. Bronfman, Präsident des Jüdischen Weltkongresses, wird von Erich Honecker der Große Stern der Völkerfreundschaft verliehen. Links der Generalsekretär des Jüdischen Weltkongresses, Israel Singer.*

15 *Die Aufmerksamkeit, die jüdische Gäste aus dem westlichen Ausland erfuhren, verdeutlichte, wie stark die Gedenkveranstaltungen 1988 außenpolitisch motiviert waren. Beim Besuch der Delegation des Jüdischen Weltkongresses trat nicht das Staatssekretariat für Kirchenfragen, sondern das Ministerium für Auswärtige Angelegenheiten als Gastgeber in Erscheinung. Außenminister Oskar Fischer (dritter von links) und sein Stellvertreter Kurt Nier im Gespräch mit Peter Kirchner, Edgar M. Bronfman, Israel Singer und Maram Stern.*

16 *Ende 1985 bot der Adass-Jisroel-Friedhof ein Bild der Zerstörung: mehr als 2 000 Grabsteine waren umgeworfen und zerbrochen, mehrere Hundert gestohlen, Unkraut und Unterholz überwucherten den Begräbnisplatz.*

17 *Gedenkveranstaltung am 9. November 1988 auf dem Adass-Jisroel-Friedhof. Der Jerusalemer Oberrabbiner Jizchak Kolitz (zweiter von links) unterstützte die Forderungen der Adassianer nach Wiedereinsetzung ihrer Gemeinde in ihre Rechte.*

18 *Sondersitzung der Volkskammer am 8. November 1988 anläßlich des 50. Jahrestages der »faschistischen Pogromnacht«. Als Ehrengäste durften Verbandspräsident Siegmund Rotstein und der Vorsitzende des Direktoriums des Zentralrats der Juden in Deutschland, Heinz Galinski, im Präsidium Platz nehmen.*

Gespräche mit der DDR-Regierung führte. Zu einer Aufnahme diplomatischer Beziehungen kam es jedoch nicht mehr, ebensowenig wurde die Frage der Wiedergutmachung gelöst – möglicherweise auch deshalb, weil die Bundesrepublik nicht die Finanzierungsverpflichtung übernehmen wollte, die mit dem Beitritt der DDR auf sie zukommen würde.

Von 1945 bis 1949 waren Vertreter der jüdischen Gemeinden in der SBZ bei der Erarbeitung gesetzlicher Grundlagen für die Rückerstattung erlittener Verluste einbezogen worden. Sie hatten sich dafür eingesetzt, daß ein solches Wiedergutmachungsgesetz auch die außerhalb Deutschlands lebenden Juden berücksichtigt, doch alle derartigen Entwürfe waren am Widerstand der SMAD gescheitert. In der Folgezeit wurden die jüdischen Gemeinden von Beratungen über die Wiedergutmachungsproblematik ausgeschlossen. Die in den fünfziger Jahren zwischen den Botschaftern Israels und der DDR stattfindenden Gespräche wie auch die Verhandlungen mit den USA und amerikanischen jüdischen Organisationen in den siebziger und achtziger Jahren wurden ausschließlich auf der Ebene des Ministeriums für Auswärtige Angelegenheiten, der für Außenpolitik zuständigen ZK-Abteilung und des Politbüros geführt. Die Restitution von jüdischem Privat- und Gemeindeeigentum an die in der DDR lebenden Anspruchsberechtigten spielte dabei keine Rolle.

Für die Jüdische Gemeinde zu Halle und die Synagogen-Gemeinde zu Magdeburg hatte der Verbandsvorsitzende, Hermann Baden, in den fünfziger Jahren einen letzten Versuch unternommen, die erlittenen Verluste ersetzt zu bekommen. Er berief sich auf das vom Landtag von Sachsen-Anhalt am 30. Mai 1947 verabschiedete Gesetz über die Rückgabe von Vermögenswerten der Provinz Sachsen-Anhalt an antifaschistische Organisationen. Die Landesregierung hatte auf der Grundlage dieses Gesetzes beschlossen, dem Landesverband der Jüdischen Gemeinden von Sachsen-Anhalt eine pauschale Wiedergutmachungssumme in Höhe von 1,5 Millionen Mark auszuzahlen, von der sie bis 1949 eine Abschlagszahlung von 150 000 Mark überwies. Am 1. Februar 1952 teilte die Landesregierung dem Landesverband der Jüdischen Gemeinden von Sachsen-Anhalt mit, daß Wiedergutmachungszahlungen nicht mehr aus dem Landeshaushalt erfolgen dürften, da die Regelung dieser Fragen »im Republikmaßstab« erfolge.[12] Die Unterlagen wurden zur weiteren Bearbeitung an das Ministerium der Finanzen in Berlin übergeben. Baden und der damalige Magdeburger Gemeindevorsitzende, Horst Karliner, übergaben dem Stellvertretenden Ministerpräsidenten Otto Nuschke persönlich sämtliche Akten, damit er sich im Finanzministerium für diese

Angelegenheit verwende. Nuschkes Bemühungen scheiterten, »da nach der dort erhaltenen Auskunft die von der Landesregierung Sachsen-Anhalt nach Berlin überwiesenen Mittel nicht angekommen seien«.[13] Zudem verwies das Finanzministerium auf das sowjetische Besatzungsrecht, das für Wiedergutmachungszwecke keine Geldleistungen vorgesehen und mit dem Befehl Nr. 82/48 den »Naturrestitutionen« Genüge getan habe. Die anhaltinischen jüdischen Gemeinden hätten daher keinen Anspruch auf irgendwelche Entschädigungszahlungen. Baden ließ sich mit dieser Auskunft nicht abspeisen und insistierte weiterhin in Gesprächen mit der Hauptabteilung Verbindung zu den Kirchen, der Abteilung Kultfragen im Innenministerium und später dem Staatssekretariat für Kirchenfragen auf der Zahlung der restlichen 1,35 Millionen Mark an den Landesverband. Immer wieder wurden seine Anfragen mit fadenscheinigen Begründungen abgewehrt: Das Geld sei nicht angekommen, es lägen über den ganzen Vorgang keine Unterlagen vor, und man wisse von gar nichts. Die Überlegung, den Gemeinden sämtliche enteigneten Grundstücke zurückzuerstatten, wurde vom Staatssekretariat mit Rücksicht auf das »sozialistische Eigentum«, in das die einst »arisierten« Vermögenswerte umgewandelt worden waren, verworfen: »Auf Grund der finanziellen Lage der jüdischen Gemeinden dürfte auf der Hand liegen, daß die Grundstücke (mit Ausnahme der Begräbnisplätze) im Falle der Rückgabe verkauft werden und auf diesem Wege aus Volkseigentum über die jüdischen Gemeinden in Privathand übergeben werden.«[14] Das aber sollte auf jeden Fall verhindert werden. Baden wurde von einer Instanz zur nächsten geschickt und unter Vortäuschung wohlwollender Aktivitäten hingehalten. Nach zehn Jahren war aber auch der für die jüdischen Gemeinden zuständige Sachbearbeiter, Josef Haslinger, dieses Thema leid. »Mit dem Ziel, die Angelegenheit endgültig aus der Welt zu schaffen«,[15] übermittelte er dem Stellvertretenden Staatssekretär, Ernst Kusch, eine Vorlage, die Badens Forderung zurückweisen sollte:

»1. Der Beschluß der Landesregierung Sachsen-Anhalt ist aus dem SMAD-Befehl nicht ableitbar, obwohl er sich grundsätzlich darauf stützt. [Diese Begründung zeugt von der Ignoranz Haslingers, denn das anhaltinische Gesetz war schon ein Jahr vor dem Befehl Nr. 82/48 verabschiedet worden.]

2. Die 1950 getroffene Regelung über die finanzielle Sicherstellung der jüdischen Gemeinden, ihres Kultus und ihrer materiellen Substanz hat sich als die gangbarste Methode erwiesen.

3. Die vom Staat übernommene kontinuierliche kommerzielle Leistung gewährleistet das kultische Leben und erreichte bereits hohe Aufwendungen.«

Sodann listete Haslinger die staatlichen Zuschüsse von 1951 bis 1961 auf:

Gesamtleistungen für die jüdischen Gemeinden:	2 700 000 Mark
Zuschüsse für die Gemeinden in Magdeburg und Halle:	
Baubeihilfen	612 650 Mark
Verwaltungskosten	12 000 Mark
Zuschüsse an den Verband der Jüdischen Gemeinden:	ca. 350 000 Mark

Der moralische und rechtliche Anspruch der Gemeinden auf Wiedergutmachung wurde erneut mit dem Hinweis auf die – weit unter den Forderungen der Gemeinden liegende – »großzügige« staatliche Unterstützung zurückgewiesen. Als Baden 1962 starb, war das Anliegen der anhaltinischen Wiedergutmachung endgültig gescheitert. Von seinen Nachfolgern im Verband der Jüdischen Gemeinden in der DDR wie in der Hallenser Gemeinde wurde dieses Thema nicht mehr angeschnitten. Sie hatten sich bereits mit dem Status quo abgefunden.

Die Mehrzahl der Gemeindevertreter vertrat in offiziellen Erklärungen die Position, in der DDR werde »echte« Wiedergutmachung geleistet, da die gesellschaftlichen Bedingungen dafür geschaffen wurden, daß sich der Holocaust nicht wiederholen könne. Äußerungen wie die folgende vom Berliner Gemeindevorsitzenden, Heinz Schenk, konnte man immer wieder hören: »Hier ist Faschismus, Antisemitismus und Rassenhaß mit allen Wurzeln ausgerottet. Die jüdischen Bürger der DDR haben in diesem ihrem Staat eine wahre Heimat gefunden, in dem sie in Frieden, Sicherheit und mit voller Gleichberechtigung leben können. Die konsequente Friedenspolitik der DDR zeigt echte und wahre humanistische Verantwortung und bietet damit beste Wiedergutmachung.«[16] Zwar verstieg man sich nicht zu einer solch absurden Aussage wie der des langjährigen Außenministers Otto Winzer: »Wiedergutmachung soll dort gezahlt werden, wo die Verbrechen verübt wurden und die Verbrecher frei herumlaufen – in Westdeutschland«,[17] doch folgte man weitgehend der propagandistischen Schwarzweißmalerei. Gemeindevertreter diffamierten die westdeutschen Zahlungen als »Versuch der Reinwaschung«, während sie die vergleichsweise geringe Unterstützung der DDR für die jüdischen Gemeinden und die VdN-Vergünstigungen als besondere Leistung hervorhoben. Typisch für diese Haltung ist folgende Äußerung von Herbert Ringer und der Thüringer Gemeindesekretärin Ruth Cars gegenüber dem amerikanischen Journalisten John Dornberg: »Wir werden vom Staat unterstützt, nicht behindert und können recht angenehm leben. Die meisten von uns ziehen es daher vor, hier zu bleiben, anstatt nach Westdeutschland zu gehen, wo das

Regime scheinheilig versucht, den neuen Antisemitismus durch Zahlung großzügiger Summen an die Opfer der Greuelwelle reinzuwaschen.«[18] Zweifellos boten die Renten und sonstigen Vergünstigungen, die man den anerkannten »Verfolgten des Naziregimes« gewährte, eine gesicherte materielle Existenz. Sie stellten aber stets nur eine Fürsorgeleistung und keinen Rechtsanspruch auf Entschädigung dar. Zudem konnte der Ehrentitel »Opfer des Faschismus« unabhängig vom Verfolgungsschicksal auch wieder aberkannt werden, wenn sich die betreffende Person politisch oder moralisch als dessen nicht »würdig« erwiesen hatte. Dies kam wiederholt vor, wobei die jüdischen Gemeinden im Rahmen ihrer Mitarbeit in den VdN-Kommissionen die Möglichkeit hatten, gegen Aberkennungen Einspruch einzulegen.[19]

Die Auseinandersetzung mit der antifaschistischen Staatsdoktrin

Der Antifaschismus war eine der wichtigsten Legitimationsfiguren der SED-Herrschaft wie der eigenstaatlichen Existenz der DDR überhaupt. Mit der Bewertung der DDR als »Hort des Antifaschismus« verfolgte die SED zwei Ziele: Zum einen leugnete sie so jeden strukturellen wie personellen Zusammenhang zwischen der DDR und dem Dritten Reich, zum anderen grenzte sie sich von der Bundesrepublik ab, die sie als Staat der »Ewiggestrigen« und Faschisten denunzierte. Dazu bediente sie sich der Faschismusdefinition von Georgi Dimitroff, die den Nationalsozialismus als »offene terroristische Diktatur der reaktionärsten, am meisten chauvinistischen, am meisten imperialistischen Elemente des Finanzkapitals« charakterisiert hatte.[20] Der rassistische Wesenszug, die politischen, kulturellen und ideologischen Wurzeln des deutschen Faschismus blieben weitgehend unberücksichtigt. Der Nationalsozialismus wurde von der SED lediglich als systemimmanente Folge des Kapitalismus begriffen, dem in der DDR die ökonomische Grundlage fehlte, womit per definitionem auch kein Rassenhaß und Antisemitismus existiere. Mit ihrer ausschließlich antikapitalistischen Zielrichtung eignete sich diese Faschismusinterpretation vorzüglich zu Angriffen gegen die Bundesrepublik. Diese richteten sich vor allem gegen die mangelnde strafrechtliche Verfolgung von Nazi- und Kriegsverbrechern, die Duldung von Naziaktivisten wie Globke, Oberländer, Filbinger und vielen anderen in Spitzenpositionen von Politik und Wirtschaft. Auch der große Einfluß der Vertriebenenverbände und die Nichtanerkennung der Oder-Neiße-Grenze bis 1990 boten genügend Anlaß zur Kritik. Allerdings wurden auch in der DDR Naziverbrecher nicht so konsequent verfolgt wie behauptet. SA-, SS- und NSDAP-Karrieren von zum Teil hochrangigen SED- und Blockparteimitgliedern wurden vertuscht und eine konstruktive Zusammenarbeit mit bundesdeutschen Ermittlungsbehörden wie der Zentralstelle für die Verfolgung von NS-Verbrechen in Ludwigsburg verweigert. Statt dessen nutzte man das vorhandene Aktenmaterial, um in Abwesenheit der Angeklagten Schauprozesse oder Kampagnen gegen westdeutsche Prominente zu führen, die die Bundesrepublik international in Verruf bringen sollten.[21] Besonders makaber war, daß das MfS in einem eigens dafür angelegten Archiv Dokumente und Informationen über die Naziverstrickung von DDR- und BRD-Bürgern sammelte – allerdings nicht, um sie zu verfolgen, sondern um sie zu erpressen.

Bereits 1953 hatte die SED, um vom antisemitischen Charakter der Parteisäuberung und der Flucht von Juden abzulenken, eine über das Übliche hinausgehende Propaganda gegen den nachsichtigen Umgang der bundesdeutschen Justiz mit Nazi- und Kriegsverbrechern und ihren Aufstieg in Spitzenpositionen von Politik und Wirtschaft entfaltet. Nachdem man die Wiedervereinigungsabsichten aufgegeben hatte und verstärkt um die internationale Anerkennung rang, gewannen solche Kampagnen an Bedeutung. Eine Schlüsselstellung nahm dabei das langjährige Politbüromitglied Albert Norden ein. Als ZK-Sekretär unterstanden ihm u. a. die Abteilung Agitation und die Westkommission des Zentralkomitees, er war 1955 / 56 Sekretär des Ausschusses für Deutsche Einheit und seit 1954 Mitglied des Präsidiums des Nationalrats der Nationalen Front. Unterstützung erhielt er durch die ZK-Abteilungen für Auslandsinformation und Propaganda. Das juristische und propagandistische Vorgehen wurde von Norden generalstabsmäßig organisiert. Zunächst ließ er durch die ZK-Abteilungen, das MfS und die Generalstaatsanwaltschaft belastende Dokumente zusammenstellen.[22] Dann hielt er internationale Pressekonferenzen ab, in denen diese Unterlagen der Öffentlichkeit übergeben werden sollten. Diese Pressekonferenzen liefen nach einem genau konzipierten Drehbuch ab, in dem die von den Korrespondenten zu stellenden Fragen und die Antworten vorformuliert waren. Häufig traten dabei auch ehemalige KZ-Häftlinge oder andere Augenzeugen der Verbrechen des betreffenden Politikers auf. Die Auswertung der Pressekonferenzen erfolgte über die in- und ausländischen Medien, Leserbriefe, Broschüren, Ausstellungen, internationale Widerstandsorganisationen, die DDR-Auslandsvertretungen, die Liga für Völkerfreundschaft und eigens gegründete ausländische Aktionskomitees. In der Auslandspropaganda wurden dabei auch regionale Schwerpunkte gesetzt, d. h., es sollte in Asien ein Bezug zum

Vietnamkrieg, in Afrika zur Apartheid, in Lateinamerika zum Neokolonialismus hergestellt werden, doch den Schwerpunkt bildeten »die Länder der Anti-Hitler-Koalition (besonders in Westeuropa) sowie die jüdischen Kreise in Europa und den USA«.[23]

Sofern man die politischen Argumente nicht als ausreichend empfand, half auch das Ministerium für Staatssicherheit mit der Verbreitung von Hakenkreuzschmierereien und antisemitischen Flugblättern in Westdeutschland nach. Um die Jahreswende 1959/60 war dort ein sprunghafter Anstieg antisemitischer Vorfälle zu verzeichnen (allein 470 zwischen dem 25. Dezember 1959 und dem 28. Januar 1960), die zum Teil Stasi-Agenten ausgeführt hatten.[24] 1961 inszenierte das MfS die »Aktion Vergißmeinnicht«, in deren Verlauf antisemitische Briefe an Juden versandt wurden, deren Adressen zuvor in der Israelitischen Kultusgemeinde München ausgespäht worden waren. Parallel dazu verfaßte man im Rahmen der »Aktion J« fiktive Briefe verängstigter Juden, die angeblich beabsichtigten, Westdeutschland zu verlassen. Auf derart perfide Weise sollte die Bundesrepublik als wiedererstehendes »Viertes Reich« gebrandmarkt werden. In ausgewählten Fällen wurde auch das Oberste Gericht der DDR vom Politbüro veranlaßt, in absentia Schauprozesse gegen prominente Mitglieder der Bundesregierung zu führen, so 1960 gegen den Bundesminister für Vertriebene, Theodor Oberländer, 1963 gegen den Staatssekretär im Bundeskanzleramt, Dr. Hans Globke, und den Bundesminister für Vertriebene, Dr. Hans Krüger. Die Anweisungen für die Prozeßführung und das Strafmaß des Urteils wurden ebenfalls nach Vorlagen Nordens vom Politbüro beschlossen.[25] 1965 gab der Ausschuß für Deutsche Einheit unter der Leitung von Norden das »Braunbuch« über Kriegs- und Naziverbrecher in der Bundesrepublik und Westberlin heraus, das fortan zu einem »Klassiker« der DDR-Agitation wurde. Es erlebte mehrere Auflagen, erschien in englischer, französischer und spanischer Sprache und erfuhr über die Auslandsvertretungen und befreundete internationale Organisationen weltweite Verbreitung.

In die Vorbereitung dieser Kampagnen und Prozesse wurden der Ausschuß für Deutsche Einheit und der Nationalrat der Nationalen Front einbezogen. Ihnen oblag es, die Federführung des Politbüros zu vertuschen und in die Propagandaoffensive weite Kreise einzubeziehen. Vor allem vermeintlich unabhängige Organisationen und Persönlichkeiten sollten veranlaßt werden, Erklärungen abzugeben und sich mit Briefen an die westdeutsche und internationale Öffentlichkeit zu wenden. In diesem Zusammenhang hielt man auch die jüdischen Gemeinden für nützlich. Kaum jemand sonst schien so kompetent zu Fragen des Antisemitismus und Faschismus Stellung nehmen zu können.

Dabei hätten sie auch gut über die Defizite in der DDR Auskunft geben können, denn ihr eigenes Erleben widersprach oft dieser staatlichen Agitationslinie. Allein die Judenverfolgung in Folge des Slánský-Prozesses hatte die Legende vom antifaschistischen Staat Lügen gestraft. Darüber hinaus kam es regelmäßig zu Friedhofsschändungen und anderen antisemitischen Vorkommnissen. Der rassistische Charakter des Nationalsozialismus wurde in der Geschichtspolitik der SED konstant vernachlässigt. Die rassisch Verfolgten, die die Mehrzahl der Mitglieder der VVN stellten, waren durch die Auflösung dieser Organisation aus dem gesellschaftlichen und politischen Leben verdrängt worden. Da Juden nur als »Opfer des Faschismus« eingestuft wurden, erhielten sie geringere Ehrenpensionen. In den achtziger Jahren z. B. belief sich diese bei den »Opfern des Faschismus« monatlich auf 1 200 Mark, bei den »Kämpfern gegen den Faschismus« auf 1 400 Mark. 1 200 Mark Rente war für DDR-Verhältnisse viel (etwa das Zwei- bis Dreifache einer Durchschnittsrente), doch zeigte sich darin deutlich die Abwertung gegenüber den Widerstandskämpfern. Statt eines Protestes war von den jüdischen Gemeinden aber nur Dank zu vernehmen. Gegenteilige Erfahrungen wurden verdrängt, und das offizielle Faschismusbild, das die Judenverfolgung und ihre Überlebenden vernachlässigte, mitgetragen. Antisemitische Äußerungen, Friedhofsschändungen etc. meldeten die jüdischen Gemeinden allenfalls den zuständigen Referenten für Kirchenfragen, sie hüteten sich, damit an die Öffentlichkeit zu treten. Da die meisten Gemeinden seit 1953 und der Verband seit der Präsidentschaft von Aris durch SED-Mitglieder geleitet wurden, war auch kein Widerspruch gegen die herrschende Propaganda zu erwarten. Vielmehr bemühten sie sich, das Bild von der moralischen Überlegenheit der antifaschistischen DDR mitzuzeichnen. Verlautbarungen orientierten sich an der tagespolitisch vorgegebenen Agitation und wurden mit der SED und den Kirchenreferenten abgestimmt.

Bereits in der ersten Presseerklärung nach der Gemeindespaltung und Konstituierung der Jüdischen Gemeinde von Groß-Berlin hatten Provisorischer Vorstand und Beirat betont, daß in der DDR Antisemitismus streng geahndet werde, während er in Westdeutschland straflos bleibe. Auch Riesenburger wies in einem »Appell an die Juden« auf »das immer offenere Wiederaufleben des Faschismus in Westdeutschland und Westberlin und die damit verbundene Hetze« hin.[26] Der spätere Parteisekretär der Jüdischen Gemeinde von Groß-Berlin, Rothmann, warnte: »In Westdeutschland und Westberlin winkt den jüdischen Opfern des Faschismus statt der ihnen vorgetäuschten ›Wiedergutmachung‹ schon wieder die Bedrohung des nackten Lebens durch die von der Adenauer-Regierung und vom Reuter-Senat rehabilitierten faschistischen Henker. Bei uns in der DDR und im demokratischen Sektor von Berlin und in allen volksdemokratischen Ländern werden die Werktätigen im Geiste der Völkerfreundschaft und des proletarischen Internationalismus erzogen. Sie werden den Antisemitismus nicht dulden.«[27]

Noch Jahre später beeilte sich die Jüdische Gemeinde von Groß-Berlin, die Judenverfolgung im Gefolge des Slánský-Prozesses zu dementieren: »Es hat niemals nach der Zerschlagung des Hitlerregimes im Osten Deutschlands – in der Deutschen Demokratischen Republik – ein Feldzug des Antisemitismus stattgefunden [...], auch nicht zu Beginn des Jahres 1953. Zu diesem Zeitpunkt hatte die westliche Presse allerdings eine ungeheure Propaganda in diesem Sinne entfaltet, weil eine kleine Zahl jüdischer Menschen, durch westliche Einflüsterungen zu kriminellen Vergehen verleitet, Bestrafungen fürchten mußte und deswegen die Deutsche Demokratische Republik verließ. Nicht anders wie auch andere Irregeleitete, die nicht dem jüdischen Glauben angehörten.«[28]

Diese Äußerung löste allerdings heftige Proteste von Vorsitzenden anderer Gemeinden aus. Der Verbandsvorsitzende, Hermann Baden, richtete einen Brief an die Jüdische Gemeinde von Groß-Berlin, der an Eindeutigkeit nichts zu wünschen übrigließ: »Uns ist nicht bekannt, welche kriminellen Handlungen die seinerzeit weggegangenen Mitglieder begangen haben sollen. [...] Wir erinnern uns aber sehr genau an die Vorgänge im Januar 1953. Es hat damals all unserer Energie bedurft, um eine Massenflucht unserer Mitglieder zu verhindern. Viele mußten damals befürchten, daß die Stimmung sich so auswirken würde, daß ein weiteres Verbleiben in unserer Republik kaum in einem ruhigen Leben möglich sein würde. [...] Es wäre nach unserer Auffassung richtiger, wenn man auf die Vorgänge Januar 1953 zurückgeht, auch zu erwähnen, was denn diese Panik ausgelöst hat. Wir erinnern an die später als falsch bekanntgemachte Meldung über die angeblichen Verbrechen jüdischer Ärzte in der Sowjetunion.«[29] Auch in anderer Hinsicht kritisierte er die einseitige Propaganda des »Gemeindeblatts«, er verwies auf Ungerechtigkeiten bei den VdN-Renten, auf die ausgebliebene Restitution, die faktisch die Enteignung der rechtmäßigen jüdischen Eigentümer bedeutete, auf wiederholte Friedhofsschändungen und das Fortleben von antisemitischen Stereotypen in DDR-Publikationen.

Unangefochten von solcher Kritik setzten die Funktionäre der Jüdischen Gemeinde von Groß-Berlin ihre einseitige Agitation fort. Als sich 1959/60 in der Bundesrepublik die absichtsvoll vom MfS geschürten antisemitischen Aktionen häuften, meldete sich auch die Leitung der Jüdischen Gemeinde von Groß-Berlin sogleich zu Wort.

Riesenburger äußerte im DDR-Fernsehen seine »größte Empörung«, und »von dem Tage an fegte unser Protest wie eine Sturmböe durch die ganze westliche Welt, denn überall, wo es nur möglich, waren unser Rabbiner, Herr Rosenberg, Herr Schenk und noch viele andere bereit, für Aufklärung in der Bevölkerung über die Ursachen der antisemitischen Ausschreitungen zu sprechen«.[30] Schenk behauptete, daß die Friedhofsschändungen »heute bereits das Niveau von 1938 weit übersteigen«, und meinte die Urheber zu kennen: »In allen verantwortlichen und führenden Stellen der Bundesregierung, wie z. B. Oberländer, Schröder, Globke und noch viele andere in Justiz, Polizei und Lehrerschaft. Das allgemeine Schweigen der Genannten zu diesen Ereignissen beweist ihre Einstellung. Die Nazi-Aktivisten sitzen also triumphierend in den Schlüsselstellungen des Bonner Machtapparates!«[31]

Die Fülle der öffentlichen Erklärungen gegen die Bundesrepublik verwundert kaum, denn ebenso wie die SED und die DDR-Regierung hatte die Jüdische Gemeinde von Groß-Berlin ein Interesse an der Verteufelung Westdeutschlands: Sie konnte auf diese Weise ihre eigenständige Existenz gegenüber der Jüdischen Gemeinde zu Berlin und dem Zentralrat der Juden in Deutschland legitimieren. Analog zur DDR-Außenpolitik war sie bemüht, ihre Isolierung zu überwinden und für ihre Existenz wie auch für den Rabbinertitel Martin Riesenburgers die Anerkennung internationaler jüdischer Organisationen zu erlangen. Abgeschnitten von Kontakten nach Israel und ohne Austausch mit aktiven jüdischen Gemeinden im Ausland, in den fünfziger Jahren auch vom DDR-Dachverband zurückgewiesen, versuchten die Berliner Gemeindefunktionäre, gesellschaftliche Anerkennung vor allem bei staatlichen Instanzen zu gewinnen. Nachdem sie ihre Loyalität durch linientreue Erklärungen, deren Inhalt und Adressaten mit der SED und dem Staatssekretariat für Kirchenfragen abgestimmt waren, unter Beweis gestellt hatten, wurden sie aktiver in die Aktivitäten des Ausschusses für Deutsche Einheit, des deutschlandpolitischen Instruments der DDR-Regierung, und der Nationalen Front einbezogen. Mit Beginn der Ära Aris weitete sich diese Instrumentalisierung unter dem Deckmantel der »Bündnispolitik« auch auf den Verband aus. Aris' zahlreiche Funktionen in politischen Gremien und Organisationen boten einen guten Ansatz zur Instrumentalisierung der jüdischen Gemeinden für antifaschistische Kampagnen. Da Aris als Verbandspräsident dem Nationalrat der Nationalen Front angehörte und Norden als eines der für Bündnispolitik zuständigen Politbüromitglieder dem Nationalrat gegenüber weisungsbefugt war, nahmen die Absprachen einen kurzen Weg.

Auch bei anderen Anlässen wurden die Gemeindefunktionäre in

die einseitige Antifaschismus-Propaganda einbezogen. Ein Beispiel ist die vom Politbüro ausgearbeitete »Kampagne zum Prozeß Eichmann in Jerusalem«. Sie illustriert die umfangreiche Planung von geschichtspolitischen Aktivitäten gegen die Bundesrepublik, an denen sich auch die Vertreter der jüdischen Gemeinden beteiligen sollten.

Die Propagandaoffensive lief gleich nach der Entführung Eichmanns durch den israelischen Geheimdienst aus Argentinien an. Daß der Prozeß vor dem Obersten Gericht in Jerusalem geführt werden sollte, warf für die DDR und ihre Verbündeten mehrere ideologische Probleme auf. Die Zuständigkeit des israelischen Gerichts wurde mit der Begründung bezweifelt, daß der Staat Israel während der Nazizeit noch nicht bestanden habe. Außerdem sollte nicht aus der Anerkennung des Gerichts gefolgert werden, daß die israelische Regierung das Recht habe, für alle Juden zu sprechen. Das Geschichtsbild mit der Überbetonung des kommunistischen Widerstands wurde konterkariert, wenn nun die Dimension der Judenverfolgung ins Zentrum der Aufmerksamkeit geriet. Um einen politischen Nutzen aus dem Prozeß ziehen zu können, verständigten sich die sozialistischen Staaten während einer Außenministerkonferenz im Juli 1960 auf eine gemeinsame Vorgehensweise. Als politische Richtlinie wurde festgelegt, daß sich der Angriff gegen »a) den westdeutschen Neofaschismus, b) den Zionismus, c) den Vatikan [Eichmann gelangte unter Beihilfe des Vatikans nach Argentinien]« richten solle. Zu den Opfern des Angeklagten zählten nicht nur Juden, sondern auch »andere fortschrittliche Personen, Bewegungen und Patrioten«: »Da Eichmann den größten Teil seiner Straftaten in Polen gegen polnische Bürger begangen hat, würde es als richtig erscheinen, wenn die polnischen Genossen in der vordersten Reihe unserer Aktionen stünden.«[32] Vor allem sollte aber der Blick der Weltöffentlichkeit auf Eichmanns Mittäter gelenkt werden, die noch immer unbehelligt an den Schalthebeln der Macht in Bonn säßen. Gegenstand der Agitation vor und während des Prozesses wurden nun vornehmlich Oberländer und Globke, nicht aber Eichmann.[33]

Am 28. Juli 1960 hielt Norden eine Pressekonferenz ab, in deren Präsidium auch Martin Riesenburger Platz nahm, und verkündete: »Globke ist der Eichmann Bonns«.[34] Die Gleichsetzung von Eichmann und Globke wurde fortan von den Gemeindefunktionären übernommen.

Obwohl die Festnahme und der Prozeß gegen Eichmann in der jüdischen Welt ein großes Echo ausgelöst hatten, war vom Verband der Jüdischen Gemeinden in der DDR relativ wenig zu vernehmen – zumindest nichts, was über den von der SED gesteckten Interpretationsrahmen hinausging. Immerhin handelte es sich um einen der Hauptverantwortlichen für die Judenvernichtung und um das größte Strafverfahren seit den Nürnberger Hauptkriegsverbrecherprozessen. Auch die Organisation der Tötungsmaschinerie durch affektfreie, subalterne Bürokraten geriet erstmals nachdrücklich in das Bewußtsein der Weltöffentlichkeit. Doch keines der international diskutierten Probleme – die Entführung, die Zuständigkeit eines israelischen Gerichts, die im Charakter des Angeklagten zum Ausdruck kommende »Banalität des Bösen«, die rechtliche Beurteilung von Schreibtischtätern, die Verstrickung des gesamten öffentlichen Lebens in die Vernichtungspolitik – wurde in den raren Stellungnahmen des Verbandes thematisiert. Aufgegriffen wurde allein die von der SED vorgegebene propagandistische Auswertung des Prozesses. Im Politbüro-Beschluß vom 11. April 1961 hieß es: »Der Leiter der jüdischen Gemeinde in Berlin ist zu veranlassen, in entsprechender Weise aufzutreten. Es ist ihm zu empfehlen, in einem Telegramm an Kennedy aufmerksam zu machen, daß in Westdeutschland revanchistische Politik und Rassenhetze wieder Platz ergriffen hat.«[35] Da der Appell eines »Rabbiners« als öffentlichkeitswirksamer galt, wandte sich nicht Schenk, sondern Riesenburger »voll Sorge« am 17. April 1961 in einem offenen Brief an den amerikanischen Präsidenten und an den Präsidenten des Jüdischen Weltkongresses, Nachum Goldmann. Er machte sie darauf aufmerksam, »daß in westdeutschen Amtsstellen jene SS- und Naziführer in großer Zahl leitend tätig sind, die wie Eichmann und Staatssekretär Globke schuldig sind der Ermordung von über sechs Millionen meiner Schwestern und Brüder«.[36] Gegenüber der Presse äußerte Riesenburger: »Globke und Eichmann, beide gehörten zusammen und beide gehören auch heute noch zusammen – an den Galgen.«[37] Vertreter jüdischer Gemeinden und Organisationen aus der DDR, Polen, Ungarn und der Tschechoslowakei verabschiedeten bei einem Treffen im Mai 1961 in Dresden eine Erklärung, die unter Bezug auf »Globke und seine Kumpane« forderte, daß »alle Dunkelmänner aus ihren Schlupfwinkeln hervorgezerrt werden, die mit Eichmann die gleichen Verbrechen begangen haben«.[38] In dem gleichen Tenor drückte das Verbandspräsidium nach der Urteilsverkündung in einem Telegramm an das »Israelitische Bezirksgericht« in Jerusalem seine Hoffnung aus, daß keine Revision zugelassen werde und »auch alle anderen Schuldigen, wie Globke, Heusinger, Oberländer und Konsorten ihrer gerechten Strafe baldigst zugeführt werden«[39]. Ohne Zweifel war es unerträglich, daß jemand wie Globke, der die Nürnberger Gesetze kommentiert hatte und für die Einführung der Zwangsvornamen »Sarah« und »Israel« mitverantwortlich war, sich wieder in Amt und Würden befand, doch eine Gleichsetzung mit Eichmann war nicht vertretbar. Sie belegt die fragwürdige Geschichtspolitik der SED, die nur dann konsequenten Antifaschismus praktizierte, wenn die Bundesrepublik diskreditiert werden konnte.

Neben der Eichmann-Kampagne beteiligte sich der Verband der Jüdischen Gemeinden auch an anderen, scheinbar im Dienste des Antifaschismus stehenden Aktivitäten. Gegen den »ehemaligen SA-Mann Schröder und jetzigen Innenminister der Bundesrepublik«, gegen »Oberländer und Konsorten«[40] wurden vornehmlich von der Jüdischen Gemeinde von Groß-Berlin zahlreiche Proteste vorgetragen und in alle Welt versandt.

Als die SED eine Kampagne gegen das geplante VVN-Verbot in der Bundesrepublik inszenierte, fand im November 1962 in der Westabteilung des Nationalrates eine Besprechung mit Vertretern verschiedener Institutionen und Massenorganisationen statt. Die Mitarbeiter der Westkommission des ZK forderten die Anwesenden auf, »keine Zeit zu verlieren und sich an die ihnen gleichgearteten Organisationen und Institutionen sowie an Persönlichkeiten in Westdeutschland und im Ausland zu wenden, um eine höchstmögliche Aktivität gegen den Prozeß zu erzielen«[41]. Daraufhin verabschiedete der Verband eine Resolution des üblichen einseitigen Inhalts, die alle Gemeindevorsitzenden unterzeichnet hatten. Sie wurde an den Zentralrat und die Jüdische Gemeinde zu Berlin, das Bundesverfassungsgericht und den Westberliner Innensenator, Heinrich Albertz, gesandt. Während die anderen Adressaten dieses Schreiben keiner Antwort würdigten, verwahrte sich Albertz gegen den Vorwurf, die Überlebenden des Naziterrors sollten mundtot gemacht werden. Er verwies darauf, daß sonstige Opferverbände und jüdische Institutionen in der Bundesrepublik frei arbeiten könnten, und konterte: »In dem Teil Deutschlands, in dem Sie leben müssen, gibt es weder eine Wiedergutmachung noch eine VVN. Sie wurde dort bereits vor Jahren aufgelöst.«[42] Diese Antwort wurde jedoch nicht im »Nachrichtenblatt« veröffentlicht, sondern von Aris an den Kirchenreferenten des Bezirks Dresden weitergegeben.

Da sich der Verband der Jüdischen Gemeinden als zuverlässiger Partner erwiesen hatte, plante man ihn bei der Organisation des Globke-Prozesses bereits fest ein. Riesenburger wurde offiziell als Teilnehmer nominiert, und die Berliner Gemeinde war für die Einladung ausländischer jüdischer Gäste verantwortlich. Für die Verbreitung des 1965 erstellten »Braunbuches über Kriegs- und Naziverbrecher in der Bundesrepublik« stellte der Verband sogar seine Kopfbögen zur Verfügung, und im Februar 1967 präsentierte er auf einer internationalen Pressekonferenz die Dokumentation »Antisemitismus in

Westdeutschland«. Diese Publikation konnte der Verband nicht selbst erarbeitet haben, sie stand vielmehr im Zusammenhang mit dem nur wenige Tage später von Norden ebenfalls auf einer Pressekonferenz vorgestellten »Graubuch über Expansionspolitik und Neonazismus in Westdeutschland«.[43]

Die Aufzählung könnte für die sechziger Jahre ohne weiteres fortgesetzt werden. Erst mit dem Grundlagenvertrag 1972 und der Aufnahme der DDR in die UNO 1973 nahmen die Angriffe gegen die Bundesrepublik ab, wenn sich auch ihre Stoßrichtung und die Akklamation durch die jüdischen Gemeinden nicht wesentlich änderte. Die reibungslose Zusammenarbeit des Verbandes der Jüdischen Gemeinden mit dem Nationalrat der Nationalen Front demonstriert dabei die Interessenverflechtung mit dem SED-Staat. In Ermangelung religiöser oder kultureller Bindungen an das Judentum nahmen viele Gemeindefunktionäre den staatlich propagierten Antifaschismus als Identifikationsersatz an.

Der Verband, der sich ausschließlich um die Nazis in der Bundesrepublik kümmerte und stets beteuerte, daß »in der DDR die braune Vergangenheit absolut bewältigt« sei, übersah geflissentlich die Defizite im eigenen Land. Weder waren Proteste gegen die Auflösung der VVN in der DDR zu vernehmen, noch gelang es, auf die Tätigkeit des 1953 gegründeten Komitees der Antifaschistischen Widerstandskämpfer der DDR (KAWK) Einfluß zu nehmen. Die rassisch Verfolgten waren im KAWK nicht repräsentiert – auch die Funktionäre des Auschwitz-Komitees verstanden sich als ehemalige politische Häftlinge, nicht als rassisch Verfolgte. Eine Vereinigung von Theresienstädter Häftlingen existierte nicht – die Tätigkeit von Lagergemeinschaften hat man erst seit Anfang der sechziger Jahre toleriert.[44] Aris wurde 1965 in die Zentralleitung des Komitees berufen, nachdem offensichtlich war, daß er als Verbandspräsident die Geschichtspolitik des KAWK bedenkenlos mittrug. Die Zusammenarbeit zwischen dem Verband und dem KAWK erschöpfte sich im Austausch von gelegentlichen Grußadressen und der Teilnahme Aris' an den Sitzungen der Zentralleitung. Das problematische Selbstverständnis des KAWK, das mangels formaler Mitgliedschaft weder organisatorisch noch politisch die rassisch Verfolgten vertrat und letztere auch nicht repräsentieren wollte (sie galten ja »nur« als Verfolgte und nicht als »Widerstandskämpfer«), trat nach dem Tod von Aris 1987 erneut zutage. Nun stellte sich die Frage, ob Aris der Zentralleitung als Privatperson oder als Verbandspräsident angehört hatte und ob sein Amtsnachfolger Rotstein berufen werden sollte. Letzteres wurde aus politischen Gründen von der ZK-Arbeitsgruppe Kirchenfragen befürwortet.

Der Verband der Jüdischen Gemeinden störte sich auch kaum daran, daß das Gedenken an die Shoah einen so geringen Stellenwert im offiziellen Geschichtsbild einnahm. Mit Ausnahme der »Jüdischen Baracke« in Sachsenhausen fanden jüdische Opfer in den KZ-Gedenkstätten keine besondere Erwähnung. Man gedachte ihrer als Polen, Belgier, Franzosen usw., ohne ihr Verfolgungsschicksal zu spezifizieren. Jüdischer Widerstand wurde in Geschichtsschreibung und Gedenkkultur bis in die achtziger Jahre hinein unterschlagen. Mit der Einrichtung eines Denkmals und Ehrenfriedhofs für die Opfer des Todesmarsches in Tröbitz 1966 hatte sich der Verband eine eigene Stätte geschaffen, wo am Tag der Befreiung und zu anderen Anlässen Gedenkfeiern abgehalten wurden.

Auch die Pogromnacht am 9. / 10. November 1938 wurde erst 1988 Bestandteil des offiziellen Gedenktagskalenders der DDR. Zuvor beschränkten sich die Veranstaltungen auf gelegentliche Kranzniederlegungen. Erstmalig hatte die SED 1978 den 40. Jahrestag der »Kristallnacht« umfangreicher gewürdigt. Das ZK-Sekretariat wies an, daß Tages- und Wochenzeitungen in Artikeln diesen Tag in Erinnerung rufen und darlegen sollten, »wie in der DDR Faschismus und Rassismus mit der Wurzel ausgerottet wurden und das Vermächtnis auch der rassisch verfolgten Millionen Opfer Erfüllung fand«.[45] Auf eine zentrale Gedenkveranstaltung verzichtete man, statt dessen sollte das offizielle Gedenken bei der Veranstaltung des Verbandes der Jüdischen Gemeinden am 9. November 1978 in Dresden zelebriert werden. Über das Staatssekretariat für Kirchenfragen wurde das Szenario dieser Veranstaltung bis hin zu Grußworten geplant, die der Verband an Erich Honecker richten sollte. Es schrieb die Rede für Aris und redigierte mit ihm die Fragen und Antworten eines ADN-Interviews.[46]

Erst Mitte der achtziger Jahre fand das Gedenken an die nationalsozialistische Judenverfolgung größere Beachtung, da sich die SED die außenpolitische Bedeutung der jüdischen Gemeinden stärker zunutze machen wollte. Daß letztlich auch diese Entwicklung eine von der SED umfangreich geplante Kampagne zur Imageverbesserung der DDR war, in der die jüdischen Gemeinden wieder eine festgelegte Rolle zu spielen hatten, wurde vom Verband erst in der Wendezeit beklagt.

Die Reaktion auf Antisemitismus in der DDR

Die häufigen Akklamationen von Gemeinde- und Verbandsfunktionären über den antifaschistischen Charakter der DDR konnten nicht darüber hinwegtäuschen, daß es auch hier Antisemitismus gab. Offiziell wurden zwar judenfeindliche und nazistische Äußerungen unterdrückt, antisemitische Ressentiments in der Bevölkerung und in der Parteiideologie lebten jedoch fort. Zudem war eine Grundkonstante der SED-Politik der Antizionismus, der kaum zwischen Judentum und Zionismus als politischem Feindbild zu unterscheiden wußte. Wer einer jüdischen Gemeinde beitrat, machte sich schon des Zionismus verdächtig, wie die Akten des MfS belegen. Gegenstand der Verhöre jüdischer SED-Mitglieder vor der Zentralen Parteikontrollkommission war immer wieder die mutmaßliche Aufforderung Paul Merkers an jüdische Genossen gewesen, den Gemeinden beizutreten. Die Inkriminierung einer Gemeindemitgliedschaft, die mit der Parteizugehörigkeit unvereinbar sei, führte zur Aufforderung, aus den Gemeinden auszutreten, oder zur Vorwegnahme dieses Schrittes aus Angst vor Repressalien und Karriereeinbrüchen. Dieses Trauma von 1953 wirkte in den folgenden Jahrzehnten in den Gemeinden und unter den außerhalb von ihnen stehenden Juden nach, auch wenn es nie thematisiert wurde.

Auch die Vorgaben bezüglich des Selbstverständnisses der jüdischen Gemeinden und einer akzeptablen Form des Judentums waren ressentimentgeladen und weit entfernt von einer religionspolitisch neutralen Haltung des Staates. Die offizielle Definition bestimmte Judentum ausschließlich als Religionsgemeinschaft, die sich nur kultischen Aktivitäten zu widmen habe. Dieser Einstellung gab der für die Überwachung der jüdischen Gemeinden zuständige MfS-Offizier Werner Sprotte Ausdruck, als er 1984 in einer Notiz festhielt: »Für die Staatspolitik gibt es nur *Glaubens*juden, keine Nationalität, Abstammung; diesbezügliche Versuche jüdischer Bürger nach einer eigenen *politischen* Organisation werden nicht unterstützt.«[47] Antisemitische Klischees wurden auch von den Medien in der Berichterstattung über Israel und den Nahostkonflikt verbreitet. Bei der Schilderung der israelischen Politik wie auch in Karikaturen wurden antisemitische Stereotype reproduziert, die dem »Stürmer« hätten entnommen sein können – an die Stelle des Bildes von »häßlichen Juden« trat nun der »häßliche Israeli«. Die Gleichsetzung israelischer Aktivitäten mit der Politik Nazideutschlands verlieh dieser antiisraelischen Grundhaltung noch einen antifaschistischen Anstrich. Der Verband wie auch einzelne Gemeinden haben mehrfach in Schreiben an die Redaktionen wie auch bei Gesprächen im Staatssekretariat protestiert. Sie vollzogen die offiziell postulierte, aber unscharfe Grenzziehung zwischen »antizionistisch« und »antisemitisch« nicht nach und wiesen darauf hin, daß eine derartige Berichterstattung Antisemitismus hervorrufen oder fördern könnte.

So beschwerte sich Aris in einem Gespräch mit Dr. Hans Wilke und Barbara Janott im Staatssekretariat im September 1983 über mehrere Zeitungsartikel, die mit ihrer Nahostberichterstattung »einer antijüdischen bzw. antisemitischen Stimmung in der DDR Vorschub leisten würden. [...] In diesem Zusammenhang erwähnte Gen. Aris verstärkt auftretende Fälle von Schändungen auf jüdischen Friedhöfen.«[48] Wenige Tage später bat er wieder um ein Gespräch wegen neuerlicher Äußerungen des DDR-Fernsehens über die »zionistische Propagandalüge vom Terrorismus der PLO« und »Rassismus in Israel«.[49]

Als die Kinderzeitschrift »ABC-Zeitung« 1984 eine Geschichte über den »Feuerdrachen Zion« veröffentlichte, protestierte die Jüdische Gemeinde Berlin bei der Redaktion.[50] Neben dem Verband verwahrten sich auch einzelne Gemeindemitglieder wie Eugen Gollomb aus Leipzig und Helmut Eschwege aus Dresden wiederholt bei den Redaktionen sowie staatlichen und Parteiinstanzen gegen tendenziöse Artikel, Bücher und Sendungen. Einwände gegen allzu offensichtliche antisemitische Berichte wiesen die Redaktionen häufig mit dem Hinweis auf die jüdische Herkunft ihres Journalisten zurück, die sozusagen von vornherein eine judenfeindliche Haltung ausschlösse. Gleichwohl ist der Einsatz jüdischer Journalisten für die Berichterstattung über den Nahostkonflikt ein Beleg dafür, daß man sich des antisemitischen Gehalts der antiisraelischen Propaganda zumindest unterschwellig bewußt war und sich gegen derartige Vorwürfe absichern wollte, ohne sich mit ihnen auseinandersetzen zu müssen.

Trotz der durch die antiisraelische Nahostpolitik geschürten judenfeindlichen Stimmung waren Juden nach 1953 keiner physischen Bedrohung ausgesetzt. Synagogen und Gemeindeeinrichtungen standen nicht – wie in der Bundesrepublik und heute im vereinigten Deutschland – unter permanentem Polizeischutz. Das lag u. a. daran, daß die DDR zwar arabische Terrorgruppen unterstützte, ihnen aber Aktionen auf ihrem Territorium untersagt hatte. Die Gemeinden erhielten jedoch häufig anonyme Drohanrufe und antisemitische Briefe oder fanden geschändete Friedhöfe vor. In den fünfziger Jahren reagierte der Verband der Jüdischen Gemeinden auf derartige Vorkommnisse noch offensiv. So protestierte z. B. der Verbandspräsident Baden 1954 beim Bezirksausschuß der Nationalen Front gegen die Wahl des Friseurmeisters Eckstein in den Bezirkstag von Halle, da dieser ihm »als großer Antisemit« bekannt sei: »Gleich am Anfang der Nazizeit hat er an seinem Geschäftslokal ein Schild mit der Aufschrift ›Juden werden hier nicht bedient‹ angebracht.«[51] Ob Eckstein daraufhin sein Mandat niederlegen mußte, ist nicht bekannt. Auch in einem Gespräch mit dem Referenten der Hauptabteilung Verbindung zu den Kirchen, Hartwig, informierte Baden über »den bestehenden Antisemitismus in der DDR«, der sich hauptsächlich in wiederholten Friedhofsschändungen äußere.[52] Hartwig, ehemals SS-Mitglied, verwies lediglich auf gleiche Erscheinungen in der Bundesrepublik. Der Verbandsvorstand wies diese Reaktion als unzureichend zurück und beschloß, Otto Nuschke einen Bericht über Friedhofsschändungen seit 1945 auf dem Territorium der DDR zu übersenden.[53] Ebenso offensiv reagierte der Verbandsvizepräsident Walter Friedländer, als der Dresdner Referent für Kirchenfragen, Breitmann, ihn für Aktionen gegen antisemitische Ausschreitungen in Westdeutschland vereinnahmen wollte. Friedländer beschränkte seine Antwort auf die Aufzählung judenfeindlicher Ereignisse in der DDR: »Diese Geschehnisse anhören zu müssen, war Herrn Breitmann nicht angenehm und, wie man seinem Erstaunen darüber entnehmen konnte, hörte er sicher das erste Mal davon.«[54] Abgesehen von den Funktionären der Jüdischen Gemeinde von Groß-Berlin, die über Friedhofsschändungen in Berlin kein Wort verloren und weiterhin allein den Antisemitismus in Westdeutschland anklagten, überwog im Verband bis Anfang der sechziger Jahre die Tendenz, solche Vorkommnisse öffentlich zu machen. Als im Januar 1960 – während der Welle antisemitischer Ereignisse in der Bundesrepublik – im Thüringer Gemeindehaus mehrere Briefe mit judenfeindlichen Losungen und Hakenkreuzen eingingen, beschlossen Baden und Aris, der es sonst an Staatsloyalität nicht missen ließ, diese Vorfälle der Presse und dem Rundfunk zu melden. Hingegen hatte der Thüringer Gemeindevorsitzende, Herbert Ringer, um unbedingte Vertraulichkeit gebeten, zumal sich die »zuständigen Organe« der Angelegenheit bereits angenommen hätten.[55] Dieser verschämte Umgang mit antisemitischen Erlebnissen nahm in den sechziger Jahren allmählich zu, wobei es in der DDR ohnehin keine Möglichkeit gab, über die Medien an die Öffentlichkeit zu gelangen. In der Regel erstatteten die Gemeindevorsitzenden Anzeige bei der Polizei und meldeten die Vorfälle dem zuständigen Referenten für Kirchenfragen oder dem Staatssekretariat.

Offiziell führte die Kriminalpolizei die Ermittlungen gegen die Urheber von Friedhofsschändungen und antisemitischen Äußerungen, doch das eigentliche Untersuchungsorgan war stets die mit politischen Straftaten befaßte Hauptabteilung IX des Ministeriums für Staatssicherheit. Abgesehen von wenigen strafrechtlichen Verurteilungen, über die in der Presse eine Notiz veröffentlicht wurde, um die vermeintlich konsequente Verfolgung derartiger Straftaten zu dokumentieren, war man eher um die Geheimhaltung antisemitischer Ereignisse oder um deren Verharmlosung als Rowdytum bemüht. Nachdem 1983 Grabsteine auf dem jüdischen Friedhof von Erfurt mit nazistischen Symbolen beschmiert und umgestürzt worden waren, wurde mit dem Gemeindevorsitzenden Herbert Ringer und seinem Stellvertreter, Raphael Scharf-Katz, »abgesprochen, daß sie, solange die Untersuchungen laufen, keinem anderen Personenkreis oder eventuell auftretenden Journalisten Auskünfte erteilen«.[56] Die Polizei nahm Scharf-Katz den Film ab, auf dem er die Schändung dokumentiert hatte. Obwohl man ihm »diese Maßnahme erläuterte«, protestierte er und drohte, sich an das Politbüromitglied Hermann Axen zu wenden, ließ sich dann aber in einem Gespräch mit dem Stellvertretenden Vorsitzenden des Rates des Bezirkes Erfurt für Inneres von weiteren Schritten abbringen. Nicht das Unglück selbst, sondern der Überbringer der Botschaft wurde als das Übel angesehen. Weil sich die DDR als antifaschistischer Staat präsentieren wollte, hatten alle rassistischen und judenfeindlichen Verhaltensweisen für ausgerottet zu gelten. Traten sie doch zutage, wurden sie in der Regel geleugnet, nach der Devise: was nicht sein darf, kann auch nicht sein. Die Ermittlungen wurden häufig eingestellt, zumeist mit der Begründung, daß »heftige Windstöße«[57] und »grober Unfug durch Kinder« für die Schändung der Gräber verantwortlich seien.[58] Freilich waren die Zerstörungen auf den Friedhöfen mitunter auch auf mangelnde Pflege oder Vandalismus zurrückzuführen, z. B. als 1983 sowjetische Soldaten auf dem jüdischen Friedhof in Mühlhausen randalierten und ein betrunkener Offizier der Grenztruppen in die Leipziger Synagoge einbrach. Häufiger ließen jedoch Hakenkreuze oder judenfeindliche Losungen auf Grabsteinen und Friedhofsmauern eindeutig auf antisemitische Motive schließen. Trotz des umfangreichen Polizei- und Staatssicherheitsapparates wurden aber auch in diesen Fällen die Täter oft nicht ermittelt. Als 1988 auf dem Adass-Jisroel-Friedhof in Berlin Grabsteine umgestürzt und Gräber mit Kot geschändet wurden, stellte die Staatsanwaltschaft die Ermittlungen ein, da angeblich der Wind hierfür verantwortlich sei. Als derselbe Friedhof im Oktober 1989 am Jom Kippur geschändet wurde, indem madiges Schweinefleisch über die Mauer geworfen wurde – geradezu ein antisemitischer »Klassiker«, den kaum Kinder verübt haben konnten –, weigerte sich die Polizei, Untersuchungen einzuleiten. Obwohl das Strafgesetzbuch der DDR hierfür den § 220 (»öffentliche Herabwürdigung«) vorsah, wurde erklärt, es handle sich nicht um einen Straftatbestand, denn es sei nichts anderes, als wenn jemand ein altes Fahrrad über einen Gartenzaun entsorge.

Falls doch Strafprozesse gegen antisemitische Ausschreitungen geführt wurden, machten die Justizorgane Westmedien oder faschistische Gruppierungen in der Bundesrepublik und Westberlin für die

Anstiftung zur Tat verantwortlich. Deutlich wurde dies beim Prozeß gegen die Skinheads, die im Oktober 1987 Konzertbesucher in der Berliner Zionskirche zusammenschlugen und dabei nazistische Parolen skandierten. Erstmalig waren Vertreter der Jüdischen Gemeinde Berlin und der evangelischen Kirche als Prozeßbeobachter zugelassen worden. Nachdem in der SED-Presse und im Prozeß Westberliner Nazis als Urheber dieses Überfalls gebrandmarkt und milde Urteile verhängt wurden, empörten sich weite Kreise über diesen nachlässigen Umgang mit neonazistischen Tendenzen in der DDR-Gesellschaft. Doch anstatt eine Auseinandersetzung mit den Ursachen nazistischer Verhaltensweisen in einer vermeintlich von Grund auf antifaschistischen Gesellschaft zuzulassen, setzten die Partei- und Staatsorgane zur Wahrung der außenpolitischen Reputation der DDR lediglich auf Strafverschärfung. Im Revisionsverfahren und in weiteren Prozessen gegen Skinheads wurden drakonische Strafen verhängt. Die Jugendlichen z. B., die auf dem jüdischen Friedhof in der Schönhauser Allee in Berlin mehr als 200 Grabstätten beschmiert und zerstört hatten, verurteilte man 1988 zur Höchststrafe von bis zu sechseinhalb Jahren Freiheitsentzug.[59] Die Presseberichte über diese Strafverfahren konnten nicht umhin, die antisemitische Motivation der Täter einzuräumen, wenngleich sie diese bagatellisierend als Rowdies bezeichneten, die sich an »westlichen neonazistischen Vorbildern« orientierten.[60] Insbesondere durch die zeitliche Nähe zu den Gedenkveranstaltungen anläßlich des 50. Jahrestages der »Kristallnacht« mit den zahlreich erwarteten internationalen Gästen bemühte man sich, derartige Vorkommnisse als Ausnahmeerscheinungen krimineller Jugendlicher herunterzuspielen, die streng geahndet würden.

Die Art und Weise der Prozeßführung und das – nicht nur im Rahmen jugendlicher Protestkultur – wahrnehmbare rechtsextremistische Gedankengut löste eine halböffentliche Diskussion über antisemitische und faschistische Erscheinungen in der DDR-Gesellschaft aus. Diese Debatte wurde durch den 1989 von Konrad Weiß im Samisdat veröffentlichten Essay »Die neue alte Gefahr: Junge Faschisten in der DDR« verstärkt. Im gleichen Jahr drehte der Regisseur Roland Steiner den Dokumentarfilm »Unsere Kinder«, in dem er u. a. rechtsradikale Jugendliche porträtierte und schon im Titel die offizielle Behauptung widerlegte, dieses Problem sei nur vom Westen aus in die DDR hineingetragen.

Auch einzelne Vertreter jüdischer Gemeinden und des Verbandes gaben die bislang diskrete Zurückhaltung auf und verwiesen in öffentlichen Stellungnahmen auf Defizite des antifaschistischen Selbstverständnisses der DDR. Der Vorsitzende der Jüdischen Gemeinde

Berlin, Kirchner, warnte auf einer Pressekonferenz im Mai 1988 davor, das »faschistoide Denken und Verhalten« von Jugendlichen ausschließlich westlichen Massenmedien anzulasten.[61] Mehrfach wurde die mangelnde Behandlung der nationalsozialistischen Judenverfolgung im Geschichtsunterricht beklagt, die solche Ausschreitungen begünstige. Verbandspräsident Rotstein mahnte, »stärker über die Verbrechen der Nationalsozialisten aufzuklären, vor allem über die Verbrechen an den Juden«, es habe hierbei bislang »Versäumnisse« gegeben.[62] Gleichzeitig lobte man die DDR als einen Staat, in dem Faschismus und Antisemitismus »mit Stumpf und Stiel ausgerottet« seien. Noch im Mai 1989 erklärte Rotstein: »In unserem Land, wo die Jugend im antifaschistischen Sinne erzogen wird, ist Neonazismus unvorstellbar.«[63] Als der Verband wenige Monate später in der Wendezeit um Distanzierung von der Staatsmacht bemüht war, verfaßte er jedoch einen offenen Brief an die Gemeindemitglieder und die Abgeordneten der Volkskammer, in dem es hieß: »Wir sind besorgt, wenn sich rechtsradikale und neonazistische Gruppen bilden und die von ihnen ausgehende Gefahr in unserem Lande aus falsch verstandener Scham bagatellisiert wird. Antisemitische Vorfälle werden nicht dadurch ungeschehen, daß man ihre Spuren möglichst schnell beseitigt beziehungsweise Verhandlungen gegen gefaßte Täter unter Ausschluß der Öffentlichkeit führt.«[64]

Die antiisraelische Propaganda hatte weitaus stärker ein Negativbild von Juden geprägt als das (unterdrückte) Fortleben judenfeindlicher Stereotype aus der Nazizeit. Die in der Nachwendezeit offen auftretenden rechtsextremen und rassistischen Organisationen und Gruppierungen erhielten in den neuen Bundesländern jedoch weniger Zulauf und Wählerstimmen, als der deutschnationale Wiedervereinigungstaumel befürchten ließ. Daß unter den ehemaligen DDR-Bürgern der Antisemitismus nicht so verbreitet war wie unter den Westdeutschen, belegen zwei Umfragen aus dem Jahre 1991. Nach der im Auftrag des American Jewish Committee durchgeführten Erhebung des Emnid-Instituts betrug der Anteil der antisemitisch eingestellten Bundesbürger im Westen 16,0 und im Osten 4,0 Prozent,[65] wobei ältere, möglicherweise noch durch die Nazipropaganda beeinflußte Menschen mehr Vorbehalte und Aversionen gegenüber Juden hatten als jüngere. Aber auch 12 Prozent der 18- bis 29jährigen bezeichneten sich als »Gegner des Judentums«. Zu einem ähnlichen Ergebnis kam eine im April 1991 abgeschlossene Studie der Universität Erlangen-Nürnberg. Sie rechnete etwa 6 Prozent der DDR-Bevölkerung und 8,8 Prozent der befragten Schüler zum »harten antisemitischen Kern«[66] und verwies darauf, daß auch außerhalb dieses Kerns einzelne antisemitische Vorurteile anzutreffen seien: Etwa

10,9 Prozent forderten, alle Juden sollten nach Israel gehen, und meinten, es gäbe Fehler, die »den Juden im Blut lägen«. Der Anteil der Juden an der DDR-Bevölkerung wurde häufig falsch eingeschätzt: 40 Prozent glaubten, daß bis zu 100 000 Juden in der DDR lebten, weitere 30 Prozent gingen von einer Million und 10 Prozent sogar von mehreren Millionen aus. Gegenüber Israelis hegten 15,9 Prozent der Befragten Vorbehalte, gegenüber Juden 8,0 Prozent. Trotz der erschreckenden Zahlen, die die offizielle Behauptung, in der DDR gäbe es keinen Antisemitismus, widerlegten, kam auch diese Studie zu dem Schluß, daß antisemitische Haltungen unter den ehemaligen DDR-Bürgern weniger verbreitet seien als unter den Westdeutschen. Doch bereits drei Jahre später unterschieden sich die neuen Bundesbürger bei einer Emnid-Umfrage kaum noch von ihren Landsleuten im Westen: 21 Prozent der Ostdeutschen und 22 Prozent der Westdeutschen wollten keine Juden als Nachbarn.[67] Diese Annäherung wie auch die Zunahme antisemitischer Vorbehalte in der gesamten Bundesrepublik ist vor allem auf den Vereinigungsprozeß zurückzuführen, dessen politische und wirtschaftliche Probleme xenophobische und rassistische Einstellungen begünstigten. Die Ergebnisse der Studie lassen daher nur noch bedingt Rückschlüsse auf einen in der DDR kultivierten Antisemitismus zu.

Das Verhältnis zur Nahostpolitik der DDR

Als im Mai 1948 eine Versammlung der Berliner VVN mit dem gemeinsamen Singen der »Hatikwah«, der israelischen Nationalhymne, endete, war nicht abzusehen, daß sich die solidarische Haltung der Sowjetunion und ihrer Verbündeten gegenüber dem jungen Staat Israel bald ins Gegenteil verkehren würde. Noch am 29. November 1947 hatte die UN-Vollversammlung mit Hilfe der Voten der Sowjetunion, Weißrußlands, der Ukraine, Polens und der Tschechoslowakei die Teilung Palästinas und die Gründung eines arabischen und eines jüdischen Staates beschlossen. Auch die SED begrüßte die Entscheidung der UNO, und Grotewohl signalisierte bei seinen Treffen mit Vertretern der Jewish Agency und des Staates Israel 1947/48 Hilfsbereitschaft gegenüber dem neuentstehenden Staatswesen. Während des ersten arabisch-israelischen Krieges verurteilten die Sowjetunion und ihre Verbündeten die arabische Aggression und unterstützten den jüdischen Staat mit Waffenlieferungen. Nachdem die Sowjetunion das kurzfristige Ziel ihrer Nahostpolitik erreicht hatte – die Vertreibung der Briten aus Palästina –, änderte sie ihre Haltung. Dafür gab es im wesentlichen zwei Gründe: Zum einen befürchtete man das Erstarken jüdisch-nationaler Bestrebungen im eigenen Land und negative Auswirkungen auf die mit Terror und Gewalt durchgesetzte Stalinsche Nationalitätenpolitik. Zum anderen versprach man sich von einer Unterstützung des arabischen Nationalismus einen größeren machtpolitischen Einfluß im Nahen und Mittleren Osten, als dies über den kleinen Staat Israel möglich schien, der sich zudem politisch und wirtschaftlich dem Westen annäherte. Während die Sowjetunion noch wenige Jahre zuvor in den Debatten der UN-Vollversammlung das Recht der Juden auf einen eigenen Staat unterstützt hatte, diffamierte sie nun den Zionismus als »nationalistische Ideologie der auf Seiten des Imperialismus stehenden jüdischen Großbourgeoisie«.

Dieser Position schlossen sich die Ostblock-Staaten an. Daß die DDR der von der Sowjetunion vorgegebenen Nahostpolitik bereitwillig folgte, war jedoch nicht nur ihren Bündnisverpflichtungen geschuldet, sondern entsprach auch ihren eigenen Interessen. Ihre scharfe antiisraelische Haltung gründete auf der Verweigerung von Wiedergutmachungsleistungen, dem Abgrenzungsbedürfnis gegenüber der Bundesrepublik und dem Streben nach internationaler Anerkennung. Auch die in den »Lehren aus dem Prozeß gegen das Verschwörerzentrum Slánský« bezogenen Positionen wurden nie revidiert. Die Beschuldigten wurden 1956 stillschweigend aus der Haft entlassen, aber das Verdikt der parteifeindlichen Tätigkeit blieb bestehen, denn es fand weder eine öffentliche Rehabilitierung statt, noch wurde in parteiinterner Diskussion eine Abkehr von dieser politischen Linie vollzogen. Auch nachdem sich die im Rajk- und Slánský-Prozeß erhobenen Anschuldigungen als gegenstandslos erwiesen hatten, hielt die SED am Feindbild Zionismus fest. Eine juden- und israelfreundliche Position, wie sie am nuanciertesten Paul Merker vertreten hatte, konnte später nicht mehr artikuliert werden. Die Denunzierung seiner angeblich parteischädigenden Tätigkeit wirkte unterschwellig fort.[68]

Um ihre internationale Isolation zu überwinden, konzentrierte sich die DDR auf den Ausbau der wirtschaftlichen und diplomatischen Kontakte zu den arabischen Staaten. Ein Durchbruch schien ihr mit dem offiziellen Staatsbesuch Ulbrichts in Ägypten im Februar 1965 zu gelingen. Nasser und Ulbricht verabschiedeten eine Gemeinsame Erklärung, die Israel als »Speerspitze des Imperialismus, geschaffen gegen die Rechte des arabischen Volkes«, verurteilte. Zur gleichen Zeit veröffentlichte der spätere Botschafter in Ägypten, Gerhard Kegel, in der »Berliner Zeitung« einen Reisebericht, in dem er es als »unzulässig, sachlich falsch und moralisch verwerflich« verurteilte, den Staat Israel, der lediglich ein »imperialistischer Stützpunkt« sei, »mit irgendwelchen Gedanken und Gefühlen der Sühne für die millionenfachen Verbrechen« der Nazizeit in einen Zusammenhang zu bringen.[69]

Die Fixierung auf die arabischen Staaten verstärkte die antiisraelische Haltung der DDR. Von nun an wurde das Existenzrecht Israels lediglich mit der vagen Berufung auf die UN-Resolution 242 vom November 1967 (die den Rückzug Israels aus den besetzten Gebieten und die Anerkennung der Souveränität aller Staaten in der Konfliktregion vorsah) begründet. Von der antisemitischen Propaganda arabischer Staaten distanzierte man sich selbst dann nicht, als der ägyptische Staatschef Nasser die »Protokolle der Weisen von Zion« zitierte und verbreitete.[70]

Der Zionismus wurde als »ideologische und politische Bewegung der reaktionären und jüdisch-nationalistischen Großbourgeoisie« gebrandmarkt und Israel monokausal für die bisherigen arabisch-israelischen Auseinandersetzungen und Kriege verantwortlich gemacht.[71] Seit 1967 verstärkte sich die antiisraelische Politik massiv. Die fieberhaften Aktivitäten, die das Politbüro der SED im Umfeld des Sechs-Tage-Krieges entfaltete, zeigen, daß die DDR hinsichtlich ihrer Nahostpolitik nicht allein sowjetische Vorgaben vollstreckte, sondern selbst Aktivitäten zur Verurteilung des »Aggressors Israel« entwickelte.

Bereits zwei Tage nach Kriegsbeginn, am 7. Juni 1967, beschloß das Politbüro, Syrien und Ägypten materielle Unterstützung und militärische Ausrüstung zukommen zu lassen. Zudem wollte man eine Konferenz der sozialistischen Staaten zur Abstimmung ihrer Nahostpolitik anregen. In den folgenden Tagen inszenierte man in der DDR eine Propagandakampagne zur Verurteilung der »israelischen Aggressoren«, des »kriegslüsternen Werkzeugs« der imperialistischen Globalstrategie der USA und – mit einem deutschlandpolitischen Seitenhieb – des »militärischen Komplotts« zwischen der Bundesrepublik und Israel. Neben den Erklärungen von Partei und Regierung wurden in bekannter Manier Organisationen wie der Friedensrat und die Liga für Völkerfreundschaft veranlaßt, Stellungnahmen abzugeben und in internationalen Gremien auf eine Solidarisierung mit den arabischen Staaten zu dringen. In Betriebs- und Parteiversammlungen forderte man Erklärungen ein, die die breite Zustimmung der Bevölkerung zur Nahostpolitik der DDR und der sozialistischen Staaten signalisieren sollten. Dabei war es kein Zufall, daß man von der »Blitzkriegsstrategie«, der Absicht des »Aggressors Israel und seiner Hintermännern, ein ›Protektorat Sinai‹ oder ein ›Generalgouvernement Jordanien‹« zu errichten,[72] »blutigen Pogromen« gegen die in Ghettos lebende arabische Bevölkerung Israels,[73] Verstößen gegen die Nürnberger Kriegsverbrecherprozesse[74] sprach und Israel zur »sofortigen und vollen Wiedergutmachung des den Opfern der Aggression zugefügten Schadens« aufforderte. Durch die Gleichsetzung oder zumindest Assoziation der israelischen Politik mit der Nazideutschlands sollte Israel moralisch delegitimiert und die DDR von ihrer historischen Verantwortung zu einer zurückhaltenden, sensibilisierten Politik gegenüber dem jüdischen Staat entbunden werden. Außerdem glaubte man sich damit der Achillesferse des offiziellen Antifaschismus, der Verweigerung von Restitution und Wiedergutmachung, entledigen zu können.[75]

In den folgenden Jahren gab die DDR denjenigen arabischen Kräften, die die Vernichtung des Staates Israel auf ihre Fahnen geschrieben hatten, nicht nur agitatorisch, sondern auch im wahrsten Sinne des Wortes »Schützenhilfe«. In einem Geheimbrief, der zuvor mündlich mit Erich Mielke, Erich Honecker und Verteidigungsminister Heinz Hoffmann abgestimmt worden war, schrieb Ulbricht im Oktober 1969 an Breschnew: »Nachdem Israel den Krieg fortsetzt und systematisch bemüht ist, im Einvernehmen mit den USA und der westdeutschen Bundesrepublik die arabischen Staaten zu zermürben, ist es notwendig, eine umfassende politische Aktion und einen Zermürbungskrieg gegen die israelischen Truppen in den okkupierten Gebieten zu führen.«[76] Zwar hieß es offiziell, die Sowjetunion sei gegen die Liquidierung des Staates Israel, doch indem »die Bitten nach weiteren Waffenlieferungen verständnisvoll« erörtert wurden,[77] betrieb man eine Destabilisierung der Nahostregion. Bis 1989 wurde dieses Vorgehen von der DDR mit Waffenexporten und der Ausbildung von PLO-Aktivisten im eigenen Land unterstützt. Erst Ende der achtziger Jahre bekräftigte die DDR auch öffentlich das Existenzrecht Israels, und seit 1988 versuchte die Regierung zaghaft, diplomatische Beziehungen zu Israel aufzunehmen. Den ersten ernsthaften Schritt, das Verhältnis zu Israel zu normalisieren, stellten die von der Modrow-Regierung im Januar 1990 aufgenommenen Verhandlungen dar. Aufgrund des rasanten deutschen Vereinigungsprozesses führten sie jedoch nicht mehr zum Erfolg.

In den jüdischen Gemeinden wurde die Entstehung des Staates Israel mit Sympathie und Anteilnahme verfolgt. Zur Berliner Gemeindewahl im Februar 1948 war die National-Jüdische Einheitsliste unter Führung von Julius Meyer und Fritz Katten mit der Forderung angetreten, daß jedem Juden unabhängig von seinem Wohnort die palästinensische Staatsangehörigkeit verliehen werden solle. Auch die VVN hatte sich mit dem jungen Staat Israel solidarisch erklärt und hißte bei gemeinsamen Gedenkveranstaltungen von politisch und rassisch

Verfolgten auch die blau-weißen Fahnen mit dem Davidsstern.[78] Noch bei der Einweihung der Dresdner Synagoge im Juni 1950 wehten die israelische und die DDR-Fahne einträchtig nebeneinander.

Mit der Kursänderung der Nahostpolitik der DDR verschwanden auch diese äußeren Zeichen der Israel-Sympathie in den Gemeindehäusern und -veranstaltungen. Da seit dem Slánský-Prozeß die »zionistische Verschwörung« zu den zentralen Feindbildern zählte, war es für die Gemeindevertreter schwierig, eine von der offiziellen Nahostpolitik differierende Haltung zu Israel zum Ausdruck zu bringen. Innerhalb der Gemeinden wie auch in öffentlichen Stellungnahmen von Gemeindevertretern wurde diese Frage zu einem Tabu. Kein einziger Artikel im »Nachrichtenblatt« befaßte sich mit Geschichte, Kultur, Bevölkerung, Wirtschaft Israels, ganz zu schweigen von seiner Politik. Erst in den achtziger Jahren benutzte man Buchrezensionen, um diese Fragen zu streifen. Offenbar war das Ausblenden des Themas Israel der Preis dafür, daß auch die Gemeindevertreter nach anfänglichen Versuchen nicht mehr zu antizionistischen Erklärungen genötigt wurden.

Obwohl die Funktionäre des Verbandes der Jüdischen Gemeinden sich absolut loyal gegenüber der DDR verhielten, wohnten hinsichtlich der Nahostpolitik »zwei Seelen in ihrer Brust«. Von einem amerikanischen Journalisten 1965 zu diesem Problem befragt, antwortete der Vizepräsident des Verbandes, Herbert Ringer, ausweichend: »Natürlich ist das eine etwas schmerzhafte Sache für uns. Die meisten von uns haben dort Freunde und Verwandte. Aber wir haben auch Verwandte und Freunde in den USA, und die Beziehungen zwischen der DDR und den USA bedrücken uns ebenso. Schließlich sind wir ein sozialistischer Staat, und Israel ist noch ein kapitalistischer Staat. Das erschwert eine harmonische Beziehung. Wir müssen realistisch sein und die Politik unserer Regierung unterstützen. Wenigstens ist sie nicht so scheinheilig wie die Politik Westdeutschlands, das Israel mit militärischer Ausrüstung unterstützt. Gibt es etwas Schmutzigeres als die Waffensendungen der Krupps und Flicks an Leute, die man noch vor ein paar Jahren umgebracht hätte?«[79]

Zu einem Affront führte die Taktik der Enthaltung, als SED und Staatssekretariat die ausdrückliche, öffentliche Zustimmung der Gemeinden zur Israel-Politik der DDR verlangten. Das Politbüro hatte am 7. Juni 1967 in Reaktion auf den Sechs-Tage-Krieg beschlossen: »Es sind Stellungnahmen von jüdischen Bürgern aus der DDR zu veröffentlichen, in denen sie ihre Empörung über die Israel-Aggression und das Komplott Israel – Washington – Bonn zum Ausdruck bringen.«[80] Albert Norden empörte sich sogleich bei Walter Ulbricht über die Verweigerung: »Nachdem ich die Erklärung formuliert hatte, ließ ich gestern abend und heute vormittag durch den Nationalrat Unterschriften organisieren. Dabei zeigten sich bei einer Reihe von Personen, auch Mitgliedern der SED, ernste Schwankungen. So lehnten Professor Kamnitzer und Peter Edel die Unterschrift ab und erklärten, sie würden versuchen, eine eigene Erklärung zu formulieren, mit der sie freilich bis zum späten Nachmittag nicht fertig geworden sind. Die bekannte Sängerin Lin Jaldati berief sich bei ihrer Ablehnung auf die Reden des Leiters der palästinensischen ›Befreiungsarmee‹ (Schukeiri), der die Vernichtung der Juden predige. Der Präsident des Verbandes jüdischer Gemeinden, Helmut Aris, erklärte zur Begründung seiner Weigerung: ›Für uns ist es ein schwieriges Problem: Damals sind unsere Brüder und Schwestern in Deutschland ermordet worden, und heute lassen sie wieder ihr Leben im Nahen Osten.‹ Arnold Zweig hat rundheraus erklärt, daß er mit dem Inhalt der Erklärung prinzipiell nicht einverstanden sei. Das ist angesichts seiner althergebrachten prozionistischen Einstellung nicht erstaunlich. Jedenfalls zeigen die Vorbehalte und Einwände der obigen Personen und anderer, daß in gewissen Kreisen die westliche Propaganda nicht wirkungslos bleibt, durch die Nasser sozusagen als ägyptischer Hitler verleumdet und der Staat Israel als Hort der vom Antisemitismus verfolgten Juden dargestellt wird.«[81] Die Erklärung wurde am 9. Juni 1967 im »Neuen Deutschland« veröffentlicht, aber keiner der elf Unterzeichner gehörte einer jüdischen Gemeinde an.[82]

Zum Schutz vor weiteren derartigen Ansinnen und dem Ausspielen der Gemeindevertreter gegeneinander beschloß das Verbandspräsidium am 9. Juni 1967, in der Öffentlichkeit keine Kommentare zum Nahostkonflikt abzugeben.[83] Um den Verdacht der Illoyalität abzuwenden, formulierten Rabbiner Singer und das Verbandspräsidium am 22. Juni 1967 eine eigene Stellungnahme, in der sie sich dem Aufruf des ungarischen Rabbinerbundes zu einem Gebet für Frieden anschlossen. Sie vermied die einseitige Verurteilung Israels und entsprach damit überhaupt nicht den offiziellen Erwartungen – deshalb erschien sie weder in den Tageszeitungen noch im »Nachrichtenblatt«. Wenige Tage später wurden Aris und Ringer vom Verbandspräsidium zu einem Gespräch mit dem Staatssekretär für Kirchenfragen einbestellt. Seigewasser rügte die Erklärung des Verbandes, die »in krassem Widerspruch zur sonstigen Haltung der jüdischen Gemeinden, die die offene Parteinahme nie gescheut hätten«, stünde.[84] Doch die Aussprache zeigte, daß »die Differenzen in der Beurteilung der Ereignisse in Nahost grundlegend und (im Verlaufe dieses Gespräches zumindest) nicht zu klären waren. Die Argumentation der Vertreter der jüdischen Gemeinden deckte sich mit der aus Gesprächen mit Pfarrern und kirchlichen Amtsträgern bekannten (einseitige Stellungnahme unsererseits, Israel wäre jahrelang den Feindseligkeiten der arabischen Staaten ausgesetzt gewesen, akute Bedrohung Israels in seiner staatlichen Existenz usw.). Zusätzlich wurde noch behauptet, unser Eintreten für die arabischen Staaten und gegen Israel, und die entsprechende Argumentation in unserer Presse würden antisemitischen Elementen unter der Bevölkerung neuen Auftrieb geben und antijüdische Stimmungen hervorrufen (wofür es angeblich schon Beispiele geben soll).« Aris und Ringer sagten eine Überprüfung ihrer Position zu und beriefen für den 30. Juni eine Sondersitzung des Verbandes ein, bei der eine neue Erklärung formuliert wurde, die zwar »jede Aggression« verurteilte (ohne Israel dabei zu nennen), aber »Freiheit, Gerechtigkeit und Unabhängigkeit für die arabischen Staaten *und* Israel« anmahnte.[85] Da diese Erklärung ebenfalls nicht den Vorstellungen des Staatssekretariats entsprach, wurde auch sie nicht veröffentlicht.

Innerhalb des Verbandes führten die Auseinandersetzungen um die Reaktion auf die antiisraelische Haltung der DDR fast zu einer Zerreißprobe, da nicht nur auf den Verbandspräsidenten, sondern auch auf die einzelnen Gemeindevorsitzenden über die Räte der Bezirke, die Bezirksausschüsse der Nationalen Front und die SED Druck ausgeübt wurde. Der Vorsitzende der Jüdischen Landesgemeinde Mecklenburg, Alfred Scheidemann, hatte dem Drängen nachgegeben und sich in der »Schweriner Volkszeitung« vom 17. / 18. Juni 1967 von der israelischen Politik distanziert. Auf der Verbandstagung im November 1967 warf man ihm vor, er habe den Beschluß vom 9. Juni 1967 mißachtet und das Bemühen um eine zurückhaltende, neutrale Position torpediert. Scheidemann rechtfertigte sich zwar, bot aber seinen Rücktritt vom Amt des Vizepräsidenten an. Darauf verzichteten die Teilnehmer, doch sie bekräftigten nochmals den Beschluß, sich öffentlicher Stellungnahmen zu enthalten.[86]

Der Leipziger Gemeindevorsitzende Eugen Gollomb hatte wesentlichen Anteil an dem Bemühen, das nach einem harmonischen Verhältnis zur Staatsmacht strebende und am ehesten zum Einlenken bereite Verbandspräsidium zu bremsen. Auch er berichtet von Versuchen des Staatssekretariats für Kirchenfragen, nach dem Sechs-Tage-Krieg 1967 und nach dem Jom-Kippur-Krieg 1973 die Gemeindevorsitzenden gegeneinander auszuspielen, um eine antiisraelische Erklärung zu erhalten. Da Aris aus Erfahrung bei Gesprächen im Staatssekretariat als erster das Wort ergriff und mitunter eine mit den anderen Gemeindevorsitzenden nicht abgestimmte Loyalitätserklärung abgab, stellte er gleich zu Beginn klar, daß die gewünschte Resolution nicht zustande kommen werde.[87] Um Konflikte zu vermeiden, traf das Staatssekretariat mit den Gemeindevorsitzenden eine Übereinkunft. Es verzichtete auf Erklärungen zur Nahostpolitik, wenn sie sich ihrerseits öffentlicher Kritik enthielten.[88]

Als Aris im November 1973 auf einer Tagung der Arbeitsgruppe Christliche Kreise des Nationalrats der Nationalen Front erklärt hatte, daß »jüdische Menschen in der ganzen Welt [...] nie die Handlungen der Machthaber Israels, die entgegen ihrem Gruß Scholaum – Schalom – handeln«, rechtfertigen könnten, und den Redebeitrag auch im »Nachrichtenblatt« abdruckte,[89] war Gollomb nicht mehr bereit, diese Eigenmächtigkeiten hinzunehmen. In einem an alle Gemeindevorsitzenden gerichteten Brief verwies er auf den Verbandsbeschluß und kritisierte die einseitige Verurteilung, die die Weigerung der arabischen Staaten, Israels Existenzberechtigung anzuerkennen und mit ihm Verhandlungen zu führen, sowie palästinensische Terrorakte ignorierte. Mit Blick auf die Wirkung, die dieser Artikel bei den jüdischen Lesern im Ausland hinterlassen würde, fragte er: »Sind wir noch nicht genug isoliert?«[90] Außerdem kündigte er an, seine Äußerungen als Artikel für die nächste Ausgabe des »Nachrichtenblattes« einzureichen. Dieses Schreiben ließ Gollomb auch im Anschluß an den Schabbat-Gottesdienst in der Leipziger Synagoge verlesen. Rückendeckung erhielt er durch sein Gemeindemitglied Harry Magaram, den Berliner Vorsitzenden Peter Kirchner und den Dresdner Helmut Eschwege, die ebenfalls mit Briefen bei Aris protestierten. Dieser reagierte beleidigt und schaltete zu seiner Unterstützung den Dresdner Referenten für Kirchenfragen und das Staatssekretariat ein, denen er den Briefwechsel mit Gollomb und anderen Gemeindevertretern übergab.

Nachdem Gollomb für die Juni-Ausgabe des »Nachrichtenblattes« einen Beitrag eingereicht hatte, in dem er u. a. der Opfer eines Terroraktes in der israelischen Stadt Kiriat Schmonah gedachte und Aris' einseitige Stellungnahme verurteilte, diese Passage aber vom Redaktionskollegium (Aris, Kirchner, Ringer) gestrichen worden war, beschloß der Vorstand der Leipziger Gemeinde, für die nächste Ausgabe keinen Beitrag zu liefern und den Empfängern des von Leipzig aus versandten Blattes brieflich die Gründe hierfür mitzuteilen.[91] Wenige Tage später beantragte Gollomb als Gemeindevorsitzender und Beiratsmitglied, eine zweitägige Sondertagung des Verbandes einzuberufen, um »ein Auseinanderfallen des Verbandes zu vermeiden und um die inneren Angelegenheiten des Verbandes und der Gemeinden nicht nach außen zu tragen«.[92]

Aris, der diese Angelegenheit nicht als Verbandsinternum betrachtete, hatte jedoch zur Stärkung seiner Position Rücksprache mit dem Dresdner Referenten für Kirchenfragen und dem Staatssekretariat genommen, für die es ohnehin keine »inneren Angelegenheiten des Verbandes« gab und die in diesem Falle besonders aufgeregt reagierten. Der Dresdner Referatsleiter, Dr. Horst Dohle, alarmierte das Staatssekretariat, daß »in jüngster Zeit [...] politisch-reaktionäre Angriffe im Verband der Jüdischen Gemeinden in der DDR gegen dessen Präsidenten Helmut Aris«[93] zunähmen: »Seit er öffentlich in der Nahostfrage realistische Positionen vertritt, mehren sich in seinen Gemeinden die z. T. scharfen zionistischen Angriffe gegen ihn. Genosse Aris hat uns deshalb ausdrücklich und offiziell um die Hilfe von Partei und Regierung in dieser Frage gebeten.«[94] Auch die Berliner Referentin Barbara Janott warnte, Gollomb versuche, »gegen den Gen. Aris in verleumderischer Weise zu hetzen«, und schlug vor, »sofort mit den betreffenden Bezirken über die Bezirksbeauftragten Kontakt aufzunehmen, um das Ausmaß der Hetzkampagne festzustellen und die notwendigen Gegenmaßnahmen einzuleiten« und »eine Aussprache mit dem Gen. Aris in Verbindung mit den örtlichen staatlichen Organen« durchzuführen.[95] Aris wurde Hilfe zuteil: Der Stellvertretende Vorsitzende des Rates des Bezirkes Dresden für Inneres, Ullmann, forderte seinen Leipziger Amtskollegen Bitterlich auf, mit Gollomb ein Gespräch zu führen, »ihn mit allem Ernst auf den provokatorischen Charakter seines Verhaltens aufmerksam zu machen«, und drohte offen: »Andernfalls dürfte wohl die Fortsetzung seines bisherigen Verhaltens auch mit persönlichen Folgen für ihn verbunden sein.«[96]

Es ist nicht bekannt, wie dieser Konflikt beigelegt und ob staatlicherseits Druck auf die Leipziger Gemeinde und ihren Vorsitzenden ausgeübt wurde. Vermutlich bekräftigte man aber auf der nächsten Verbandstagung den Beschluß, keine einseitigen Stellungnahmen zum Nahostproblem abzugeben, da in der Dezember-Nummer des »Nachrichtenblattes« wieder Berichte über das Leipziger Gemeindeleben zu lesen waren. In den folgenden Ausgaben unterstrich man die Existenzberechtigung der arabischen Staaten und Israels, verurteilte jeglichen Terror und forderte eine Verhandlungslösung auf der Grundlage der UN-Resolution 242. Zwar waren diese Erklärungen sehr allgemein gehalten, doch unterschieden sie sich durch die ausdrückliche Bekräftigung des Existenzrechts Israels von der DDR-Propaganda. Das Staatssekretariat konstatierte deshalb unzufrieden, »daß im Verband und bei den Vorsitzenden der jüdischen Gemeinden noch keine einheitliche Auffassung zu der Problematik besteht« und sie »mit vagen Formulierungen versuchen, einer eindeutigen Stellungnahme auszuweichen«.[97]

Als großen Erfolg verbuchte man hingegen das Einverständnis des Verbandes mit der UN-Resolution vom 10. November 1975, die Zionismus mit Rassismus gleichsetzte. In einem Gespräch mit Staatssekretär Seigewasser erklärten die Gemeindevorsitzenden: »So kann auch der Friede im Nahen Osten nur errungen werden, wenn in der Politik des Staates Israel solche Einsichten wirksam werden, die zur Realisierung der in den UNO-Resolutionen verankerten Grundsätze und zu konstruktiven Ergebnissen auf der Genfer Nahost-Konferenz führen. Nur eine solche Politik entspricht den Interessen des israelischen Volkes. Wir befürworten die Verurteilung jeder Form des Rassismus und bekunden unsere uneingeschränkte antiimperialistische Solidarität.«[98] Daß die Gemeindevorsitzenden diese vom Verbandspräsidium vorbereitete Erklärung mittrugen, die nicht nur einseitig Kritik an Israel übte, sondern auch die – wie Gollomb erklärte – »schändliche Antizionismus-Resolution«[99] unterstützte, war opportunistisch und nach den vorangegangenen Diskussionen um die Aris-Äußerungen unverständlich. Es hätte keines besonderen Heldenmutes bedurft, sich dem Ansinnen einer solchen Erklärung mit dem Hinweis auf die Verbandsbeschlüsse zu entziehen und sich einer Stellungnahme zu enthalten. Auch in der DDR waren Proteste gegen die UN-Resolution laut geworden, am deutlichsten durch die Gemeinsame Erklärung der Bischöfe und Kirchenpräsidenten der Evangelischen Kirchen, die sich gegen die Gleichsetzung von Zionismus und Rassismus verwahrten.[100] Der Verband überließ es den Kirchen, öffentlich die Änderung der Nahostpolitik einzufordern, und machte sich deren Kritik nur sehr zaghaft zu eigen, z. B. indem man die Forderung des Leiters der Berliner Arbeitsgemeinschaft Judentum und Christentum, des Pfarrers Johannes Hildebrandt, nach Aufnahme diplomatischer Beziehungen zum Staat Israel im »Nachrichtenblatt« veröffentlichte.[101]

Dabei waren die jüdischen Gemeinden von der Haltung der DDR zu Israel und von ihrer irrationalen, antisemitischen Furcht vor zionistischen Organisationen direkt betroffen: Ihnen blieben Kontakte zu internationalen jüdischen Verbänden und zu Israel als politischem, kulturellem und religiösem Bezugspunkt für Juden in aller Welt versperrt, und somit wurde die internationale Isolation des Verbandes verstärkt. Noch 1981 war Verbandsvertretern die Teilnahme an einem Kongreß in Israel untersagt worden, da man eine indirekte Anerkennung Israels befürchtete.[102] Im Januar 1986 konnten Kirchner, Rotstein und Runge erstmalig als Abgesandte des Verbandes eine Tagung des Jüdischen Weltkongresses in Jerusalem besuchen.

Einzelne Gemeindemitglieder reagierten jedoch auf die Nahostpolitik der DDR weniger diplomatisch als die Verbandsfunktionäre: Sie stellten einen Ausreiseantrag nach Israel und begründeten dies u. a. mit der verzerrten, antisemitischen Berichterstattung über dieses Land.[103] Das Staatssekretariat hatte zu derartigen Anträgen Stellung zu nehmen – ob sich auch die jeweiligen Gemeinden oder der Verband dazu zu äußern hatten, ist nicht bekannt.

Wenn Verbandsvertreter überhaupt Kritik an der Politik gegenüber Israel vortrugen, bezog sich dies auf die Berichterstattung in den DDR-Medien und erfolgte in der Regel in nichtöffentlichen Gesprächen im Staatssekretariat. Direkte Proteste, wie sie besonders Eugen Gollomb in Leserbriefen an Zeitungen formulierte, waren die Ausnahme. Seit Mitte der achtziger Jahre häuften sich die Klagen über den einseitigen und teilweise antisemitischen Charakter von Zeitungsartikeln und Karikaturen, doch wurden sie sehr verhalten vorgetragen.[104] Das »Nachrichtenblatt« druckte 1988 eine Ansprache des Thüringer Vorsitzenden, Raphael Scharf-Katz, in der er an die Gründung des Staates Israel erinnerte und erklärte: »Wir erleben eine bedauerlicherweise Art [sic!] der Berichterstattung in den letzten Wochen in den Medien, die nach unserer Einschätzung kaum vernarbte Wunden aufzureißen droht und große Gefahren in sich birgt. Wir registrieren dies in großer Sorge.«[105] Solche Äußerungen bewegten sich mittlerweile im Rahmen des vom Redaktionskollegium, aber auch staatlicherseits Akzeptierten. Als das neugewählte Verbandspräsidium am 2. Juni 1988 von Erich Honecker zu einem Gespräch empfangen wurde, hatte das Staatssekretariat in das für Rotstein verfaßte Redemanuskript Kritik an den Medien eingearbeitet.[106] Dieser groteske, aber typische Fall verdeutlicht, daß man mit diesen Einwänden bereits operierte, um die Reden und Äußerungen der Gemeindevertreter glaubhafter zu machen. Empfindlich reagierten Staat und Gemeindefunktionäre jedoch, wenn die Kritik diesen einvernehmlichen Rahmen überschritt, so z. B. als der amerikanische Rabbiner Isaac Neuman im Mai 1988 für sein Weggehen aus der DDR u. a. antisemitische Tendenzen der Israel-Berichterstattung verantwortlich machte.[107]

Eine Wende in der Politik gegenüber den jüdischen Gemeinden? 1985–1989

Außenpolitik und Erberezeption

Mitte der achtziger Jahre bahnte sich ein Wandel im Umgang der SED mit den jüdischen Gemeinden wie auch mit jüdischer Geschichte und Kultur an. Auch in der Öffentlichkeit schenkte man dem jüdischen Leben in der DDR, der Geschichte der Juden in Deutschland, der nationalsozialistischen Judenverfolgung stärkere Aufmerksamkeit. Bislang waren die Pflege jüdischer Kultur und die Wahrnehmung von Gedenktagen ausschließlich als eine Angelegenheit der jüdischen Gemeinden betrachtet worden. Noch 1978 hatte man die Gründung einer Arbeitsgemeinschaft Kultur des Judentums unter dem Dach des Dresdner Kulturbundes verhindert. Auch anderen privaten oder nichtstaatlichen Initiativen zur Rekonstruktion jüdischer Friedhöfe, zur Erforschung jüdischer Heimatgeschichte oder einer von der gängigen Faschismusinterpretation abweichenden Beschäftigung mit dem Holocaust mißtraute man.

1982 bezeichnete das Staatssekretariat für Kirchenfragen in einem Positionspapier über »vorzubereitende Entscheidungen zur Lösung der anstehenden Probleme mit der Jüdischen Gemeinde« Berlin, das Judentum in der DDR als eine aussterbende, museale Größe. Zwar wurde der Wiederaufbau der Neuen Synagoge in der Oranienburger Straße erörtert (da sie unter Denkmalschutz stand, mußte etwas für den Erhalt des einsturzgefährdeten Bauwerks getan werden), doch dachte man dabei nicht an eine Nutzung als Jüdisches Museum, obwohl dies mehrfach von Mitgliedern der Jüdischen Gemeinde Berlin angeregt worden war. Lediglich für den Eingangsbereich sah man eine Gedenkstätte vor, das gesamte Gebäude aber wollte man für universitäre oder Ausstellungszwecke verwenden. Zudem sollte die Gemeinde ihre neben der Neuen Synagoge gelegenen Verwaltungsräume aufgeben und in das Vorderhaus der Synagoge Rykestraße umziehen, damit »die Zersplitterung [...] überwunden« und »Gemeinderäume, Verwaltung und Synagoge [...] an einem Punkt konzentriert« sind.[1] Die meisten Überlegungen widmete man dem Erhalt der jüdischen Friedhöfe in Berlin. Den gravierenden, die Substanz und den Fortbestand der Gemeinde bedrohenden Problemen wie der Überalterung oder dem Fehlen eines Rabbiners und eines Religionslehrers schenkte das Staatssekretariat dagegen keine Beachtung. Offenbar wollte man lediglich den bestehenden Zustand (ungeachtet des konstanten Mitgliederschwunds) erhalten, nicht aber das Gemeindeleben aktivieren.

Im Umfeld des 40. Jahrestages der Befreiung vom Faschismus zeichneten sich jedoch Veränderungen ab, die weder die Gemeindevertreter noch die staatlichen Funktionäre vorausgesehen hatten. In Westdeutschland geriet der als Versöhnungsgeste gedachte Besuch von Bundeskanzler Kohl und US-Präsident Reagan auf dem Soldatenfriedhof Bitburg, auf dem sich auch Gräber von SS-Männern befanden, zum politischen Skandal. Insbesondere jüdische Gemeinden und Organisationen in der Bundesrepublik und im Ausland protestierten gegen diese Würdigung der SS. Die Partei- und Staatsführung der DDR nutzte den Eklat aus, um ihren Staat erneut als das antifaschistische, bessere Deutschland zu präsentieren. Wie üblich sandte auch der Verband der Jüdischen Gemeinden in der DDR ein Protesttelegramm an die US-Botschaft in Berlin.

In der DDR fanden im Mai 1985 zahlreiche Veranstaltungen und Gedenkfeiern statt. Die SED verabschiedete sich zwar nicht von ihrer bisherigen geschichtspolitischen Propaganda und hielt weiterhin daran fest, daß die Mehrheit der DDR-Bevölkerung in der Tradition der Widerstandskämpfer stehe, doch wurden erstmals in Publikationen, Filmen und Ausstellungen wie in dem im April 1985 neueröffneten Museum in der KZ-Gedenkstätte Buchenwald außer den Kommunisten auch andere Verfolgtengruppen stärker gewürdigt. Insbesondere Leiden und Verfolgung der Juden stellte man in der Historiographie detaillierter dar als zuvor. Der Verband der Jüdischen Gemeinden legte einen Kranz am Sowjetischen Ehrenmal in Berlin nieder und schickte ein Grußtelegramm an die Sowjetische Botschaft. In der Synagoge Rykestraße fand ein Konzert statt.

Der 47. Jahrestag der »Kristallnacht« im November 1985 sollte als zentrales Ereignis zum Gedenken an die Judenverfolgung begangen werden. Daß man mit diesem ungeraden Jahrestag das System der »runden« Gedenktage durchbrach, lag an den Lutherfeierlichkeiten, die 1983 geschichtspropagandistische Priorität besaßen. Da Überschneidungen nicht zu vermeiden gewesen wären, verzichtete man auf Veranstaltungen mit den jüdischen Gemeinden.[2] Zwei Jahre später hatte sich die Situation verändert. Die politische und historische Bedeutung der »Kristallnacht« war »durch die tiefgreifenden Auseinandersetzungen in der DDR um den Charakter des Befreiungstages und die Ereignisse beim Besuch des USA-Präsidenten in der BRD sowie die offene Brüskierung der Juden in der BRD wie international« gestiegen.[3] Die vom Staatssekretariat erarbeitete Konzeption für die Gedenkveranstaltung legte besonderen Wert auf deren außenpolitische Wirkung. Zahlreiche »leitende jüdische Vertreter« aus dem Ausland sollten eingeladen werden, das »Nachrichtenblatt« mit den Berichten über die Veranstaltung in erhöhter Auflage erscheinen und der Verband »zur politischen Würdigung« seiner Tätigkeit den Stern der Völkerfreundschaft in Gold erhalten. Mit Ausnahme der Ordensverleihung stimmte das Politbüro allen Vorschlägen zu und wies an, die Berichterstattung »in Fernsehen und Presse entsprechend der politischen Bedeutung zu sichern und zentral zu koordinieren«.[4] Auch bei diesem bislang prononciertesten Gedenken an ein Ereignis der nationalsozialistischen Judenverfolgung läßt sich die protokollarische Geringschätzung nicht übersehen: Veranstalter sollte der Verband der Jüdischen Gemeinden sein – als wäre es vorwiegend die Aufgabe der Juden, an die »Kristallnacht« zu erinnern – und die Ansprache nicht vom Volkskammerpräsidenten, sondern vom Präsidenten des Nationalrates der Nationalen Front gehalten werden.

Die Aufwertung der jüdischen Gemeinden gründete sich zudem auf ihre wachsende Bedeutung für das Ansehen der DDR im westlichen Ausland. Nach wie vor waren die Beziehungen zu den USA unterkühlt, die Meistbegünstigungsklausel u. a. wegen der ungeklärten »offenen Vermögensfragen« nicht gewährt. Auch der erstmalige Besuch einer Delegation des US-Kongresses im Januar 1986 in der DDR brachte nicht den erhofften Durchbruch. Wie um mit Nachdruck zu betonen, von welchen Fragen die Gestaltung der Beziehungen zwischen der DDR und den USA abhänge, wiesen alle Parlamentarier im Gespräch mit Erich Honecker auf das Problem der »Mauer« und die ausstehenden Wiedergutmachungszahlungen hin. Da Honecker unnachgiebig an seiner Position festhielt, die DDR sei ein antifaschistischer Staat, habe »ein gutes Verhältnis zu den Juden« und bereits eine »Geste des guten Willens« gezeigt (damit meinte er den peinlichen Versuch von 1976, sich mit der Überweisung von einer Million Dollar seiner Verpflichtungen zu entledigen),[5] blieben die Fronten verhärtet. Um dennoch den Status einer »most favoured nation« zu erlangen, wollte man vor allem bei der amerikanischen jüdischen Gemeinschaft und ihrer vorgeblich mächtigen Lobby in Washington Sympathien wecken. Die Selbstdarstellung der DDR als antifaschistischer Staat, der das »Vermächtnis« der Naziopfer erfülle und wo ein blühendes jüdisches Leben existiere, sollte die Herzen der jüdischen Amerikaner erweichen, damit der Kongreß letztlich die Forderung nach Entschädigungszahlungen fallenläßt. Die Kontakte zu jüdischen Organisationen in den USA schienen der Schlüssel dafür zu sein. Mit einem Umdenken der SED-Führung und selbstkritischer Reflexion über die bisherigen Versäumnisse hatte dieses neue Interesse an jüdischer Geschichte und Kultur allerdings nichts zu tun – es entsprang ebenso politischem Kalkül wie der bisherige Umgang mit den jüdischen Gemeinden.[6] Tatsächlich verbarg sich hinter diesem Vorgehen die im Grunde antisemitische Vorstellung von einem übermächtigen Einfluß der Juden in den USA wie in der Welt überhaupt, die es zu gewinnen gälte, um die eigenen politischen und wirtschaftlichen Interessen durchsetzen zu können. Diese »Legenden von der Allmacht« (Tempel) wurden u. a. durch das Berliner Gemeindemitglied Irene Runge genährt. In einem Bericht über eine USA-Reise für das Staatssekretariat erklärte sie Kontakte zu jüdischen Kreisen für den Ausbau der Beziehungen in die USA wie auch für die Imageverbesserung der DDR als unverzichtbar: »Man darf nicht vergessen, daß in der gesamten Wirtschafts-, Außen-, Wissenschafts- und Kulturpolitik die jüdische Lobby nicht nur einflußreich, sondern auch differenziert auftritt.«[7] Daß auch amerikanisch-jüdische Organisationen gern den Eindruck erwecken, eine entscheidende Rolle in der amerikanischen Politik zu spielen, entspringt eher ihrem Streben nach Prestige, Geltung und Spenden, als daß es der Wirklichkeit entspricht.

Die »Information zu Problemen der jüdischen Gemeinden in der DDR«, die das Staatssekretariat 1986 für Politbüromitglied Werner Jarowinsky erstellt hatte, markiert den entscheidenden Wendepunkt in der Politik der SED gegenüber den jüdischen Gemeinden. Im Unterschied zu dem erst vier Jahre zuvor verfaßten Positionspapier hatte man nun die gewachsene politische Bedeutung der jüdischen Gemeinden erkannt und beabsichtigte, die jüdische Geschichte und Gegenwart demonstrativ auszustellen. Dabei war offensichtlich, »daß die immer kleiner werdenden jüdischen Gemeinden objektiv die Erhaltung und Pflege der jüdischen Traditionen, ihres spezifischen Beitrages zur Kultur, Geschichte und Entwicklung unseres Landes wie auch die Lösung von Aufgaben, die sich aus dem ständig wachsenden Interesse – vor allem in westlichen Ländern – an jüdischer Existenz in der DDR ergeben, nicht mehr gewährleisten können«.[8] Ein scheinbar unausweichliches Aussterben der Gemeinden mußte aber dem Ansehen eines antifaschistischen Staates schaden. »Damit die sozialistische DDR entsprechend ihres antifaschistischen Charakters das Weiterbestehen von jüdischem Leben, die Erhaltung und Pflege sowie die Aufarbeitung ihres Anteils am gemeinsamen historischen und kulturellen Erbe für die Zukunft sichern kann«, forderten die Genossen »eine weiterreichendere Unterstützung als bisher durch die Gesellschaft«.

Die im folgenden unterbreiteten Vorschläge standen in krassem Gegensatz zum bisherigen engstirnigen Beharren auf dem Status quo. Anläßlich der 750-Jahr-Feier Berlins 1987 und des 50. Jahrestages der »Kristallnacht« 1988 wurde eine vollkommen neue Konzeption für die Einbeziehung jüdischer Geschichte und Kultur in die Präsentation des »nationalen Kulturerbes« erarbeitet. Selbstkritisch stellte man fest, »daß die gesamte Problematik bislang im wesentlichen hinsichtlich des Antifaschismus und zu wenig unter dem Aspekt der Erberezeption erschlossen« wurde.[9] Nun sollten Juden nicht nur als »Opfer des Faschismus« betrachtet, sondern ihre jahrhundertelange Geschichte in Deutschland, jüdische Tradition und Kultur als »nationales Erbe« aufgearbeitet werden. Zwingend schien die intensivere Beschäftigung mit dem Judentum auch, weil »westliche Medien, kulturelle und wissenschaftliche Institutionen und Privatpersonen die DDR mit Anträgen [überschütten], ihre ohnehin schon breite Forschung über das Judentum sowie andere Aktivitäten mit Informationen und Materialien zu unterstützen. Der DDR gehen damit wichtige Teile ihres humanistischen Erbes verloren. [...] Progressive Teile der deutschen Geschichte werden damit einer bürgerlichen und imperialistischen Wertung und Mißbrauch überlassen.«[10] Um dem entgegenzuwirken, sollten die Juden in Deutschland als eine Sondergruppe und als eine religiöse Minderheit, nicht aber unter nationalem Aspekt betrachtet und ihre Geschichte in die fortschrittlichen Traditionslinien der Vorgeschichte der DDR eingeordnet werden: »Ethnische Besonderheiten, unbeschadet der Integration der Juden in die deutsche Gesellschaft, bedürfen einer historischen und regional differenzierten Erforschung, ohne daß man dabei von einer nationalen Minorität sprechen kann. Die völlige Emanzipation der Juden in unsere sozialistische Gesellschaft als DDR-Bürger jüdischen Glaubens bildet den Endpunkt einer jahrhundertelangen emanzipatorischen Entwicklung, die durch die Barbarei des Faschismus jäh und grausam unterbrochen wurde. Die deutsche Arbeiterbewegung hat niemals Antisemitismus gekannt, sondern ihn stets bekämpft und in allen Etappen ihrer Entwicklung die Emanzipation und Integration unterstützt.«[11] Nach diesem Interpretationsmuster stellte die sozialistische DDR das lichte Ziel und zugleich auch das Ende der mehr als anderthalb Jahrtausende währenden deutsch-jüdischen Geschichte dar.

Diese neuartige Berufung auf ein »gemeinsames historisches und kulturelles Erbe« fand bereits bei der Vorbereitung des bevorstehenden Berlin-Jubiläums seinen Niederschlag, für das wegen der indirekten Konkurrenz mit den Westberliner Feierlichkeiten nach repräsentativen Themen und Aktivitäten gesucht wurde. Bereits im Februar 1985 war der Berliner Gemeindevorsitzende, Dr. Peter Kirchner, von Erich Honecker in das Festkomitee zur Vorbereitung der 750-Jahr-Feier berufen worden. Nun entwarf das Staatssekretariat ein umfangreiches Veranstaltungsprogramm. Der Magistrat, das Reisebüro der DDR, der Kulturbund, das Komitee der Antifaschistischen Widerstandskämpfer, das Internationale Pressezentrum sollten in Zusammenarbeit mit dem Staatssekretariat und der Jüdischen Gemeinde Berlin durch öffentlichkeitswirksame Aktivitäten ein blühendes jüdisches Leben und eine engagierte Traditionspflege in der DDR vortäuschen. Vorgesehen waren Erinnerungstafeln, die Ereignisse aus der Geschichte der Juden in Berlin ins Gedächtnis rufen sollten, ein Reiseführer zu jüdischen Stätten sowie eine internationale Pressekonferenz.[12] Nicht nur für die Pressekonferenz, sondern für das gesamte Berlin-Jubiläum sei »die Zentralisation und Lenkung der aktuellen Informationstätigkeit zu Fragen jüdischer Existenz in der DDR für das In- und Ausland zu gewährleisten«.

Als besonderer Höhepunkt wurde die Grundsteinlegung für den Wiederaufbau der Neuen Synagoge geplant. Im Unterschied zu den 1982 geäußerten Vorstellungen wollte man das Gebäude nicht mehr für universitäre oder Ausstellungszwecke nutzen, sondern hier ein Centrum Judaicum einrichten, das kulturelle, wissenschaftliche und publizistische Aktivitäten zur »Erforschung jüdischer Traditionen, des jüdischen Beitrages zur deutschen Geschichte, zur Kultur- und Menschheitsgeschichte einschließlich des antifaschistischen Widerstandskampfes sowie der historischen Entwicklung des deutschen Judentums« koordiniert. In der Konzeption für das Centrum Judaicum wurden außer den Repräsentationszwecken der DDR erstmals auch die Bedürfnisse der schrumpfenden jüdischen Gemeinden berücksichtigt, denn von den Veranstaltungen sollten Impulse für die Gemeindearbeit ausgehen und die Kenntnis und Pflege jüdischer Kultur und Religion wiederbelebt werden.

Erste, öffentlich wahrnehmbare Anzeichen der Neubewertung jüdischer Stätten und Geschichte waren Honeckers Anweisung zur Rekonstruktion des verwüsteten Adass-Jisroel-Friedhofs in Berlin im November 1985 wie auch der Abbruch der Bauarbeiten auf einem Teil des Friedhofs und der Baustopp für die geplante Straße über den Jüdischen Friedhof in Weißensee im Oktober 1986.[13]

Neue Entwicklungen in den jüdischen Gemeinden

Die neuentdeckte außenpolitische Bedeutung der jüdischen Gemeinden bewirkte, daß diese nun auch bei der Lösung dringender Probleme Unterstützung erhielten. Wenngleich der Fortbestand der jüdischen Gemeinden nicht von oben oder außen gesichert werden konnte, regte das Staatssekretariat nun Initiativen an, die noch kurz zuvor undenkbar waren.

Sensationell neu waren die Vorschläge, mit denen man dem jahrzehntelangen Mangel an Kultuspersonal abhelfen wollte: »Das Angebot aus den USA, in Zusammenarbeit mit der Amerikanischen Jüdischen Gemeinde einen Rabbiner für die jüdischen Gemeinden in der DDR zur Verfügung zu stellen, wird akzeptiert. Da aus rituellen Gründen die Besetzung einer Kantorenstelle von gleichrangiger Bedeutung ist, sollte bei dieser Gelegenheit geprüft werden, ob das Angebot aus den USA dahingehend erweitert werden kann.«[14] Bislang hatte man nur in Ungarn nach Kultuspersonal gesucht, die Hilfe des Westberliner Rabbiners Ernst M. Stein war aus deutschlandpolitischen Gründen nicht annehmbar und wurde nur als Notlösung akzeptiert. Diese Wende schien aber der ZK-Arbeitsgruppe Kirchenfragen zu abrupt. Noch im März 1987 äußerte ihr Leiter, Rudi Bellmann: »Im Interesse unserer Politik halten wir es für erforderlich, einen Rabbiner aus den sozialistischen Bruderländern (besonders UVR) zu gewinnen. [...] Pläne, die darauf hinauslaufen, einen Rabbiner aus den USA vorzusehen, halten wir für politisch bedenklich.«[15]

Die sonst so mächtige ZK-Arbeitsgruppe konnte sich jedoch mit ihren Einwänden nicht durchsetzen. Gysi wandte sich direkt an Honecker: Nach der »überraschend starken Resonanz in jüdischen Kreisen der USA, in anderen Ländern und auch in Israel« auf die Restaurierung von zwei jüdischen Friedhöfen in Berlin und auf den geplanten Wiederaufbau der Neuen Synagoge – so argumentierte er – sei »nun das Fehlen eines fest angestellten Rabbiners in der DDR ein verbleibendes Defizit für die erfolgreiche Darstellung und Bestätigung unserer grundsätzlichen und antifaschistischen Positionen gegenüber den jüdischen Gemeinden in der DDR.«[16] Gysis Dienststelle bereitete schon den Vorstellungsbesuch von Rabbiner Isaac Neuman* aus Champaign / Illinois im April 1987 vor. Bei dieser Gelegenheit sollte festgestellt werden, »ob er den Wünschen und Ansprüchen des Verbandes der Jüdischen Gemeinden in der DDR entsprechen würde und [...] ob er bereit ist, die in der DDR notwendigen Bedingungen für einen ausländischen Rabbiner in Ausübung seiner Tätigkeit auch einzuhalten«.[17] In bezug auf das politische Wohlverhalten von Neuman konnte Gysi Honecker bald beruhigen, denn in

* Isaac Neuman: geb. 1922 in Zdunska-Wola / Polen, Besuch einer Jeschiwa in Kalisch, 1939–1943 Zwangsarbeit, 1943–1945 verschiedene Konzentrationslager, u. a. Auschwitz, Groß Rosen, Mauthausen und Ebensee, nach der Befreiung mehrjähriger Krankenhausaufenthalt,1950 Auswanderung in die USA, 1951 bis 1958 Studium an der Universität und am Hebrew Union College in Cincinnati / Ohio, anschließend Tätigkeit als Rabbiner in Gemeinden in Panama und in den USA, zuletzt in Champaign / Illinois, September 1987 Amtseinführung als Rabbiner für die jüdischen Gemeinden der DDR, Mai 1988 Rückkehr in die USA.

seinem Gespräch mit ihm habe Neuman darum gebeten, »ihm keine Stellungnahmen gegen [die] USA-Regierung oder gegen Israel abzuverlangen«, er würde dann »andererseits keine Äußerungen gegen die DDR, ihre Gesellschaft, die Sowjetunion und andere sozialistische Staaten machen«.[18] Abschließend bat er »im Hinblick auf die Lage und Bedürfnisse unserer jüdischen Gemeinden [...] und auch mit Rücksicht auf die Schwierigkeiten und Auswirkungen einer Verweigerung [...] um die Bestätigung zur Anstellung eines jüdischen [sic!] Rabbiners amerikanischer Staatsbürgerschaft« und fügte hinzu: »Außerdem haben wir keine bessere Option und eine Lobby in den USA brauchen wir auch.«[19] Besonders die letztgenannten Erwägungen führten zum Erfolg: »Auf zentrale Entscheidung« Honeckers wurde »unter Berücksichtigung außenpolitischer Interessen der DDR dem Einsatz von Neuman in der DDR zugestimmt.«[20]

Diesem für DDR-Verhältnisse einzigartigen Personalimport waren intensive Verhandlungen mit dem American Jewish Committee (AJC) vorangegangen, dessen Direktor für Öffentlichkeitsarbeit und religiöse Fragen, Eugene DuBow, mit einer Delegation seit 1983 jährlich die DDR besuchte. In Gesprächen mit dem Staatssekretär für Kirchenfragen schlug DuBow vor, in den USA nach einem Gastrabbiner zu suchen. Da Gysi sich davon ein besseres Image der DDR versprach, stimmte er der Idee zu. Zu den Hohen Feiertagen im Herbst 1984 und 1985 amtierte zunächst probeweise Rabbiner Ernst Lorge aus Chicago, für den das AJC die Reise- und Aufenthaltskosten übernahm. Während Verbandspräsident Aris sich aus Krankheitsgründen wie auch aus Verunsicherung zurückhaltend bis ablehnend gegenüber der möglichen Anstellung eines Amerikaners verhielt, wurde dieser Plan durch die mehrmalige Teilnahme Gysis am National Prayer Breakfast in Washington und durch das Mitglied des Repräsentantenhauses, William Lehman, weiter vorangetrieben.

Auf Einladung von Gysi bereiste Lehman vom 13. bis 17. April 1987 die DDR, um sich über die Situation der jüdischen Gemeinden zu informieren. In der Hoffnung, über ihn Einfluß auf den US-Kongreß zu gewinnen, bereitete man ihm einen großen Empfang – immerhin gehörte Lehman dem Haushaltsausschuß des Kongresses an, der über die Zuerkennung von Handelsvergünstigungen entschied. Man versuchte, ihn über sein Interesse für jüdische Angelegenheiten zu gewinnen. Wieder wurde der unter der Partei- und Staatsführung verbreitete antisemitische Glaube an die Allmacht der jüdischen Lobby in den USA deutlich. Auch Gysi betonte gegenüber Honecker diesen Aspekt: »Ob wir mit ihm die Meistbegünstigung oder Spenden für die Synagoge in der Oranienburger Straße bekommen, weiß ich nicht. Aber gegen ihn geht es kaum.«[21] Lehman besuchte die jüdischen Gemeinden in Berlin, Dresden und Leipzig, führte Gespräche im Außenministerium, im Ministerium für Außenhandel und im Staatssekretariat für Kirchenfragen. Begleitet wurde er von Eugene DuBow und Rabbiner Isaac Neuman, der sich bei den Gemeinden vorstellen und selbst ein Bild von seiner künftigen Tätigkeit gewinnen wollte.

Neuman, der in den letzten Jahren als Rabbiner in einer Gemeinde tätig war, die sich der Reformbewegung zurechnete, und sich seit kurzem pensionieren lassen hatte, versprach sich von einem Wechsel in die DDR vor allem einen neuen, interessanten Wirkungskreis. Umgekehrt verhieß die Anstellung eines Rabbiners Stärkung und Aufschwung des Gemeindelebens. Seit 1969 waren die Gemeinden ohne geistliche Führung; bei religionsgesetzlichen Problemen, in der religiösen Unterweisung und bei anderen rabbinischen Funktionen hatten sich die Gemeindevorstände weitgehend selbst behelfen müssen. Während seines Vorstellungsbesuches erfuhr er eine begeisterte Aufnahme. Auch ihm sagten die künftige Tätigkeit in den DDR-Gemeinden und die gebotenen äußeren Bedingungen zu: Wohnung, Haushälterin (die allerdings, was Neuman auch bald vermutete, für das MfS arbeitete – als IMS »Anna Renger«), Wagen mit Chauffeur und ein für DDR-Verhältnisse sehr gutes Gehalt. Obgleich Berlin sein Wohn- und Amtssitz war und sich hier die Mehrzahl seiner Aktivitäten konzentrierte, sollte er auch die anderen jüdischen Gemeinden in der DDR betreuen. Zu seinen Aufgaben gehörten die Leitung von Gottesdiensten, die religiöse Unterweisung von Kindern und Jugendlichen wie auch von jüdischen Erwachsenen, die sich den Gemeinden anschließen wollten. Darüber hinaus wurde ihm freigestellt, sich im jüdisch-christlichen Dialog zu engagieren.

Am 24. September 1987, zum jüdischen Neujahrsfest, fand in der Synagoge Rykestraße die Amtseinführung statt, der man im In- und Ausland große Aufmerksamkeit widmete: Neben zahlreichen Mitgliedern der Jüdischen Gemeinde Berlin und anderer Gemeinden drängten sich in der Synagoge Vertreter des Staates, der evangelischen Kirche, Diplomaten, interessierte Berliner, Journalisten und Fernsehteams aus beiden deutschen Staaten und aus den USA. Auch der Vorsitzende der Jüdischen Gemeinde zu Berlin, Heinz Galinski, nahm an diesem Gottesdienst teil – seit der Gemeindespaltung 1953 war dies sein erster offizieller Besuch bei der Ostberliner Gemeinde. Da Neuman seine Tätigkeit laut Arbeitsvertrag offiziell zum 15. Dezember 1987 aufnehmen sollte, kehrte er im Oktober nach den Feiertagen für zwei Monate in die USA zurück.

Die vielfältigen Erwartungen, die an die Berufung Neumans geknüpft worden waren, schienen sich schon bald nach seiner Rückkehr zu erfüllen. Während man innerhalb der DDR wie auch im westlichen Ausland auf eine Öffnung und Liberalisierung – wenn schon nicht der DDR, so doch wenigstens ihrer Religionspolitik – hoffte, versprachen sich die Juden in der DDR vor allem ein attraktiveres Gemeindeleben. Schon während der ersten Wochen seines Aufenthalts veranstaltete Neuman mehrere Treffen mit Mitgliedern der Jüdischen Gemeinde Berlin, um seine Vorstellungen von Gemeindearbeit darzulegen. Besonderen Wert legte er auf den Hebräisch- und Religionsunterricht für Kinder und Erwachsene. Zudem wollte er sich darum bemühen, außerhalb der Gemeinden stehende Juden ins Gemeindeleben einzubeziehen, ihnen in Gesprächen und Vorträgen jüdische Geschichte und Kultur näherzubringen, um so ihre Identifikation mit dem Judentum und die Hinwendung zur Gemeinde zu festigen. Dabei konnte er schon auf einen in loser Beziehung zur Gemeinde stehenden Kreis von Interessenten, die Gruppe »Wir für uns«, zurückgreifen.

Bei dieser Gruppe handelte es sich um ein Phänomen, das erst seit Mitte der achtziger Jahre wahrnehmbar war. Männer und Frauen aus Familien, bei denen ein oder auch beide Elternteile jüdisch waren, begannen sich plötzlich für das Judentum zu interessieren. Oftmals hatte die jüdische Familiengeschichte in ihrer Kindheit und Jugend keine besondere Rolle gespielt, mitunter wußten sie gar nichts davon. Ihre Eltern waren säkular eingestellt, zumeist Kommunisten, die sich als Internationalisten verstehen wollten und ein Bekenntnis zum Judentum als »sektiererisch« oder bestenfalls als gegenstandslos ansahen. Auch die innerhalb der kommunistischen Partei erfahrene antisemitische Verfolgung und Diskriminierung hatte einige dazu gebracht, ihre jüdische Herkunft selbst den eigenen Kindern gegenüber zu verleugnen. Begünstigt wurde das individuelle Interesse an der Familienbiographie und der persönlichen Identitätsfindung durch den neuen, staatlich geförderten Trend, sich mit dem Judentum unter dem Aspekt der »Erbeaneignung« zu beschäftigen. Das ermutigte auch jüdische Parteimitglieder, sich zu ihrer Herkunft zu bekennen, ohne wieder Sanktionen befürchten zu müssen. In oftmals diffuser Weise interessierten sie sich nun dafür, was Judentum ist und in welcher Form sie ihre jüdische Identität artikulieren könnten.

Um ein solches Interesse aufzufangen, lud die Jüdische Gemeinde Berlin im Mai 1986 zu einer erweiterten Versammlung ein, die auch diejenigen mit jüdischem Familienhintergrund ansprach, die keine Gemeindemitglieder waren. Daraus entwickelte sich die Gruppe »Wir für uns«, in der sich regelmäßig etwa 60 bis 100 Interessierte im Alter zwischen 25 und 45 Jahren zusammenfanden, um sich mit jüdischer Geschichte, Tradition und Kultur auseinanderzusetzen. In

Vorträgen, Lesungen und Gesprächen beschäftigten sie sich mit unterschiedlichen Aspekten jüdischer Kultur und Religion, tauschten sich über bis dahin unbewußte Gemeinsamkeiten von Fragen und Lebensläufen aus. Außer Identitätssuche und Wissensdurst ging es vielen auch darum, den eigenen Kindern jüdische Kenntnisse zu vermitteln, die sie selbst entbehren mußten. Sie begingen jüdische Feiertage gemeinsam, riefen eine Kindergruppe ins Leben und studierten zu Purim ein Theaterstück ein. Von seiten des Staatssekretariats wurde diese Entwicklung begrüßt: »Aus politischen Gründen ist es erforderlich, den jüdischen Gemeinden bei der Aufhaltung des Schrumpfungsprozesses Unterstützung zu geben. In geeigneter Weise ist die Arbeit der bestehenden Arbeitsgruppe der Jüdischen Gemeinde Berlin für junge Bürger jüdischer Herkunft zu unterstützen und politisch zu führen, um daraus möglicherweise neue Gemeindemitglieder zu entwickeln. Dieser Prozeß ist durch zweckmäßige politisch-operative Maßnahmen unter Kontrolle zu halten, um das mögliche Eindringen zionistischer Einflüsse in das Judentum der DDR zu unterbinden.«[22]

Erstmalig schienen die jüdischen Gemeinden durch diesen unverhofften Zulauf wieder eine Zukunft zu haben, nicht allmählich zu vergreisen und auszusterben. Zumindest galt dies für Berlin; nur in Dresden gab es noch eine ähnliche Entwicklung, die aber einen wesentlich kleineren Personenkreis betraf.

Viele der neuen Interessenten waren jedoch weit davon entfernt, Gemeindemitglieder zu werden, da sie wegen ihrer geringen Kenntnisse eine derartige Bindung noch nicht eingehen mochten oder auch eine religiöse Beziehung zum Judentum ablehnten. Die Leitung der Jüdischen Gemeinde Berlin reagierte zunächst nur mit Zurückhaltung oder verhaltenem Optimismus. Zwar bot sie der Gruppe »Wir für uns« das Dach der Gemeinde an und bemühte sich, die Hinwendung zum Judentum zu unterstützen, legte aber auf ein verbindliches Bekenntnis zum Judentum Wert. Das Selbstverständnis einer jüdischen Gemeinde als Religionsgemeinschaft sollte nicht aufgegeben werden. Der stellvertretende Gemeindevorsitzende, Dr. Hermann Simon, äußerte, daß nur Jude sei, wer einer jüdischen Gemeinde angehöre. Für die Mitgliedschaft zur Gemeinde aber galten die halachischen Kriterien, d.h., nur diejenigen konnten aufgenommen werden, deren Mutter Jüdin war; Männer mußten sich beschneiden lassen, Voraussetzung war zudem ein Grundwissen über die jüdische Religion. Die Kinder von jüdischen Vätern wurden nicht als Juden anerkannt, was viele der »Neuen« in Unkenntnis der Halacha als diskriminierend empfanden – für sie stand die eigene Hinwendung und die Selbstdefinition der jüdischen Identität im Vordergrund.

Während viele Gemeindemitglieder das aufkommende Interesse für das Judentum als modischen Trend betrachteten, begegnete Neuman dem unbefangener, da er das Phänomen der Identitätssuche und Rückbesinnung auf jüdische Wurzeln aus den USA kannte. Er war bestrebt, die »Neuen« stärker in die Gemeindearbeit einzubeziehen und ihnen den Zugang zu jüdischer Kultur und Religion zu erleichtern, ohne erst Maximalforderungen an Herkunft oder Bekenntnis zu stellen. Als Reformrabbiner legte er auf die halachischen Kriterien für die Zugehörigkeit zum Judentum weniger Wert und akzeptierte auch die Kinder jüdischer Väter als Juden. Allerdings stand es nicht in seiner Macht, neue Mitglieder in die Gemeinde aufzunehmen, denn laut seinem Arbeitsvertrag hatte er sich hierüber mit den Gemeindevorständen abzustimmen. Bald kam es über die unterschiedlichen religiösen und gemeindepolitischen Auffassungen zu ersten Konflikten. Neumans Bemühen, Elemente des Reformjudentums wie z. B. die stärkere Verwendung der Landessprache anstelle des Hebräischen oder die Gleichberechtigung von Männern und Frauen in den Gottesdienst einzuführen, um so die Synagoge und das religiöse Leben für Außenstehende anziehender zu machen, stießen auf Widerstand. Einerseits kamen diese Neuerungen zu schnell und unvorbereitet, andererseits waren die DDR-Gemeinden konservativ eingestellt und wie alle Minoritäten darum bemüht, am Gewohnten als Minimalkonsens des Zusammenhalts festzuhalten. Beter, die sich durch den Umgang von Frauen mit den Thorarollen brüskiert fühlten, und Vorstandsmitglieder der Jüdischen Gemeinde Berlin warfen Neuman vor, die Traditionen der Synagoge nicht zu respektieren und mit seinen nach außen gerichteten Aktivitäten vor allem Nichtjuden anzuziehen, dabei aber die Gemeindearbeit zu vernachlässigen.

Auch in Fragen, die in die Kompetenz eines Rabbiners fielen, waren die Vorstandsmitglieder nicht bereit, ihm Entscheidungsbefugnisse einzuräumen – offenbar befürchteten sie, Macht und Einfluß zu verlieren. Mehrfach wurde beklagt, daß sich Neuman nicht einfach als »Angestellter« der Gemeindeleitung unterordne, da ein Rabbiner »nur ein für den religiösen Kult zuständiger und auf ihn beschränkter Angestellter der jüdischen Gemeinde, kein ›geistlicher Führer‹ wie Bischof oder Pfarrer«[23] sei. Diese Rollenbeschreibung hatte der Gemeindevorsitzende Kirchner auch Staatssekretär Gysi vermittelt, der sie seinerseits benutzte, um Honeckers Zustimmung zur Berufung Neumans zu erwirken. Dem Staat war eine solche Beschränkung auf rein kultische Angelegenheiten nur recht, allerdings hatte dieses Bild nichts mit der tatsächlichen Rolle eines Rabbiners als geistliches Oberhaupt einer Gemeinde, unbeschadet seiner arbeitsrechtlichen Stellung, zu tun.

Ein weiterer Kritikpunkt betraf Neumans Aufgeschlossenheit gegenüber Journalisten und Fernsehteams. Das internationale Medieninteresse am amerikanischen Rabbiner hielt auch nach seiner Amtseinführung an. Neuman gewährte bereitwillig Interviews, ohne die Fragen und Antworten vorher mit dem Gemeindevorstand abzustimmen. Dieser in der DDR unbekannte offene Umgang mit Medien trug ihm die abfällige Bezeichnung als »Hollywood-Rabbi« ein. Hinzu kam eine persönliche Feindschaft zwischen Neuman und Kirchner, die in handfesten Beschimpfungen gipfelte: Neuman warf Kirchner vor, seine Post zu öffnen und seine Predigten zu zensieren. Kirchner bezeichnete Neuman als »Idioten« und »CIA-Agenten«[24], was angesichts der Tätigkeit von Kirchner als IMB »Burg« besonders grotesk war. Nicht weniger absurd hörte sich der Vorwurf an, Neuman ermutige die »labilen und negativen Kräfte in unserer Gemeinde«, sich »gegenüber dem Staat aktiver als Juden zu bekennen«.[25]

Da sich Neuman in seiner Arbeit ständig beargwöhnt fühlte und eine zunehmende Isolierung in der Berliner Gemeinde spürte, teilte er der Leitung der Jüdischen Gemeinde Berlin am 13. April 1988 mit, im Mai in die USA zurückzukehren. Zwar wolle er noch einmal zu den Hohen Feiertagen im Herbst in der DDR amtieren, aber zum Jahresende kündige er endgültig. Er habe »in letzter Zeit so viele bedrückende Erfahrungen gemacht, daß er am liebsten gleich resigniert hätte; um ein falsches politisches Bild zu vermeiden, [habe] er jedoch beschlossen, von einem plötzlichen Rücktritt abzusehen«.[26] Gleich am nächsten Tag verständigten sich Kirchner und das Staatssekretariat darauf, »gesundheitliche Gründe« als Ursache für den Rücktritt anzugeben.[27] Doch offenbar war Neuman nicht gewillt, diese Übereinkunft zu akzeptieren. Anfang Mai erklärte er gegenüber westlichen Medien, daß die Behinderung seiner Arbeit durch den Vorstand, insbesondere den Vorsitzenden Kirchner, wie auch die Israel- Politik und Nahostberichterstattung der DDR, die antisemitische Züge trügen, ihn zur Beendigung seiner Tätigkeit veranlaßt hätten.[28]

Daraufhin eskalierte der Konflikt. Die Kritik an Kirchner hätte man vielleicht noch als Ausdruck persönlicher Animositäten abgetan, nicht aber den Vorwurf des Antisemitismus. Neumans Äußerungen lösten eine scharfe Reaktion des Vorstandes der Jüdischen Gemeinde Berlin und des Verbandspräsidiums aus, die durch derartige Äußerungen das gute Einvernehmen mit dem Staat gestört sahen. Nun trat ein, was die Skeptiker befürchtet hatten: Neuman konnte sich als westlicher Ausländer nicht in das gesellschaftliche Gefüge der DDR einfügen, in dem nicht nur Zensur praktiziert, sondern auch von den hier Lebenden Selbstzensur verlangt wurde. Während sich Partei- und Staatsapparat scheinbar einer Stellungnahme enthielten, wurde eine Medienkampagne zur Diffamierung Neumans in Gang gesetzt, die die Meldungen westlicher Medien zurückweisen sollte.

Am 4. Mai 1988 erschienen im »Neuen Deutschland« und in den SED-Bezirkszeitungen Presseerklärungen der Jüdischen Gemeinde Berlin und des neuen Verbandspräsidenten, Siegmund Rotstein. Kirchner und sein Stellvertreter Simon erklärten: »Mit Nachdruck muß die Behauptung zurückgewiesen werden, daß Rabbiner Neuman in der Ausübung seiner Funktion durch Mitglieder der Gemeindevertretung oder andere Personen behindert worden sei.«[29] Vielmehr habe er sich vieler Versäumnisse schuldig gemacht und zahlreiche seiner Aufgaben nicht wahrgenommen. Auch seine Behauptung über antisemitische Tendenzen in der DDR-Presse hätte er zuvor niemals vorgetragen: »Diese Unterstellungen wären unsererseits dann bereits zurückgewiesen worden.«[30] Rotstein schloß sich dem an und erklärte gegenüber der Aktuellen Kamera: »Als Präsident des Verbandes der Jüdischen Gemeinden in der DDR kann ich [...] nicht dazu schweigen, was Rabbiner Neuman entgegen allen Fakten und jeglicher Wahrheit zum Trotz nun [...] in Interviews mit westlichen Presseorganen an Verleumdungen und Verdrehungen übelster Art in die Welt setzte. [...] Die völlig haltlosen Diffamierungen des Vorsitzenden unserer Berliner Gemeinde und seiner Stellvertreter mit einem uns wohlbekannten Vokabular – ›Bespitzelung, Zensur, geöffnete Post‹ und so weiter – sind eine ungeheuerliche Unterstellung und werden von unseren Gemeindemitgliedern auch als solche zurückgewiesen. Wir können uns deshalb auch nicht darüber wundern, was er gegen den Staat sagte, in dem wir leben. Ausgerechnet dem ersten und einzigen deutschen Staat, der in der antifaschistischen Tradition steht, wirft er antisemitische Tendenzen vor. [...] Die Mitglieder der jüdischen Gemeinden wissen, warum sie in unserem Land eine existentielle Geborgenheit, eine Geborgenheit in jeder Hinsicht erleben. Wir lassen uns in unserer guten Entwicklung natürlich nicht stören und unsere guten freundschaftlichen Beziehungen zwischen dem Verband der Jüdischen Gemeinden in der DDR und dem American Jewish Committee nicht stören.«[31] Auch der Vizepräsident des Kulturbundes, Hans Jacobus, verfaßte einen Kommentar zur Widerlegung Neumans.[32] Damit hatte man erneut einen jüdischen Journalisten benutzt, um die Israelpolitik der DDR zu rechtfertigen.

Zweifellos war es für die SED eine schwere Niederlage, daß das Experiment mit einem amerikanischen Rabbiner derartig gescheitert war. Zum einen befürchtete man einen Rückschlag in den Beziehungen zu den USA, zum anderen hätte man gern bei den bevorstehenden Gedenkveranstaltungen zum 50. Jahrestag der »Kristallnacht« 1988 mit einem eigenen Rabbiner geglänzt. Zwar bekundete der Verband der Jüdischen Gemeinden, weiterhin an einem Rabbiner aus den USA interessiert zu sein, auch das Staatssekretariat setzte seine Gespräche mit dem American Jewish Committee fort, aber Neumans Berichte über seine Erfahrungen blieben nicht ohne Eindruck und dienten gewiß nicht dazu, andere Rabbiner zu einer Amtsübernahme in der DDR zu ermutigen. Auch ohne die politischen und gemeindepolitischen Komplikationen war es sehr schwierig, eine Person zu finden, die deutsch sprach und bereit war, nach Deutschland zu kommen. Zu den Hohen Feiertagen im September 1988 amtierte Rabbiner Dr. Herman Dicker aus New York in Berlin, der aber nicht die Absicht hatte, sich hier für längere Zeit niederzulassen. Obwohl die Bemühungen fortgesetzt wurden, gelang es bis zum Ende der DDR nicht mehr, einen ständigen Gastrabbiner zu verpflichten.

Kurz nach dem Amtsantritt von Neuman, am 22. November 1987, war der Verbandspräsident Helmut Aris gestorben und zehn Tage später auf dem Jüdischen Friedhof in Dresden beigesetzt worden. Die vom Staatssekretariat für Kirchenfragen vorgenommene protokollarische Ausgestaltung der Beerdigung war eine letzte Reverenz an diesen Gemeindefunktionär. Neben Mitgliedern aller jüdischen Gemeinden, zahlreichen hochrangigen Repräsentanten der Kirchen und vieler gesellschaftlicher Organisationen erwiesen ihm auch Vertreter des Partei- und Staatsapparates von der Kreis- und Bezirksebene bis hinauf zum Politbüromitglied, Stellvertretenden Staatsratsvorsitzenden und Volkskammerpräsidenten, Horst Sindermann, die letzte Ehre. An die Beisetzung schloß sich ein Empfang des Staatssekretärs für Kirchenfragen an.

Mit dem Tod von Helmut Aris (und dem bereits 1985 erfolgten krankheitsbedingten Rücktritt Herbert Ringers aus dem Verbandspräsidium) ging eine Ära zu Ende, die durch eine bedingungslos loyale Haltung wie auch die Distanzierung des Verbandes gegenüber jüdischen Gemeinden und Organisationen im westlichen Ausland geprägt war. Nicht nur aus Altersgründen hielt die Partei- und Staatsführung einen Generationswechsel für nötig. Angesichts der gewünschten Kontakte zu den USA und jüdischen Organisationen war man daran interessiert, daß die Vertreter der jüdischen Gemeinden der DDR auf internationalen Kongressen weltoffen, redegewandt und als Parteilose auftraten. Aris hingegen hatte bei solchen Anlässen aus seiner politischen Überzeugung nie einen Hehl gemacht und wie ein Parteifunktionär gewirkt.

In den letzten Jahren hatte sich Aris' unflexible Haltung durch seine Krankheit noch verstärkt – schon aus gesundheitlichen Gründen war er kaum noch in der Lage, seinen Verpflichtungen im Verband nachzukommen. Jahrelang hatte er keine Verbandstagung der Gemeindevertreter mehr einberufen, was ihm den Vorwurf des undemokratischen Herrschens eintrug. Auch der Berufung eines amerikanischen Gastrabbiners stand er skeptisch gegenüber – für Neuerungen im eingefahrenen Verbands- und Gemeindeleben war er nicht mehr offen und befürchtete möglicherweise durch die Existenz eines geistlichen Oberhaupts einen Machtverlust.

Nun sollte ein neues Präsidium gewählt werden, das die Tätigkeit des Verbandes in bewährter Weise fortsetzte und gleichzeitig dessen gewachsener außenpolitischen Bedeutung gerecht wurde. »Um eine kontinuierliche Weiterführung der Arbeit mit dem Verband der Jüdischen Gemeinden der DDR nach dem Ableben des Präsidenten H. Aris zu sichern«,[33] übte die SED auch diesmal massiven Einfluß auf die Zusammensetzung der neuen Verbandsleitung aus. Der Leiter der ZK-Arbeitsgruppe Kirchenfragen, Rudi Bellmann, konferierte mit dem Abteilungsleiter des Staatssekretariats, Hans Wilke, über anstehende Personal- und Sachentscheidungen in den jüdischen Gemeinden. Beide waren sich darin einig, »daß die Wahl des jetzigen Vizepräsidenten S. Rotstein (parteilos) zum Präsidenten eine nahtlose Fortführung der Arbeit des Verbandes gewährleisten würde«. Nach seiner Wahl sollte er den Verband zudem im Komitee der Antifaschistischen Widerstandskämpfer vertreten. Als Vizepräsidenten kamen aus ihrer Sicht »P. Kirchner (parteilos), Vorsitzender der Jüdischen Gemeinde Berlin, und H.-J. Levy (Mitglied der SED), Vorsitzender der Synagogen-Gemeinde zu Magdeburg, in Frage«. Vorsitzender der Jüdischen Gemeinde Dresden sollte »der jetzige Stellvertreter R. König (parteilos) werden«.[34] Trotz der Dominanz der parteilosen Gemeindevertreter in der Verbandsleitung, die außenpolitisch wirksam den Eindruck von Staatsferne und Unabhängigkeit vermittelte, blieb die Kontrolle und Steuerbarkeit dieses Gremiums gewahrt, da Rotstein nicht ohne Absprachen mit dem Staatssekretariat agierte und die beiden Vizepräsidenten Inoffizielle Mitarbeiter der Staatssicherheit waren – Levy bereits seit 1956 und Kirchner sogar als IMB »Burg«. Um dieses Vorhaben umzusetzen, plante man, Rotstein im Januar 1988 in das Staatssekretariat einzuladen und ihm diese »personellen Vorstellungen« mitzuteilen. Unter der Voraussetzung, daß er sich zur Wahl als Präsident stellt, wollte man dann Kirchner nahelegen, diesen Vorschlag auf der Verbandstagung einzubringen. Darüber hinaus beabsichtigte man in Vorbereitung der Tagung, »mit den Vorsitzenden von jüdischen Gemeinden, die Genossen sind (H.-J. Levy, F. Broido)«, zu sprechen.

An der Personalpolitik der SED gegenüber den jüdischen Gemeinden hatte sich damit seit den fünfziger Jahren nichts geändert. Auf keinen Fall sollte die Besetzung der Leitungsgremien dem Zufall oder verbandsinternen Entscheidungen überlassen bleiben. Eine wichtige Aufgabe kam dabei den SED-Mitgliedern unter den Gemeindefunktionären zu, mit denen diese Politik durch innerparteiliche Instruktion, parallel zu den offiziellen Gesprächen im Staatssekretariat, abgesichert wurde.

Da es außer diesen Überlegungen des ZK und des Staatssekretariats zur politischen Opportunität der Präsidiumsmitglieder kaum personelle Alternativen gab, erstaunt es nicht, daß alle Vorstellungen verwirklicht werden konnten. Bereits im Januar 1988 hatte die Jüdische Gemeinde zu Dresden einen neuen Vorstand gewählt und Roman König zum Vorsitzenden bestimmt. Auch die Verbandsmitglieder wählten tatsächlich am 12. / 13. März 1988 Siegmund Rotstein zum Präsidenten, Peter Kirchner und Hans-Joachim Levy zu Vizepräsidenten. Schon drei Tage später wurde das neue Verbandspräsidium von Staatssekretär Gysi empfangen, der ihnen versicherte, »daß die bisherige gute Zusammenarbeit auch weiterhin aufrechterhalten wird und der Verband der Unterstützung seitens des Staates gewiß sein darf«.[35] Eine Glückwunschadresse Erich Honeckers an Rotstein wie Grußschreiben von staatlichen Institutionen und gesellschaftlichen Organisationen bekräftigten außerdem die Zufriedenheit mit der Zusammensetzung der neuen Verbandsleitung.

Bereits einen Monat nach der Wahl Rotsteins zum Verbandspräsidenten, am 6. April 1988, stellte sich dieser der ZK-Arbeitsgruppe Kirchenfragen vor. Dabei nutzte er das Gespräch, um sich anzubiedern und andere Religionsgemeinschaften zu denunzieren: »Im Gespräch äußerte Rotstein sein Unverständnis darüber, daß Kirchen und Räume der Kirchengemeinden für Leute geöffnet werden, die Positionen gegen unseren Staat und seine sozialistische Ordnung beziehen, wie dies in den letzten Wochen geschehen sei. Unter Bezugnahme auf den ›Liedermacher‹ Krawczyk bemerkte er, daß er solche Leute verurteile, die bei uns aufgewachsen seien, alle Vorzüge genossen und sich Vorteile angeeignet hätten, um sich sodann durch Provokationen gegen den Staat und seine Politik als Märtyrer aufzuspielen.«[36] Während das Verhältnis zwischen Staat und evangelischer Kirche infolge von Verhaftungen, Haussuchungen und Zensurmaßnahmen frostig war und die Kirchenpolitik der SED vor dem Scheitern stand, erklärte sich Rotstein dankbar dafür, in einem sozialistischen Staat leben zu können, »in dem die Menschenwürde nicht mehr mit Füßen getreten werden kann«.[37]

Diese Loyalitätserklärungen verdeutlichen aufs neue die unterschiedliche Behandlung der jüdischen Gemeinden und der anderen Religionsgemeinschaften, insbesondere der großen Kirchen. Nicht allein durch die international gewachsene Aufmerksamkeit für das jüdische Leben in der DDR stieg das offizielle Interesse der SED an den jüdischen Gemeinden. Auch die regelmäßigen Bekenntnisse der Verbandsfunktionäre ließen sie zum innen- wie außenpolitischen Vorzeigebeispiel für die angebliche Religionsfreiheit in der DDR werden.

Einen Tag nach dem Gespräch im SED-Zentralkomitee wurden Rotstein und Kirchner vom CDU-Vorsitzenden und Stellvertretenden Staatsratsvorsitzenden Gerald Götting empfangen. Die in der Kirchenpolitik längst einflußlose CDU versuchte auf diese Weise nochmals, sich als politische Vertretung der Religionsgemeinschaften zu profilieren und im Gedenkjahr 1988 ihre vermeintlichen Verdienste um die Bewahrung jüdischer Kultur und Geschichte zu demonstrieren. In den folgenden Monaten fanden auch von seiten der übrigen Blockparteien ähnliche Empfänge für das Verbandspräsidium statt.

Eine besondere Aufwertung erfuhr der Verband durch das Gespräch zwischen Erich Honecker und den Mitgliedern des Verbandspräsidiums Rotstein, Kirchner und Levy am 2. Juni 1988. Rotstein hatte schon gegenüber der ZK-Arbeitsgruppe Kirchenfragen geäußert, daß es ihm ein »außerordentliches Anliegen« sei, von Honecker empfangen zu werden.[38] Selbst seinem Vorgänger Aris war während seiner fast dreißigjährigen Verbandstätigkeit eine solche Ehre nicht zuteil geworden. Zwar hatte es im Rahmen von Veranstaltungen und Kongressen Begegnungen mit Ulbricht bzw. Honecker gegeben, aber die protokollarische Ehre eines Empfangs eigens für die Leitung des Verbandes der Jüdischen Gemeinden war ihm nicht vergönnt. Daß es nun zu einem solchen Gespräch kam, lag an der besonderen Prestigewirkung, die sich die SED angesichts des Gedenkjahres davon versprach. Zudem sollte wenige Tage darauf eine Begegnung Honeckers mit Heinz Galinski, dem Direktoriumsvorsitzenden des Zentralrats der Juden in Deutschland und Leiter der Westberliner Jüdischen Gemeinde, stattfinden, und es hätte einen ungünstigen Eindruck erweckt, wenn nicht zuvor auch die Verbandsfunktionäre des eigenen Landes eingeladen worden wären. Inhaltlich brachte das Gespräch zwischen Honecker und dem Verbandspräsidium nichts Neues. Der SED-Generalsekretär würdigte das »bewährte, kameradschaftliche und vertrauensvolle Zusammenwirken der staatlichen Organe, der gesellschaftlichen Organisationen mit dem Verband der Jüdischen Gemeinden in der DDR«, der »ohne Wenn und Aber [...] stets treu zu unserer Arbeiter-und-Bauern-Macht gestanden« habe.[39] Er ging auf das geplante Programm der Gedenkveranstaltungen zum

50. Jahrestag der »faschistischen Pogromnacht« ein und stellte die umfangreiche Beteiligung der Partei- und Staatsführung sowie der Nationalen Front, der Räte der Bezirke und Kreise sowie der Massenmedien in Aussicht. Außerdem sicherte er Unterstützung für den Wiederaufbau der Neuen Synagoge zu, die seiner Vorstellung nach »als zentrales Mahnmal der Berliner Juden weltweit davon künden [sollte], daß die DDR als ein friedensbereiter sozialistischer Staat auch ihren jüdischen Bürgern für immer Sicherheit und Gleichberechtigung gibt und ihre wahre Heimstatt ist«. Eine Stiftung sollte als »Rechtsträger« dieses Projekts gegründet werden, an deren Spitze der Verbandspräsident, unterstützt durch ein internationales Kuratorium, stehen werde.

In seiner Replik betonte Rotstein erneut die Verbundenheit der jüdischen Gemeinden mit ihrem sozialistischen Staat, dankte für die Fürsorge, die ihnen zuteil würde, und erklärte sich mit Honeckers Vorschlägen zur Neuen Synagoge einverstanden. Verabredungsgemäß äußerte er leise Kritik an der Medienberichterstattung über den Nahostkonflikt, die nicht berücksichtige, daß es »auch ein anderes Israel« gäbe, worauf ihm Honecker mit dem bezeichnenden Vergleich zustimmte: »Damals habe es zwei Deutschland gegeben, heute gebe es zwei Israel.« Man trennte sich in trauter Eintracht, nicht ohne der bereits vorbereiteten Pressemitteilung »vollinhaltlich« zugestimmt zu haben. Am nächsten Tag füllten ausführliche Berichte über die Begegnung im Staatsrat die Titelseiten aller Tageszeitungen und signalisierten so international die Übereinstimmung von DDR und jüdischen Gemeinden.

Das Ringen um internationale Kontakte

Bereits bei der Planung des Wiederaufbaus und der späteren Ausstattung des »Centrum Judaicum« war man sich bewußt, daß dies nicht ohne umfangreiche Spenden aus dem westlichen Ausland möglich sein würde. Analog zu den denkmalpflegerischen Großvorhaben im Kirchenbau (Wiederherstellung des Berliner Doms, des Französischen Doms und anderer Sakralbauten) mußte der Löwenanteil der Baukosten durch westliche Partner in Devisen getragen werden, wenn die Pläne verwirklicht werden sollten – die marode DDR-Volkswirtschaft war dazu nicht mehr in der Lage.

Die Aufgabe des Staatssekretariats bestand darin, Sponsoren zu finden und zu verhindern, daß die Spenden mit unangenehmen politische Auflagen verbunden waren. Mit den Erfolgen konnte es seine Stellung in der Partei- und Staatshierarchie aufwerten. Das Außenhandelsministerium hoffte auf Deviseneinnahmen und eine Verbesserung der Wirtschaftsbeziehungen zu den USA und anderen westlichen Ländern.

Im März 1984 plante das Staatssekretariat gemeinsam mit dem MfS, eine Reise des Mitglieds der Berliner Gemeindevertretung, Irene Runge, in die USA zu nutzen, um dort die Gründung einer Förderungsvereinigung ehemals deutscher Juden anzuregen. Diese sollte den Wiederaufbau der Neuen Synagoge finanzieren.[40] Auch Politbüromitglied Günter Mittag spekulierte in einem Schreiben an Erich Honecker auf die Spendefreudigkeit ausländischer Juden: »Die Jüdische Gemeinde der DDR sieht auf Grund der auch künftig rückläufigen Mitgliederzahl eine Nutzung der Synagoge für ihre religiösen Zwecke nicht vor. Sie und auch westeuropäische und US-amerikanische jüdische Gemeinden sind jedoch daran interessiert, das Gebäude entsprechend seiner historischen Bedeutung als Gedenkstätte zu rekonstruieren. Es kann davon ausgegangen werden, daß durch die genannten Gemeinden eine Kostenbeteiligung in Valuta für die Rekonstruktion der Synagoge erfolgt.«[41] Noch am selben Tag genehmigte Honecker mit seinem berühmten Schriftzug »Einverstanden« den Wiederaufbau der Neuen Synagoge und die »materiellen und finanziellen Konsequenzen einer Rekonstruktion«, d.h. das Sammeln von Spenden im Ausland.

Am 16. Juni 1988 erließ der Ministerrat der DDR die »Verordnung über die Errichtung einer Stiftung ›Neue Synagoge Berlin – Centrum Judaicum‹« und veröffentlichte das Stiftungsstatut. Schon die Wahl der für die DDR-Rechtsordnung ungewöhnlichen Form einer Stiftung wurde mit Blick auf die ausländischen Spender getroffen, die ihr Geld wahrscheinlich eher einer vermeintlich unabhängigen und jüdischen Institution geben würden als einer staatlichen Einrichtung. Einen Tag später rief der Verbands- und designierte Stiftungspräsident, Siegmund Rotstein, in einer Presseerklärung die Öffentlichkeit zu Spenden auf und gab die dafür bestimmten Kontonummern bekannt[42] – wohl wissend, daß mit dem wirklichen Adressaten nicht die vielen spendewilligen DDR-Bürger, sondern Devisenbringer aus dem Ausland gemeint waren. Das Internationale Kuratorium, das Unterstützer und Sponsoren des Wiederaufbaus zusammenfassen sollte, besaß dagegen noch kein Statut. Diese Frage sollte zunächst noch offengehalten werden, da nicht absehbar war, welche Personen und Institutionen hierfür Interesse bekunden würden, und die politische Kontrolle dieses Gremiums gewährleistet sein mußte. Wie es später in der konstituierenden Sitzung seines Präsidiums am 27. Juni 1989 hieß, sollte die Mitgliedschaft im Internationalen Kuratorium »allen natürlichen und juristischen Personen der DDR und des Auslandes, die sich ideell, materiell oder finanziell am Aufbau der ›Neuen Synagoge‹ als ›Centrum Judaicum‹ beteiligen«, ermöglicht werden.[43] Dieser Passus zielte vor allem auf einzelne Mäzene im Ausland, besonders aber auf jüdische Organisationen wie das American Jewish Committee und den Jüdischen Weltkongreß.

Es ist auffällig, wie das Ineinander von politischen und wirtschaftlichen Interessen die sich anbahnenden Kontakte zu jüdischen Organisationen und Einzelpersonen prägte. Das Staatssekretariat konnte dabei nicht systematisch vorgehen, sondern war auf die oft zufällige Vermittlung von Verbindungen durch die Gemeindevertreter und ihre persönlichen wie institutionellen Kontakte ins westliche Ausland angewiesen. Zudem erschwerten das fehlende Wissen über die Zusammenhänge, Unterschiede und Einflußmöglichkeiten jüdischer Organisationen und die pluralistische, nichthierarchische Verfaßtheit des Judentums eine klare Einschätzung der Verbindungen. Dabei war für das Staatssekretariat besonders die Distanz der jüdischen Organisationen zu Israel wichtig, damit die diplomatische Anerkennung des Staates Israel nicht zur Vorbedingung der Beziehungen zur DDR gemacht wurde.[44] Durch dieses Kriterium ergab sich von selbst eine Konzentration auf jüdische Diasporaorganisationen und das nichtorthodoxe Judentum, insbesondere das Reformjudentum in den USA, wie z. B. das American Jewish Committee, die Union of American Hebrew Congregations, den Jüdischen Weltkongreß und den International Council of Christians and Jews. Orthodoxe Organisationen pflegen zumeist eine starke Bindung an Israel und interessieren sich eher für rituelle Einrichtungen, religiöse Unterweisung und Synagogen mit regelmäßigem Gottesdienst als für Prestigeobjekte wie den Wiederaufbau der Neuen Synagoge. Auch zu israelischen Institutionen pflegte das Staatssekretariat keine Beziehungen.[45]

Am ehesten ließen sich noch Verbindungen zu jüdischen Persönlichkeiten anbahnen, die an Wirtschafts- oder Handelskontakten mit der DDR interessiert waren. Dabei fand man es nicht unmoralisch, wenn manche Repräsentanten jüdischer Organisationen ihr Amt dazu benutzten, nebenbei noch Geschäfte zu machen, da dies auch der eigenen Außenhandelsbilanz zugute kam. So bot der Präsident des Sternberg Centre for Judaism in London und Vorsitzende des Exekutivkomitees des International Council of Christians and Jews, Sir Sigmund Sternberg, nicht nur seine Unterstützung für den Wiederaufbau der Neuen Synagoge an, sondern bekundete zugleich sein Interesse, in der DDR polygraphische Aufträge ausführen zu lassen. Er freue sich auf das Zusammentreffen mit dem Staatsratsvorsitzenden und hoffe, während seines DDR-Besuchs anläßlich der Gedenkveranstaltungen einige Gespräche mit Außenhandelsvertretern führen zu können, denn sein Projekt sei »ungeheuer ausbaufähig«: »Eine meiner Firmen, die Commodity Research Unit, unterhält Geschäftskontakte in der DDR, und wenn der Handel erweitert werden kann, so wird das von beiderseitigem Nutzen sein.«[46] Und in einer Anwandlung staatspolitischer Großmannssucht fügte Sternberg hinzu: »Unsere Freundschaft wird dazu beitragen, die guten Beziehungen zwischen Großbritannien und der Deutschen Demokratischen Republik zu entwickeln.«

Auch Ronald S. Lauder, der Präsident der Lauder-Foundation, die verschiedene jüdische soziale und Bildungseinrichtungen, u. a. in Ungarn und Polen, finanziell unterstützte, nutzte seine Reisen in jüdischer Mission, um neue Absatzmärkte zu erschließen. Der Chef des Kosmetikkonzerns Estée Lauder meldete sich über die DDR-Botschaft in den USA zu einem Besuch an, um mit Staatssekretär Löffler über die Situation der Juden in der DDR und mögliche Hilfe bei der Wiederherstellung der Neuen Synagoge zu reden. Außerdem bat er »um Gespräch mit kompetentem Vertreter für Import von Kosmetikartikeln. Will sich über Marktlage informieren und eventuell Angebot unterbreiten.«[47] Am 14. Oktober und 16. Dezember 1988 führte Lauder in Berlin die gewünschten Gespräche.

Der prominenteste der jüdischen Handelsreisenden war der Präsident des Jüdischen Weltkongresses, Edgar M. Bronfman, der sich seit Anfang 1988 um eine Einladung in die DDR bemühte. Allein der Name der von ihm vertretenen Organisation klang in den Ohren der DDR-Außenpolitiker vielversprechend, schien sie doch gemäß ihren antisemitischen Vorstellungen die Administration des »internationalen Weltjudentums« zu verkörpern.[48] In einem Auskunftsbericht des MfS wurde Bronfmans soziale Herkunft als »kapitalistisch«, seine Tätigkeit als »Multimillionär« beschrieben.[49] In Vorbereitung des Besuches hatte die Staatssicherheit mehrere Wirtschaftsberichte analysiert und war dabei zu dem Schluß gekommen, »daß mit den Gewinnen des Bronfman-Imperiums sich leicht Politik machen läßt und die Medien ihm bereits aus dem riesigen Anzeigengeschäft zu Füßen liegen. [...] Er gehört zu den einflußreichsten Männern der USA!« Zudem hieß es über ihn, daß er »mit ›Moskau‹ auf dem Duz-Fuße stehe«.

Auf Einladung des Ministeriums für Auswärtige Angelegenheiten traf Bronfman am 16. Oktober 1988 mit seinem Privatflugzeug in Berlin ein. Bereits auf dem Flug wurde er von seinem Gastgeber, Außenminister Oskar Fischer, begleitet. Zur offiziellen Delegation gehörten außerdem der Generalsekretär des JWK, Rabbiner Israel Singer, und Dr. Maram Stern, der fortan als Bronfmans Unterhändler mit der DDR auftrat. In der DDR begrüßte man Bronfman wie einen Staatspräsidenten. Sein offizielles Programm begann mit einem Besuch des Jüdischen Friedhofs in Weißensee und des Gedenksteins für die ermordeten Berliner Juden in der Großen Hamburger Straße. Am Abend empfing er zweihundert Mitglieder der Jüdischen Gemeinde Berlin und die Vorsitzenden der anderen Gemeinden in der DDR zu einem Dinner im Palasthotel. Am nächsten Tag besuchte er die tags zuvor im Beisein seines Generalsekretärs Singer und des Beauftragten der Lauder-Foundation, Rabbiner Chaskel O. Besser, eröffnete Ausstellung »Und lehrt sie: Gedächtnis!« im Ephraim-Palais. Die übrige Zeit seines Berlin-Aufenthalts verwandte er auf Verhandlungen in politischen und wirtschaftlichen Angelegenheiten. Den Höhepunkt seines Besuches bildete ein Gespräch mit Erich Honekker, der ihn »in Anerkennung seiner großen Verdienste für die Wahrung der Gerechtigkeit in der Welt im Geiste des Humanismus und des Antifaschismus für Frieden, Freundschaft und Zusammenarbeit zwischen den Völkern« mit dem höchsten an ausländische Repräsentanten verliehenen Orden Großer Stern der Völkerfreundschaft auszeichnete.[50] Die mit dieser Geste verbundene Absicht schien aufzugehen: Bronfman zeigte sich »zutiefst beeindruckt« vom »herzlichen Empfang in der DDR« und revanchierte sich mit der fragwürdigen Aussage, daß »die Hitlerfaschisten der Mehrheit der deutschen Kommunisten das gleiche Leid zugefügt haben, das auch die Juden erdulden mußten«.[51] Honecker verwies ausführlich auf den antifaschistischen Charakter der DDR, in der das Gedenken an den Holocaust bewahrt und jüdisches Leben in jeder Hinsicht unterstützt werde, trug dann den Standpunkt der DDR zu weltpolitischen Problemen – Rüstungswettlauf, Nahostkonflikt, Afghanistan, Südostasien – vor, um schließlich auf die »dynamische Entwicklung der Volkswirtschaft sowie der Wissenschaft und Technik« einzugehen. Die Frage der ausstehenden Wiedergutmachungszahlungen umging er. Als er von Bronfman daraufhin angesprochen wurde, versteifte er sich erneut auf die Position, die DDR werde (wenn überhaupt, dann) »nicht aus rechtlichen, sondern aus moralischen Gründen symbolische Hilfe für minderbemittelte ehemalige jüdische Verfolgte des Naziregime leisten«. Für die noch im Juni der Claims Conference in Aussicht gestellte symbolische Geste des guten Willens hätten die USA die »abgesprochene Grundlage« verändert.[52] Eine Zusage über die Zahlung von 100 Millionen Dollar, wie Westmedien berichteten, wurde nicht gegeben.[53]

Auch in den anschließenden Verhandlungen mit Außenminister Fischer und dem stellvertretenden Außenhandelsminister Christian Meyer (der Außenhandelsminister Gerhard Beil, der früher NSDAP-

Mitglied war, blieb aus politischen Gründen im Hintergrund) über die Verbesserung der Beziehungen zu den USA vertrat man keine andere Position. Anstatt erneut auf das Problem hinzuweisen, ließ sich Bronfman in Gesprächen mit dem Staatssekretär für Kirchenfragen, Löffler, dem Staatssekretär des Ministeriums für Kultur, Friedhelm Grabe, und Vertretern des Zentralrates der FDJ von »den großen Leistungen der DDR bei der Bewahrung des antifaschistischen Erbes, der Förderung jüdischen Lebens und hohen Qualität der Pflege jüdischer Kultur und Wissenschaft«[54] blenden. Wohl wurde auch die Zusage Bronfmans über eine Beteiligung am Wiederaufbau der Neuen Synagoge dankbar aufgenommen, aber die intensive Betreuung durch das gastgebende Außenministerium (mehrere Gespräche und Begegnungen mit Minister Fischer) verdeutlichten das weit größere Interesse der DDR an der Intensivierung der staatlichen und wirtschaftlichen Beziehungen zu den USA.

In der abschließenden Pressekonferenz zeigten sich Bronfman und seine Delegation »tief beeindruckt« und »völlig zufrieden« mit dem Stand der Entschädigungsverhandlungen und »dem moralischen Standpunkt, den die DDR zur Verantwortung für den Holocaust einnimmt«.[55] Er werde sich deshalb gegenüber dem State Department für eine Einladung Honeckers zu einem Staatsbesuch in den USA und die Gewährung der Meistbegünstigungsklausel einsetzen: »Von einem jüdischen Standpunkt aus sehe er gewiß keinen Grund, warum der DDR nicht die Meistbegünstigung gewährt und warum Herr Honecker nicht eingeladen werden sollte.« Im Gespräch mit Staatssekretär Löffler hatte Bronfman erklärt, daß er einen Artikel in der »New York Times« über seine »Erlebnisse und Erfahrungen« schreiben werde, »damit sich in den vom Jüdischen Weltkongreß vertretenen weiten Kreisen ein gerechteres Urteil und dementsprechendes Verhalten gegenüber der DDR entwickelt«.[56] Die Hoffnung der DDR auf eine Imageverbesserung, die sie an eine Hofierung Bronfmans geknüpft hatte, schien sich somit zu erfüllen.[57]

Während über den Besuch des JWK-Präsidenten ausführlich auf den Titelseiten des »Neuen Deutschland« und der anderen Tageszeitungen berichtet wurde, erfuhr die Öffentlichkeit nichts über den anderen Teil seiner Mission. Dabei ging es Bronfman um die Anbahnung von Geschäftsbeziehungen zwischen seinem Getränke- und Spirituosenkonzern Seagrams und der DDR. Schon zuvor hatte er als JWK-Präsident Reisen in die Sowjetunion, nach Polen und Ungarn unternommen, um sich dort über die Situation der Juden zu informieren und gleichzeitig Verkaufsgespräche zu führen. So lag es für ihn nahe, nun ebenfalls den ostdeutschen Markt zu sondieren. Zu seiner Begleitung gehörte auch der Verkaufsmanager des Seagrams-Konzerns für Übersee, Pierre Viarnaud. Während des dreitägigen Aufenthalts in Berlin verwandelte sich das Palasthotel, die Unterkunft der JWK-Delegation, in eine Außenstelle des Konzerns mit mehreren Büros mit eigenen Telefon- und Faxanschlüssen.[58] Bronfman und Viarnaud führten Verhandlungen mit dem stellvertretenden Außenhandelsminister, Christian Meyer, und Generaldirektoren verschiedener Kombinate.[59] Nicht zuletzt diese Privatinteressen erklären Bronfmans positive, in jüdischen Kreisen isoliert dastehende Bewertung der DDR. Von der Ausweitung der Handelsbeziehungen zu den USA nach der Gewährung der Meistbegünstigung hätte er zunächst ganz persönlich profitiert.

So war es auch nicht weiter verwunderlich, daß diese Verbindung anhielt. Im Januar 1989 reiste Staatssekretär Löffler auf Einladung des JWK nach Israel (der erste halboffizielle Besuch eines DDR-Regierungsvertreters im »zionistischen Gebilde«),[60] Bronfman und Honecker tauschten weiterhin Briefe aus, ohne daß die DDR eine Zusage über die Zahlung von Wiedergutmachung gab oder ernsthaft Verhandlungen darüber vorantrieb. Stern konferierte mehrmals in Berlin mit Vertretern des Staatssekretariats und des Außenministeriums, und noch am 30. November 1989, drei Wochen nach dem Fall der Mauer, versicherte er gegenüber Außenminister Fischer: »The WJC is and will remain a friend of the GDR.«[61] Der JWK beabsichtigte, die deutsche Vereinigung zu verhindern, und wurde somit natürlicher Partner des neuen Ministerpräsidenten Hans Modrow und des SED/PDS-Vorsitzenden Gregor Gysi, die glaubten, unter Berufung auf Antifaschismus und Vorbehalte der »jüdischen Weltbewegung« diese Entwicklung aufhalten zu können. Wie bedeutungslos der JWK tatsächlich war, illustrierte nicht zuletzt dessen völlige Einflußlosigkeit auf die Haltungen der Alliierten, beider deutscher Staaten und auch Israels in dieser Frage.

Gewiß stellte der Unterhalt wirtschaftlicher Kontakte mit der DDR nichts Anstößiges dar. Kritikwürdig ist allerdings die Ausnutzung einer philantropischen Attitüde oder öffentlicher Ämter in jüdischen Organisationen für die Anbahnung von privaten Geschäften. Trotz allem Streben der DDR nach ausländischen Investitionen erhebt sich die Frage, ob Konzernherren wie Bronfman, Sternberg oder Lauder auch derart empfangen und hofiert, zum Teil sogar mit hohen Orden dekoriert worden wären, wenn sie nicht über das »jüdische Ticket« in die DDR gereist wären. Zu kritisieren ist ebenfalls, daß bestimmte jüdische Funktionäre mit ihrem Verhalten den antisemitischen Glauben an einen allmächtigen jüdischen Einfluß in der Welt – bewußt und unbewußt – ausnutzten, um sich selbst und ihren Organisationen eine Bedeutung zuzuschreiben, die sie in Wirklichkeit nicht besaßen. Der JWK, das AJC und andere Organisationen sind letztlich nur Teil eines umfangreichen, pluralistischen Geflechts jüdischer Interessenvertretungen, von denen keine einzige reklamieren kann, die Mehrzahl der Juden in der Welt oder auch nur in den USA zu repräsentieren.[62]

In anderer Weise machte sich der Vorsitzende der Jüdischen Gemeinde zu Berlin, Heinz Galinski, den Glauben an einen allmächtigen Einfluß der Juden auf die Politik zunutze. Er hatte kein wirtschaftliches Interesse an den Kontakten zur DDR, sondern wollte sich als »Ostpolitiker« profilieren und sein politisches Ansehen aufwerten. Dabei ging es ihm nur nebenbei um bessere Kontakte zu den jüdischen Gemeinden in der DDR. Bislang war er den Partei- und Staatsfunktionären, die ihn als Antikommunisten und Zionisten sahen, alles andere als sympathisch, doch nun wollten sie auch ihn in die Galerie der jüdischen Funktionäre einreihen, die das antifaschistische Image der DDR aufbesserten. Immerhin hatte Galinski regelmäßig antisemitische und rechtsextreme Vorkommnisse in der Bundesrepublik kritisiert, was man für die einseitige Antifaschismuspropaganda der DDR nutzen konnte. Seit Anfang 1988 stand er zudem als Direktoriumsvorsitzender dem Zentralrat der Juden in Deutschland vor und trat somit als das Sprachrohr aller in der Bundesrepublik lebenden Juden auf. Mit Bronfman und Galinski glaubte die DDR, sich der Sympathie der jüdischen Gemeinschaft in den für sie außenpolitisch interessantesten Staaten zu versichern, wobei beiden machtbewußten Funktionären auch nichts daran lag, das Verständnis für die pluralistische Struktur des Judentums zu befördern.

Die erste Annäherung zwischen Galinski und Honecker erfolgte über einen Briefwechsel im Herbst 1986. Anläßlich des 45. Jahrestages der »Fabrik-Aktion«[63] veranstaltete die Jüdische Gemeinde Berlin am 28. Februar 1988 eine Gedenkfeier, bei der auch Galinski eine Rede hielt. Das war der Auftakt zu einer Reihe von regelmäßigen Besuchen in der DDR, die sich aber vornehmlich auf Begegnungen mit Vertretern der Partei- und Staatsführung beschränkten. Seit 1986 führte er häufige Gespräche mit dem Staatssekretär für Kirchenfragen und machte deutlich, daß es ihm wichtig sei, auch von Honecker persönlich empfangen zu werden. Die Vorbereitungen auf diese Begegnung, die am 6. Juni 1988, nur vier Tage nach dem Zusammentreffen Honeckers mit dem Verbandspräsidium, stattfand, offenbaren, daß Galinski in erster Linie als einflußreicher Politiker der Bundesrepublik betrachtet wurde.[64] Im Gespräch standen Neonazismus, der Nahostkonflikt und der bevorstehende 50. Jahrestag der

»Kristallnacht« im Mittelpunkt, innerdeutsche Probleme spielten kaum eine Rolle. Zugleich schlug Galinski vor, daß die Volkskammer anläßlich des 50. Jahrestages der »Kristallnacht« zu einer Sondersitzung zusammenkommen möge. In der anschließenden Pressekonferenz äußerte er, er »könne uneingeschränkt sagen, es sei rundherum ein befriedigendes Gespräch« gewesen.[65] Aus den von Honecker *nach* Gewährung der Meistbegünstigung und Ausweitung des Handels für Entschädigungszwecke unverbindlich avisierten 10 bis 100 Millionen Dollar machte er kurzerhand eine Zusage von 100 Millionen,[66] wobei dieser Gesprächspunkt von den DDR-Medien verschwiegen wurde.

Galinski gefiel sich in der Rolle als Unterhändler jüdischer wie auch bundesrepublikanischer Interessen mit der DDR, und er korrigierte auch nicht Staatssekretär Löffler, als der ihn durchgängig mit »Herr Präsident« anredete. Bei weiteren Treffen mit Löffler im August und September 1988 ging es um seine Beteiligung an den Gedenkfeierlichkeiten im November wie auch im Kuratorium der Stiftung »Neue Synagoge Berlin – Centrum Judaicum«.[67] Ihren Höhepunkt fand die neue Wertschätzung für Galinski am 8. November 1988, als er während der von ihm angeregten Sondersitzung der Volkskammer als Ehrengast im Präsidium gemeinsam mit Siegmund Rotstein zwischen Erich Honecker und Egon Krenz Platz nehmen durfte und beim anschließenden Staatsempfang von Honecker mit dem Stern der Völkerfreundschaft in Gold ausgezeichnet wurde.

Daß es nach all den politischen Gesprächen im Partei- und Staatsapparat erst am 28. Oktober 1988 zu einer ersten offiziellen Begegnung mit seinem ostdeutschen Amtskollegen Rotstein kam, verdeutlicht die von Galinski gesetzten Prioritäten und die nach wie vor bestehende Distanz zwischen den ost- und westdeutschen Gemeindeverbänden. Die vom AJC-Präsidenten, Ted Elenoff, vertretene Position: »Rabbis, prayer books and shawls, and religious support for Jews in the G. D. R., yes. Political support for the G. D. R. as a state, no«[68], war ihm wie auch anderen jüdischen Funktionären, die sich von der DDR hofieren ließen, fremd.

Die Gedenkveranstaltungen 1988

Seit 1987 liefen im Staatssekretariat für Kirchenfragen die Vorbereitungen für den 50. Jahrestag der »Kristallnacht«[69] auf Hochtouren. Es wurden zahlreiche Konzeptionen für die Ausgestaltung des Gedenktages erarbeitet, der durch eine »zentrale Gedenkveranstaltung mit internationaler Beteiligung«, zahlreiche regionale Aktivitäten, begleitet von einer »umfassenden propagandistisch-publizistischen Medienarbeit«, begangen werden sollte.[70] Während man anfangs noch plante, eine Veranstaltung des Verbandes der Jüdischen Gemeinden in der DDR zu unterstützen – wie das zuvor bei Jahrestagen der Judenverfolgung üblich war, nur diesmal etwas umfangreicher –, wurde die politische Bedeutung dieses Jahrestages im Verlauf der Vorbereitungen immer höher bewertet. Es befaßte sich nicht nur das ZK-Sekretariat, sondern auch das Politbüro mit diesem Ereignis. Der Schwerpunkt verlagerte sich von der Interpretation eines »jüdischen« Gedenktages hin zu der eines »politischen Ereignisses von gesamtgesellschaftlicher Bedeutung«. In der Begründung für die vom Politbüro am 29. März 1988 beschlossenen »Maßnahmen zum 50. Jahrestag der faschistischen Pogromnacht« wurde der 9. November 1938 in die »antifaschistischen Traditionen« der DDR »als ein Tag des Gedenkens an die sechs Millionen jüdischen wie alle Opfer des Faschismus, als stete Mahnung und aktuelle Verpflichtung« eingereiht.[71] Die eigentlichen Motive für die Inszenierung der Kampagne, die erhofften Kontakte in die USA, wurden nur am Rande angedeutet: »Die Aktivitäten der DDR zur Pflege der Traditionen des antifaschistischen Kampfes und zur Wahrung des Vermächtnisses der jüdischen Bürger sind zugleich ein wichtiger Beitrag zur weiteren Festigung der internationalen Autorität des sozialistischen deutschen Staates.«

Den eigenen Genossen wie auch der Bevölkerung erklärte man die plötzliche Entdeckung der Juden mit dem Rückgriff auf vermeintliche Traditionslinien der KPD. Die KPD wurde zur entschiedensten Kämpferin gegen Faschismus und Judenverfolgung hochstilisiert, wobei man sämtliche indifferenten und antisemitischen Positionierungen in der Parteigeschichte verschwieg. Dabei berief man sich auf die Erklärung des ZK der KPD »Gegen die Schmach der Judenpogrome« vom November 1938, die zur Solidarität mit den verfolgten Juden aufforderte. Die Reprintausgabe der »Roten Fahne«, in der dieser Appell veröffentlicht worden war, wurde das Standardgeschenk, das Honecker dem Verbandspräsidium, Galinski und Bronfman überreichte und das auch die anderen jüdischen Gäste der Gedenkveranstaltungen erhielten. Auf diese Weise feierte die SED im Gedenken an die Opfer der nationalsozialistischen Judenverfolgung die eigene Parteigeschichte; vom vermeintlichen Bündnis in der Zeit des antifaschistischen Kampfes wurde die direkte Linie zur DDR als »Heimstatt aller ihrer Bürger jüdischen Glaubens« gezogen.[72]

Am 31. Mai 1988 erweiterte das Politbüro seinen Beschluß »Maßnahmen zum 50. Jahrestag der faschistischen Pogromnacht vom

9. November 1938« um die Gründung des Internationalen Kuratoriums für die Stiftung »Neue Synagoge Berlin – Centrum Judaicum« und die Einladung jüdischer Gäste aus dem Ausland, »insbesondere den USA«, zur Teilnahme an den Gedenkveranstaltungen im November 1988.[73] Dieser Beschluß enthielt bereits die einzelnen Veranstaltungen und die »Maßnahmen der Öffentlichkeitsarbeit«, mit denen man den Jahrestag begehen wollte. Die Bezirks- und Kreisleitungen der SED hatten ihn auszuwerten, die ZK-Abteilung »Befreundete Parteien« sollte die Parteien und Organisationen der Nationalen Front über die von ihnen erwarteten Aktivitäten informieren. Damit das Gedenken »eine Sache der ganzen Gesellschaft« würde, waren Kranzniederlegungen auf jüdischen Friedhöfen und an Gedenkstätten, Einweihungen von Gedenktafeln sowie Publikationen zur jüdischen Regionalgeschichte geplant.[74]

In der Ausgestaltung des Gedenkens konkurrierte die DDR unübersehbar mit der Bundesrepublik, wobei jegliche gesamtdeutsche Aussagen in der inhaltlichen wie organisatorischen Konzipierung der Gedenkveranstaltungen vermieden wurden. Sofort nach dem Gespräch Honeckers mit Galinski reagierte man auf dessen Vorschlag zur Einberufung einer Sondersitzung der Volkskammer und kam überein, auch den Empfang Honeckers für den Verband der Jüdischen Gemeinden und die internationalen Gäste bereits auf den 8. November vorzuziehen, sie würden »sodann an der Spitze weiterer Gedenkveranstaltungen in unserem Lande stehen und auch vor der Gedenkveranstaltung in der BRD liegen. Die politische Bedeutung und internationale Ausstrahlung dieses Empfanges würden dadurch unterstrichen.«[75]

Es verging kaum noch ein Tag, an dem die DDR-Medien nicht über Aktivitäten zur Bewahrung jüdischer Kultur und Gedenkstätten berichteten. Während bislang zahlreiche jüdische Friedhöfe in einem verwahrlosten und zerstörten Zustand waren, falls sich nicht lokale Initiativen um deren Erhalt kümmerten, organisierte nun die FDJ im Sommer Arbeitseinsätze; im Juni hatte bereits der Kulturbund eine Tagung über die Rekonstruktion jüdischer Friedhöfe veranstaltet. Die meisten Veranstaltungen konzentrierten sich aber auf den Herbst. Den Auftakt zum »Gedenkfestival« bildete die Eröffnung der Ausstellung »Und lehrt sie: Gedächtnis!« im Ephraim-Palais am 16. Oktober und der einen Tag später beginnende Bronfman-Besuch. Buch- und Filmpräsentationen, Ausstellungen, Fernsehsendungen über die Judenverfolgung häuften sich, nahezu sämtliche kultur- und gesellschaftspolitischen Institutionen veranstalteten Kolloquien, Gedenkstunden und Kranzniederlegungen. Die Akademie der Wissenschaften hielt eine Tagung über »Die Rolle der Juden in den sozialen, politischen und geistig-kulturellen Auseinandersetzungen der deutschen Geschichte des 20. Jahrhunderts« ab, auch mehrere Universitäten widmeten ähnlichen, in der Forschung bislang weitgehend ausgeblendeten Themen Konferenzen. Täglich wurde umfassend über eigene Gedenkveranstaltungen der Parteien und Organisationen der Nationalen Front, Gedenkkonzerte, die Einweihung von Gedenktafeln und Mahnmalen berichtet. Die massive öffentliche Beschäftigung mit dem Topos Juden / Judentum / Nationalsozialismus nach der jahrzehntelangen Vernachlässigung kam völlig unvermittelt, zumal der außenwirtschaftspolitische Hintergrund nur einem kleinen Kreis von Eingeweihten bekannt war. Zwar weckte dieser plötzliche Aufschwung auch Mißtrauen, aber die dennoch recht positive Resonanz weiter Kreise der DDR-Bevölkerung machte deutlich, daß das Interesse an jüdischer Geschichte und Kultur groß und die bisherige antifaschistische Propaganda diesem Defizit nicht gerecht geworden war.

Ihren Höhepunkt erreichten die Gedenkveranstaltungen in der Zeit vom 8. bis 10. November 1988, als die Partei- und Staatsführung offiziell des 50. Jahrestages der »Kristallnacht« gedachte und dazu zahlreiche Vertreter jüdischer Gemeinden und Organisationen »aus 17 Ländern und Berlin (West)« eingeladen hatte. Unter ihnen war erstmalig eine Gruppe von nichtkommunistischen Israelis, u. a. der frühere Innenminister Josef Burg, leitende Mitarbeiter der Gedenkstätte Yad Vashem und der Jerusalemer Oberrabbiner Jizchak Kolitz. Ebenfalls von besonderem außenpolitischen Interesse waren die Vertreter des American Jewish Committee, der Union of American Hebrew Congregations, der New Yorker deutsch-jüdischen Zeitung »Aufbau«, der Jüdischen Gemeinde zu Berlin, des Zentralrats der Juden in Deutschland und verschiedene Privatpersonen wie Sir Sigmund Sternberg und Rudi Leavor aus Großbritannien, die finanzielle Hilfe bei der Rekonstruktion der Neuen Synagoge und des Jüdischen Friedhofs Weißensee zugesagt hatten. Die Abgesandten jüdischer Gemeinden aus sozialistischen Ländern nahmen sich daneben eher unbedeutend aus.

Am Anfang der offiziellen Veranstaltungen stand ein Empfang im Staatsrat, bei dem Honecker nach einem Grußwort »jüdischen Persönlichkeiten des In- und Auslandes« Orden verlieh. Zu den »in Anerkennung hervorragender Arbeitstaten und Leistungen bei der Errichtung der antifaschistisch-demokratischen Ordnung und beim Aufbau des Sozialismus in der DDR«[76] mit dem Vaterländischen Verdienstorden ausgezeichneten »Bürgern jüdischen Glaubens« gehörten das Verbandspräsidium und die Vorsitzenden aller jüdischen Gemeinden, die Verbandssekretärin, der stellvertretende Vorsitzende, die Bibliothekarin und der Kantor der Berliner Gemeinde.[77] Mit dieser Ordensinflation sollte gleich zu Beginn der Gedenkveranstaltungen die offizielle Wertschätzung für die jüdischen Gemeinden im eigenen Land und deren loyales, kooperatives Verhalten signalisiert werden.

Anschließend wurden »hervorragende Persönlichkeiten der jüdischen Weltbewegung«[78] ausgezeichnet: Die in jüngster Zeit erkorenen »Hauptpartner«, Heinz Galinski und für den Jüdischen Weltkongreß stellvertretend sein Ehrenpräsident, Gerhard Riegner, wie auch Sir Sigmund Sternberg wurden mit dem Stern der Völkerfreundschaft in Gold geehrt. Für den als Bronfmans Vertreter avisierten Rabbiner Alexander M. Schindler, Präsident der Union of American Hebrew Congregations, war diese Auszeichnung ebenfalls vorgesehen; da er aber nicht anreiste, blieb es der DDR versagt, ihm diesen Orden einzig aufgrund seiner Nähe zu Bronfman zu überreichen. Den Stern der Völkerfreundschaft in Silber erhielten die Generalsekretärin der Landesvertretung ungarischer Juden, Dr. Gezane Seifert, und der Oberkantor der Jüdischen Gemeinde zu Berlin, Estrongo Nachama – er war der einzige unter den Ausgezeichneten, der tatsächlich schon seit Jahrzehnten die jüdischen Gemeinden in der DDR unterstützte.

Nach dem Empfang im Staatsrat und der Ordensausschüttung folgte die Sondersitzung der Volkskammer, deren Präsident, Horst Sindermann, nach einer Schweigeminute der Abgeordneten die Gedenkrede hielt. Dabei würdigte er insbesondere den Kampf der Kommunisten gegen Faschismus und Antisemitismus sowie die antifaschistische Tradition der DDR – eine Rede, die mit ihren geschichtspolitischen Aussagen eigentlich einen wesentlich größeren Eklat hätte auslösen müssen als die des Bundestagspräsidenten Jenninger. Der anschließend sprechende Verbandspräsident Rotstein übertraf noch seinen Vorredner im Lobpreis der DDR. Erneut bekräftigte er die unbedingte Loyalität der jüdischen Gemeinden: »Von ganzem Herzen und mit gutem Gewissen kann ich sagen, daß die Bürger jüdischen Glaubens in der Deutschen Demokratischen Republik in ihrem Lande eine wahre Heimstatt gefunden haben, daß wir Achtung, soziale Geborgenheit, die umfassende Fürsorge unserer Gesellschaft erfahren, daß wir gleichberechtigt und hochgeachtet an der Gestaltung der sozialistischen Gesellschaft mitwirken, daß freie Religionsausübung täglich zu erlebender Alltag ist.«[79] Der antifaschistische Charakter der DDR, die materielle Unterstützung der jüdischen Gemeinden und der Beschluß zum Wiederaufbau der Neuen Synagoge wurden von Rotstein als Beleg für die »lebendige«, »fruchtbringend und vertrauensvoll« sich gestaltende Beziehung zwischen dem sozialistischen Staat und der jüdischen Religionsgemeinschaft in der DDR angesehen.

Auf die ausländischen Gäste wirkten Rotsteins vielfältige Danksagungen an Partei, Regierung und »alle gesellschaftlichen Kräfte« eher anbiedernd und peinlich. Beeindruckt waren sie allerdings von der simultanen Übersetzung der Reden in fünf Sprachen, darunter Hebräisch, und dem in deutsch und hebräisch gedruckten Programm. Den Tag beschloß ein festliches Konzert im Schauspielhaus.

Der 9. November stand im Zeichen der Gedenkveranstaltung des Verbandes der Jüdischen Gemeinden in der DDR, die gleichwohl organisatorisch wie protokollarisch fast ausschließlich vom Staatssekretariat vorbereitet worden war. Deshalb verwundert es auch nicht, daß sich das offizielle Gedenken des Verbandes inhaltlich kaum von den staatlichen Veranstaltungen unterschied und keinen besonderen jüdischen Charakter aufwies, zumal auf die Einbeziehung traditioneller jüdischer Trauer- und Gedenkformen verzichtet wurde. Nachdem im Deutschen Theater ein Grußschreiben Honeckers an den Verband verlesen worden war und Rotstein, Galinski sowie verschiedene ausländische Gäste Ansprachen gehalten hatten, folgte die Aufführung von Lessings Theaterstück »Nathan der Weise«, womit eine ungetrübte deutsch-jüdische Harmonie vorgetäuscht wurde.

Am Morgen des 10. Novembers fand eine gemeinsame Kranzniederlegung von Partei- und Staatsführung, Nationalrat der Nationalen Front und Verband der Jüdischen Gemeinden auf dem Jüdischen Friedhof Berlin-Weißensee statt. Darauf folgte die lang angekündigte symbolische Grundsteinlegung für den Wiederaufbau der Neuen Synagoge, an der neben Erich Honecker und mehreren Politbüromitgliedern die Vorsitzenden der Blockparteien und Massenorganisationen, der Kultur- und der Bauminister, der Staatssekretär für Kirchenfragen und der Berliner Oberbürgermeister sowie »jüdische Repräsentanten des In- und Auslandes« teilnahmen. Die zweihundert als Zuschauer eingeladenen Mitglieder und Freunde der Jüdischen Gemeinde Berlin mußten sich auf der als »Kundgebung Berliner Bürger« deklarierten Veranstaltung wegen der vielen Sicherheitsleute und Ehrengäste mit hinteren Plätzen begnügen. Nach kurzen Ansprachen von Stiftungspräsident Kirchner und Oberbürgermeister Erhard Krack wurde eine Tafel enthüllt, die der Absicht des Wiederaufbaus der Synagogenruine Ausdruck gab. An diese symbolische Grundsteinlegung schloß sich die konstituierende Sitzung des »Internationalen Kuratoriums zur Förderung der Stiftung ›Neue Synagoge Berlin – Centrum Judaicum‹« an, zu dessen Präsident Siegmund Rotstein und dessen Sekretär Hermann Simon ernannt wurden.

Damit klangen die zentralen Veranstaltungen des Gedenkfestivals, das den erhofften diplomatischen Durchbruch vor allem in den USA bringen sollte, aus. In den folgenden Tagen und Wochen fanden noch vereinzelt Gedenkveranstaltungen und Denkmalseinweihungen statt, da aber die ausländischen Gäste abgereist waren, wurde ihnen in den Medien nur geringe Aufmerksamkeit zuteil.

Die DDR konnte den Verlauf der Veranstaltungen als Erfolg verbuchen. Es war gelungen, sich medienwirksam als *der* antifaschistische deutsche Staat zu präsentieren, ohne dabei wirklich das Verhältnis zu Juden, Judentum, Staat Israel und historischer Verantwortung gegenüber der nationalsozialistischen Vergangenheit revidiert zu haben. Der Eklat um die mißglückte Rede des Bundestagspräsidenten Jenninger verstärkte diesen Eindruck noch.

Das Gelingen des Gedenkfestivals war auch dem Verband der Jüdischen Gemeinden zu verdanken, der die politische Grundaussage eines ungetrübten Verhältnisses zwischen Juden und Kommunisten mitgetragen hatte. Durch ihre Loyalitätsbekundungen kam es weder zu einer kritischen Auseinandersetzung mit Antisemitismus und Geschichtsfälschung in der DDR noch zu aktuell-politischen Konsequenzen in der Wiedergutmachungsproblematik oder im Verhältnis zum Staat Israel. Auch die Bereitschaft Rotsteins und Kirchners, die Organisation und Ausgestaltung der Gedenkveranstaltung des Verbandes dem Staatssekretariat zu übertragen, trug zum berechenbaren, planmäßigen Verlauf bei.

Schon in den folgenden Monaten zeigte sich, daß die während des Gedenkjahrs und besonders im November 1988 demonstrierte Hinwendung zu jüdischer Geschichte und Kultur nur als vorübergehende Kampagne gedacht war. Der Wiederaufbau der Neuen Synagoge ging nur langsam voran, vermutlich auch aufgrund der ausbleibenden Devisenspenden.[80] Wohl konstituierte sich am 27. Juni 1989 das Präsidium des Internationalen Kuratoriums zur Förderung der Stiftung »Neue Synagoge Berlin – Centrum Judaicum«, aber auch dieses Ereignis geriet nicht mehr so glanzvoll wie noch die Veranstaltungen im November.[81] Auch ein erneuter Vorstoß zur Gründung eines Zentralen Arbeitskreises für Jüdische Kultur beim Kulturbund und die Herausgabe einer judaistischen Zeitschrift wurden zurückgewiesen. Unisono erklärten der Leiter der ZK-Arbeitsgruppe für Kirchenfragen Rudi Bellmann, die Leiterin der ZK-Abteilung für Kultur Ursula Ragwitz, Staatssekretär Gysi und Kulturbundsekretär Karl-Heinz Schulmeister – letztere später sogar mit Ehrenfunktionen im Internationalen Kuratorium betraut –, daß sie sowohl »eine Institutionalisierung der Pflege jüdischer Kultur beim Kulturbund als auch die Herausgabe spezieller Periodika nicht für angebracht« halten.[82] Die Durchführung von zwei wissenschaftlichen Konferenzen anläßlich des 50. Jahrestages wurde als völlig ausreichend angesehen, außerdem hätte die Einrichtung eines Arbeitskreises für jüdische Kultur dem Konzept der Reduktion des Judentums auf eine Religionsgemeinschaft widersprochen. Einen säkularen jüdischen Kulturbund, wie er z. B. in Polen existierte, lehnte man wegen der Unfähigkeit ab, zwischen jüdisch-kulturellen und nationaljüdischen Aktivitäten zu unterscheiden. Die vollmundig geäußerten Absichten der SED, das jüdische Leben zu fördern, erwiesen sich endgültig als Farce, als das Staatssekretariat das Angebot des Zentralrats der Juden in Deutschland zum Studium an der Heidelberger Hochschule für Jüdische Studien mißbrauchte, um Thoralf Kleinsorge, einen nichtjüdischen Geschichtsstudenten und SED-Mitglied, zu entsenden. Die Ausbildung von eigenen »Kadern«, perspektivisch möglicherweise zum Einsatz in der Stiftung »Neue Synagoge Berlin – Centrum Judaicum«, war dem Staatssekretariat wichtiger als die Heranbildung von Lehrern und Kultuspersonal für die jüdischen Gemeinden.

Mit dem Abflauen des offiziellen konjunkturellen Interesses für das Judentum konnte die DDR auch ihre arabischen Partner beruhigen, die schon eine Veränderung der Außenpolitik und eine mögliche Annäherung an den Staat Israel befürchteten. Zwar beriet man im Ministerium für Auswärtige Angelegenheiten Ende November 1988, »wie sich die staatlichen Beziehungen zu Israel künftig gestalten sollten; dabei wurde auch über erste Schritte auf diplomatischem Gebiet nachgedacht«,[83] doch außer dem halboffiziellen Besuch des Staatssekretärs für Kirchenfragen in Israel im Januar 1989 vereinbarte man lediglich einen verstärkten Kulturaustausch. Ihre einseitige Nahostpolitik und ihre Sympathie für die PLO hingegen bekräftigte die DDR am 18. November 1988 mit der diplomatischen Anerkennung des Staates Palästina und der Aufwertung des Berliner PLO-Büros zur Botschaft – schon wenige Tage nach der Ausrufung dieses Staates auf der 19. Tagung des Palästinensischen Nationalrates in Algier. Die DDR vollzog diesen Schritt als einer der ersten Staaten der Welt und mehr als ein Jahr vor der Sowjetunion. Mit ihrer Eigeninitiative verdeutlichte sie außenpolitische Prioritäten.

Adass Jisroel

Wie halbherzig und unaufrichtig der Umgang mit Juden und jüdischen Gemeinden war, wurde auch an den Auseinandersetzungen um die Israelitische Synagogen-Gemeinde (Adass Jisroel) zu Berlin deutlich.[84] Diese 1869 gegründete orthodoxe Gemeinde [85] hatte ihre Tätigkeit in Berlin nach der Befreiung 1945 nicht wiederaufgenommen – zu wenige Mitglieder hatten die Konzentrationslager überlebt und waren bereit, in Deutschland zu bleiben oder hierher aus der Emigration zurückzukehren. Die Gemeindestätten, die nicht durch Schändung oder Bomben zerstört worden waren, wurden fremdgenutzt, der Friedhof in Berlin-Weißensee durch die Jüdische Gemeinde Berlin verwaltet. Im Gemeindezentrum in der Artilleriestraße 31 (später Tucholskystr. 40) in Mitte, das die Verwaltung, Schulräume, Mikwaot (rituelle Quellbäder) und das Rabbinerseminar zu Berlin beherbergt hatte, befand sich zunächst das Bezirksamt und seit Ende der vierziger Jahre eine Außenhandelsfirma. Die im zweiten Hof befindliche große Synagoge blieb unbeachtet. Von seiten der anderen jüdischen Gemeinde wurden keine Anstrengungen unternommen, sie als Gebetsraum wiederherzustellen und zu nutzen. Als man sie 1967 abreißen wollte, um einen Lagerplatz zu schaffen, stimmte die Leitung der Jüdischen Gemeinde von Groß-Berlin diesem Vorhaben schriftlich zu.[86] Dem Synagogenabriß folgte 1973 die Zerstörung der noch erhaltenen, gelegentlich von der Ostberliner Gemeinde genutzten Quellbäder.

Die einzige Gemeindeeinrichtung, die seit der Befreiung noch für jüdische Zwecke genutzt wurde, war der eigene Friedhof in der Wittlicher Straße in Berlin-Weißensee. Hier fanden bis in die siebziger Jahre hinein Beerdigungen statt, um die Pflege kümmerte sich ein Gärtner. Als dieser 1974 in den Ruhestand ging, wurde seine Stelle von der Jüdischen Gemeinde Berlin nicht wiederbesetzt und der Friedhof praktisch aufgegeben. In den Folgejahren verwilderte das Gelände, die Umfassungsmauern verfielen, und die Mehrzahl der Grabsteine wurde umgeworfen. Erst ein Artikel in der New Yorker deutsch-jüdischen Zeitung »Aufbau« über den verwahrlosten Zustand der jüdischen Friedhöfe in Ostberlin[87] lenkte die Aufmerksamkeit auf dieses Problem. Außerdem hatten zwei frühere Adassianer in der UNO-Vertretung der DDR in New York vorgesprochen und eine zweckgebundene Spende von 50 000 US-Dollar für die Rekonstruktion angeboten, die aber erst überwiesen werden würde, wenn die Arbeiten tatsächlich begonnen hätten.[88] Kirchner mußte dem Staatssekretariat Bericht erstatten, und im September 1981 fand eine gemeinsame Begehung von Kirchner, dem Leiter der ZK-Arbeitsgruppe für Kirchenfragen, Rudi Bellmann, Gysis Stellvertreter Hermann Kalb und Stadtrat Günter Hoffmann statt. »Wegen der außenpolitischen Relevanz der Angelegenheit« sollten die Mauer saniert, der Wildwuchs beseitigt und die umgestürzten Grabsteine wiederaufgestellt werden; die Jüdische Gemeinde Berlin wollte einen Teil des Geländes, der scheinbar unbelegt war, »zur anderweitigen Verwendung abgeben«.[89]

Obwohl auch noch ein Artikel im Schweizer »Israelitischen Wochenblatt« im Oktober 1981 der Forderung nach Rekonstruktion Nachdruck verlieh,[90] unternahm man in den Folgejahren weder von staatlicher noch von Gemeindeseite etwas, um der Zerstörung Einhalt zu gebieten. Die einzige Zustandsänderung betraf den vom Magistrat vermittelten Verkauf des erwähnten Teilstücks durch die Jüdische Gemeinde Berlin an das MfS, das hier eine neue Kreisdienststelle für die Bezirke Weißensee und Hohenschönhausen errichten wollte.[91] Der Erlös von 28 000 Mark wurde aber nicht in die Pflege des Friedhofs reinvestiert, auch die 50 000-Dollar-Spende wurde nicht angenommen – akuter Geldmangel konnte also nicht die Ursache für den fortschreitenden Verfall des Friedhofs sein. 1984 beauftragte der Oberbürgermeister den Stadtbezirk Weißensee, sich um den Erhalt des Adass-Jisroel-Friedhofs zu kümmern. Nach weiteren Ortsbesichtigungen fällte man lediglich einige Bäume, und die Jüdische Gemeinde Berlin beantragte den Bau eines Wärterhäuschens, für das die Evangelische Kirche Berlin-Brandenburg 70 000 Mark gesammelt hatte. Das MfS grenzte sein neuerworbenes Grundstück 1984 mit einer Mauer ab, was aber auch nicht zum Schutz vor Rowdies beitrug, da der Friedhof von den anderen drei Seiten her frei zugänglich blieb.

Die allgemein sichtbare, skandalöse Tatsache der Zerstörung eines jüdischen Friedhofs mitten in Berlin behandelte die Kirchenabteilung des MfS wie eine Geheiminformation: »Inoffiziell wurde bekannt, daß der alte Friedhof in der Wittlicher Straße in einem sehr schlechten Zustand ist.«[92] Auch der Leiter der ZK-Arbeitsgruppe für Kirchenfragen Bellmann und Hauptabteilungsleiter Peter Heinrich vom Staatssekretariat, durch die Staatssicherheit davon in Kenntnis gesetzt, wußten längst Bescheid. Doch solange diese Friedhofsschändung nicht in der Öffentlichkeit, insbesondere nicht in den Westmedien, angeprangert wurde, bestand kein Grund zur Eile. Die Rekonstruktion nahm ihren sprichwörtlichen »sozialistischen Gang«: Von dem im Juni 1984 vom Stadtbezirk Weißensee festgelegten »Maßnahmeplan« war ein Jahr später kein einziges Vorhaben begonnen worden, vor allem fehlte noch immer ein Friedhofswart, der der fortgesetzten Zerstörung hätte Einhalt gebieten können. Alle an den Begehungen Beteiligten waren sich einig, daß etwas geschehen müßte, aber niemand fühlte sich verantwortlich. Das Staatssekretariat für Kirchenfragen und der Berliner Magistrat interessierten sich nur halbherzig für dieses Problem, da der Friedhof ja keiner staatlichen Einrichtung unterstand, die Jüdische Gemeinde Berlin hatte kein Interesse.

Dieser Umgang mit dem Adass-Jisroel-Friedhof zeugte symptomatisch von der bis Mitte der achtziger Jahre nur notdürftigen Aufmerksamkeit für jüdische Gemeindestätten; er ist aber auch Beleg für die Indifferenz, die einige Gemeindefunktionäre gegenüber dem geistigen und gegenständlichen Erbe des deutschen Judentums walten ließen.

Eine erneute Initiative zur Wiederherstellung des Friedhofs kam von ganz anderer Seite. Im Juli 1985 wandte sich Dr. Mario Offenberg, in Westberlin wohnender Nachkomme einer Adassianerfamilie, an den Berliner SED-Bezirkschef, Konrad Naumann, und an Staatssekretär Gysi mit einem die »gründliche Zerstörung und methodische Schändung eines jüdischen Friedhofs« anklagenden Memorandum.[93] Er forderte die Wiederherstellung des Friedhofs und schlug außerdem vor, am früheren Gemeindezentrum und Rabbinerseminar der Adass Jisroel in der Tucholskystr. 40 eine Tafel anzubringen, die in deutscher und hebräischer Sprache auf die Gemeinde hinweisen sollte. Gleichzeitig setzte er sich mit Kirchner in Verbindung, um die Jüdische Gemeinde Berlin für Friedhofsrekonstruktion und Gedenktafel zu mobilisieren. Es tat sich nichts, nicht einmal in Form einer Eingangsbestätigung wurde auf die Briefe reagiert. Daraufhin schrieb Offenberg am 28. Oktober 1985 an Honecker, wies ihn auf den »unglaublichen Vorgang« hin und kündigte an, daß im Juni 1986 ehemalige Adassianer aus der ganzen Welt zu einem Treffen nach Berlin kommen und auch eine Gedenkfeier auf dem Gemeindefriedhof veranstalten würden. Die internationale Blamage der »antifaschistischen« DDR angesichts des geschändeten Friedhofs war absehbar. Derart alarmiert, übergab Honecker diese Angelegenheit seinem Kanzleichef, Siegfried Otto, der nun Rudi Bellmann und den Berliner Oberbürgermeister Krack antrieb. Unter dem Signum eines Auftrags des SED-Generalsekretärs wurde möglich, was jahrelang verschleppt worden war: Binnen weniger Tage setzte Krack eine »Expertengruppe« ein und legte fest, bis Mai 1986 das Wärterhäuschen und die Umfriedungsmauer bauen, Wildwuchs und Unterholz beseitigen und die umgestürzten Grabsteine aufrichten zu lassen. Man arbeitete nun mit Hochdruck an der Ausführung dieser Vorhaben, denn trotz strengem Frost, Lieferschwierigkeiten und fehlendem Spezialgerät sollte der Friedhof bis zum Besuch der Adassianer wiederhergestellt sein. Drei von Offenberg angesprochene Studenten rekonstruierten in mühsamer Kleinarbeit die ungeordnete und lückenhafte Gräberkartei, die sich in der Friedhofsverwaltung der Jüdischen Gemeinde Berlin befand.

Von der Rekonstruktionsabsicht und den bereits begonnenen Arbeiten wurde der Vorsitzende der Ostberliner Gemeinde, die ja immerhin noch als »Rechtsträgerin« des Friedhofs fungierte, erst am 16. Januar 1986 durch den Stadtrat für Inneres, Günter Hoffmann, unterrichtet. Daß die Jüdische Gemeinde nicht von Beginn an in die Planung der Arbeiten einbezogen wurde, ist erstaunlich, verwundert aber weniger, wenn man die Vorgeschichte der Friedhofszerstörung bedenkt. Es war letztendlich die Jüdische Gemeinde Berlin, die den Adass-Jisroel-Friedhof Mitte der siebziger Jahre aufgegeben hatte und die Gärtnerstelle verwaisen ließ. Es gab ihrerseits auch keine Bemühungen, Freiwilligengruppen wie die Aktion Sühnezeichen und den Ökumenischen Jugenddienst, Studenten oder die gemeindeeigene Jugendgruppe für die nötigste Instandhaltung zu interessieren. Zwar reagierten Partei- und Staatsapparat auch erst angesichts des außenpolitischen Drucks, aber die Jüdische Gemeinde Berlin mußte sich niemals für den von ihrer Verwaltung verantworteten Verfall rechtfertigen.

Von den Rekonstruktionsplänen in Kenntnis gesetzt, versuchte Kirchner nun, sich bei seinen Auslandsreisen damit zu schmücken und dies als sein Verdienst darzustellen. Daraus erwuchs eine von Obstruktion und Vereinnahmung geprägte, widersprüchliche Haltung der Gemeindeleitung, die fortan den Umgang mit dem Thema Adass Jisroel begleitete.

Entgegen den häufig auf lediglich persönliche Gegnerschaft (Kirchner / Offenberg) reduzierten Erklärungsversuchen wurde ein grundsätzlicherer Konflikt deutlich: Die jüdischen Gemeinden in der DDR hatten sich vor allem seit 1953 mit Minimalansprüchen an die Aufrechterhaltung der eigenen Existenz begnügt – sie waren assimilatorisch orientiert und darauf bedacht, sich nicht gegen ihre Umwelt abzusetzen. Das fehlende Selbstbewußtsein war mit einem Mangel an jüdischem Wissen und an Wertschätzung der jüdischen Tradition gepaart. Dem stand das traditionsbewußte Judentum der Adass Jisroel gegenüber, das auch notwendige Abgrenzungen gegenüber der nichtjüdischen Umgebung und gegenüber dem Staat vollzog. Dieser Gegensatz zeigte sich mehrfach in den Diskussionen darüber, in welcher Weise die Gemeindestätten der Adass Jisroel denn wiederhergestellt werden sollten. Schon den von Offenberg vorgeschlagenen Text für die Tafel an Gemeindezentrum und Rabbinerseminar, der aus traditionellen und identifikatorischen Gründen zweisprachig, in deutsch und hebräisch, verfaßt sein sollte, wurde von Kirchner zurückgewiesen: ein hebräischer Text sei »nicht erforderlich [...]. Die Bevölkerung unserer Stadt würde ihn sowieso nicht lesen können. Ausländische Besucher könnten auch den deutschen Text lesen und wären nicht auf die hebräische Übersetzung angewiesen.«[94] Also nicht die DDR-Offiziellen mit ihrer Zionismusphobie, sondern die Jüdische Gemeinde wandte sich gegen eine hebräische Inschrift im Berliner Stadtbild. Ebenso meinte Kirchner, ein Wiederaufrichten der umgeworfenen Grabsteine wäre »nicht erforderlich [...], ein Auflegen der Grabsteine [auf die Gräber] mit deutsch lesbarer Schrift nach oben [sei] ausreichend«.[95] Der Gedenkstein für die von den Nazis ermordeten Mitglieder der Adass Jisroel, der anläßlich des Besuchs der Nachkommen im Juni 1986 aufgestellt werden sollte, bräuchte keinen höheren, repräsentativen Sockel, auch eine Trauerhalle für eventuelle spätere Beisetzungen sei unnötig. Man behinderte die Rekonstruktion der Gräberkartei, und nach ihrer Fertigstellung wurde sie – anstelle einer Verwahrung an ihrem Bestimmungsort, um Besuchern das Auffinden von Gräbern zu ermöglichen –, in der Friedhofsverwaltung der Gemeinde verschlossen. Wie Offenberg klagte, hatte sich »seit Beginn der Bemühungen um die Wiederherstellung des verwüsteten Friedhofs der Berliner jüdischen Gemeinde Adass Jisroel im Juli 1985 [...] die Einstellung und das Verhalten der Jüdischen Gemeinde, vertreten durch Herrn Dr. Peter Kirchner, durch stetige Ablehnung, Widerspruch und Behinderung, ja auch durch Verleumdung ausgezeichnet«.[96] Mitunter geriet die Gemeinde dabei in Gegensatz zum Staatssekretariat und zum Magistrat, die durchaus bereit waren, manche Forderungen zu erfüllen, sollten doch die Wiedereinweihung des Friedhofs und der Besuch der Adassianer im Juni 1986 ein außenpolitischer Erfolg werden.

Am 26. Juni 1986 fand schließlich die Wiedereinweihung des Adass-Jisroel-Friedhofs im Beisein von etwa 100 Adassianern aus der ganzen Welt, viele von ihnen aus Israel und den USA, statt. Sie waren angereist, um in beiden Teilen Berlins an ihre Gemeinde zu erinnern. Von Westberlin aus fuhren sie auch nach Ostberlin – es war die erste Gruppe von emigrierten Juden und ihren Nachkommen, die ihre auf dem Territorium der DDR gelegenen früheren Gemeindestätten besuchten. Für die Mitarbeiter des Staatssekretariats, die gerade eine neue Konzeption für den Umgang mit jüdischer Geschichte und Kultur erarbeiteten, war dies die erste Erfahrung mit derartigen Emigrantengruppen. Um das politische und organisatorische Gelingen dieser Veranstaltung abzusichern, wurden in Vorbereitung und Ablauf der Magistrat, der Stadtbezirk Weißensee, das Komitee der Antifaschistischen Widerstandskämpfer, die FDJ, die Jüdische Gemeinde Berlin und der Verband einbezogen, dazu enge Absprachen mit Mario Offenberg geführt. Nach der Feierstunde auf dem Friedhof, bei der ein Gedenkstein für die ermordeten Gemeindemitglieder enthüllt wurde, besuchte die Gruppe auch das frühere Gemeindehaus in der Tucholskystraße 40 und brachte dort eine Tafel an – entsprechend Kirchners Vorstellungen war sie nur noch in deutscher Sprache gehalten. Darauf folgte ein koscheres Essen im Palasthotel (unter ritueller Aufsicht eines von den Adassianern vermittelten Maschgiachs), bei dem der Schweriner Gemeindevorsitzende Broido als Gastgeber auftrat. Den Abschluß des Tages bildeten eine Stadtrundfahrt und ein Konzert im Schauspielhaus.

Mit der Rekonstruktion und Wiedereinweihung des Friedhofs, über die in den Medien der DDR und des Auslands ausführlich berichtet wurde, war es gelungen, die geistige und die gegenständliche Überlieferung der Adass Jisroel dem Vergessen zu entreißen. Noch wenige Monate zuvor kannte kaum jemand den Namen dieser Gemeinde und ihre Geschichte. Für die DDR bedeutete das Abschalten der Fernsehkameras nach den außenpolitisch wirkungsvollen Gedenkzeremonien aber auch, daß das Thema Adass Jisroel nun wieder als »erledigt« gelten sollte. Die offiziellen Bemühungen waren quasi am Tag nach der Wiedereinweihung des Friedhofs eingestellt worden, obwohl noch viele Probleme ungelöst blieben: ein festangestellter Gärtner fehlte weiterhin, zahlreiche Grabsteine waren nicht wiederaufgerichtet worden, das Schicksal des verkauften Geländes ungewiß. Die Jüdische Gemeinde Berlin lenkte Freiwilligeneinsätze auf den anderen Friedhof in der Herbert-Baum-Straße um, hielt dort die rekonstruierte Gräberkartei verwahrt und verweigerte die Einsicht in die beim Synagogenabriß 1967 geborgene Grundsteinkassette. Völlig verständnislos reagierten alle Beteiligten, als Mario Offenberg die Klärung dieser Fragen einforderte. Bellmann empfahl »ein abschließendes Gespräch«, das Staatssekretär Gysi mit ihm »wegen der gesamten Friedhofsangelegenheit unter Hinweis auf ihre großzügige Behandlung durch unseren Staat« führen sollte.[97]

Durch den Beginn der Ausschachtungsarbeiten auf dem an das MfS verkauften Friedhofsteil, deren sofortigen Stopp Offenberg in einem Brief an Honecker am 4. August 1986 forderte, erhielt das für abgeschlossen gehaltene Kapitel Adass Jisroel erneut Brisanz. Bereits im Frühjahr hatte Offenberg darauf hingewiesen, daß dieses Gelände stets zum Adass-Jisroel-Friedhof gehört habe, von der Jüdischen Gemeinde Berlin unrechtmäßig verkauft wurde und anzunehmen sei, daß auch hier Beerdigungen stattgefunden haben. Bestätigt wurde diese Vermutung durch den in Westberlin lebenden Landgerichtsdirektor a. D., Arthur Brass, der von 1938 bis 1945 der Leiter sämtlicher jüdischen Friedhöfe in Berlin war. In einer notariellen, eidesstattlichen Erklärung sagte er aus, daß in dieser Zeit Urnenbeisetzungen von in Konzentrationslagern ermordeten Juden wie auch illegale Erdbestattungen auf dem verkauften Teilgelände stattgefunden hätten. Das aber bedeutete, daß durch die Bauarbeiten Gräber geschändet und entweiht würden. Ein Gutachten der Jerusalemer Oberrabbiner, Jizchak Kolitz und Schalom Messas, das die religionsgesetzlich gebotene Unantastbarkeit von Gräbern hervorhob, unterstützte die Forderung nach einem Baustopp und nach Wiedereingliederung des Geländes in den Friedhof. Bellmann hingegen war zur Erfüllung dieser Ansinnen keinesfalls bereit und witterte ein Komplott des Klassenfeindes: »Als Reaktion auf diese außenpolitischen Wirkungen unserer Politik unter jüdischen Organisationen und Persönlichkeiten legen es gegenwärtig gewisse imperialistische Kreise der BRD, der USA und Israels gezielt darauf an, durch Unterstellungen und Verdächtigungen, mit denen Zweifel in die antifaschistische Grundhaltung unserer Staatspolitik geweckt werden soll, entgegenzuwirken. [...] Es wird der Vorwurf einer Grab- und Friedhofsschändung konstruiert.«[98] Dennoch bereitete er vorsichtig den Rückzug vor, denn gleichzeitig waren im In- und Ausland Proteste gegen den geplanten Bau einer Straße durch den Jüdischen Friedhof an der Herbert-Baum-Straße in Berlin-Weißensee laut geworden: »Ungeachtet dieses Sachverhalts muß alles vermieden werden, was der Wirkung gegnerischer Verleumdungen und Entstellungen Nahrung geben könnte, denn die Autorität und das internationale Ansehen der DDR, die Erhöhung unseres Einflusses auf jene Kreise des Auslandes, die der DDR zuweilen mit großem Vorbehalt begegnen, hat hohe Priorität. Das trifft im Vorfeld des 750. Jahrestages Berlins im besondern Maße zu.«

Die Jüdische Gemeinde Berlin, die hinsichtlich des Adass-Jisroel-Friedhofs mehrfach erklärt hatte, nichts von Bestattungen auf dem verkauften Feld zu wissen, dem Straßenbau über ihren eigenen Friedhof schriftlich zugestimmt und Proteste dagegen andern überlassen hatte, änderte nun ihre Position. In einem Brief an Bellmann teilte Kirchner am 1. Oktober 1986 mit, »daß die hinterlassenen Notizen des seinerzeitigen Oberrabbiners Riesenburger darauf hinweisen, daß sowohl auf dem Trassengelände im Friedhof Berlin-Weißensee wie in diesem verkauften Grundstück, das ehemals zum Friedhof Wittlicher Straße gehörte, illegale Beerdigungen stattfanden«[99]. Damit brach aber das wichtigste Argument der SED weg, und die Bauvorhaben auf beiden Friedhöfen waren nicht mehr zu rechtfertigen. Angesichts des befürchteten außenpolitischen Schadens riet Bellmann jetzt zur Einstellung der Bauarbeiten: »Bei der politischen Brisanz und bei der Absicht, einer Hetze gegen uns zuvorzukommen, ist auch in Betracht zu ziehen, daß es sich bei den beabsichtigten Bauten um eine Dienststelle der Staatssicherheit handelt.« Am 3. Oktober 1986 setzte Gysi Offenberg vom Baustopp in Kenntnis, das verkaufte Gelände sollte wieder dem Friedhof angegliedert werden. Aber auch weiterhin blieb Adass Jisroel ein wiederkehrender Tagesordnungspunkt bei den Dienstbesprechungen des Staatssekretariats.

Im November / Dezember 1986 machte eine von Offenberg erstellte

Ausstellung über die Gemeindegeschichte der Adass Jisroel, die in der »Kommode«, einem Gebäude der Humboldt-Universität Berlin, von 10 000 Besuchern besucht wurde, von sich reden. Bevor 1988 im Zuge des Gedenkfestivals die Beschäftigung mit jüdischer Regionalgeschichte gefördert wurde, war dies die erste ausführliche Dokumentation über Entwicklung, Selbstverständnis und Institutionen einer jüdischen Gemeinde. Unterstützt wurde diese Öffentlichkeitsarbeit durch regelmäßige Friedhofsführungen der Studenten, die bereits die Gräberkartei rekonstruiert hatten. Daraus entwickelte sich ein fester Kreis von Freiwilligen, die bis 1990 Sonntag für Sonntag auf dem Friedhof arbeiteten und die Reparatur und Wiederaufstellung der zerbrochenen Grabsteine fortsetzten. In den Sommerferien erhielten sie von Theologiestudenten Unterstützung, die hier jedes Jahr im Rahmen des FDJ-Studentensommers tätig waren.

Die anhaltenden Spannungen mit der Jüdischen Gemeinde Berlin führten dazu, daß Offenberg im Staatssekretariat und beim Magistrat die Forderung nach einem Rechtsträgerwechsel des Friedhofs noch massiver vortrug. Zunächst sollten die Grundbucheintragungen für die Gemeindestätten der Adass Jisroel berichtigt werden – nach wie vor enthielten sie die Arisierungsvermerke als gültiges Recht. Als alt-neue Eigentümerin von Friedhof, Gemeindehaus und gemeindeeigenem Krankenhaus in der Wilhelm-Pieck-Straße sollte wieder die Israelitische Synagogen-Gemeinde (Adass Jisroel) zu Berlin eingetragen sein, deren Interessen von der Gesellschaft zur Förderung der Adass Jisroel Berlin, e. V. wahrgenommen wurden. Diese Gesellschaft AJB war im Juni 1986 anläßlich der Wiedereinweihung des Friedhofs von ehemaligen Adassianern und ihren Nachkommen gegründet worden und hatte die Bewahrung und Pflege »des geistigen, kulturellen und gegenständlichen Erbes der [...] zweiten jüdischen Gemeinde von Berlin, der ›Israelitischen Synagogen-Gemeinde (Adass Jisroel) zu Berlin‹« zum Ziel.[100] Ihr Hauptsitz befand sich in Westberlin, weitere Vertretungen saßen in Tel Aviv, New York, London und Zürich.[101] Darüber hinaus sah die Vereinssatzung die Wiederherstellung der Funktionsfähigkeit der Gemeinde an ihren historischen Gemeindestätten vor (§ 7). In welcher Weise dies einmal möglich sein würde, war noch unklar, denn in der DDR lebten nur wenige ehemalige, inzwischen hochbetagte Gemeindemitglieder.[102] Auf jeden Fall hatten die Zerstörung und der Teilverkauf des Friedhofs, der Verfall und die Zweckentfremdung der übrigen Gemeindestätten in beiden Teilen Berlins und das völlige Vergessen der Gemeindegeschichte den Adassianern vor Augen geführt, daß weder von staatlichen Stellen noch seitens der jüdischen Gemeinden das Erbe der Adass Jisroel geachtet und bewahrt wurde.

Zunächst sollte es darum gehen, die Verfügungsgewalt über die eigenen Gemeindestätten zurückzuerlangen (bislang war man buchstäblich rechtloser Gast im eigenen Hause), um sie gemäß der Tradition der Adass Jisroel erhalten und so auch die anhaltenden Auseinandersetzungen mit der Jüdischen Gemeinde Berlin beenden zu können. Dazu verlangte AJB von der Regierung der DDR, in einem offiziellen Akt in die Rechte wiedereingesetzt zu werden, die der Gemeinde im Dezember 1939 von der Gestapo entzogen worden waren, ihr die Gemeindestätten zurückzuerstatten und die Eröffnung eines Büros zu ermöglichen, das fortan die Interessen der Adass Jisroel wahrnehmen und religiöse und kulturelle Aktivitäten organisieren würde. Als erstes wollte man einen eigenen Friedhofswart (der seit Mitte Juli 1986 tätige unterstand der Friedhofsverwaltung der Jüdischen Gemeinde Berlin und genoß nicht das Vertrauen der Adassianer) und zwei bis drei Personen anstellen, die sich um Verwaltung, Gemeindeaktivitäten, Archivaufbau und Öffentlichkeitsarbeit kümmerten. Die Mittel hierzu sollten wie bei der Jüdischen Gemeinde Berlin vom Magistrat bereitgestellt werden. Auf diese Weise strebte man an, das durch die Nazis geschaffene und bis in die Gegenwart fortwirkende Unrecht gegenüber der Israelitischen Synagogen-Gemeinde (Adass Jisroel) aufzuheben. Als Interessenvertreter von AJB in der DDR wurde Rechtsanwalt Lothar de Maizière bestellt.

Für die DDR schienen diese Forderungen, obwohl sie finanziell wie politisch erfüllbar waren, inakzeptabel. Erneut sah sie sich mit dem Problem der in bezug auf jüdisches Eigentum willkürlich reklamierten bzw. abgelehnten Rechtsnachfolge des Deutschen Reiches konfrontiert, das dem Postulat vom antifaschistischen Staat widersprach. Mit einem Nachgeben gegenüber Adass Jisroel befürchtete man, die »Pandorabüchse« der sozialistischen Arisierung (der Überführung des von den Nazis beschlagnahmten jüdischen Eigentums in »Volkseigentum«) und der verweigerten Wiedergutmachung zu öffnen. Besorgt äußerte sich Bellmanns Nachfolger, Peter Kraußer: »Wo hat das ein Ende? Kürzlich war in der ›Berliner Zeitung‹ zu lesen, daß es weitere jüdische Gemeinden in Berlin gab. Was tun wir, wenn da auch ein ›Offenberg‹ auftaucht?«[103] Um eine grundsätzliche Entscheidung herbeizuführen, konsultierte Gysi das Amt für den Rechtsschutz des Vermögens der DDR, das die maßgeblichen politisch-juristischen Argumente für den Umgang mit Adass Jisroel lieferte. Auf die Forderung nach einer Wiedereinsetzung der Gemeinde in ihre Rechte durch einen formellen Akt entgegnete der Leiter, Stefan Supranowitz: dessen bedürfe es nicht, da sie »durch Naziakte nicht untergegangen« ist, »jedoch seit dem Kriege in der Hauptstadt der DDR nicht handlungsfähig« sei.[104] Zudem sei die Gesellschaft AJB in der DDR nicht registriert und mit der Israelitischen Synagogen-Gemeinde Adass Jisroel zu Berlin nicht identisch, so daß eine Herausgabe des Gemeindevermögens überhaupt nicht in Frage käme. Allenfalls könnte man die Grundbücher auf die ursprüngliche Eigentümerin hin berichtigen, wie es kurz zuvor bei den Friedhöfen und Einrichtungen der Jüdischen Gemeinde Berlin erfolgt war. Es sollte also alles im bisherigen Zustand belassen werden, ein Entgegenkommen sei lediglich in der Form der Übernahme der Friedhofsverwaltung durch den Berliner Magistrat denkbar.

Diese Stellungnahme blieb bis zum Herbst 1989 für den weiteren Umgang mit Adass Jisroel entscheidend. Dagegen konnte sich auch der dem Anliegen von AJB eher wohlwollend gesinnte Staatssekretär Gysi nicht durchsetzen, zumal er im Juli 1988 aus dem Amt schied. In seinem Abschlußbericht zum Thema Adass Jisroel verwies er auf die von Honecker Offenberg zugesagte »beiderseits tragfähige, einvernehmliche Lösung des Problems«[105] und schlug vor, AJB das Verfügungsrecht für die Gemeindestätten zuzubilligen: »Wenn wir die Rechte für den Komplex Adass Jisroel, die nach unseren Entscheidungen eindeutig der Gemeinde ›Adass Jisroel Berlin‹ zustehen, nun nur durch den Staat verwalten lassen, wird das mit Sicherheit agitatorisch als zweite Enteignung gegen uns ausgenutzt. Deshalb bin ich dafür, Adass Jisroel als Rechtsnachfolger der alten Gemeinde Adass Jisroel zu Berlin anzuerkennen. [...] Ich bin der Meinung, daß [diese Lösung] kein Risiko für uns enthält, uns international aber nützen wird. In einem Schreiben an den Generalsekretär vom 15. 1. 1988 hatte ich diesen Vorschlag bereits gemacht. Genosse Generalsekretär hat bestätigt, die Gesellschaft zur Förderung von Adass Jisroel als Eigentümer des Grundbesitzes anzuerkennen.«[106] Mit dieser Empfehlung stand er aber im Gegensatz zur ZK-Arbeitsgruppe Kirchenfragen, zu den eigenen Mitarbeitern im Staatssekretariat und zum Magistrat, die sich in ihrer Ablehnung der Forderungen von AJB auf die von Supranowitz formulierten Vorbehalte stützten. Ohnehin war ihnen diese ganze Angelegenheit lästig, denn ein solches Beharren auf Zusagen und Einlösen von antifaschistischen Bekenntnissen waren sie aus ihrem bisherigen Umgang mit den Vertretern jüdischer Gemeinden in der DDR nicht gewöhnt. Durch wiederholte Schreiben Offenbergs an Honecker, das Politbüro, das ZK, die Berliner SED-Bezirksleitung und den Magistrat wie auch durch Interventionen von Adassianern in Israel und den USA wurden sie genötigt, sich mit diesem Problem zu befassen. Außerdem schien es außenpolitisch nicht ratsam, gerade im Gedenkjahr 1988 die Ansprüche auf Eigentumsübertragung und Selbstverwaltung in harscher Weise zu verweigern. Aus diesem Grund versuchte man AJB durch einzelne Zugeständnisse, die aber nicht die grundlegenden Fragen berührten, ruhigzustellen. Zum 1. August 1988 wurde der Friedhof dem Stadtbezirk Weißensee unterstellt und nach Jahren regelmäßiger, freiwilliger Arbeitseinsätze erhielt Offenberg erstmalig einen Friedhofsschlüssel. Man übergab die Gräberkartei und stellte einen neuen, von AJB vorgeschlagenen Gärtner an. Außerdem sollten die Grundbücher berichtigt und ein Gemeindebüro in Ostberlin eingerichtet werden. Alle weitergehenden Forderungen wie die Wiedereinsetzung der Gemeinde in ihre Rechte und die vollständige Übertragung der Verfügungsgewalt über die Gemeindestätten an die AJB wurden ignoriert. Um diese zu delegitimieren, erwogen Staatssekretariat und ZK-Arbeitsgruppe Kirchenfragen eine Zeitlang sogar ernsthaft, eine ausschließlich aus DDR-Bürgern bestehende Gemeinde ins Leben zu rufen, die in die Rechtsnachfolge der Adass Jisroel einträte: »Für die künftige Arbeit in dieser Sache wäre zu entscheiden, ob wir uns von Offenberg – und alles spricht dafür, daß das seine Absicht ist – ständig neue Fragen stellen lassen oder selbst dafür Sorge tragen, daß eine kleine Gemeinde ›Adass Jisroel‹ in der Hauptstadt ins Leben gerufen wird, bei der unsere Einflußmöglichkeiten gesichert sind. Dann wäre diese Gemeinde in allen Fragen der für uns einzige und kompetente Gesprächspartner.«[107] Mit einer solchen Marionettengemeinde müsse man sich aber beeilen, denn »alle Aktivitäten Offenbergs in die DDR hinein dienen langfristig gesehen offensichtlich dem Ziel, auch in der Hauptstadt der DDR ›Adass Jisroel‹ wieder aufzubauen und damit die zweite Jüdische Gemeinde wieder aufleben zu lassen«.

Der Zickzack-Kurs der Gewährung von Zugeständnissen und deren Rücknahme kulminierte im November 1988. An den zentralen Gedenkveranstaltungen sollten auch die Vertreter von Adass Jisroel beteiligt werden, wobei sie allerdings nicht wie die anderen, vom Verband der Jüdischen Gemeinden in der DDR und vom Staatssekretariat nominierten Repräsentanten ausländischer jüdischer Organisationen den Status von persönlichen Gästen des Staatsratsvorsitzenden genossen. Die Adassianer gänzlich zu ignorieren und von diesen Ehrungen auszugrenzen schien nicht ratsam, obwohl auch der Verband und der Jüdische Weltkongreß, die als die »wahren« jüdischen Partner betrachtet wurden, die Ablehnung der Forderungen von Adass Jisroel unterstützten. Da die SED aber somit zu erkennen gegeben hätte, wie eng die Grenzen ihrer Wahrnehmung historischer Verantwortung gezogen waren, begnügte man sich mit einer protokollarischen Zurücksetzung. Eine Gesandtschaft der Adassianer durfte als Zuschauer dem Empfang im Staatsrat und der Sondersitzung der

Volkskammer beiwohnen, wurde aber nicht zur Veranstaltung des Verbandes im Deutschen Theater, zur Grundsteinlegung oder zur Konstituierung des Internationalen Kuratoriums der Stiftung »Neue Synagoge Berlin – Centrum Judaicum« eingeladen. Selbstverständlich erhielten die Adassianer auch keine Orden. Dabei übersah man allerdings, daß der der Adass-Jisroel-Delegation angehörende Oberrabbiner von Jerusalem, Rabbiner Jizchak Kolitz, für das jüdische Leben repräsentativer und auch für die Verbesserung der Beziehungen zum Staat Israel (wäre die DDR hieran ernsthaft interessiert gewesen) wichtiger war als mancher andere angereiste Funktionär. Mit Blick auf die uneingelösten Versprechungen gegenüber Adass Jisroel galt als oberste Maxime, angesichts der ausländischen Gäste und der internationalen Öffentlichkeit einen Eklat und Proteste um jeden Preis zu vermeiden. Nur so ist zu erklären, daß sich in diesen Tagen ein Durchbruch abzuzeichnen begann, der dem bisher hinhaltenden und abweisenden Umgang mit der Gemeinde absolut zu widersprechen schien. Bei der Begegnung im Staatsrat am 8. November 1988 sagte Honecker der Adass-Jisroel-Delegation völlig unverhofft die Wiedereinsetzung ihrer Gemeinde in ihre Rechte zu. Das schien nun die Entscheidung von oberster Stelle zu sein, auf die sich die Adass Jisroel in Zukunft berufen konnte.

Zwei Tage später wurde dieser Richtungswechsel durch den stellvertretenden Staatssekretär für Kirchenfragen, Hermann Kalb, bei seiner Gedenkrede auf dem Adass-Jisroel-Friedhof bekräftigt. Im Gegensatz zu den bislang dominanten Einwänden verkündete er, daß »die jüdische Gemeinde Adass Jisroel nicht durch die faschistischen Unrechtsgesetze untergegangen [ist]. Sie besteht auf dem Territorium der Hauptstadt unseres Landes fort. Ergangenes Unrecht wurde aufgehoben. Die Grundbücher für die Grundstücke einschließlich dieses Friedhofes wurden zugunsten des rechtmäßigen Eigentümers Adass Jisroel berichtigt. Die Übernahme der Verwaltung und Pflege des Friedhofs entsprechend den historischen und rituellen Traditionen des gesetzestreuen Judentums durch die Gemeinde Adass Jisroel und die Übergabe der Originalgräberkartei sind weitere Zeugnisse dafür, daß Adass Jisroel fortbesteht, auch wenn ihre Gemeindeglieder heute in fernen Ländern dieser Welt, in den USA, Israel, Australien und anderswo leben.«[108] Kalb berief sich auf die von Honecker gegebene »Zusicherung unseres Staates [...], im Sinne historischer Gerechtigkeit über die bisher vollzogenen staatlichen Entscheidungen hinaus der zweiten Jüdischen Gemeinde von Berlin, Adass Jisroel, alle legitimen Voraussetzungen zur Rekonstruktion und Pflege ihres geistigen, kulturellen und gegenständlichen Erbes zu gewähren.« Als Bekräftigung dieses Versprechens übergab er öffentlich dem Vertreter von AJB, Mario Offenberg, die berichtigten Grundbuchauszüge für die Gemeindestätten und ließ somit keinen Zweifel an der Anerkennung der Identität von AJB und Israelitischer Synagogen-Gemeinde (Adass Jisroel) zu Berlin.

Auf Anforderung von Staatssekretär Löffler überreichte der Rechtsvertreter von Adass Jisroel, Lothar de Maizière, am 19. Dezember 1988 eine Vorlage, die detailliert »alle diesseits als notwendig angesehenen Maßnahmen enthält, um die volle Handlungsfähigkeit der Gemeinde zu gewährleisten«.[109] Als erstes erwartete man eine Regierungserklärung über die Wiedereinsetzung der Gemeinde in ihre Rechte und die Respektierung ihrer Eigenständigkeit. Des weiteren sollten an historischer Stelle, in einigen Räumen der Tucholskystr. 40, das Gemeindezentrum wiedereröffnet, anstelle der zerstörten Synagoge eine Betstube eingerichtet und die zugeschüttete Mikweh wiederhergestellt werden. Zudem brauchte man zwei Mitarbeiter, die religiöse und kulturelle Veranstaltungen organisieren, Archiv und Bibliothek aufbauen und die Verwaltung der Gemeindestätten wahrnehmen. Im früheren Israelitischen Krankenheim sollte ein Raum für Ausstellungszwecke bereitgestellt werden, ein zweiter Gärtner die Rekonstruktion und Pflege des Friedhofs unterstützen. Analog zu den anderen jüdischen Gemeinden in der DDR erwartete man, daß die Personal- und Sachkosten durch staatliche Zuschüsse gestützt werden. Nach der jahrzehntelangen Vernachlässigung und teilweisen Zerstörung der Gemeindestätten durch Dritte war es nicht nur ein abstrakter Akt historischer Gerechtigkeit, sie wieder unter eigener Verfügungsgewalt zu wissen, sondern die Vorbedingung, um ihren Erhalt und den freien Zugang sichern zu können. Doch nicht auf eine museale Pflege der Erinnerung an die Gemeindegeschichte zielten diese Pläne: Man hoffte, mit den emigrierten, den in Westberlin lebenden Adassianern und ihren Nachkommen wie auch mit einzelnen Juden in der DDR schrittweise religiöse und kulturelle Aktivitäten zu entfalten und ein Gemeindeleben aufzubauen, das die Tradition der Adass Jisroel bewahrte.

Diese Absicht und die in dem Papier nachdrücklich betonte Eigenständigkeit der Gemeinde erschreckte die Verantwortlichen im Partei- und Staatsapparat. Zudem verwies der Leiter des Amts für den Rechtsschutz des Vermögens der DDR, Supranowitz, erneut »auf die unabsehbaren Folgen, die nach Erfüllung der Vorschläge von Offenberg durch Geltendmachung weiterer vermögensrechtlicher und Entschädigungsansprüche von Adass Jisroel an die DDR entstehen könnten«.[110] Diese Bedenken wurden von ZK-Arbeitsgruppenleiter Kraußer, Staatssekretär Löffler und dem Berliner Magistrat geteilt, und so bereitete man eine Rücknahme aller Zusagen, auch derjenigen Honeckers, vor. Wohl fand noch eine gemeinsame Begehung von Löffler und Offenberg im Gemeindehaus statt, um die von Adass Jisroel beanspruchten Räume in Augenschein zu nehmen und die Wiederaufnahme der Gemeindetätigkeit zu besprechen – aus Anlaß des Purimfestes am 21. März 1989 sollte die Einweihung stattfinden –, aber es war bereits die Entscheidung gefallen, dieses Ansinnen zu verhindern. Löffler erklärte sich lediglich bereit, im Gemeindehaus »im Rahmen der Denkmalpflege eine kulturhistorische Gedenkstätte« einrichten zu lassen und sonst einem Mitarbeiter der Stiftung »Neue Synagoge Berlin – Centrum Judaicum« die Beschäftigung mit der Gemeindegeschichte zu übertragen.[111] Am 15. März 1989 teilte sein Beauftragter, Günther Behncke, Offenberg und de Maizière mit, daß sämtliche Zusagen über die Wiedereinsetzung der Adass Jisroel in ihre Rechte und die Wiederherstellung ihrer Handlungsfähigkeit ungültig seien.

Um negative außenpolitische Folgen zu vermeiden, schaute man sich schon im Vorfeld nach Verbündeten unter den jüdischen Institutionen um. Bereits im Januar 1989 mahnte Kraußer, der sich als besonders unnachgiebiger Gegner der AJB erwies: »Wichtig erscheint jetzt vor allem, daß wir uns der Zustimmung durch die Jüdische Gemeinde Berlin und den Verband versichern und Offenberg in eine Isolierung bringen.«[112] Dieses Vorhaben war leicht zu verwirklichen, da sich eine eigenartige Allianz herausgebildet hatte: die Widerstände des Partei- und Staatsapparates gegen eine Wiederbelebung der Adass Jisroel wurden von jüdischen Funktionären unterstützt, wenngleich sich ihre Motive unterschieden. Die Leitung der Jüdischen Gemeinde Berlin hatte von Anfang an der Friedhofsrekonstruktion reserviert gegenübergestanden, da man nicht eingestehen wollte, das geistige und gegenständliche Erbe der Adass Jisroel jahrelang vernachlässigt zu haben. Trotz der Verantwortung für Zerstörung und Verkauf des Friedhofs hatte Kirchner mehrfach versucht, die Wiederherstellung als sein Verdienst darzustellen, und aus diesem Grund lange auf der Verfügungsgewalt über diesen Begräbnisplatz beharrt. Die von seinem Stellvertreter Simon verantwortete Ausstellung »Und lehrt sie: Gedächtnis!« verzichtete noch im Oktober 1988 auf die Darstellung von Geschichte, Wirken und Eigenständigkeit der Adass Jisroel. In Ermangelung besserer Argumente wurden von Kirchner und anderen Gemeindevertretern häufig persönliche Diffamierungen Offenbergs bemüht, um dessen Anliegen zu diskreditieren. Mit Selbstverständlichkeit trug man diese Insultationen auch bei staatlichen Stellen vor. So beschwerte sich z. B. Kirchner bei Staatssekretär Gysi über »eine ganze Kette von selbstanmaßenden Verhaltensweisen und Überheblichkeiten«, über die er »als Nervenarzt«

nicht hinwegsehen könne.[113] Auch Simon wagte eine Ferndiagnose und bezeichnete Offenberg als »krankhaften Psychopathen und Kriminellen«.[114] Nicht weniger massiv waren Bemühungen zur politischen Verunglimpfung: Unter Berufung auf Angaben Kirchners wurde in Westberlin verbreitet, Offenberg würde im Auftrag der Kommunistischen Partei Israels agieren und habe veranlaßt, daß Kirchner von der Staatssicherheit verhört worden sei.[115] Hätte dies nicht den ernsten Hintergrund von Rufmord, mutete es an wie eine Groteske: Ausgerechnet der IMB »Burg« ruft »Haltet den Dieb!«.

Zu den Gegnern der Rekonstituierung Adass Jisroels gehörte auch Heinz Galinski, der sich ebenfalls nie für die Bewahrung der in Westberlin gelegenen Stätten der zweiten jüdischen Gemeinde interessierte, sondern in den fünfziger Jahren versucht hatte, sie für seine Gemeinde zu reklamieren. Darüber hinaus war er grundsätzlich nicht bereit, jüdischen Organisationen, die sich unabhängig von der Jüdischen Gemeinde zu Berlin konstituierten, ein Existenzrecht zuzugestehen. Das betraf in gleicher Weise die Bemühungen, die Adass Jisroel zu reaktivieren. Als Bedrohung seines Monopols empfand Galinski nicht nur die Rekonstituierungsbemühungen in Westberlin seit 1985, sondern bereits die mögliche Existenz dieser orthodoxen Gemeinde jenseits der Mauer in Ostberlin, und so ließ er keine Gelegenheit ungenutzt, in seinen Gesprächen im Staatssekretariat seine Gegnerschaft zu diesen Bestrebungen zu verdeutlichen. Dort nahm man seine Meinung zunächst nur etwas verwundert zur Kenntnis, aber im Zuge der Rücknahme aller Zusagen machte man sich seine Haltung aktiv zunutze. In Reaktion auf eine Pressemeldung über die vermeintliche Wiedereinsetzung der Adass Jisroel in ihre Rechte sandte Galinski eigens ein Telegramm an Löffler und erkundigte sich besorgt, ob dies der Wahrheit entspreche. Löffler konnte ihn daraufhin beruhigen, schlug aber vor, sich bald zu treffen, um die Positionen miteinander abzustimmen. Zu den Verbündeten konnte das Staatssekretariat auch Bronfman und Singer vom Jüdischen Weltkongreß rechnen, die in Abwägung der Machtverhältnisse dem Votum ihrer lokalen Partner Kirchner und Galinski folgten und die Errichtung eines Gemeindebüros von Adass Jisroel in Ostberlin für »widersinnig«[116] erklärten. Der Führung des JWK war ohnehin nicht an einem Dissens mit der SED gelegen, und schon gar nicht um einer kleinen Gemeinde willen, die gegen alle Widerstände um Anerkennung und Rekonstituierung kämpfte.

Die Ablehnung der Adass Jisroel von jüdischer Seite kam der SED sehr entgegen. Damit mußte sie ihre Entscheidung nicht mehr allein mit politischen und rechtlichen Gründen rechtfertigen, sondern konnte sich darüber hinaus noch auf ihre jüdischen Partner berufen, die sie mit einer Wiedereinsetzung der Gemeinde in ihre Rechte verprellen würde.[117] Das gab ausreichend innen- und außenpolitische Rückendeckung für die Ablehnung der Adass Jisroel, und an dieser Haltung hätte sich auch trotz zahlreicher Protestbriefe und -telegramme von Offenberg und anderen Adassianern nichts geändert, wenn im Herbst 1989 die SED nicht hätte abdanken müssen.

Die jüdischen Gemeinden in der Wendezeit

Politische Neuorientierung

Bereits im Sommer 1989 befand sich die DDR in einer tiefen politischen Krise. Der Verband der Jüdischen Gemeinden hatte diese Veränderung jedoch kaum wahrgenommen. Während Tausende DDR-Bürger über Ungarn oder die Tschechoslowakei in den Westen flohen, veranstaltete man am 30. August 1989 in Dresden einen »Gedenk- und Festgottesdienst«, der dem Beginn des Zweiten Weltkrieges vor 50 Jahren und dem 40. Jahrestag der DDR gewidmet war. Unbeirrt bekannten sich die Verbandsfunktionäre »zu unserer sozialistischen Deutschen Demokratischen Republik«[1]; auch die Teilnahme am offiziellen Festakt am 6. Oktober im Palast der Republik ließ sich Verbandspräsident Siegmund Rotstein nicht nehmen. Proteste gegen die zur gleichen Zeit stattfindenden Knüppeleinsätze der Volkspolizei und Massenverhaftungen von Demonstranten blieben dagegen aus. Noch Ende Oktober, als Woche für Woche Hunderttausende DDR-Bürger auf die Straße gingen, äußerte man keine Kritik gegenüber der Partei- und Staatsführung. Kontakte zu den neuen, reformorientierten politischen Bewegungen existierten nicht und wurden auch als »nicht sinnvoll in dieser Zeit« angesehen.[2]

Angesichts der rasanten Veränderungen war aber eine Auseinandersetzung des Verbandes mit den aktuellen Geschehnissen und eine politische Neuorientierung unausweichlich. Für den 4. November 1989 wurde eine außerordentliche Verbandstagung der Präsidiums- und Beiratsmitglieder nach Dresden einberufen, um mögliche Reaktionen der jüdischen Gemeinden zu diskutieren. In einer Erklärung begrüßten die Gemeindevorsitzenden die »eingeleiteten Wandlungen« und forderten, »keine Abstriche an der die DDR von Anfang an bestimmenden antifaschistischen Grundhaltung zuzulassen«.[3] Zurückhaltend kritisierten sie das bisherige Geschichtsbild und die unzureichende Vermittlung von Kenntnissen über den Holocaust. Antisemitische Vorfälle und die Existenz neonazistischer Gruppen sollten zukünftig nicht mehr vertuscht werden. Die Regierung wurde aufgefordert, das Verhältnis zum Staat Israel zu normalisieren und mit ihm diplomatische Beziehungen aufzunehmen. Ein Brief an die Mitglieder der jüdischen Gemeinden und die Abgeordneten der Volkskammer bekräftigte diese Anliegen und verlangte zudem, den Wiederaufbau der Berliner Neuen Synagoge zu beschleunigen.

Auf den Gedenkveranstaltungen zum 9. November wurde diese Kritik erneuert. Rotstein, der noch wenige Monate zuvor die Existenz von Neonazis in der DDR bestritten hatte, sprach nun von einem »faschistischen und rassistischen Untergrund« und meinte, »niemand solle sich heute über antisemitische Schmierereien erschreckt zeigen, manches sei bisher verschwiegen, anderes bagatellisiert worden«.[4] Er verlangte eine »Umorientierung der Arbeit des Staatssicherheitsministeriums«, damit derartige Bestrebungen konsequent verfolgt würden. Als das MfS völlig delegitimiert war und die meisten DDR-Bürger seine Auflösung forderten, beteiligte sich Rotstein an einer neuen Sinngebung dieses Repressionsapparates.

Aufgrund der jahrzehntelangen Staatsloyalität und im Vergleich zu Repräsentanten anderer Religionsgemeinschaften genossenen Privilegien ließen die Verbandsfunktionäre ein kritisches Bewußtsein vermissen. Sie erkannten den Ernst der Lage nicht. Wie sehr der Verband der Jüdischen Gemeinden der Wende hinterherhinkte, offenbarte das »Nachrichtenblatt« vom Dezember 1989. Da die Produktionszeit mehrere Wochen betrug, erschien nun eine politisch veraltete Ausgabe. Wie gewohnt, waren seitenlang Grußadressen zum 40. Jahrestag der DDR abgedruckt, auch die Verleihung von Orden an Gemeindevertreter hatte man stolz hervorgehoben.[5] Lediglich in das Editorial war noch eine kritische Betrachtung eingefügt worden. Warum das Redaktionskollegium nicht auf eine Änderung dieser peinlichen Ausgabe drängte oder ganz auf deren Versand verzichtete, ist unverständlich.

Eine Auseinandersetzung über die mangelnde Distanz des Verbandes zu Partei und Regierung und die bislang praktizierte propagandistische Rechtfertigung nunmehr beklagter Mißstände fand nicht statt. Anstatt das eigene Verhalten kritisch zu reflektieren und persönliche Konsequenzen zu ziehen, veränderten die Verbandsfunktionäre lediglich ihre Position. Rotstein, der noch beim Festgottesdienst zum 40. Jahrestag der DDR diese als »sozialistischen Rechtsstaat« gepriesen hatte,[6] sprach nun vom »Machtmißbrauch eines sich als antifaschistisch darstellenden Regimes«[7].

Im Mittelpunkt der Verlautbarungen des Verbandes zur Umgestaltung der DDR stand vor allem das Thema Antifaschismus und Wahrnehmung historischer Verantwortung. Die diskriminierende Unterscheidung in »Opfer des Faschismus« und »Widerstandskämpfer« sollte aufgehoben, der Lehrplan des Faches Geschichte reformiert, antisemitische Vorkommnisse nicht länger verheimlicht und entschieden gegen die Straftäter vorgegangen werden. Im Dezember 1989 äußerte sich der Verband auch zur Frage der Vereinigung beider deutscher Staaten und plädierte für den Erhalt der DDR als selbständiger Staat. Wiederholt wurde die Forderung nach diplomatischer Anerkennung des Staates Israel vorgetragen. Zu diesem Thema suchten auch mehrfach Außenminister Oskar Fischer und seine Mitarbeiter das Gespräch mit Verbandsvertretern und erklärten ihre Bereitschaft, »ohne jedwede Vorbedingungen« sofort Beziehungen mit Israel aufzunehmen.[8] Diese seit vierzig Jahren überfällige Deklaration erfolgte in nicht ganz uneigennütziger Absicht, denn man hoffte, damit einerseits die Frage der ausstehenden Wiedergutmachungsleistungen zu umgehen und andererseits mit Israel einen außenpolitisch wichtigen Verbündeten für die Wahrung der Eigenstaatlichkeit der DDR zu gewinnen.

Abgesehen von solchen Eigeninteressen der politischen Altkader gab es aber unter den politischen Reformkräften wie auch in weiten Teilen der Bevölkerung eine große Bereitschaft, den bisherigen bornierten Umgang mit Judentum, dem Staat Israel und der Frage der historischen Verantwortung schnell zu ändern. Im Januar 1990 konstituierte sich eine Gesellschaft DDR – Israel für Verständigung und Zusammenarbeit, e. V.,[9] im gleichen Monat nahm die Regierung der DDR in Kopenhagen bilaterale Verhandlungen mit dem Staat Israel auf, und in Briefen an den Jüdischen Weltkongreß und den israelischen Premierminister Schamir vom 8. Februar bzw. 2. März 1990 erkannte auch Ministerpräsident Modrow die historische Verantwortung der DDR für den Holocaust an. Doch nach dem Ausgang der Volkskammerwahlen vom 18. März wurde deutlich, daß sich die beiden deutschen Staaten in absehbarer Zeit vereinigen würden und somit den DDR-Politikern nur noch ein geringer Spielraum für souveräne politische und materielle Entscheidungen blieb. Beim gemeinsamen Israel-Besuch der Präsidentinnen von Volkskammer und Bundestag, Sabine Bergmann-Pohl und Rita Süssmuth, im Juni schlug die ostdeutsche Parlamentspräsidentin zwar noch einen symbolischen Akt der sofortigen Aufnahme diplomatischer Beziehungen vor, doch dazu kam es nicht mehr. Israel hatte stets betont, daß dieser politische Schritt von der Anerkennung einer Wiedergutmachungsverpflichtung abhängt, zu der die DDR jedoch finanziell nicht mehr in der Lage war. Obgleich die Israelis die Demokratisierungsbemühungen und das auf Verständigung gerichtete Wirken der neuen DDR-Politiker würdigten, war für sie nicht einsichtig, weshalb sie ohne Gegenleistung dem untergehenden ostdeutschen Staat noch einen moralischen Pluspunkt in den Geschichtsbüchern verschaffen sollten.

Auch andere, von den jüdischen Gemeinden vorgetragene Anliegen stießen auf Akzeptanz. Am 15. Januar 1990 fand ein erstes Spitzengespräch zwischen dem stellvertretenden Ministerpräsidenten und Leiter des Amts für Kirchenfragen, Lothar de Maizière, und dem Präsidium des Verbandes der Jüdischen Gemeinden, dem Verbandssekretär Peter Fischer sowie dem Direktor der Stiftung »Neue Synagoge Berlin – Centrum Judaicum« Hermann Simon statt. In dem Gespräch sicherte de Maizière zu, »daß zur Unterstützung der Gemeindearbeit materielle Hilfen und die Klärung der Rechtslage bei Grundstücken erfolgen werde. Selbstverständlich werde alle notwendige Hilfe durch die Regierung der DDR bei der Neueinstellung eines Rabbiners gewährt«.[10] Im Februar folgte ein weiteres Treffen zwischen Modrow und Fischer, und schon am 8. März 1990 beschloß der Ministerrat eine weitreichende materielle, finanzielle und politische Unterstützung für den Verband der Jüdischen Gemeinden und die Stiftung.[11] Der Verbandsetat sollte von 830 000 Mark auf 1,3 Millionen Mark jährlich aufgestockt, eine mit zusätzlichen 12 000 Mark dotierte Rechtsstelle des Verbandes eingerichtet, Büroräume, Telefone und Kraftfahrzeuge zur Verfügung gestellt werden. Die Stiftung »Neue Synagoge Berlin – Centrum Judaicum« würde 50 Millionen Mark aus PDS-Geldern für die Bau- und Forschungstätigkeit erhalten (im Juni waren es dann 70 Millionen Mark). Für die zu gründende Stiftung AMCHA in der DDR – ein Zweig der gleichnamigen israelischen Organisation, die Überlebenden des Holocausts psychosoziale Hilfe gewährt – wurden 100 000 Mark als Stiftungskapital bereitgestellt. Trotz Devisennot erhöhte die Regierung de Maizières diesen Betrag im April 1990 um 6,2 Millionen Mark. Die offizielle Gründung der AMCHA-Stiftung fand am 23. April 1990 anläßlich der Gedenkveranstaltung des Verbandes zum Jom Haschoah statt, dem jüdischen Holocaustgedenktag, der 1989 zum ersten Mal in der Ostberliner Gemeinde begangen worden war.

Am 12. April 1990 verabschiedeten die Fraktionen der Volkskammer eine Gemeinsame Erklärung, in der sie sich zur besonderen historischen Verantwortung der DDR bekannten: »Das erste frei gewählte Parlament der DDR bekennt sich im Namen der Bürgerinnen und Bürger dieses Landes zur Mitverantwortung für Demütigung, Vertreibung und Ermordung jüdischer Frauen, Männer und Kinder. Wir empfinden Trauer und Scham und bekennen uns zu dieser Last der deutschen Geschichte. Wir bitten die Juden in aller Welt um Verzeihung. Wir bitten das Volk in Israel um Verzeihung für Heuchelei und Feindseligkeit der offiziellen DDR-Politik gegenüber dem Staat Israel und für die Verfolgung und Entwürdigung jüdischer Mitbürger auch nach 1945 in unserem Lande. […] Wir wissen uns verpflichtet, die jüdische Religion, Kultur und Tradition in Deutschland in besonderer Weise zu fördern und zu schützen und jüdische Friedhöfe, Synagogen und Gedenkstätten dauernd zu pflegen und zu erhalten. […]

Wir erklären, uns um die Herstellung dipomatischer Beziehungen und um vielfältige Kontakte zum Staat Israel bemühen zu wollen.«[12] Das Verbandspräsidium goutierte diesen Markstein einer neuen politischen Kultur allerdings mit Arroganz. Im »Nachrichtenblatt« hieß es dazu: »Wir Juden in der Deutschen Demokratischen Republik haben sehr aufmerksam diese Erklärung der Volkskammer zur Kenntnis genommen. Danken können wir nicht dafür, denn ein derartiges Bekenntnis zur Schuld und Wiedergutmachung kommt vierzig Jahre zu spät.«[13] Wohl hob man hervor: »Das sind doch ganz andere Worte, als die im November 1988 gesprochenen«, aber die zentrale Mitwirkung des Verbandes an der Inszenierung dieser Gedenkveranstaltungen wurde unterschlagen. Immerhin hatte Verbandspräsident Rotstein in seiner Rede vor der Volkskammer die Zufriedenheit der Juden mit ihrem Staat beteuert. Die Verbandsfunktionäre setzten sich nicht selbstkritisch mit der jahrzehntelangen willigen Kooperation des Verbandes mit dem SED-Staat auseinander und nahmen schnell die Rolle des Opfers an.

Der Wiederaufbau der Adass Jisroel

Der politische Umbruch weckte auch bei der Adass-Jisroel-Gemeinde neue Hoffnungen. Seit der Rücknahme aller Zusicherungen im März 1989 durch Staatssekretär Löffler bestand kaum noch Aussicht auf eine Wiedereinsetzung der Gemeinde in ihre Rechte. In einem Fernschreiben an alle Mitglieder des Politbüros warf Offenberg der Regierung der DDR »Wortbruch« und »Fortwirken von Naziunrecht in unseren Tagen« vor.[14] In weiteren Schreiben forderte AJB den Nachfolger Honeckers, Egon Krenz, und Staatssekretär Löffler auf, den Zustand der Entrechtung und Enteignung der Gemeinde zu beenden. Die Liste der insbesondere Löffler vorgehaltenen Versäumnisse und uneingelösten Versprechungen war lang und verwies auch auf die fortgesetzte Schändung der Gemeindestätten.[15] Nachdem diese Briefe unbeantwortet geblieben waren, lud AJB Vertreter aller Parteien, der evangelischen und der katholischen Kirche und einzelne Persönlichkeiten für den 13. November 1989 zu einem Gespräch ins Gemeindehaus ein. Der durch die große Demonstration am 4. November auf dem Alexanderplatz verstärkte Reformdruck, die verbreitete regierungskritische Stimmung und der im Dezember bevorstehende 50. Jahrestag der Gestapoverfügung zur Auflösung der Adass Jisroel alarmierten das Staatssekretariat. Um der zu erwartenden Kritik am Umgang mit der Gemeinde zu begegnen, schlug man verschiedene Zugeständnisse vor. So sollte der

Staatsratsvorsitzende den Vorstand von Adass Jisroel empfangen und eine Deklaration über die Ungültigkeit der Gemeindeauflösung abgeben. Auch die Einrichtung eines Gemeindebüros wollte man »ernsthaft« erwägen,[16] wenn die Adassianer ihren Verzicht auf jegliche finanzielle und materielle Ansprüche erklärten. Durch offensive Öffentlichkeitsarbeit, die Teilnahme des Staatssekretärs an der Zusammenkunft und die Instruktion des ebenfalls eingeladenen Präsidenten des Schriftstellerverbands und ZK-Mitglieds Hermann Kant durch die ZK-Arbeitsgruppe für Kirchenfragen wollte man weiterreichende Forderungen zurückweisen. Dieses Angebot wurde aber von den Gesprächsteilnehmern nicht akzeptiert: In einer Erklärung dankten sie den Mitgliedern der Adass Jisroel »für die Bereitschaft, das religiöse und kulturelle Leben dieser Gemeinde in der Hauptstadt der DDR fortzusetzen«, und verlangten die sofortige Wiedereinsetzung der Gemeinde in ihre Rechte und die Übertragung der Verfügungsgewalt über die Gemeindestätten.[17] Selbst der Leiter des Büros des Staatssekretärs, Dr. Bertram Handel, der von Löffler als Vertreter entsandt worden war, unterzeichnete diese Erklärung.

Kurz darauf überstürzten sich die Ereignisse: Die Maueröffnung, der Zusammenbruch des SED-Regimes, die Bildung neuer politischer Parteien und Organisationen eröffneten neue Perspektiven für die Gemeinde. Auch die Einsetzung der Modrow-Regierung, der Lothar de Maizière als stellvertretender Ministerpräsident und Leiter des Amts für Kirchenfragen angehörte (der aber schon mit der Übernahme des CDU-Vorsitzes sein Anwaltsmandat niedergelegt hatte), wirkte sich positiv aus.[18] Am 14. Dezember 1989 faßte der Ministerrat einen »Beschluß über Maßnahmen anläßlich der 50. Wiederkehr der Entrechtung der Israelitischen Synagogengemeinde Adass Jisroel zu Berlin«, der die Wiedereinsetzung der Gemeinde in ihre Rechte und die Unterstützung ihrer Tätigkeit verfügte. Die Regierungserklärung, die dem Gemeindevorstand am 18. Dezember in einem feierlichen Akt übergeben wurde, bekräftigte, »daß die Israelitische Synagogengemeinde Adass Jisroel zu Berlin nicht durch faschistischen Willkürakt untergegangen ist, sondern fortbesteht. [...] Damit sind alle Voraussetzungen gegeben, daß die Gemeinde in Eigenständigkeit ihr gegenständliches und ideelles Erbe verwalten, bewahren und pflegen sowie ihre religiösen und kulturellen Aufgaben in der DDR frei erfüllen kann. Die Regierung der DDR wird sie dabei in vielfältiger Weise unterstützen.«[19]

Schon wenige Tage später fand im Gemeindehaus in der Tucholskystraße 40 die erste Chanukkafeier statt. Der Gemeinde standen zunächst in dem bisher von verschiedenen DDR-Firmen genutzten Gebäude nur zwei Büroräume, der frühere Repräsentantensaal und die Betstube des Rabbinerseminars zur Verfügung. Nach Renovierung der maroden Räumlichkeiten begann schon im Januar 1990 eine Vortragsreihe über Juden in Deutschland. Am 8. März 1990 legte der Ministerrat fest – in Zusammenhang mit dem Beschluß zur Unterstützung des Verbandes und der Stiftung »Neue Synagoge Berlin – Centrum Judaicum« –, die Adass-Jisroel-Gemeinde durch Gewährung von Zuwendungen für Personal- und Sachkosten, die Verlagerung der bisherigen Nutzer aus Gemeindehaus und Israelitischem Krankenheim sowie den Neubau einer Trauerhalle auf dem Friedhof zu fördern. Am 19. März 1990, zum Purimfest, wurde die im Gemeindezentrum neueingerichtete Synagoge feierlich eingeweiht. Von nun an fanden hier regelmäßig Gottesdienste statt. Wenige Tage später nahm Rabbiner Dr. Eliezer Ebner aus Jerusalem, der in Berlin geboren war und der Adass Jisroel angehörte, seine Tätigkeit auf. Er gab Religionsunterricht, hielt Vorträge, führte die rituelle Aufsicht über Gemeindeküche und Friedhof und übernahm die religiöse und seelsorgliche Betreuung der Mitglieder. Außer Adassianern und ihren Nachkommen hatten sich auch andere Juden aus Ost- und Westberlin der alt-neuen Gemeinde angeschlossen. Mit der Ankunft der ersten jüdischen Zuwanderer aus der Sowjetunion im April eröffnete sich ein neues Betätigungsfeld. Neben sozialen und kulturellen Aktivitäten wurden vor allem Kurse in jüdischer Geschichte und Religion angeboten, um die Identifikation mit jüdischer Tradition und Kultur zu fördern. Parallel dazu setzte man die Rekonstruktion des Friedhofs fort und begann mit dem Bau der neuen Trauerhalle. Im September erschien die erste Ausgabe des Gemeindeblatts »Nachrichten von Adass Jisroel«. Ende 1990 zählte die Gemeinde wieder etwa zweihundert Mitglieder.

Trotz dieser steten Entwicklung war das Verhältnis zu den etablierten jüdischen Gemeinden in Ost- und Westberlin gespannt. Ein Gesuch der Adass Jisroel um Aufnahme in den Verband der Jüdischen Gemeinden in der DDR wurde zunächst längere Zeit nicht beantwortet und dann mit dem – satzungswidrigen – Vorwand abgelehnt, dies sei aus Statutgründen nicht möglich. Insbesondere Heinz Galinski versuchte, die Existenzberechtigung der Adass Jisroel zu bestreiten, die Intentionen des Vorstands zu diffamieren und einen Boykott der Adass Jisroel seitens jüdischer Gemeinden und Organisationen sowie staatlicher und gesellschaftlicher Institutionen zu erreichen. Dabei schreckte er auch vor massiven Forderungen nach staatlichen Eingriffen in den Rechtsstatus der Gemeinde nicht zurück. Auf sein Geheiß wandte sich der Generalsekretär des Zentralrats der Juden in Deutschland, Micha Guttmann, im August 1990 mit einem Schreiben an Ministerpräsident de Maizière und forderte, »daß die Regierung der DDR der ›Adass-Jisroel-Gemeinde‹ die Anerkennung als Körperschaft des öffentlichen Rechts entzieht«.[20] Zwei Monate später verfaßten Galinski und Kirchner ein gemeinsames Schreiben an alle Ost- und Westberliner Abgeordneten, in dem sie unverhohlen ihre Übernahmeabsichten erklärten: »Die Jüdische Gemeinde zu Berlin ist Rechtsnachfolgerin aller früheren jüdischen Gemeinden Berlins. [...] Dies gilt insbesondere auch hinsichtlich der früheren Gemeinde Adass Jisroel. Niemand anderes als die Jüdische Gemeinde zu Berlin ist berechtigt, für diese ehemalige Gemeinde zu sprechen, geschweige denn sie zu vertreten. Die Jüdische Gemeinde zu Berlin wird deshalb auch im Interesse der früheren Mitglieder von Adass Jisroel die Rückgabe der früher dieser Gemeinde gehörenden Grundstücke und Einrichtungen fordern.«[21] Gegen diesen anmaßenden Alleinvertretungsanspruch, der noch über mehrere Jahre hinaus die Entwicklung der Adass Jisroel stören und eine Normalisierung des Verhältnisses zwischen den Gemeinden hindern sollte, wehrte sich Rabbiner Ebner und hob die plurale Wesensart des Judentums hervor: »Die Gemeinde macht große Fortschritte und stellt mit ihrer Existenz und ihrer mannigfaltigen Aktivität jenen religiösen jüdischen Pluralismus wieder her, der in allen weltoffenen und demokratischen Gesellschaften charakteristisch ist, in Berlin bis zur Nazizeit eine Selbstverständlichkeit war und heute wieder als Selbstverständlichkeit dazugehört.«[22]

Der Jüdische Kulturverein

In ähnlicher Weise sah sich auch eine andere, in der Wende entstandene jüdische Institution mit dem Monopolanspruch Galinskis konfrontiert.

Die wenigsten Mitglieder der unter dem Dach der Jüdischen Gemeinde von Groß-Berlin angesiedelten Gruppe »Wir für uns« waren der Gemeinde beigetreten. Die meisten der »Neuen« waren nicht religiös und eher an einer Beschäftigung mit historischen und kulturellen Aspekten des Judentums interessiert. In der DDR wurde jedoch die Gründung einer säkularen jüdischen Vereinigung weder von staatlicher noch von Gemeindeseite geduldet. Erst mit der Wende im Herbst 1989 fielen diese Restriktionen weg. Auf dem Zweiten Kolloquium der Gruppe »Wir für uns«, das gemeinsam mit der ebenfalls säkularen Westberliner Jüdischen Gruppe am 11. November 1989 veranstaltet worden war, faßte man erste Pläne zur Gründung eines Jüdischen Kulturvereins. Am 12. Dezember 1989 gab der Kreis um Dr. Irene Runge und Dr. Vincent von Wroblewsky einen Aufruf heraus. Nachdem das Vorhaben überraschend großen Zuspruch fand, konstituierte sich am 23. Januar 1990 der Jüdische Kulturverein. Alle Personen »mit jüdischem Familienhintergrund« konnten Vereinsmitglieder werden, für nichtjüdische Interessenten wurde ein Förderkreis geschaffen.

Zu den ersten öffentlichen Aktivitäten gehörte der Appell an den Zentralen Runden Tisch vom 6. Februar 1990, die Übersiedlung von sowjetischen Juden in die DDR zu ermöglichen. Die soziale und kulturelle Betreuung der ab Frühjahr 1990 zuwandernden Juden bildete im folgenden einen der Schwerpunkte der Vereinstätigkeit. Daneben begannen regelmäßige Vortragsabende und kulturelle Veranstaltungen. Obwohl sich der Kulturverein als eine säkulare Institution verstand, pflegte man auch Elemente des religiösen Lebens, um Wissen über die jüdische Tradition zu vermitteln. An den Freitagabenden fanden Schabbatfeiern statt, mit Unterstützung ausländischer Rabbiner und Kantoren beging man jüdische Feiertage mit geselligem Beisammensein und suchte Kontakte zu Gemeinden und religiösen Organisationen in Deutschland und in der Welt. Seit Februar 1990 entwickelte sich ein ständiger Kontakt zum Jerusalemer Rabbiner Zwi Weinman, der seither mehrmals jährlich den Verein besucht.

Durch seine eigenständigen Aktivitäten und offensiv vertretenen politischen Stellungnahmen, insbesondere zu Fragen von Rechtsextremismus, Ausländerfeindlichkeit und der Einwanderung sowjetischer Juden, löste sich der Kulturverein relativ schnell von der früher Obdach gewährenden Jüdischen Gemeinde Berlin. Diese Entwicklung wurde von den Gemeindefunktionären und -mitgliedern nicht besonders freundlich wahrgenommen, da sie eine Schwächung der Gemeinde und die Abwanderung jüngerer Mitglieder befürchteten. Zudem kritisierte man, daß viele der Vereinsmitglieder nicht im religionsgesetzlichen Sinn Juden seien und es sich überhaupt um Personen handelte, die bislang nur in loser Beziehung zum Judentum gestanden hatten. Allerdings war auch die offenkundige SED- bzw. PDS-Nähe der tragenden Aktivisten des Jüdischen Kulturvereins für manche eine Hemmschwelle, Kontakt aufzunehmen – das Vereinsdomizil befand sich 1990 zudem im Haus des (früheren) SED-Zentralkomitees.

Besonders massiver Widerstand kam von Heinz Galinski, der ebenso wie im Fall der Adass-Jisroel-Gemeinde Gespräche mit Behördenvertretern benutzte, um dem Verein die Existenzberechtigung abzusprechen und staatliche Fördermaßnahmen zu blockieren. Mehrfach erklärte er, daß für ihn »der Verband der Jüdischen Gemeinden in der DDR die einzige legitime Vertretung der Juden in der

DDR ist«[23], mitunter war seine Ausdrucksweise auch drastischer. Durch diese immer wieder geäußerte Position schuf er zwischen den etablierten Gemeinden und dem Kulturverein wie auch der Adass Jisroel eine Polarisierung, die von den letzteren nicht beabsichtigt war, da sie weder die Spaltung der jüdischen Gemeinschaft anstrebten noch Gemeindemitglieder abwerben wollten. Sie zogen eher diejenigen an, die bisher das religiöse und kulturelle Angebot der Gemeinden als defizitär empfunden und sich von ihnen ferngehalten hatten. Der anhaltende Zulauf zu Kulturverein und Adass Jisroel, ihre kontinuierliche Entwicklung und innere Stabilisierung bestätigten, daß diese beiden Institutionen weithin als eine Bereicherung des jüdischen Lebens betrachtet wurden, wenngleich sich das Verhältnis zur Jüdischen Gemeinde zu Berlin erst Jahre nach Galinskis Tod entspannte.

Die Zuwanderung von Juden aus der Sowjetunion

Durch die unsichere politische und wirtschaftliche Situation und die großzügigere Erteilung von Auswanderungsgenehmigungen verstärkte sich seit 1989 die massenhafte Emigration von Juden aus der Sowjetunion. Von der DDR waren Meldungen über Antisemitismus im großen Bruderland stets unterdrückt worden, auch in den jüdischen Gemeinden war dies nur hinter vorgehaltener Hand Gesprächsstoff. Daß auch die DDR von diesem Problem berührt werden könnte, wurde erst durch einen – allerdings sehr dramatischen – Antrag des Jüdischen Kulturvereins an den Zentralen Runden Tisch deutlich: »Wir ersuchen die Regierung der DDR, unabhängig von den geltenden Bestimmungen, den Aufenthalt für jene zu ermöglichen, die sich in der Sowjetunion als Juden diskriminiert und verfolgt sehen. Wenn ein Menschenleben in Gefahr ist, müssen die Gesetze gebrochen werden.«[24] Einstimmig machten sich die am Runden Tisch vertretenen Parteien und Organisationen die Forderung, sowjetischen Juden Zuflucht zu bieten, zu eigen und setzten damit die Modrow-Regierung unter Druck. Die Regierung der DDR stand der Einwanderung sowjetischer Juden nicht ablehnend gegenüber, befürchtete aber außenpolitische Schwierigkeiten, wenn sie durch eine sofortige Zustimmung die Sowjetunion als rassistisches Regime bloßgestellt hätte.

Als im April die ersten jüdischen Familien aus der Sowjetunion mit Touristenvisa in die DDR gereist waren und sich mit dem Hinweis auf Verfolgung weigerten, zurückzukehren mußte eine pragmatische Lösung gefunden werden. Sie gewaltsam abzuschieben war politisch nicht möglich. Dies wollte man auch nicht, denn gerade hatte die neugewählte Volkskammer erklärt: »Wir treten dafür ein, verfolgten Juden in der DDR Asyl zu gewähren.«[25] Allgemein ging man davon aus, daß es sich bei den zu erwartenden Zuwanderern nur um Einzelfälle, nicht aber um eine Massenimmigration handeln würde. Bereits Anfang April hatte die Staatssekretärin für Ausländerangelegenheiten, Almuth Berger, eine Beratung mit hochrangigen Vertretern des Innen- und des Außenministeriums, Staatssekretär Kalb vom Amt für Kirchenfragen und Verbandssekretär Fischer einberufen, um »die Aufnahme sowjetischer Juden, ihre vorläufige Unterbringung und spätere Integration« vorzubereiten.[26]

Die Ankömmlinge wurden in ehemaligen Kasernen des MfS und der NVA untergebracht, mit Verpflegung und einem Taschengeld ausgestattet. Ohne daß eine gesetzliche Regelung über Bleiberecht und Aufenthaltsstatus existierte, reisten zwischen April und Juli 1990 650 Personen ein. Die Jüdische Gemeinde Berlin, Adass Jisroel und der Jüdische Kulturverein kümmerten sich von Anfang an um die Zuwanderer, organisierten Sprachkurse, Kleidersammlungen und Übersetzungsdienste; Sozialarbeiter und Deutschlehrer wurden eingestellt. Auch kulturelle Veranstaltungen in russischer Sprache bot man an, die Adass Jisroel eröffnete im August 1990 eine Teestube mit russischsprachiger Literatur und richtete Kurse in jüdischer Religion ein. Zunächst wurden die aus fast allen Teilen der Sowjetunion kommenden Zuwanderer euphorisch aufgenommen, schienen sie doch den überalterten und schrumpfenden Gemeinden eine Zukunftsperspektive zu bieten. Der Zuwachs konzentrierte sich zuerst auf Berlin, aber von vornherein beabsichtigte man, sie auch in anderen Regionen, insbesondere in Orten, wo jüdische Gemeinden existierten, anzusiedeln. Die jüdischen Gemeinden halfen den Ankömmlingen bei der sozialen Integration und bemühten sich um die Vermittlung von jüdischem Wissen, da sie sich kaum positiv mit dem Judentum identifizierten. Gerade in dieser Frage waren die kleinen DDR-Gemeinden jedoch überfordert, da sie über kein Kultuspersonal verfügten und beim Aufbau der Gemeindearbeit selbst Unterstützung brauchten. Hinzu kam die Angst vor einer Dominierung der Gemeinden durch die Zuwanderer, deren Zahl die der alteingesessenen Mitglieder bald um ein Vielfaches übertraf.

Da es in der DDR bislang kein Asylrecht und somit keine Infrastruktur für die Aufnahme von Immigranten gab, stellte die von jüdischen Gemeinden und Organisationen gewährte Soforthilfe eine wichtige Entlastung staatlicher Stellen dar. Problematisch wurde diese Stellvertretung, als diesen Institutionen die Feststellung der jüdischen Identität der Zuwanderer aufgebürdet wurde. Anhand der

Geburtsurkunden und weiterer vorgelegter Dokumente sollten sie prüfen, ob die betreffende Person Jude bzw. Jüdin und somit aufenthaltsberechtigt ist. Abgesehen davon, daß keine Erfahrungen im Auswerten der Dokumente und Erkennen von Fälschungen vorlagen, waren zumindest die Gemeinden an das jüdische Religionsgesetz gewiesen und konnten somit die jüdische Identität nur bestätigen, wenn die Mutter Jüdin war. Damit wurde man aber den Umständen der Zuwanderung nicht gerecht, denn viele hatten nur jüdische Väter und dennoch den diskriminierenden Paßeintrag »Jude«, da das sowjetische Nationalitätenrecht vorwiegend patrilinear orientiert war. Auch nichtjüdischen Familienangehörigen konnte so die begehrte Identitätsbescheinigung nicht ausgestellt werden. Außer diesen Definitionsschwierigkeiten war es unhaltbar, daß nichtstaatlichen, jüdischen Organisationen die eigentlich staatlicher Hoheit obliegende Entscheidung übertragen wurde, wem Bleiberecht zu gewähren sei. Trotz mehrfacher Proteste von seiten des Kulturvereins und Adass Jisroel führte man diese Praxis auch nach Erlaß einer Aufnahmeregelung bis ins vereinigte Deutschland fort, da es den Behörden unangenehm war, zu bestimmen, wer Jude ist und wer nicht.

Im Frühjahr 1990 erarbeitete die Staatssekretärin für Ausländerfragen, Berger, in Absprache mit dem Verband, der Adass Jisroel und dem Kulturverein eine Beschlußvorlage für die Aufnahme sowjetischer Juden,[27] die am 11. Juli 1990 vom Ministerrat verabschiedet wurde. Auf Grundlage dieser Verordnung wurden die Zuwanderer als Flüchtlinge eingestuft und ihnen ständiger Wohnsitz, d. h. eine unbefristete Aufenthaltsgenehmigung, Arbeitserlaubnis und Sozialhilfeanspruch gewährt. Als Anlaufstelle für Neuankömmlinge richtete Staatssekretärin Berger ein »Kontakt- und Beratungsbüro für jüdische Bürger aus Osteuropa« ein. Zwischen August und Oktober 1990 kamen etwa weitere 2000 Zuwanderer, die sich größtenteils in Berlin niederließen. Viele von ihnen waren von Verwandten und Freunden, die seit Mitte der siebziger Jahre in Westberlin lebten, nachgeholt worden.

Die deutsche Vereinigung brachte den weiterhin mit Touristenvisa aus der Sowjetunion einreisenden Juden zunächst große Rechtsunsicherheit. Das Ausländerrecht der Bundesrepublik enthielt keinen mit der Ministerratsverordnung vergleichbaren Aufenthaltsstatus. Zudem war man an einer Immigrationswelle nicht interessiert und wollte außenpolitische Komplikationen mit Israel vermeiden, das darauf bestand, alleiniges Asylland für Juden zu sein. Aus diesem Grund bemühte sich das Außenministerium seit September 1990, die Zuwanderung zu bremsen. Es wies die Auslandsvertretungen in der Sowjetunion an, keine weiteren Aufnahmeanträge entgegenzunehmen. Im Januar 1991 schließlich verständigte sich die Innenministerkonferenz auf eine Regelung, die alle bereits eingewanderten Juden als Kontingentflüchtlinge – den privilegiertesten Status des Ausländerrechts – anerkannte, die Einreiseformalitäten zwar erschwerte, aber auf eine zahlenmäßige Beschränkung der Zuwanderung verzichtete. Die großzügige Aufnahmepraxis der letzten DDR-Regierung erwies sich daher als Geschenk an die jüdische Gemeinschaft in ganz Deutschland.[28]

Die Vereinigung der Berliner jüdischen Gemeinden und der Dachverbände

Mit dem Mauerbau 1961 waren die offiziellen Kontakte des Verbandes der Jüdischen Gemeinden in der DDR zum Zentralrat der Juden in Deutschland abgebrochen, in dem er zuvor Sitz und Stimme hatte. Erst nach der Wende, am 17. Dezember 1989, nahmen Rotstein und Fischer wieder an der Jahrestagung des Zentralrats in Frankfurt/Main teil – allerdings hatten sie nur den Status von Gästen. Von einem Zusammenschluß der jüdischen Dachorganisationen beider deutscher Staaten war zu diesem Zeitpunkt noch keine Rede; und Kirchner dementierte im Januar 1990 Vereinigungsabsichten der beiden Berliner Gemeinden, solange noch »zwei deutsche Staaten«[29] existierten.

Am 6. Februar 1990 fand in Westberlin ein erstes Gespräch zwischen Verbandspräsidium und Direktoriumsmitgliedern des Zentralrats statt, in dem der Zentralrat u. a. seine Hilfe bei der Durchführung eines Sommerferienlagers anbot; eine konkrete Zusammenarbeit oder Schritte zur Vereinigung wurden bei dieser Gelegenheit nicht vereinbart. Auch Impulse für eine Intensivierung der Kontakte zwischen einzelnen Gemeinden, z. B. durch die Vereinbarung von Patenschaften, die Einbeziehung der DDR-Gemeinden in die Arbeit der unterschiedlichen jüdischen Gremien und Organisationen, kamen nicht von den Dachverbänden. Wo solche Projekte entstanden, wie etwa die Gemeindepartnerschaften zwischen Thüringen und Kassel oder Magdeburg und Braunschweig, gingen sie allein auf die Initiative der betreffenden Gemeinden zurück. Fast dreißig Jahre lang hatten die Dachverbände kaum Notiz voneinander genommen; erst der staatliche Vereinigungsprozeß bewirkte eine vorsichtige Annäherung. Persönliche Animositäten und ein gelegentlich herablassendes Auftreten westlicher Gemeindevertreter erschwerten diesen Prozeß zusätzlich. Befragt nach dem Zusammenwachsen der Gemeinden, antwortete Kirchner Anfang Februar: »Wir kommen zusammen, um über Notwendiges uns auszutauschen. Das ist aber immer noch davon geprägt, daß die West-Berliner Gemeinde die Größere und wir die sehr viel Kleinere sind, was sich auch in den Gebaren der Vertreter der Gemeinde entsprechend niederschlägt.«[30] Empört beschwerte sich Galinski bei Rotstein und drohte: »Gegen diese Äußerungen des Herrn Dr. Kirchner muß ich schärfstens protestieren und behalte mir weitere Schritte vor. [...] Sofern die Angelegenheit nicht von Ihnen erledigt wird und Herr Dr. Kirchner diese völlig deplacierten Äußerungen nicht zurücknimmt, bin ich nicht bereit, mich mit Herrn Dr. Kirchner an einen Tisch zu setzen.«[31]

Dieser Ton blieb auch in den folgenden Monaten bestimmend. Galinski als Vorsitzender der Jüdischen Gemeinde zu Berlin wie auch des Zentralrates vertrat ein paternalistisches Vereinigungskonzept, das vor allem auf die Übernahme der Ostberliner Gemeinde und des Verbandes ausgerichtet war. Die spezifischen Existenzbedingungen und Arbeitsformen der DDR-Gemeinden wurden kaum berücksichtigt. In sämtlichen jüdische Angelegenheiten berührenden Fragen (wie z. B. Wiedergutmachung und Rückerstattung jüdischen Kommunal- und Privateigentums) strebte Galinski nach direkten Verhandlungen mit der DDR-Regierung, ohne den Verband einzubeziehen. Bei der im Mai 1990 in Westberlin stattfindenden Tagung von Jüdischem Weltkongreß, Europäisch-Jüdischem Kongreß und Zentralrat blieben die DDR-Vertreter ebenfalls nur Zaungäste. Trotz der besonderen historischen Situation befaßte sich die Tagung nicht mit konkreten Problemen des jüdischen Lebens in Deutschland, der Situation der DDR-Gemeinden und der Einwanderung sowjetischer Juden, gab auch keine pointierten Stellungnahmen zum deutschen Vereinigungsprozeß ab, sondern beschränkte sich auf allgemeine Mahnungen, den Holocaust nicht zu vergessen. Auch während des Empfangs der Tagungsteilnehmer beim Ministerpräsidenten de Maizière traten die ostdeutschen Juden nicht in Erscheinung.

Doch der Zusammenschluß der Gemeindeorganisationen war zu diesem Zeitpunkt schon abzusehen. Am 1. April 1990 hatten Galinski und Bubis an der Jahrestagung des Verbandes in Dresden teilgenommen. Während dieser Tagung legte man fest, zu künftigen Beratungen des Direktoriums des Zentralrats wie auch des Verbandspräsidiums gegenseitig Vertreter zu entsenden, dem Verband einen Beobachterstatus bei der Zentralwohlfahrtsstelle einzuräumen und den Ausbau der Geschäftsstelle des Verbandes finanziell zu fördern. Nebenbei wurden die Repräsentanten des Verbandes der Jüdischen Gemeinden in der DDR von Galinski »als einzig legitime Vertretung der Juden in der DDR« anerkannt und auf diesen Alleinvertretungsanspruch eingeschworen.

Schon zwei Monate später, analog zum rasanten staatlichen Vereinigungsprozeß, beschloß man den Zusammenschluß der beiden Dachorganisationen. Dieser sollte sich in Form der Auflösung des Verbandes und seines Beitritts zum Zentralrat vollziehen. Die DDR-Juden wurden lediglich als eine Quantité négligeable betrachtet (der Verband vertrat knapp 400, der Zentralrat etwa 30 000 Gemeindemitglieder), eine gleichberechtigte Integration war nicht vorgesehen. Die Satzung des Zentralrats besaß selbst in diesem historischen Moment Priorität, und das bedeutete, daß sich die DDR-Gemeinden zu zwei Landesverbänden Sachsen / Thüringen und Mecklenburg-Vorpommern / Brandenburg / Sachsen-Anhalt zusammenzuschließen hatten, um die für das Stimmrecht notwendige Mitgliederzahl zu erreichen. Daß diese Neuordnung geographisch und administrativ unpraktikabel war, da über die großen Entfernungen hinweg keine Betreuung der Gemeindemitglieder gewährleistet werden konnte und die in Zukunft auszuhandelnden Staatsverträge eines Landesverbandes mehrere Bundesländer umfaßten, spielte dabei keine Rolle. Einige Gemeinden wie z. B. die Thüringer Landesgemeinde hatten sich vergeblich gegen diese Struktur gewehrt und einen Anschluß an den hessischen Landesverband angestrebt. Abgesehen von den verwaltungstechnischen Problemen hatte der Erfurter Vorsitzende, Raphael Scharf-Katz, sich auch geweigert, mit dem designierten Vorsitzenden des Landesverbandes Sachsen / Thüringen, Rotstein, zusammenzuarbeiten, da er »dem SED-Regime ›gelobhudelt‹ habe und es tatenlos geschehen ließ, daß das jüdische Leben zusehends verkümmerte«[32]. Diesen Protesten zum Trotz beschloß die Verbandstagung am 15. September 1990 gemäß den Vorgaben des Zentralrats die Auflösung des Verbandes und die Neugliederung in die beiden Landesverbände. Danach wurde ein formeller Antrag auf Aufnahme in den Zentralrat gestellt, dem das Direktorium sofort zustimmte. Die Vorsitzenden der beiden neuen Landesverbände, Rotstein und Levy, wurden in das Direktorium kooptiert. Die Geschäfts- und Rechtsstelle des Verbandes in Berlin wandelte man in eine Außenstelle des Zentralrats um, deren Leitung trotz seiner Stasi-Tätigkeit Peter Fischer übertragen wurde. Die enge Zusammenarbeit mit dem nun aufgelösten Staatssekretariat bzw. Amt für Kirchenfragen honorierte Galinski, indem er dessen langjährige Mitarbeiter, die persönliche Referentin der Staatssekretäre Gysi und Löffler, Sabine Kleinig, und Abteilungsleiter Hans Wilke (IMB »Horst«) dorthin übernahm. Mit der letzten Ausgabe des »Nachrichtenblatts« im September verabschiedete sich das Redaktionskollegium von seinen Lesern.

Die Vereinigung der beiden Berliner Gemeinden erfolgte nach gleichem Muster. Da in Berlin wegen der nicht erfolgten Restitution des Gemeindeeigentums besonders die Immobilienfrage attraktiv war, stellte sich der Zusammenschluß eher als eine Übernahme von Grundstücken und Rückerstattungsansprüchen dar. An der Arbeit der Jüdischen Gemeinde Berlin bestand geringes Interesse – nur in geringem Umfang war eine praktische Kooperation in der Sozialarbeit, bei der Zuwandererbetreuung, in Religionsunterricht, Schulen und Altersheim erfolgt, auch Initiativen zu engeren menschlichen Kontakten waren nicht ergriffen worden. Statt dessen plante Galinski die Schließung des gerade renovierten Altersheims in Berlin-Niederschönhausen und der koscheren Fleischerei, die eine Konkurrenz zu der in Charlottenburg befindlichen und von der Jüdischen Gemeinde zu Berlin subventionierten darstellte. Zeitweilig wurde sogar die Schließung der Synagoge in der Rykestraße erwogen. Angesichts dieser »Bulldozermentalität« wundert es nicht, daß die Mitglieder der Ostberliner Jüdischen Gemeinde auf ihrer letzten Versammlung im Oktober 1990 gegen die Vereinigung der beiden Gemeinden stimmten. Gleichwohl wurde der Zusammenschluß, vielmehr die Auflösung der Ostberliner Gemeinde, zum 1. Januar 1991 vollzogen. Wie angekündigt, schloß man Fleischerei und Altersheim und forderte die Stadt zur Unterbringung der nichtjüdischen Insassen auf.[33] Die Synagoge mit ihrem Kantor Oljean Ingster blieb schließlich erhalten, die Bibliothek wurde als Zweigstelle der Gemeindebibliothek in der Fasanenstraße angegliedert. Kirchner und andere Mitglieder der Gemeindeleitung zogen sich von ihren Ämtern zurück; in den Gemeindevorstand wurde kein Vertreter der Ostberliner Juden aufgenommen. Lediglich Heinz Rothholz kooptierte man in die Repräsentantenversammlung der Jüdischen Gemeinde zu Berlin.

Der Zusammenschluß der jüdischen Gemeinden und ihrer Dachverbände erfolgte ohne äußere Notwendigkeit bürokratischer und rücksichtsloser, als dies bereits im staatlichen Einigungsprozeß beklagt wurde. Welch Ironie der Geschichte, daß gerade die mit Boykott und Ausgrenzung belegten unabhängigen Institutionen der Gemeinde Adass Jisroel und des Jüdischen Kulturvereins als eigenständiger jüdischer Beitrag in das vereinte Deutschland eingingen.

Nachbemerkung

Die jüdischen Gemeinden, die zuletzt kaum 400 Mitglieder hatten, bildeten nur ein sehr kleines Segment der DDR-Gesellschaft, doch ihre Geschichte und die Konflikte, mit denen sie konfrontiert waren, erhellen Wesenszüge des SED-Staates. Entgegen der offiziellen Propaganda und den bis heute nachwirkenden Mythen ordnete die SED einen politischen und moralischen Wert wie Antifaschismus stets ihrer Machtpolitik und ihren Legimationsbedürfnissen unter. Die KPD/SED sorgte schon seit 1945 mit der diskriminierenden Einteilung der Opfer des Faschismus in »Kämpfer« und Opfer dafür, daß der Anspruch der Kommunisten, selbst die während des Nationalsozialismus am meisten verfolgte und am entschiedensten Widerstand leistende Gruppe zu sein, nicht in Frage gestellt wurde.

Ihre Anmaßung im Umgang mit Juden zeigte sich besonders in der Beschränkung des Judentums auf eine Religionsgemeinschaft. Eine solche Definition schloß die Pflege anderer Formen jüdischer Identität und Kultur aus. Diese Haltung kann nicht anders als antisemitisch bezeichnet werden, war sie doch davon getragen, ein jüdischnationales Selbstverständnis keinesfalls zuzulassen. Sie belebte das alte Feindbild des Zionismus und die obsessive Vorstellung von einer angeblichen »doppelten Loyalität« der Juden wieder und schloß eine objektive und differenzierte Betrachtung der Problematik sowie des Staates Israel aus. Auch der eklektische Umgang mit der deutschen Vergangenheit, die Einstellung zur Wiedergutmachungsfrage und die israelfeindliche Politik widerlegten die antifaschistische Programmatik der SED.

Trotz dieser alles andere als judenfreundlichen Haltung gelang es der SED, die jüdischen Gemeinden für ihre offizielle Selbstrepräsentation zu instrumentalisieren. Durch die Auswirkungen des Holocaust, des Slánský-Prozesses, die schwindende Mitgliederzahl, gering ausgeprägte Religiosität und mangelndes Traditionsbewußtsein hatten die Gemeinden der Vereinnahmung wenig entgegenzusetzen. Nach der Fluchtwelle 1953 blieben führungslose, überalterte Gemeinden zurück. Unter massiver Einflußnahme der SED bildete sich eine Funktionärsschicht heraus, die kaum noch ein religiöses und kulturelles Gemeindeleben pflegte. Ihnen war das Engagement in religions- und gesellschaftspolitischen Organisationen sowie ein parteikonformes Verhalten wichtiger als die Entwicklung eines selbstbestimmten jüdischen Lebens. Sie akklamierten die SED-Politik selbst dann, wenn diese den eigenen Erfahrungen zuwiderlief. Ein Bewußtsein für die nötige Distanz einer Religionsgemeinschaft zum Staat und zur Macht war bei ihnen nicht ausgeprägt. Lediglich Stellungnahmen zur Nahostpolitik verweigerten sie. Man muß konstatieren, daß die jüdischen Gemeinden wie kaum eine andere Religionsgemeinschaft das DDR-System bis zum Herbst 1989 stützten.

Seit 1990 haben sich die Gemeinden durch den Zuzug von Juden aus der früheren Sowjetunion völlig verändert – die Zahl der Zuwanderer beträgt ein Vielfaches der alteingesessenen Mitglieder; neue Probleme und Aufgaben überlagern die Beschäftigung mit der DDR-Vergangenheit. Diese Auseinandersetzung über individuelles und kollektives Verhalten ist aber heute, wenige Jahre nach dem Ende dieses Staates, nicht allein wegen noch immer bestehender personeller Kontinuitäten in den Gemeindeleitungen weiterhin notwendig. Daß sich Repräsentanten religiöser Gemeinschaften von der politischen Macht korrumpieren ließen, ist weder ein Sonderfall der DDR-Geschichte noch der jüdischen Geschichte.

Der Weg kultureller und politischer Assimilierung, wie er in den jüdischen Gemeinden der DDR praktiziert wurde, führt eher zur Selbstaufgabe als zur Bewahrung der eigenen Werte. Die Mahnung, die Rabbi Gamliel III. vor 1800 Jahren an die Führer jüdischer Gemeinden richtete, hat bis heute Gültigkeit: »Seid vorsichtig gegen die Machthaber, denn sie ziehen den Menschen nur aus Eigennutz zu sich heran; sie erscheinen wie Freunde zur Zeit, da man ihnen nutzt, stehen aber dem Menschen nicht bei in der Zeit seiner Not.«

Anhang

Abkürzungsverzeichnis

AJC	American Jewish Congress
AJDC	American Joint Distribution Committee
AJY	American Jewish Yearbook
BAP	Bundesarchiv, Außenstelle Potsdam
BPKK	Bezirksparteikontrollkommission
BwA	Buchenwaldarchiv
CJA	Centrum Judaicum, Archiv
DP	Displaced Person
HA	Hauptabteilung
HIAS	Hebrew Sheltering and Immigrant Aid Society
IM	Inoffizieller Mitarbeiter
IMB	Inoffizieller Mitarbeiter mit Feindberührung
JOINT	American Joint Distribution Committee
JWK	Jüdischer Weltkongreß
LAB	Landesarchiv Berlin
LAB(StA)	Früheres Stadtarchiv im Landesarchiv Berlin
LPKK	Landesparteikontrollkommission
MdI	Ministerium des Innern
MfS	Ministerium für Staatssicherheit
MGB	Ministerium für Staatssicherheit der UdSSR
NB	Nachrichtenblatt des Verbandes der Jüdischen Gemeinden in der DDR und der Jüdischen Gemeinde (von Groß-)Berlin
ND	Neues Deutschland
OdF	Opfer des Faschismus
OdN	Opfer der »Nürnberger Gesetze«
OibE	Offizier im besonderen Einsatz
ORT	Organization for Reconstruction and Professional Training
prV	politisch und rassisch Verfolgte
SAPMO	Stiftung Archiv der Parteien und Massenorganisationen der DDR im Bundesarchiv
SMAD	Sowjetische Militäradministration in Deutschland
VdN	Verfolgte des Naziregimes
VVN	Vereinigung der Verfolgten des Naziregimes
WJC	World Jewish Congress
ZK	Zentralkomitee
ZPKK	Zentrale Parteikontrollkommission

Quellen und Literatur

Unveröffentlichte Quellen

Bundesarchiv, Abteilungen Potsdam (BAP)

Staatssekretär für Kirchenfragen: DO-4, Nr. 95, 98, 247, 257, 274, 275, 276, 277, 358, 376, 448, 449, 711, 730, 731, 732, 733, 894, 959, 998, 999, 1 000, 1 028, 1 031, 1 051, 1 103, 1 110, 1 146, 1 175, 1 214, 1 235, 1 236, 1 237, 1 241, 1 242, 1 243, 1 247, 1 285, 1 333, 1 334, 1 335, 1 337, 1 339, 1 341, 1 343, 1 344, 1 345, 1 346, 1 348, 1 349, 1 350, 1 351, 1 352, 1 354, 1 364, 1 369, 1 370, 1 371, 1 377, 1 378, 1 503, 1 548, 1 549, 1 550, 1 552, 1 558, 1 570, 1 577, 1 687, 1 704, 1 718, 1 729, 1 747, 1 751, 1 752, 1 759, 1832, 1912, 1913, 1948, 2 138, 2 141, 2 437, 2 448, 2 479, 2 486, 2 502, 2 549, 2 551, 2 643, 2 675, 2 696, 2 697, 2 698, 2 699, 2 700, 2 701, 2 702, 2 703, 2 704, 2 705, 2 706, 2 707, 3 150, 3 163, 3 241, 3 259, 3 260, 3 262, 3 774, 3 795, 3 798, 3 858, 3 980, 4 700, 4 701, 4 703, 4 704, 4 707, 4 708, 4 709, 4 710, 4 711, 4 712, 4 713, 4 715, 4 716, 4 737, 4 786, 4 815, 5 068, 5 325, 5 349, 5 497, 5 538, 5 581, 6 173, 6 176, 6 177, 6 200, 6 201, 6 291, 6 298.
Ministerrat: C-20I / 3, Nr. 2 569, 2 661, 2 734, 2 781; C-20I / 4, Nr. 3 277.
Deutsche Verwaltung des Innern / Ministerium des Innern: 01 / 8, Nr. 90.

Bundesbeauftragter für die Unterlagen des Staatssicherheitsdienstes der ehemaligen Deutschen Demokratischen Republik (MfS)

Hauptabteilung HA XX / 4: XX / 4, Nr. 447, 605, 618, 630, 698, 699, 754, 755, 761, 764, 1 103, 1 366, 1 368, 1 369, 1 370, 1 371, 1 379, 1 381, 1 390, 2 038, 2 070, 2 165, 2 181, 2 182, 2 185.
Hauptabteilung XX / Auswertungs- und Kontrollgruppe: HA XX / AKG, Nr. 1 380, 1 441.
Zentrale Auswertungs- und Informationsgruppe: ZAIG / 1, Nr. 9 279; ZAIG, Nr. 1 471, 2 765, 3 712, 4 594, 6 531.
Bezirksverwaltung Berlin: AOP 1 1843 / 64, AIM 8044 / 91, AIM 8371 / 91, AIM 1 1422 / 85, AIM 1 6144 / 89.
Bezirksverwaltung Dresden: AIM 851 / 56, AIM 5010 / 90.
Bezirksverwaltung Potsdam: AIM 370 / 65.
Rechtsstelle: Nr. 510.
Arbeitsbereich Neiber: Nr. 151.

Landesarchiv Berlin (LAB)

Beirat für Kirchliche Angelegenheiten: Rep. 2, Acc. 2 418, Nr. 6 197, 8 129, 8 130; Rep. 2, Acc. 2 685, Nr. 4 617, 4 618, 4 619, 4 620, 4 621, 4 622, 4 623, 4 624, 4 625, 4 626, 4 627, 4 628, 4 629, 4 630, 4 631, 4 632, 4 633, 4 634, 4 635, 4 860, 4 861, 4 862, 4 866, 4 867, 4 868, 4 869, 4 870, 4 871, 4 872, 4 873, 4 874, 4 901, 4 905, 6 823, 6 839, 6 845, 7 354, 7 402, 8 123, 8 124; Rep. 2, Acc. 3 146, Nr. 9 169; Rep. 2, Acc. 3 455, Nr. 6 879.
Nachlaß Siegmund Weltlinger: Rep. 200, Acc. 2 334, Nr. 37, 38, 41, 42, 43, 79, 80, 81, 82, 88, 90, 91, 92, 123, 124, 125, 132, 133, 135, 148, 149, 150, 151, 164.

Landesarchiv Berlin – Früheres Stadtarchiv (LAB[StA])

Oberbürgermeister: Rep. 101, Nr. 46, 90, 232, 233, 242, 417, 449, 975, 976, 1816, 2 186.
Magistratsabt. für Inneres: Rep. 9, Nr. 60, 188, 214.
Magistratsabt. für Finanzen: Rep. 105, Nr. 252, 268, 269, 293, 1 650, 3 811.
Magistratsabt. Bau- und Wohnungswesen: Rep. 110, Nr. 724, 754, 1 078.
Hauptamt Opfer des Faschismus: Rep. 118, Nr. 13, 197, 198, 199, 232, 311, 331, 332, 333, 353, 384, 404, 406, 408, 424, 602, 615, 617, 618, 619, 684, 743, 744, 856, 866, 1 052, 1 054, 1 058, 1 069, 1 129, 1 135, 1 136, 1 138, 1 139, 1 140.
Stadtverordnetenversammlung: Rep. 120, Nr. 2 016, 2 423.
Stadtbezirksversammlung Prenzlauer Berg: Rep. 134 / 1, Nr. 60.
Deutsche Treuhandverwaltung: Rep. 800, Nr. 73, 177
Beirat für Kirchliche Angelegenheiten: Rep. 101–04, Nr. 28, 64.

Stiftung Archiv der Parteien und Massenorganisationen der DDR im Bundesarchiv (SAPMO-BA)

Zentralsekretariat: DY 30 / IV2 / 2.1, Nr. 65, 168, 169.
Politbüro: DY 30 / J IV2 / 2, Nr. 692, 716, 759, 763, 1 100, 1 101, 1 114, 1 117, 1 134, 1 472, 2 266, 2 274, 2 310, 2 316; DY 30 / J IV2 / 2 A, Nr. 1 654, 1865, 3 121; DY 30 / J IV2 / 202, Nr. 387.
Sekretariat des Zentralkomitees: DY 30 / J IV2 / 3, Nr. 353; DY 30 / J IV2 / 3 A, Nr. 3 175, 3 211, 4 745, 4 796.
Tagungen des Zentralkomitees: DY 30 / IV2 / 1, Nr. 679.
Zentrale Parteikontrollkommission: DY 30 / IV2 / 4, Nr. 19, 124.
ZK-Abteilung Internationale Verbindungen: DY 30 / IV B2 / 20, Nr. 284.
ZK-Abteilung Parteiorgane: DY 30 / IV A2 / 5 / 55.
ZK-Arbeitsgruppe Kirchenfragen: DY 30 / IV B2 / 14, Nr. 174, 176, 179, 180, 249.
Sekretariat Helmut Lehmann: DY 30 / IV2 / 2 027, Nr. 30, 31.
Büro Albert Norden: DY 30 / IV A2 / 2 028, Nr. 6, 7, 8, 9, 19, 51, 86, 125.
Büro Hermann Axen: DY 30 / IV2 / 2 035, Nr. 113.
Büro Werner Jarowinsky: DY 30 / vorl. SED, Nr. 38 645, 41 910.
Vereinigung der Verfolgten des Naziregimes: DY 55 / V 278 / 1, Nr. 1; DY 55 / V 278 / 2, Nr. 129; DY 55 / V 278 / 3, Nr. 176.
Nachlaß Walter Ulbricht: NY 4 182, Nr. 235, 1 029, 1 121, 1 339.
Nachlaß Albert Norden: NY 4 217, Nr. 14, 15, 16, 47, 48, 53, 59, 61, 72.

Stiftung »Neue Synagoge – Centrum Judaicum« Berlin, Archiv (CJA)

Verband der Jüdischen Gemeinden in der DDR: 5B1, Nr. 11, 14, 15, 16, 20, 26, 30, 31, 32, 33, 34, 35, 36, 38, 39, 46, 47, 48, 51, 52, 54, 56, 57, 58, 59, 65, 66, 67, 68, 70, 71, 73, 80, 83, 107, 121, 125, 141, 142, 143, 144, 145, 173, 174, 175, 176, 177, 183, 239, 240, 245, 252, 258.

Synagogen-Gemeinde zu Magdeburg (SGM)

Ordner (nicht archivalisch erschlossen): Mitgliederlisten ab 1946; I; K-M;
Schriftwechsel Beihilfen für jüdische Kultstätten und Friedhöfe im Gebiet der DDR 1951–1959; Einhebelisten 1946–1950; Ausstellung; Karliner privat 1946–1949; Nachrichtenblatt Magdeburg; Rundschreiben 1950–1982.

Gedruckte Quellen und Quellensammlungen

Allgemeine Wochenzeitung der Juden in Deutschland, Düsseldorf, Jg. 4. 1949 / 50–20. 1965 / 66.
Allgemeine Unabhängige Jüdische Wochenzeitung, Düsseldorf, Jg. 21. 1966 / 1967–28. 1973.
Allgemeine Jüdische Wochenzeitung, Düsseldorf, Jg. 28. 1973–45. 1990.
Der Weg, Zeitschrift für Fragen des Judentums, Berlin, Jg. 1. 1946–8. 1953.
Berlin. Quellen und Dokumente 1945–1951. Hrsg. von H. Reichhardt, H. Treutler, A. Lampe. 2 Bde., Berlin: Heinz Spitzing Verlag, 1961.
Lehren aus dem Prozeß gegen das Verschwörerzentrum Slánský. Beschluß des Zentralkomitees vom 20. Dezember 1952. In: Einheit, Zeitschrift für Theorie und Praxis des wissenschaftlichen Sozialismus, Hrsg.vom Zentralkomitee der SED, 8. Jg., Heft 2 / Februar 1953, S. 203–216.
Mitteilungsblatt der Jüdischen Gemeinde von Groß-Berlin, Berlin (DDR), Jg. 1953–1960.
Nachrichtenblatt der Jüdischen Gemeinde von (Groß-)Berlin und des Verbandes der Jüdischen Gemeinden in der DDR, Berlin (DDR), Jg. 1961–1990.
Über die Durchführung des Beschlusses des ZK der SED »Lehren aus dem Prozeß gegen das Verschwörerzentrum Slánský«. Berlin: Dietz Verlag, 1953.
The American Jewish Yearbook. Hg. American Jewish Committee, Bde. 46. (1944 / 45) – 93.(1993), Philadelphia: The Jewish Publication Society of America.

Literatur

Arndt, Siegfried Th. (u. a.), Juden in der DDR. Geschichte, Probleme, Perspektiven. Köln: E. J. Brill, 1988.
Benz, Wolfgang (Hrsg.), Die Juden in Deutschland 1933–1945. Leben unter nationalsozialistischer Herrschaft. München: C. H. Beck, 1988.
Berlin. Behauptung von Freiheit und Selbstverwaltung 1946–1948. Hrsg. vom Senat von Berlin. Berlin: Heinz Spitzing Verlag, 1961.
Bethlehem, Siegfried, Heimatvertriebene, DDR-Flucht, Gastarbeiterzuwanderung. Wanderungsströme und Wanderungspolitik in der Bundesrepublik Deutschland. Stuttgart: Klett-Cotta Verlag, 1982.
Brandt, Heinz, Ein Traum, der nicht entführbar ist. Mein Weg zwischen Ost und West. München: Paul List Verlag, 1967.
Brenner, Michael, Nach dem Holocaust. Juden in Deutschland 1945–1950. München: C. H. Beck, 1995.
Brenner, Michael, Jüdisches Leben und jüdische Kultur in Berlin nach 1945. In: Kaufmann, U. (Hrsg.), Jüdisches Leben heute in Deutschland. Bonn: Verlag Inter Nationes, 1993, S. 15–26.
Brocke, Michael; Ruthenberg, Ekkehart; Schulenburg, Kai, Stein und Name. Die jüdischen Friedhöfe in Ostdeutschland. Berlin: Veröffentlichungen aus dem Institut Kirche und Judentum. Bd. 2, 1994.
Brumlik, Micha; Kiesel, Doron; Kugelmann, Cilly; Schoeps, Julius H. (Hrsg.), Jüdisches Leben in Deutschland seit 1945. Frankfurt / M.: Athenäum, 1988.
Burgauer, Erica, Zwischen Erinnerung und Verdrängung – Juden in Deutschland nach 1945. Reinbek: Rowohlt Taschenbuchverlag, 1993.
Cohn, Michael, The Jews in Germany 1945–1993. The Building of a Minority. London: Praeger, 1994.

Cotic, Meir, The Prague Trial. The First Anti-Zionist Show Trial in the Communist Bloc. New York: Herzl Press, 1987.
Damit die Nacht nicht wiederkehre. Gedenken an die faschistische Pogromnacht vom 9. November 1938. Dokumentation. Hrsg. vom Verband der Jüdischen Gemeinden in der DDR. Dresden: Verlag Zeit im Bild, 1988.
Damwerth, Ruth, Arnold Munter. Jahrhundertzeuge. Berlin: Verlag Neues Leben, 1994.
Danyel, Jürgen, Die geteilte Vergangenheit. Gesellschaftliche Ausgangslagen und politische Dispositionen für den Umgang mit Nationalsozialismus und Widerstand in beiden deutschen Staaten nach 1949. Historische DDR-Forschung. Aufsätze und Studien. Hrsg. von Kocka, J. Berlin: Akademie Verlag, 1993, S. 129 bis 147.
Danziger, Carl-Jacob, »Die Partei hat immer recht.« Autobiographischer Roman. Stuttgart: Verlag Werner Gebühr, 1976.
Deutsche Juden – Juden in Deutschland. Bonn: Bundeszentrale für politische Bildung, 1991.
Deutschkron, Inge, Israel und die Deutschen. Das besondere Verhältnis. Köln: Verlag Wissenschaft und Politik, [2] 1983.
Diamant, Adolf, Chronik der Juden in Chemnitz. Aufstieg und Untergang einer jüdischen Gemeinde in Sachsen. Frankfurt / M.: Verlag W. Weidlich, 1970.
Diamant, Adolf, Zur Chronik der Juden in Zwickau. Dem Gedenken einer kleinen jüdischen Gemeinde in Sachsen. Frankfurt / Main: Selbstverlag, 1971.
Diamant, Adolf, Chronik der Juden in Dresden. Von den ersten Juden bis zur Blüte der Gemeinde und deren Ausrottung. Darmstadt: Agora Verlag, 1973.
Diamant, Adolf, Materialien zur Geschichte der Juden in der Deutschen Demokratischen Republik. Ein wissenschaftliches Fragment. Ms., Frankfurt / M., 1984.
Diamant, Adolf, Chronik der Juden in Leipzig. Aufstieg, Vernichtung und Neuanfang. Chemnitz: Verlag Heimatland Sachsen, 1993.
Dittmar, Peter, DDR und Israel. Ambivalenz einer Nicht-Beziehung. In: Deutschland-Archiv, 10. Jg. (1977), Köln, Bd. I: S. 736–754. Bd. II: S. 848–861.
Dornberg, John, Deutschlands andere Hälfte. Profil und Charakter der DDR. Wien: Fritz Molden Verlag, 1969.
Dreihundert Jahre Juden in Halle. Leben, Leistung, Leiden, Lohn. Hrsg. von der Jüdischen Gemeinde zu Halle / Saale. Halle / S.: Mitteldeutscher Verlag, 1992.
Elkin, Rivka, Das Jüdische Krankenhaus in Berlin zwischen 1938 und 1945. Berlin: Edition Hentrich, 1993.
Eschwege, Helmut, Fremd unter meinesgleichen. Erinnerungen eines Dresdner Juden. Berlin: Chr. Links Verlag, 1991.
Eschwege, Helmut, Geschichte der Juden im Territorium der ehemaligen DDR. Ms., vervielfältigt, 3 Bde., Dresden 1991.
Faßler, Manfred, Versöhnung heißt Erinnerung. Juden in der DDR und Kirchlich-Jüdischer Dialog. In: Kirche im Sozialismus, 11. Jg. (1985), Heft 3, Berlin (West), S. 103–111.
Flippel, Günter, Zum Schicksal Leipziger Juden in der Sowjetunion nach 1933 und in der DDR bis 1953. In: Judaica Lipsiensia. Zur Geschichte der Juden in Leipzig. Hrsg. von der E.-Carlebach-Stiftung. Leipzig: Edition Leipzig, 1994, S. 207–216.
Fricke, Karl Wilhelm, Politik und Justiz in der DDR. Zur Geschichte der politischen Verfolgung 1945–1968. Köln: Verlag Wissenschaft und Politik, [2] 1990.
Ganther, Heinz (Hrsg.), Die Juden in Deutschland 1951 / 52–1958 / 59. Ein Almanach. Hamburg: Gala Verlag, 1959.

Gedenke! Vergiß nie! Vierzigster Jahrestag des faschistischen »Kristallnacht«-Pogroms. Eine Dokumentation. Hrsg. vom Verband der Jüdischen Gemeinden in der DDR. Berlin / DDR 1985.

Gegenwart im Rückblick. Festgabe für die Jüdische Gemeinde zu Berlin 25 Jahre nach dem Neubeginn. Hrsg. von Straus, H. und Grossmann, K. Heidelberg: Lothar Stiehm Verlag, 1970.

Genin, Salomea, Wie ich in der DDR aus einer Kommunistin zu einer Jüdin wurde. In: Das Exil der kleinen Leute. Alltagserfahrung deutscher Juden in der Emigration. Hrsg. von Benz, Wolfgang. München: C. H. Beck, 1991, S. 309 bis 326.

Genin, Salomea, Rückkehr. Der Weg einer jüdischen Kommunistin in der DDR. In: Kontinent, 15. Jg. (1989), Heft 51, Stuttgart, S. 76–86.

Genin, Salomea, Die Wandzeitung. SED-Parteidisziplin im Treppenhaus. In: Transatlantik, Heft 5, Mai 1990, Hamburg, S. 29–32.

Gilman, Sander L.; Remmler, Karin (Hrsg.), Reemerging Jewish Culture in Germany. Life and Literature since 1989. New York: New York University Press, 1994.

Goerner, Martin Georg, Die Kirche als Problem der SED. Strukturen kommunistischer Herrschaftsausübung gegenüber der evangelischen Kirche 1945 bis 1958. Berlin: Akademie Verlag, 1997.

Goldenbogen, Nora, »Säuberungen« und Antisemitismus in Sachsen 1949 bis 1953. In: Keßler, Mario (Hrsg.), Arbeiterbewegung und Antisemitismus. Entwicklungslinien im 20. Jahrhundert. Bonn: Pahl-Rugenstein Verlag, 1993, S. 121 bis 128.

Goschler, Constantin, Paternalismus und Verweigerung. Die DDR und die Wiedergutmachung für jüdische Verfolgte des Nationalsozialismus. In: Jahrbuch für Antisemitismusforschung. Bd. 2. Hrsg. von Benz, Wolfgang. Frankfurt / M.: Campus Verlag, 1993, S. 93–117.

Groehler, Olaf, Erblasten. Der Umgang mit dem Holocaust in der DDR. In: Loewy, Hanno (Hrsg.), Holocaust. Die Grenze des Verstehens. Eine Debatte über die Besetzung der Geschichte. Reinbek: Rowohlt Taschenbuchverlag, 1992, S. 110 bis 127.

Groehler, Olaf, SED, VVN und Juden in der sowjetischen Besatzungszone Deutschlands 1945–1949. In: Jahrbuch für Antisemitismusforschung. Bd. 3. Hrsg. von Benz, Wolfgang. Frankfurt / M.: Campus Verlag, 1992, S. 282 bis 302.

Groehler, Olaf, Die Diskussion um die Judenverfolgung in SBZ und DDR (1947 bis 1953). In: Keßler, Mario (Hrsg.), Arbeiterbewegung und Antisemitismus. Entwicklungslinien im 20. Jahrhundert. Bonn: Pahl-Rugenstein Verlag, 1993, S. 79–85.

Groehler, Olaf, Integration und Ausgrenzung von NS-Opfern. Zur Anerkennungs- und Entschädigungsdebatte in der Sowjetischen Besatzungszone Deutschlands 1945 bis 1949. In: Historische DDR-Forschung. Aufsätze und Studien. Hrsg. von Kocka, Jürgen. Berlin: Akademie Verlag, 1993, S. 105–127 (Zeithistorische Studien, Bd. 1).

Hartewig, Karin, Jüdische Kommunisten in der DDR und ihr Verhältnis zu Israel. In: Schwanitz, Wolfgang (Hrsg.), Jenseits der Legenden. Araber, Juden, Deutsche. Berlin: Dietz Verlag, 1994, S. 123–136.

Hartung von Doetinchem, Dagmar, Es geschah im Wedding. Das Jüdische Krankenhaus. In: Der Wedding – hart an der Grenze. Weiterleben in Berlin nach dem Krieg. Berlin: Dirk Nishen Verlag, 1987, S. 73–91.

Held, Steffen, Zwischen Tradition und Vermächtnis. Die Israelitische Religionsgemeinde zu Leipzig nach 1945. Hamburg: Dölling und Galitz Verlag, 1995.

Hempel, Kay, Zur Geschichte der Jüdischen Gemeinden in der DDR. Unter besonderer Bezugnahme auf die Jüdische Gemeinde zu Dresden. Staatsexamensarbeit im Fach Geschichte, Friedrich-Schiller-Universität Jena, unveröff. Ms., 1995.

Herf, Jeffrey, Antisemitismus in der SED. Geheime Dokumente zum Fall Paul Merker aus SED- und MfS-Archiven. In: Vierteljahrshefte für Zeitgeschichte, 42. Jg. (1994), Heft 4, München, S. 635–667.

Herrmann, Klaus Jacob, Political and Social Dimensions of the Jewish Communities in the German Democratic Republic. In: Nationalities Papers, 10. Jg. (1982), Charleston / Illinois, S. 41–54.

Herzberg, Wolfgang, Überleben heißt Erinnern. Lebensgeschichten deutscher Juden. Berlin: Aufbau Verlag, 1990.

Hesse, Reinhard, Die zweite Schuld der Linken. Juden und Antisemiten in der DDR. In: Transatlantik, Heft 5, Mai 1990, Hamburg, S. 19–28.

Hodos, Georg Hermann, Schauprozesse. Stalinistische Säuberungen in Osteuropa 1948–1954. Berlin: LinksDruck Verlag, 1990.

Honigmann, Peter, Gibt es in der DDR Antisemitismus? In: Civis, Jg. 1986, Heft 2, Bonn, S. 4–12.

Judaica Lipsiensia. Zur Geschichte der Juden in Leipzig. Hrsg. von der E.-Carlebach-Stiftung. Leipzig: Edition Leipzig, 1994.

Juden in Sachsen. Ihr Leben und Leiden. Hrsg. von der Gesellschaft für christlich-jüdische Zusammenarbeit Dresden e. V. Leipzig: Evangelische Verlagsanstalt, 1994.

Kappelt, Olaf, Braunbuch DDR. Nazis in der DDR. Berlin (West): Reichmann Verlag, 1981.

Keßler, Mario, Zwischen Repression und Toleranz. Die SED-Politik und die Juden (1949–1967). In: Historische DDR-Forschung. Aufsätze und Studien. Hrsg. von Kocka, Jürgen. Berlin: Akademie Verlag, 1993, S. 149–167 (Zeithistorische Studien, Bd. 1).

Keßler, Mario, Antisemitismus, Zionismus und Sozialismus. Arbeiterbewegung und jüdische Frage im 20. Jahrhundert. Mainz: Decaton Verlag, 1993.

Keßler, Mario (Hrsg.), Arbeiterbewegung und Antisemitismus. Entwicklungslinien im 20. Jahrhundert. Bonn: Pahl-Rugenstein Verlag, 1993

Keßler, Mario, Die SED und die Juden – zwischen Repression und Toleranz. Politische Entwicklungen bis 1967. Berlin: Akademie Verlag, 1995 (Zeithistorische Studien, Bd. 6).

Kießling, Wolfgang, Als »West-Emigrant« unter Verdacht. Der ominöse Tod Rudolf Feistmanns. Noel H. Field und die SED. In: Tribüne, 29. Jg. (1990), Heft 114, Frankfurt / M., S. 130–134.

Kießling, Wolfgang, Der Fall Baender. Ein Politkrimi aus den fünfziger Jahren der DDR. Berlin: Dietz Verlag, 1991.

Kießling, Wolfgang, Paul Merker und der »Sozialismus der dummen Kerls«. In: Keßler, Mario (Hrsg.), Arbeiterbewegung und Antisemitismus. Entwicklungslinien im 20. Jahrhundert. Bonn: Pahl-Rugenstein Verlag, 1993, S. 87–94.

Kirchner, Peter, Die jüdische Gemeinde in der Hauptstadt der Deutschen Demokratischen Republik. In: Emuna, 9. Jg. (1974), Frankfurt / M., S. 111–114.

Kirchner, Peter, Die Jüdische Gemeinde in Berlin (Ost). In: Juden in Berlin 1671–1945. Ein Lesebuch. Berlin (West): Nicolai Verlag, 1988, S. 328–333.

Kirchner, Peter, Die jüdische Minorität in der ehemaligen DDR. In: Benz, Wolfgang (Hrsg.), Zwischen Antisemitismus und Philosemitismus. Juden in der Bundesrepublik. Berlin: Metropol Verlag, 1991, S. 29–38.

Königseder, Angelika; Wetzel, Juliane, Lebensmut im Wartesaal. Die jüdischen DPs im Nachkriegsdeutschland. Frankfurt/M.: Fischer Taschenbuch Verlag, 1994.

Krüger-Potratz, Marianne (Hrsg.), Anderssein gab es nicht. Ausländer und Minderheiten in der DDR. Münster: Waxmann Verlag, 1991.

Kuhlow, Karin, Israel, SED und DDR. Zur Geschichte eines tragischen Beziehungskonflikts. In: Renger, Reinhard (Hrsg.), Die deutsche »Linke« und der Staat Israel. Leipzig: Forum Verlag, 1994, S. 193–196.

Leistung und Schicksal. Dreihundert Jahre Jüdische Gemeinde zu Berlin. Berlin: Berlin Museum, 1971.

Liebsch, Heike, Scheidewege um Nahost. Juden in der DDR – die DDR und »ihre« Juden. In: Renger, Reinhard (Hrsg.), Die deutsche »Linke« und der Staat Israel. Leipzig: Forum Verlag, 1994, S. 197–207.

Löw, Konrad, Im heiligen Jahr der Vergebung. Wider Tabu und Verteufelung der Juden. Zürich: Edition Interfrom, 1991.

London, Artur, Ich gestehe. Der Prozeß um Rudolf Slánsky. Hamburg: Verlag Hoffmann und Campe, 1970.

Ludwig, Esther, Die Auswirkungen des Prager Slánsky-Prozesses auf die Leipziger Juden 1952/53. In: Judaica Lipsiensia. Zur Geschichte der Juden in Leipzig. Hrsg. von der E.-Carlebach-Stiftung. Leipzig: Edition Leipzig, 1994, S. 228–244.

Lust, Peter, Two Germanies. Montreal: Harvest House, 1966.

Maor, Harry, Über den Wiederaufbau der Jüdischen Gemeinden in Deutschland seit 1945. Phil. Diss., Johannes-Gutenberg-Universität Mainz, 1961.

Maser, Peter, Die Jüdischen Gemeinden in der DDR. In: Glauben im Sozialismus. Kirchen und Religionsgemeinschaften in der DDR. Berlin (West): Gebr. Holzapfel Verlag, 1989, S. 155–169.

Maser, Peter, Juden und Jüdische Gemeinden in der DDR bis in das Jahr 1988. In: Sozialgeschichte der Juden in Deutschland. Tel Aviver Jahrbuch für Deutsche Geschichte, Bd. 20, Gerlingen: Bleicher Verlag, 1991, S. 393–426.

Merritt, Richard L., Politics of Judaism in the GDR. In: Studies in GDR Culture and Society. Vol. 9, 14th New Hampshire Symposium, 1989, S. 163–187.

Mertens, Lothar, Jüdische Gemeinden in der DDR. Zwischen Anpassung und politischer Instrumentalisierung. In: Tribüne, 28. Jg. (1989), Heft 111, Frankfurt/M., S. 171–180.

Mertens, Lothar, Die Jüdischen Gemeinden in der DDR bei deren Beitritt zur Bundesrepublik. In: Deutsche Studien. 28. Jg. (1990), Heft 112, Lüneburg, S. 395 bis 405.

Mertens, Lothar, Der politische Umbruch in der DDR. Bemerkenswerte Stellungnahmen der Jüdischen Gemeinden. In: Tribüne, 29. Jg. (1990), Frankfurt/M., S. 124–132.

Mertens, Lothar, Jüdische Gemeinden im letzten Jahr der DDR. In: Politische Studien, 42. Jg. (1991), Heft 315, München, S. 47–55.

Mertens, Lothar, Die Kinder Mose im Staate Marx. Die jüdischen Gemeinden in der ehemaligen DDR. In: Nachama, Andreas; Schoeps, Julius H.(Hrsg.), Aufbau nach dem Untergang. Deutsch-jüdische Geschichte nach 1945. Berlin: Argon Verlag, 1992, S. 285–295.

Mertens, Lothar, Staatlich propagierter Antizionismus – Das verzerrte Israelbild der DDR. In: Jahrbuch für Antisemitismusforschung. Bd. 2. Hrsg. von Benz, Wolfgang. Frankfurt/M.: Campus Verlag, 1993, S. 139–153.

Mertens, Lothar, Davidstern unter Hammer und Zirkel. Die Jüdischen Gemeinden in der SBZ/DDR und ihre Behandlung durch Partei und Staat 1945 bis 1990. Hildesheim: Oldenbourg, 1997.

Nachama, Andreas, Nach der Befreiung: Jüdisches Leben in Berlin 1945–1953. In: Rürup, Reinhard (Hrsg.), Jüdische Geschichte in Berlin. Essays und Studien. Berlin: Edition Hentrich, 1995, S. 267–288.

Nachama, Andreas; Schoeps, Julius H. (Hrsg.), Aufbau nach dem Untergang. Deutsch-jüdische Geschichte nach 1945. Berlin: Argon Verlag, 1992.

Niethammer, Lutz; von Plato, Alexander; Wierling, Dorothee, Die volkseigene Erfahrung. Eine Archäologie des Lebens in der Industrieprovinz der DDR. Berlin: Rowohlt Verlag, 1991.

Noll, Chaim, Früchte des Schweigens. Jüdische Selbstverleugnung und Antisemitismus in der DDR. In: Deutschland Archiv, 22. Jg. (1989), Heft 7, Köln, S. 769 bis 778.

Orland, Nachum, »Der Israeli«. Antizionismus und Antisemitismus. In: Antisemitismus. Vorurteile und Mythen. Hrsg. von Schlör, J.; Schoeps, J. H. München: Piper Verlag, 1995, S. 279–293.

Ostow, Robin, Jüdisches Leben in der DDR. Frankfurt/M.: Jüdischer Verlag Athenäum, 1988.

Ostow, Robin, Helden und Antihelden. Zwei Typen jüdischer Identität in der DDR. In: BIOS. Zeitschrift für Biographieforschung und Oral History, 4. Jg. (1991), Heft 2, Leverkusen, S. 191–204.

Otto, Wilfriede, Antizionismus – übergestülptes Feindbild und antisemitische Haltung. In: Keßler, Mario (Hrsg.), Arbeiterbewegung und Antisemitismus. Entwicklungslinien im 20. Jahrhundert. Bonn: Pahl-Rugenstein Verlag, 1993, S. 95–120.

Pätzold, Kurt, Verfolgung, Vertreibung, Vernichtung. Dokumente des faschistischen Antisemitismus 1933 bis 1942. Leipzig: Verlag Philipp Reclam jun., 1984.

Richarz, Monika (Hrsg.), Jüdisches Leben in Deutschland. Selbstzeugnisse zur Sozialgeschichte 1918–1945. Stuttgart: Deutsche Verlagsanstalt, 1982.

Richarz, Monika, Juden in der Bundesrepublik Deutschland und in der Deutschen Demokratischen Republik seit 1945. In: Brumlik, M.; Kiesel, D.; Kugelmann, C.; Schoeps, J. H. (Hrsg.), Jüdisches Leben in Deutschland seit 1945. Frankfurt/M.: Jüdischer Verlag Athenäum, 1988, S. 13–30.

Riesenburger, Martin, Das Licht verlöschte nicht. Berlin (DDR): Union Verlag,[2] 1984.

Schenk, Heinz, Die jüdischen Bürger und ihre Gemeinden in der DDR. In: DDR-Revue, Heft 9/1965, Berlin (DDR), S. 7–9.

Schreiner, Stefan, Zwischen Hoffnung und Furcht. Die jüdischen Gemeinden in der DDR nach der Wende. In: Voigt, D.; Mertens, L.(Hrsg.): Minderheiten in und Übersiedler aus der DDR. Berlin: Duncker & Humblot, 1992, S. 189–202.

Schröter, Ursula, Nichts ist vergessen? Die Opfer des Faschismus von der Befreiung bis zur Spaltung. In: Der Wedding – hart an der Grenze. Weiterleben in Berlin nach dem Krieg. Berlin: Dirk Nishen Verlag, 1987, S. 139–156.

Schüler, Thomas, Das Wiedergutmachungsgesetz vom 14. September 1945 in Thüringen. In: Jahrbuch für Antisemitismusforschung. Bd. 2. Hrsg. von Benz, Wolfgang. Frankfurt/M.: Campus Verlag, 1993, S. 118–138.

Schwanitz, Wolfgang, »Israel ja, Zionismus nein«. Zum Israel-Bild in SED-Akten über Arabien (1948–1968). In: Arbeiterbewegung und Antisemitismus. Entwicklungslinien im 20. Jahrhundert. Hrsg. Keßler, Mario. Bonn: Pahl-Rugenstein Verlag, 1993, S. 129–164.

Sellenthin, H. G., Geschichte der Juden in Berlin und des Gebäudes Fasanenstraße 79/80. Festschrift anläßlich der Einweihung des Jüdischen Gemeindehauses. Hrsg. von der Jüdischen Gemeinde zu Berlin. Berlin (West): Selbstverlag, 1959.

Simon, Hermann, Die Jüdische Gemeinde Nordwest. Eine Episode aus der Zeit des Neubeginns jüdischen Lebens in Berlin nach 1945. In: Nachama, Andreas; Schoeps, Julius H. (Hrsg.), Aufbau nach dem Untergang. Deutsch-jüdische Geschichte nach 1945. Berlin: Argon Verlag, 1992, S. 274–284.

Tempel, Sylke, Legenden von der Allmacht. Die Beziehungen zwischen amerikanisch-jüdischen Organisationen und der Bundesrepublik Deutschland seit 1945. Frankfurt/M.: Peter Lang Verlag, 1995.

Thomalla, Ariane, Von Ost-Berlin nach Straßburg. Gespräch mit der deutsch-jüdischen Schriftstellerin Barbara Honigmann. In: Deutschland Archiv, 19. Jg. (1986), Heft 11, Köln, S. 1204–1208.

Thompson, Gerald E., The Political Status of the Jews in the German Democratic Republic since 1945. University of Iowa, M. A. Thesis, 1967.

Thompson, Jerry E. [Gerald E.], Jews, Zionism and Israel. The Story of the Jews in the German Democratic Republic since 1945. Washington State University, Ph. D.Thesis, 1978.

Timm, Angelika, Der Streit um Restitution und Wiedergutmachung in der Sowjetischen Besatzungszone Deutschlands. In: Babylon, Heft 10–11/ 1992, Frankfurt/M., S. 125–138.

Timm, Angelika, Alles umsonst? Verhandlungen zwischen der Claims Conference und der DDR über »Wiedergutmachung« und Entschädigung. Hefte zur DDR-Geschichte, Heft 32, Berlin, 1992.

Timm, Angelika, The Assimilation of History: The GDR and the State of Israel. In: Jerusalem Journal of International Relations, Bd. 14, Nr. 1, März 1992, Baltimore, S. 33–47.

Timm, Angelika, DDR – Israel: Anatomie eines gestörten Verhältnisses. In: Aus Politik und Zeitgeschichte. Beiträge zur Wochenzeitung »Das Parlament«, B 493, 22. 1. 1993, S. 46–54.

Timm, Angelika, Die DDR, die Shoah und der offizielle Antizionismus. In: Arbeiterbewegung und Antisemitismus. Entwicklungslinien im 20. Jahrhundert. Hrsg. Keßler, Mario. Bonn: Pahl-Rugenstein Verlag, 1993, S. 65–74.

Timm, Angelika, Israel in den Medien der DDR. In: Jahrbuch für Antisemitismusforschung. Bd. 2. Hrsg. von Benz, Wolfgang. Frankfurt/M.: Campus Verlag, 1993, S. 154–173.

Timm, Angelika, Hammer, Zirkel, Davidstern. Das gestörte Verhältnis der DDR zu Zionismus und Staat Israel. Bonn: Bouvier Verlag, 1997.

Vollnhals, Clemens (Hrsg.), Entnazifizierung. Politische Säuberung und Rehabilitierung in den vier Besatzungszonen 1945–1949. München: Deutscher Taschenbuchverlag, 1991.

Vollnhals, Clemens (Hrsg.), Die Kirchenpolitik von SED und Staatssicherheit. Eine Zwischenbilanz. Berlin: Ch. Links Verlag, 1996.

Waibel, Harry, Rechtsextremismus in der DDR bis 1989. Neofaschistische, antisemitische und xenophobische Einstellungen und Gewalttaten von Jugendlichen unter besonderer Berücksichtigung der DDR-spezifischen historischen, politischen und ideologischen Bedingungen und Ursachen, Diss. TU Berlin, 1995.

Weber, Hermann, Politische Säuberungen und die Vorbereitung eines Schauprozesses in der DDR 1948 bis 1956. In: »Ich habe den Tod verdient«. Schauprozesse und politische Verfolgung in Mittel- und Osteuropa 1945–1956. Hrsg. von W. Maderthauer, H. Schafranek, B. Lenfried. Wien: Verlag für Gesellschaftskritik, 1991, S. 113–128.

Weiß, Konrad, »Du hast den Frieden frech ans Kreuz geschlagen ...«. Israelfeindschaft und Antisemitismus in der DDR. In: Deutschland und Israel: Solidarität in der Bewährung. Bilanz und Perspektive der deutsch-israelischen Beziehungen. Hrsg. von Giordano, R. Gerlingen: Bleicher Verlag, 1992, S. 73–85.

Wittenberg, Reinhard; Prosch, Bernhard; Abraham, Martin, Struktur und Ausmaß des Antisemitismus in der ehemaligen DDR. Ergebnisse einer repräsentativen Umfrage unter Erwachsenen und einer regional begrenzten schriftlichen Befragung unter Jugendlichen. In: Jahrbuch für Antisemitismusforschung. Bd. 4. Hrsg. von Benz, Wolfgang. Frankfurt/M.: Campus Verlag, 1995, S. 89 bis 106.

Wolffsohn, Michael, The World Jewish Congress and the End of the German Democratic Republic. German Historical Institute, Occasional Paper N°3, Washington, D. C., 1991.

Wolffsohn, Michael, Aufs falsche Pferd gesetzt. Über die Versuche des Jüdischen Weltkongresses, mit der sterbenden DDR ins Geschäft zu kommen. In: Semit. 3. Jg. (1991), Heft 1, Dreieich, S. 36–38.

Wolffsohn, Michael, Die Deutschland-Akte. Juden und Deutsche in Ost und West. Tatsachen und Legenden. München: Edition Ferenczy, 1995.

Wolffsohn, Michael, Meine Juden – eure Juden. München: Piper Verlag, 1997.

Wroblewsky, Vincent von (Hrsg.), Zwischen Thora und Trabant. Juden in der DDR. Berlin: Aufbau Taschenbuch Verlag, 1993.

Wroblewsky, Vincent von, Juden und die DDR – eine unheimliche Liebe. In: Antisemitismus und Fremdenfeindlichkeit: Herausforderung für die Demokratie. Hrsg. von der Friedrich-Ebert-Stiftung, Bonn, 1995, S. 55–78.

Anmerkungen

Die Wiederbegründung jüdischer Gemeinden nach 1945

1 Die Statistik der Reichsvereinigung der Juden in Deutschland vom 1. September 1944 verzeichnete 14 574 von den Nürnberger Rassegesetzen als Juden definierte Personen. Durch die fortgesetzten Deportationen sank diese Zahl zwar ständig, aber rechnet man die von dieser Statistik nicht erfaßten, in der Illegalität überlebenden Juden hinzu, scheint die Schätzung von 14 000 angemessen. Vgl. hierzu: Blau, Bruno, Das Ausnahmerecht für die Juden in Deutschland. Düsseldorf 1954, S. 10.

2 Die Schätzungen der in Deutschland überlebenden »Untergrundler« schwanken zwischen 2 000 (Richarz in: Brumlik / Kiesel, Jüdisches Leben, S. 17) und 5 000 Personen (Maor, Wiederaufbau, S. 159, Anm. 2). In Berlin überlebten 1 416 von etwa 5 000 Juden, die sich zum Untertauchen entschlossen hatten.

3 Gemäß der nazistischen Definition galt als Jude, wer von mindestens drei jüdischen Großelternteilen abstammte bzw. zwei jüdische Großelternteile hatte und der jüdischen Religionsgemeinschaft angehörte oder mit einem Juden / einer Jüdin verheiratet war. Als »Mischling« wurde bezeichnet, wer von einem oder zwei jüdischen Großelternteilen abstammte. Vgl. Erste Verordnung zum Reichsbürgergesetz vom 14. November 1935, §§ 2 und 5. Das eigene Glaubensbekenntnis war nach der rassistischen Bestimmung der Nürnberger Gesetze bedeutungslos: Während getaufte und christlich erzogene Personen plötzlich wieder als Juden definiert wurden, galten andere, die bewußt zum Judentum konvertiert waren, als »Deutschblütige«: »Bei der Beurteilung, ob jemand Jude ist oder nicht, ist grundsätzlich nicht die Zugehörigkeit zur jüdischen Religionsgemeinschaft, sondern zur jüdischen Rasse maßgebend.« (Runderlaß des Reichsministers des Innern vom 26. November 1935. In: Pätzold, Kurt [Hrsg.], Verfolgung, Vertreibung, Vernichtung. Dokumente des faschistischen Antisemitismus 1933–1942. Leipzig: Philipp Reclam jun., 1983, S. 119 f.). – Vom Tragen des Judensterns war der jüdische Ehepartner in einer »Mischehe« befreit, sofern die Kinder nicht jüdisch erzogen wurden (»privilegierte Mischehe«), ebenso jüdische Frauen in einer kinderlosen »Mischehe«. Hingegen waren Männer, die mit nichtjüdischen Frauen oder mit Konvertitinnen verheiratet waren oder deren Ehe kinderlos geblieben war bzw. die ihre Kinder jüdisch erzogen hatten (»nichtprivilegierte Mischehe«), zum Tragen des Stigmas gezwungen. Vgl. Polizeiverordnung über die »Kennzeichnung der Juden« vom 1. September 1941. In: Pätzold, Verfolgung, S. 307.

4 Von den 7 070 Mitgliedern der Jüdischen Gemeinde zu Berlin im Februar 1946 hatten 1995 die Nazizeit in »privilegierter Mischehe«, 2 126 in »nichtprivilegierter Mischehe« und 1 321 als »Untergrundler« überlebt; 1 628 waren Überlebende der Konzentrationslager. Da sich auch unter den beiden letztgenannten Gruppen in »Mischehe« lebende Juden befanden, kann man annehmen, daß etwa zwei Drittel der Gemeindemitglieder mit Nichtjuden verheiratet waren. (AJY 1947 / 48, S. 366.)

5 Volkszählung vom 29.10.1946. 2094 Personen beantworteten die Frage nach ihrer Religionszugehörigkeit mit »Jüdisch«. Für die einzelnen Länder schlüsselt sich diese Zahl folgendermaßen auf: Brandenburg 424, Mecklenburg / Vorpommern 153, Sachsen-Anhalt 435, Sachsen 652, Thüringen 428. Vgl. Eschwege, in: Arndt u. a., S. 80.

6 Maor, Wiederaufbau, Anhang IV.

7 Maor, Wiederaufbau, S. 19.

8 AJY 1951, S. 316.

9 CJA, 5B1–15.

10 Richarz: Jüdisches Leben, S. 17.

11 Im Geschäftsführenden Ausschuß waren die Landesverbände der jüdischen Gemeinden, der Central-Verein deutscher Staatsbürger jüdischen Glaubens, die Zionistische Vereinigung Deutschlands, der Reichsbund jüdischer Frontkämpfer und verschiedene religiöse Richtungen vertreten.

12 Zu Entstehung, Aufgaben und Arbeitsweise der Reichsvertretung der deutschen Juden und der Reichsvereinigung der Juden in Deutschland siehe u. a.: Benz, Wolfgang (Hrsg.), Die Juden in Deutschland 1933–1945. Leben unter nationalsozialistischer Herrschaft, S. 35–75.

13 Zur Geschichte des Jüdischen Krankenhauses nach Auflösung der Reichsvereinigung der Juden in Deutschland siehe: Elkin, Das Jüdische Krankenhaus.

14 Zur Person Dr. Dr. Lustigs und seiner Stellung zwischen Krankenhaus und Gestapo siehe: Elkin, Das Jüdische Krankenhaus, S. 53–59; Henschel, Hildegard, Aus der Arbeit der Jüdischen Gemeinde Berlin während der Jahre 1941–1943. In: Zeitschrift für die Geschichte der Juden, IX. Jg., Nr. 1–2, Tel Aviv 1972, S. 33–52.

15 Maor, Wiederaufbau, S. 1 f.

16 Nach der Liquidation der jüdischen Krankenhäuser bot das Jüdische Krankenhaus in Berlin die einzige Möglichkeit einer stationären medizinischen Behandlung für Juden. Im Herbst 1944 wurden ca. 300 in »Mischehe« lebende Juden und Jüdinnen wegen Arbeitsunfähigkeit dort eingewiesen. Vgl. Elkin, Das Jüdische Krankenhaus, S. 61; Richarz, Jüdisches Leben, S. 469 f.; Benz, Juden in Deutschland, S. 694.

17 Lediglich ein roter Strich markiert im Geburtenbuch des Krankenhauses den historischen Einschnitt. Elkin, Das Jüdische Krankenhaus, S. 73.

18 Für die Reichsvereinigung der Juden in Deutschland e. V. wurden diese Papiere von Dr. Hugo Ehrlich unterzeichnet. (Dreihundert Jahre Juden in Halle. Leben, Leistung, Leiden, Lohn. Hrsg. von der Jüdischen Gemeinde zu Halle. Halle: Mitteldeutscher Verlag, 1992, S. 284 f.).

19 Blau, in: Richarz, Jüdisches Leben, S. 471 f.

20 Reichsvereinigung der Juden in Deutschland, e. V., Berlin N 65, Iranische Str. 2, stand sowohl von 1935 bis1938 als auch nach dem Sieg über die Nazidiktatur auf dem Briefkopf.

21 Hirschfeld an Bersarin, 25. 5. 1945. LAB, Rep. 2, Acc. 2685, Nr. 4617.

22 Lustig an Oberbürgermeister Werner, 6. 6. 1945. LAB, Rep. 2, Acc. 2685, Nr. 4617.

23 Lustig an Bersarin, 15. 6. 1945. LAB, Rep. 2, Acc. 2685, Nr. 4617.

24 Das Telegramm ist undatiert. LAB, Rep. 2, Acc. 2685, Nr. 4617.

25 Brück an Pfarrer Buchholz, 18. 6. 1945; Dr. Albs, Direktor des Caritas-Verbandes für Berlin, an Pfarrer Buchholz, 18. 6. 1945. LAB, Rep. 2, Acc. 2685, Nr. 4617.

26 Im Anschluß an eine Besprechung im Polizeipräsidium wiederholte Dr. Hugo Ehrlich im Namen der Reichsvereinigung am 12. Juni 1945 schriftlich die Bitte, die Nachforschungen nach den von den Nazis beschlagnahmten und verschleppten jüdischen Bibliotheken zu unterstützen. LAB (StA), Rep. 9, Nr. 0 060.
27 Dörfel, undatierte Aktennotiz, vermutlich Ende Mai 1945. LAB, Rep. 2, Acc. 2 685, Nr. 4 617.
28 Bericht der Reichsvereinigung, 1. 6. 1945. LAB, Rep. 2, Acc. 2 685, Nr. 4 617.
29 Dörfel, Aktennotiz vom 6. 6. 1945. LAB, Rep. 2, Acc. 2 685, Nr. 4 617.
30 Dörfel, Arbeitsbericht vom 7. 6. 1945. LAB, Rep. 200, Acc. 2 334, Nr. 41.
31 Fragebogen des Beirates für Kirchliche Angelegenheiten vom 10. 8. 1945. LAB, Rep. 2, Acc. 2 685, Nr. 4 617.
32 Bereits am 10. Mai 1945 waren dem Leiter der Gemeinde, Adolf Schwersenz, für die Wiederherrichtung der Synagoge in der Levetzowstraße vom Bezirksamt Tiergarten 15 000 RM als langfristiger, zinsloser Kredit zur Verfügung gestellt worden.
33 Der Etatentwurf für Juli 1945 betrug 12 730 RM. Am 26. Juli 1945 beantragte Schwersenz bei der Stadtkämmerei des Magistrats weitere 40 000 RM. LAB, Rep. 2, Acc. 2 685, Nr. 4 617.
34 Dörfel, Arbeitsbericht vom 26. 6. 1945. LAB, Rep. 200, Acc. 2 334, Nr. 41.
35 Dr. Dr. Walter Lustig wurde als Nazikollaborateur in der Haftanstalt Berlin-Rummelsburg hingerichtet. Vom Amtsgericht Berlin-Wedding wurde mit Beschluß vom 19. Oktober 1954 der 31. Dezember 1945 als sein Todesdatum festgesetzt.
36 Jüdische Gemeinde Berlin, Bezirk Stadtmitte, an Polizeipräsident Markgraf, 2. 7. 1945. LAB (StA), Rep. 9, Nr. 0060, Bl. 21.
37 Markgraf an Fritz Katten, »Beauftragter des Vorstandes der Jüdischen Gemeinde zu Berlin«, 8. 7. 1945. LAB (StA), Rep. 9, Nr. 0 060, Bl. 25. – Katten hatte als Polizeioffizier Zugang zu Markgraf und mit ihm schon mehrfach über die Reorganisierung des jüdischen Lebens gesprochen.
38 Bekanntmachung Nr. 1 der Jüdischen Gemeinde zu Berlin, 12. 7. 1945, gez. Vorsitzender Erich Nelhans und Sachbearbeiter Moses Fernbach. LAB (StA), Rep. 9, Nr. 0060, Bl. 28. – Die »Bekanntmachung« stiftete bei Berliner Behörden einige Verwirrung wegen der juristischen, finanziellen und steuerlichen Implikationen dieser Entscheidung. Auf Anfrage des Oberfinanzpräsidenten mußte der Polizeipräsident am 2. 10. 1945 dementieren, daß ein derartiger Beschluß gefaßt worden sei.
39 Zitiert nach Simon, Die Jüdische Gemeinde Nordwest, S. 279.
40 Vorstand der Jüdischen Gemeinde zu Berlin an Schwersenz, 10. 8. 1945. LAB, Rep. 2, Acc. 2 685, Nr. 4 617.
41 Schwersenz an Pfarrer Buchholz, 3. 8. 1945. LAB, Rep. 2, Acc. 2 685, Nr. 4 617.
42 Schwersenz an Pfarrer Buchholz, 19. 6. 1945. LAB, Rep. 2, Acc. 2 685, Nr. 4 617.
43 Dörfel an Pfarrer Buchholz, 14. 8. 1945. LAB, Rep. 2, Acc. 2 685, Nr. 4 617.
44 Pfarrer Buchholz, Verfügung vom 7. 9. 1945. LAB, Rep. 2, Acc. 2 685, Nr. 4 617.
45 LAB, Rep. 2, Acc. 2 685, Nr. 4 617. – Rechtsanwalt Dr. Hans Erich Fabian war bis zu seiner Deportation nach Theresienstadt am 16. Juni 1943 Leiter der Finanz- und Vermögensabteilung der Reichsvereinigung. Seine Kol-

legen wurden am 20. Oktober 1944 von Theresienstadt aus nach Auschwitz deportiert und dort ermordet. Am selben Tag holte die Gestapo Fabian nach Berlin zurück, da er in der Vermögensabwicklung der Reichsvereinigung arbeiten sollte. (Benz, Die Juden in Deutschland, S. 695.)

46 Protokoll der Sitzung am 26. 9. 1945. LAB, Rep. 200, Acc. 2 334, Nr. 38.

47 Weltlinger an den Vorstand der Jüdischen Gemeinde zu Berlin, 12. 10. 1945. LAB, Rep. 2, Acc. 2 685, Nr. 4 617.

48 LAB, Rep. 200, Acc. 2 334, Nr. 38. – Im März 1947 wanderte Schwersenz mit seiner Familie in die USA aus, noch in jenem Frühjahr wurde die Synagoge Jagowstraße wegen Baufälligkeit gesperrt. Damit erloschen die Aktvitäten der Tiergartener Bezirksgemeinde.

49 Der Berliner, 20. 9. 1945.

50 Als die Repräsentanz im Januar 1946 die vorgesehene Zahl von 21 Mitgliedern erreichte, gehörten ihr an: Julius Bernstein, Heinz Bickel, Dr. Moritz Bluhm, Albert Borchardt, Dr. Fritz Corsing, Siegfried Ehrenwerth, Max Fernbach, Rudolf Frauenfeld, A. Friedländer, Heinz Galinski, Georg Glückstein, Dr. Leo Hirsch, Dr. Fritz Hirschfeld, Fritz Katten, Arthur Müller, Erwin Pagel, Alexander Rotholz, Fritz Sachs, Felix Tuch, Ernst Wolff und Bernhard Wollstein. Durch die Auswanderung, z. T. auch durch laufende Ehrengerichtsverfahren, war die Fluktuation unter den Mitgliedern der Repräsentanz sehr hoch.

51 Wahlordnung der Jüdischen Gemeinde zu Berlin. LAB (StA), Rep. 101–04, Nr. 64, Bl. 98.

52 Erz. / I / 47 / 95 vom 25. 11. 1947. LAB (StA), Rep. 101, Nr. 90.

53 Abt. Rechtswesen des Magistrats an Oberbürgermeister Dr. Friedensburg, 14. 11. 1947. LAB (StA), Rep. 101–04, Nr. 64.

54 Weltlinger, Aktennotiz vom 19. 2 1948. LAB (StA), Rep. 101–04, Nr. 64.

55 Bei einer Wahlbeteiligung von 4 574 Personen entfielen auf die Jüdisch-Liberale Gruppe 1885, auf die National-Jüdische Einheitsliste 1 416 und auf die Unabhängige Liberale Liste 401 Stimmen.

56 Von den 3 582 Wählern erhielt die Jüdisch-Liberale Gruppe 1926, die National- Jüdische Einheitsliste 1 451, die Unabhängig-Liberale Liste 205 und eine vierte, von Fritz Croner angeführte Liste 541 Stimmen. Vgl. Der Weg, 6. 6. 1952.

57 AJY 1947 / 48, S. 367.

58 LAB (StA), Rep. 101–04, Nr. 64, Bl. 84.

59 LAB, Rep. 2, Acc. 2 685, Nr. 4 860. – Das »Vorläufige Ergebnis der Aufnahme der Glaubensjuden vom Februar 1946« differiert leicht von diesen Angaben (Sowjetischer Sektor: 2 484, Amerikanischer Sektor: 1 432, Britischer Sektor: 1 527, Französischer Sektor: 2 484; Gesamt: 6 282), gibt aber zusätzlich Aufschluß über die Verteilung nach Stadtbezirken: Mitte 448, Tiergarten 171, Wedding 611, Prenzlauer Berg 918, Friedrichshain 247, Kreuzberg 305, Charlottenburg 506, Spandau 89, Wilmersdorf 761, Zehlendorf 164, Schöneberg 471, Steglitz 84, Tempelhof 184, Neukölln 224, Treptow 122, Köpenick 84, Lichtenberg 183, Weißensee 150, Pankow 332, Reinickendorf 228. LAB, Rep. 2, Acc. 2 685, Nr. 4 625.

60 LAB, Rep. 200, Acc. 2 334, Nr. 132.

61 AJY 1947 / 348, S. 366.

62 LAB, Rep. 2, Acc. 2 685, Nr. 4 860.

63 AJY 1947 / 348, S. 365.

64 AJY 1947 / 48, S. 365.

65 AJY 1947/48, S. 377.
66 LAB, Rep. 2, Acc. 2685, Nr. 4626.
67 AJY 1950, S. 327.
68 AJY 1951, S. 321.
69 AJY 1951, S. 316.
70 AJY 1951, S. 321.
71 Maor, Wiederaufbau, S. 233.
72 Königseder/Wetzel, Lebensmut, S. 268.
73 Königseder/Wetzel, Lebensmut, S. 251.
74 Maor, Wiederaufbau, S. 19.
75 Kempe an Weltlinger, 1. 7. 1946. LAB, Rep. 2, Acc. 2685, Nr. 4866.
76 1946 beantragte Julius Meyer bei der SMAD die Entlassung von 17 jüdischen »Mischlingen« und anderen politisch und rassisch Verfolgten aus der russischen Kriegsgefangenschaft. Vgl. Meyer an Dr. Philipp Auerbach, 25. 10. 1946. CJA, 5B1–121, Bl. 88, 213–215.
77 Der Telegraf, 6. 12. 1955.
78 Bartel an Pieck, 10. 8. 1949. SAPMO-BA, IV 2/4/399. – Der spätere Minister für Staatssicherheit, Erich Mielke, war zu diesem Zeitpunkt Vizepräsident der Deutschen Verwaltung des Innern.
79 Pieck an Fischer, 15. 8. 1949. SAPMO-BA, IV 2/4/399.
80 Pieck an Russkich, 13. 9. 1949. SAPMO-BA, IV 2/4/399.
81 Mitteilung an den Genossen Pieck, 17. 10. 1949 (Übersetzung aus dem Russischen; der Verfasser der Notiz war nicht zu ermitteln). SAPMO-BA, IV 2/4/399.
82 Thompson, Jews, S. 82.
83 Vorstand der Jüdischen Gemeinde zu Berlin an Weltlinger, 11. 2. 1946. LAB, Rep. 2, Acc. 2418, Nr. 8124.
84 Weltlinger: Die Bedeutung des Referats »Jüdische Angelegenheiten« im Beirat für Kirchliche Angelegenheiten des Magistrats von Berlin. In: Der Weg, Nr. 29, 13. 9. 1946.
85 Weltlinger an den Bezirksbürgermeister von Tiergarten, Dr. Schloss, 10. 1. 1950. LAB, Rep. 2, Acc. 2685, Nr. 4866.
86 LAB, Rep. 2, Acc. 2685, Nr. 7354.
87 LAB, Rep. 2, Acc. 2685, Nr. 4860.
88 Weltlinger an den Vorstand der Jüdischen Gemeinde zu Berlin, 30. 1. 1950. LAB, Rep. 2, Acc. 2418, Nr. 8124.
89 Rundschreiben Nr. 4 des Hauptausschusses OdF vom 38. 6. 1945. LAB (StA), Rep. 118, Nr. 615 (Hervorhebungen im Original).
90 Tätigkeitsbericht des Hauptausschusses OdF für den Zeitraum 1. 6. bis 30. 9. 1945. LAB (StA), Rep. 118, Nr. 1054.
91 Rundschreiben Nr. 31/46 des Hauptausschusses OdF vom 12. 12. 1946. LAB (StA), Rep. 118, Nr. 615.
92 Gemeinsames Schreiben der Quäker, der Hilfsstelle beim Bischöflichen Ordinariat und des Büros Grüber an den Hauptausschuß OdF, 19. 12. 1945. LAB, Rep. 2, Acc. 2685, Nr. 4617.
93 Memorandum der Evang. Hilfsstelle Büro Grüber, 10. 2. 1946. LAB, Rep. 2, Acc. 2685, Nr. 4620.
94 Diese Richtlinien sind abgedruckt in: Reuter, Elke/Hansel, Detlef, Das kurze Leben der VVN von 1947 bis 1953. Die Geschichte der Vereinigung der Verfolgten des Naziregimes in der sowjetischen Besatzungszone und in der DDR. Berlin 1997, S. 600–603.

95 Verordnung des Hauptausschusses OdF über die Anerkennung als »Opfer des Faschismus«, 13. 5. 1947. LAB (StA), Rep. 118, Nr. 408.
96 Die Lage der »nichtarischen« Christen. In: Der Tagesspiegel, 8. 2. 1947.
97 Ebenda.
98 Ehlert, Stadträtin für Soziales, an Alliierte Kommandatura Berlin, 4. 9. 1947. LAB (StA), Rep. 118, Nr. 619.
99 Vgl. LABIV L-2 / 15 / 023.
100 Protokoll der 2. Interzonalen Delegiertenkonferenz der VVN in Berlin am 13. 9. 1947, S. 41.
101 Der Weg, 9. 1. 1948.
102 Erklärung von Vorstand und Repräsentanz, 15. 9. 1948. LAB, Rep. 2, Acc. 2 685, Nr. 4 860.
103 Richarz, Jüdisches Leben, S. 17; Held, Tradition, S. 73.
104 Held, Tradition, S. 11.
105 Ebenda, S. 73.
106 Diamant, Leipzig, S. 712.
107 Juden in Sachsen, S. 103 f.
108 Der Weg, 12. 11. 1948, S. 9.
109 Maor, Wiederaufbau, Anhang IV.
110 Diamant, Dresden, S. 459.
111 Eschwege, Fremd, S. 153.
112 Eschwege, in: Arndt u. a., Juden in der DDR, S. 85.
113 Der Weg, 12. 11. 1948, S. 9.
114 Diamant, Chemnitz, S. 151.
115 CJA, 5B1–33.
116 Thompson, Jews, S. 60 f.
117 Allgemeine Wochenzeitung der Juden in Deutschland, 12. 9. 1952, S. 2.
118 CJA, 5B1–51 und –52.
119 Oberregierungsrat Erle an den Landesverband Thüringen der Jüdischen Gemeinden, 10. 10. 1946. CJA, 5B1–51, Bl. 256.
120 1950 gehörten dem Vorstand Max Cars, Julius Baer und Walter Cappel, der Mitgliedervertretung Moses Schoss, Siegbert Fein, Feiwel Friedmann, David Reiser, Curt Goldschmidt, Joachim Neustein und Herr Lindenbaum an. Geschäftsführer des Landesverbandes war Günther Singer.
121 Hausmann, Polizeiinspektion Erfurt Nord-Mitte, 24. 4. 1946. SAPMO-BA, DY 30 / IV 2 / 2.027 / 30, Bl. 59 f.
122 Maor, Wiederaufbau, Anhang IV.
123 Goeseke, Geschichte, S. 279.
124 Goeseke, Geschichte, S. 280.
125 Mitgliederstatistik der Jüdischen Gemeinde zu Halle 1947. CJA, 5B1–54. Altersaufbau: 0–18 Jahre: –;18–20: 1; 20–21: –; 21–25: 3; 25–30: 1; 30–35: –; 35–40: 3; 40–45: 8; 45–50: 12; 50–55: 11; 55–60: 6; 60–65: 6; über 65: 10. Ebenda.
126 Friedländer an Franz Dahlem / Erich Gniffke, SED-Zentralsekretariat, 12. 3. 1948. SAPMO-BA, DY 30 / IV 2 / 2.027 / 31, Bl. 114.
127 Merker an Kurt Bürger, 12. 5. 1948. SAPMO-BA, DY 30 / IV 2 / 2.027 / 31, Bl. 116.
128 Grünberg an den Vorbereitenden Ausschuß zur Bildung einer jüdischen Kultusvereinigung in Mecklenburg, 7. 6. 1948. CJA, 5B1–68, Bl. 279.
129 Unikower an die Forschungsstelle der Widerstandsbewegung Rostock, 4. 2. 1950. SAPMO-BA, V 2784 / 26.

130 CJA, 5B1–33.
131 Protokoll der Tagung des Vorbereitenden Ausschusses für den Verband Jüdischer Gemeinden in der russischen Okkupationszone am 10. 11. 1946. SGM. – Die Jüdische Gemeinde zu Berlin war durch ihren fünfköpfigen Vorstand vertreten, Dresden durch Leo Löwenkopf und Rolf Pionkowski, Leipzig durch Salo Looser, Dr. Fritz Grunsfeld, Bruno Gewürtz, Heinrich Rosenthal und Leo Teichtner, Erfurt durch Max Cars und Günther Singer, Eisenach durch Walter Cappel und Ehefrau, Chemnitz durch Siegbert Fechenbach, Magdeburg durch Horst Karliner, Georg Kaethner und Sorach Kupowski, Halle durch Hermann Baden und Eugen Madelong.
132 »Alijah nach Erez«: Auswanderung nach Israel. In: Der Weg, 1. 10. 1948, S. 13.
133 Diamant, Leipzig, S. 711.
134 Der Weg, 24. 9. 1948, S. 10.
135 Protokoll des Verhörs von Julius Meyer vor der Zentralen Parteikontrollkommission am 6. 1. 1953. SAPMO-BA, DY 30 / IV 2 / 4 / 404.
136 SAPMO-BA, DY 30 / IV 2 / 4 / 404. – Das Treffen fand nicht, wie bei Deutschkron angegeben (Israel, S. 217), in Meyers Wohnung statt, sondern in Grotewohls Büro. Grotewohl hätte sich wohl kaum auf ein Gespräch in einer Westberliner Wohnung eingelassen.
137 ND, 4. 3. 1950, S. 1.
138 Der Weg, 4. 7. 1952, S. 1.
139 NB, September 1982, S. 10.
140 Regierungsblatt für das Land Mecklenburg, Nr. 11, 28. 5. 1948.
141 Protokoll Nr. 73 / 47 der Sitzung des Zentralsekretariats, 13. 2. 1947. SAPMO-BA, DY 30 / IV 2 / 2.1 / 65.
142 Protokoll der 4. Sitzung des Erweiterten Zentralvorstandes der VVN in der SBZ am 30.11. / 1. 12. 1947. SAPMO-BA, DY 30 / IV 2 / 2.027 / 30.
143 Zuckermann an Merker, 30. 4. 1948. SAPMO-BA, DY 30 / IV 2 / 2.027 / 31, Bl. 137.
144 Berger an Ulbricht, 14. 5. 1948. SAPMO-BA, DY 30 / IV 2 / 2.027 / 31, Bl. 190.
145 Zuckermann an Ulbricht, 16. 6. 1948. SAPMO-BA, DY 30 / IV 2 / 2.027 / 31, Bl. 202.
146 Es war kein Zufall, daß die Vertreter der Wiedergutmachungskonzeption wie Merker, Zuckermann, Meyer und Löwenkopf Opfer der antisemitischen Verfolgung nach dem Slánský-Prozeß wurden.
147 Die rechtliche Stellung der anerkannten Verfolgten des Naziregimes in der Deutschen Demokratischen Republik. Hrsg. vom Zentralvorstand der VVN. Berlin: VVN-Verlag, 1950.
148 Goschler, Paternalismus, S. 97 f.
149 Regierungsblatt für das Land Thüringen, Nr. 7, Teil I, 4. 10. 1945, § 1.
150 BK / O(45)147.
151 Bericht des Oberfinanzpräsidenten, 18. 10. 1945. LAB (StA), Rep. 101, Nr. 46.
152 LAB (StA), Rep. 105, Nr. 293.
153 LAB (StA), Rep. 105, Nr. 293.
154 Jüdische Gemeinde zu Berlin an den Alliierten Kontrollrat, 15. 1. 1947. LAB (StA), Rep. 101–04, Nr. 64.
155 Die Amerikaner setzten eine Zwangslage für den Verkäufer seit dem Erlaß der »Nürnberger Gesetze« am 15. September 1935 voraus.

156 LAB (StA), Rep. 105, Nr. 293.
157 Befehl Nr. 90 vom 13. 8. 1948.
158 BK/O (49) 180 vom 26. 7. 1949.
159 Magistratsvorlage der Abt. Finanzen. LAB (StA), Rep. 105, Nr. 293.
160 Baum an Schmidt, 24. 12. 1949. LAB (StA), Rep. 105, Nr. 293.
161 Vorstand der Jüdischen Gemeinde zu Berlin an Oberbürgermeister Ebert, 7. 11. 1950. LAB (StA), Rep. 110, Nr. 754.
162 Meyer/Hirschfeld an Oberbürgermeister Ebert, 19. 12. 1952. LAB (StA), Rep. 104, Nr. 621, Bl. 157 f.

Die judenfeindliche Politik der Jahre 1948–1953

1 ND, 27. 2. 1948, S. 1, und Kommentar von Walter Ulbricht: »Zur Auflösung der Entnazifizierungskommissionen« in: ND, 28. 2. 1948, S. 2.
2 Zitiert nach Reuter/Hansel: Das kurze Leben der VVN von 1947 bis 1953. Die Geschichte der Vereinigung der Verfolgten des Naziregimes in der sowjetischen Besatzungszone und in der DDR, Berlin 1997, S. 449.
3 Hodos, Schauprozesse, S. 133.
4 ND, 22. 11. 1952, S. 2.
5 ND, 23. 11. 1952, S. 2.
6 ND, 25. 11. 1952, S. 5.
7 ND, 25. 11. 1952, S. 1.
8 Goldenbogen, Sachsen, S. 99.
9 Bereits am 24. 11. 1952 waren Erich Jungmann, Chefredakteur der Geraer »Volkswacht«, Hans Straschitz-Schrecker, Chefredakteur der »Leipziger Volkszeitung«, Paul Baender, Staatssekretär im Ministerium für Handel und Versorgung, und seine Ehefrau, die Volkskammerabgeordnete Hannelore Baender, verhaftet worden. Flippel (S. 214) behauptet, auch Leo Löwenkopf, der Vorsitzende der Jüdischen Gemeinde zu Dresden, und ihr Vorstandsmitglied Leon Anusiewicz seien am 24. 11. 1952 festgenommen worden. Dies trifft nicht zu, vielmehr liegt hier eine Verwechslung mit einer mehrwöchigen Haft Löwenkopfs im Jahr 1950 vor.
10 Lehren aus dem Prozeß gegen das Verschwörerzentrum Slánský. In: Einheit. Zeitschrift für Theorie und Praxis des wissenschaftlichen Sozialismus. Hrsg. vom ZK der SED, 8. Jg., Heft 2, Februar 1953, S. 205.
11 Ebenda, S. 203.
12 Ebenda, S. 205.
13 Ebenda, S. 209 (Hervorhebung im Original).
14 Ebenda, S. 207.
15 Ebenda, S. 208.
16 Ebenda, S. 205.
17 Matern über die Aufgaben der Parteikontrollkommissionen nach dem ZK-Beschluß über Lehren aus dem Prozeß gegen das Verschwörerzentrum Slánský. SAPMO-BA, DY 30/IV 2/4/445, Bl. 33.
18 Protokoll der Repräsentantenversammlung am 21. 1. 1953. LAB, Rep. 2, Acc. 2685, Nr. 6845.
19 Protokoll der Tagung des Landesverbandes am 15. 6. 1952. CJA, 5B1–31, Bl. 29.
20 Protokoll der mehrstündigen Aussprache mit dem Genossen Julius Meyer, 6. 1. 1953. SAPMO-BA, DY 30/IV 2/4/404.

21 Ebenda (Hervorhebung im Original).

22 Siehe Merker an ZPKK, 1. 6. 1956. In: Herf, Antisemitismus in der SED, S. 665 f.

23 Protokoll der mehrstündigen Aussprache mit dem Genossen Julius Meyer, 6. 1. 1953. SAPMO-BA, DY 30 / IV 2 / 4 / 404.

24 Thompson, Jews, S. 126.

25 Held, Tradition, S. 40.

26 Als dieser Genosse am 18. Januar 1953 von der Flucht erfuhr, meldete er den Vorfall sofort dem Ersten Sekretär der SED-Bezirksleitung Dresden und rechtfertigte sich: »Weder in dieser Unterhaltung (im Auto) noch durch die sonstigen Umstände der Reise konnte angenommen werden, daß es sich um eine Flucht handelt. Ich erkläre nachdrücklichst, daß ich weder vom Ehepaar Löwenkopf noch von dritter Seite irgendwelche Mitteilung erhalten habe oder Merkmale feststellen konnte, die eine Fluchtabsicht erkennen ließen. Wäre dies der Fall gewesen, so hätte ich pflichtgemäß unverzüglich die Sicherheitsorgane unseres Staates und die Partei benachrichtigt. [...] Der Fall Löwenkopf zeigt mir, daß auch ich von ihm getäuscht wurde. Es wird nunmehr meine Aufgabe und Verpflichtung sein, mich noch kritischer als bisher zu allen politischen und ökonomischen Vorgängen einzustellen und insbesondere aus den Veröffentlichungen unserer Partei über die Lehren aus dem Prozeß gegen das Verschwörerzentrum Slánský zu lernen.« SAPMO-BA, DY 30 / IV 2 / 4 / 410.

27 New York Times, 17. 1. 1953, S. 4.

28 New York Times, 19. 1. 1953, S. 5. – Allgemeine Wochenzeitung der Juden in Deutschland, 30. 1. 1953, S. 9.

29 New York Times, 18. 1. 1953. S. 1; 19. 1. 1953, S. 5. – Ob diese internationalen Ereignisse in der DDR fluchtverstärkend wirkten, ist schwer zu beurteilen. Auf jeden Fall waren sie durch jüdische Organisationen wie JOINT und die internationale Presse in Westberlin bekannt. Durch den Westberliner Rundfunk und durch den »Buschfunk« wird ein Teil dieser Informationen auch Juden in der DDR erreicht haben.

30 Protokoll der Repräsentantenversammlung am 21. 1. 1953. LAB, Rep. 2, Acc. 2 685, Nr. 6 845.

31 Allgemeine Wochenzeitung der Juden in Deutschland, 13. 2. 1953, S. 16.

32 Protokoll der Repräsentantenversammlung am 29. 4. 1953. LAB, Rep. 2, Acc. 2 685, Nr. 6 845.

33 Beirat für Kirchliche Angelegenheiten an den Leiter des Bundesnotaufnahmeverfahrens, 19. 2. 1953. LAB, Rep. 2, Acc. 2 685, Nr. 4 627.

34 Allgemeine Wochenzeitung der Juden in Deutschland, 23. 1. 1953, S. 15.

35 Protokoll der Repräsentantenversammlung am 21. 1. 1953. LAB, Rep. 2, Acc. 2 685, Nr. 6 845. – Meyer trat daraufhin von seinem Vorstandsamt zurück, nahm aber sein Mandat in der Repräsentanz noch bis zu seiner Auswanderung nach Brasilien im Jahr 1954 wahr.

36 Der Telegraf, Die Neue Zeitung, Der Tag, Der Tagesspiegel vom 16. 1. 1953.

37 Ausschluß zionistischer Agenten aus der VVN. In: Neue Zeit, 21. 1. 1953, S. 2; zitiert nach Juden in Sachsen, S. 106.

1 Bethlehem, Siegfried, Heimatvertreibung, DDR-Flucht, Gastarbeiterzuwanderung. Wanderungsströme und Wanderungspolitik in der Bundesrepublik Deutschland. Stuttgart: Klett-Cotta, 1982, S. 26. – Der Zuwanderung von 408 100 DDR-Bürgern nach Westberlin und Westdeutschland standen nur 28 100 Fortzüge in umgekehrter Richtung gegenüber.
2 Bethlehem, Heimatvertreibung, S. 93.
3 Das »Bundesergänzungsgesetz zur Entschädigung der Opfer der nationalsozialistischen Verfolgung« wurde am 29. Juli 1953 vom Bundestag verabschiedet und trat am 1. Oktober 1953 in Kraft.
4 Zum Beispiel die Erinnerungen von Heinz Brandt (Ein Traum, S. 179–193), Hannelore und Heinz Baender (Kießling, Der Fall Baender, S. 168 u. 178 ff.) und Helmut Eschwege (Fremd, S. 73 ff.).
5 Beschluß des Politbüros vom 3. Februar 1953 über die »Einstellung der Tätigkeit der VVN-Organisation und die weitere Tätigkeit des Vorstandes: Die Maßnahmen zur Einstellung der Tätigkeit der VVN-Organisation«. SAPMO-BA, DY 30 / J IV 2 / 2A / 244.
6 Tägliche Rundschau, 24. 2. 1953, S. 2. – In der Nacht vom 23. zum 24. Februar 1953 wurden sämtliche VVN-Kreisstellen in der DDR in Anwesenheit der SED-Kreissekretäre polizeilich durchsucht, alle Akten beschlagnahmt, in die SED-Kreissekretariate verbracht und die VVN-Kreisvorsitzenden verhört. SAPMO-BA, DY 30 / J IV2 / 2A / 244.
7 Symptomatisch für den Rechtfertigungszwang jüdischer SED-Mitglieder ist die Aussage eines Mitarbeiters der Bezirksleitung Erfurt, dessen Mutter der Jüdischen Gemeinde in Erfurt angehörte, vor der Bezirksparteikontrollkommission: »Zur Verbindung seiner Mutter mit dem Agenten Singer erklärte er sinngemäß folgendes: Singer hätte einen starken Einfluß auf seine Mutter ausgeübt, der aber seiner Wirkung nach nicht so groß war, daß sie sich demselben willenlos unterordnete. Nachdem der Agent Singer geflüchtet war, begriff sie nicht gleich, daß derselbe nach Westdeutschland ist, weil er sich hier krimineller Verbrechen und der Spionage- und Agententätigkeit schuldig gemacht hatte, sondern sie glaubte, Singer wäre mehr unter dem Eindruck des Slánský-Prozesses, in dem die verbrecherische Rolle der Zionisten klar zum Ausdruck kam, geflüchtet. Die Mutter des Gen. T. hat in der nationalen Frage noch nicht völlige Klarheit, sie vertritt noch, wenn auch nicht mehr konsequent, den Standpunkt, die Juden seien eine Nation und müßten auf Grund dessen die Privilegien einer solchen zugebilligt bekommen. Über diese Frage, so erklärte Gen. T., habe er schon mehrmals ausgiebig mit seiner Mutter diskutiert, es sei ihm aber nicht gelungen, seine Mutter restlos von ihrer falschen Ansicht abzubringen.« SAPMO-BA, DY 30 / IV 2 / 4 / 6.
8 In einer von der VVN Berlin der Bezirksparteikontrollkommission am 5. Februar 1953 übermittelten Liste geflohener Juden werden 38 Personen aufgeführt. Eine weitere Liste der VVN an die BPKK vom 17. Februar 1953 umfaßt 34 Namen. SAPMO-BA, DY 30 / IV 2 / 4 / 404.
9 MfS, HA XX / 4–754, Bl. 1 f.
10 Vorwärts, 19. 1. 1953, S. 2.
11 Tägliche Rundschau, 25. 1. 1953, S. 2.
12 Neue Zeit, 26. 1. 1953, S. 2.

13 Tägliche Rundschau, 25. 1. 1953, S. 2.

14 Abt. Staatliche Verwaltung an Jendretzky, 27. 1. 1953. SAPMO-BA, L 2/ 14/ 1 322.

15 Bericht des Amtes für Kirchenfragen des Magistrats, 16. 4. 1953. LAB (StA), Rep. 104, Nr. 63.

16 Notiz der SED-Bezirksleitung Berlin, 27. 1. 1953. SAPMO-BA, L-2 / 14 / 1 322.

17 »Gen. Bendit war bis vor kurzem Angestellter des FDGB, IG Handel. Seit dem 1. 4. 1953 ist seine Planstelle beim FDGB gestrichen worden. Er bekommt aber weiterhin vom FDGB sein Gehalt.« Bericht des Amtes für Kirchenfragen des Magistrats, 16. 4. 1953. LAB (StA), Rep. 104, Nr. 63.

18 Lahl, Referat für Kirchenfragen beim Magistrat: Bericht über die politische und wirtschaftliche Lage der Jüdischen Gemeinde von Groß-Berlin, 13. 3. 1959. BAP, DO-4 – 1 337.

19 Analyse der Jüdischen Gemeinde von Groß-Berlin, um 1960. MfS, 1 1843 / 64, Bl. 53.

20 Arndt an Jendretzky, 12. 2. 1953. SAPMO-BA, L-2 / 14 / 1 322.

21 Arndt an Jendretzky, 12. 2. 1953. SAPMO-BA, L-2 / 14 / 1 322.

22 Dieser Rundbrief hatte keinen Titel und wird im folgenden »Gemeindeblatt« genannt. Ab März 1961 gaben die Jüdische Gemeinde von Groß-Berlin und der Verband der Jüdischen Gemeinden in der DDR gemeinsam das »Nachrichtenblatt« heraus, das drei- bis viermal jährlich erschien.

23 In einem selbstverfaßten Lebenslauf gab Riesenburger an, 1939 am orthodoxen Rabbinerseminar zu Berlin studiert und dort die Smicha erworben zu haben (BAP, DO-4–730). Das Rabbinerseminar war jedoch schon im November 1938 nach der »Kristallnacht« geschlossen worden. Ein Rabbinatsdiplom hat Riesenburger nie vorlegen können.

24 Vermerk Hertha Hülsens, 2. 1. 1956. BAP, DO-4–1 333.

25 Gemeindeblatt, Oktober 1953, S. 1 f.

26 Gemeindeblatt, August 1954, S. 1 f.

27 LAB (StA), Rep. 132 / 1, Nr. 60.

28 Gemeindeblatt, 6. 8. 1956, S. 4.

29 Gemeindeblatt, Dezember 1957, S. 2.

30 Präsidium der Volkspolizei Berlin, Abt. Erlaubniswesen: Verzeichnis der zugelassenen Religionsgemeinschaften, 31. 10. 1955. SAPMO-BA, DY 30 / IV 2 / 14 / 1 334. – Diese Erhebung offenbart die Ignoranz und Hilflosigkeit der Sachbearbeiter der Abteilung Erlaubniswesen im Umgang mit Religionsgemeinschaften. In der Rubrik »Welches Ziel bzw. welcher Zweck wird von der Religionsgemeinschaft erfüllt?« wurden folgende rätselhafte Sätze notiert: »Ziel und Zweck dieser Religionsgemeinschaft ist es, die jüdische Religion in der zweiten Epoche ihrer Entwicklung im bürgerlichen sowie im religiösen Leben einzuhalten. Diese wird dadurch charakterisiert, daß sie alles, was die alten prophetischen Religionsideen durch feste Gesetze zu einer kirchlich volkstümlichen Verfassung vorschreiben, einhält. Diese Grundlage hat sich bei der Mehrzahl der Mitglieder bis in die heutige Zeit behauptet und wird von den Bürgern jüdischen Glaubens der ganzen Welt beachtet.« In Annahme eines »jüdischen Ultramontanismus« wurde als »Hauptsitz bzw. die zentrale Leitung« benannt: »Jerusalem / Palästina« – daß zu diesem Zeitpunkt der Staat Israel bereits sieben Jahre existierte, schien den Sachbearbeitern entgangen zu sein.

31 Gemeindeblatt, 6. 8. 1956, S. 3.

32 Gemeindeblatt, 6. 8. 1956, S. 6.
33 Protokoll der Politbürositzung am 9. 5. 1961. SAPMO-BA, DY 30/J IV 2/2/763.
34 Lahl, Leiter des Amtes für Kirchenfragen des Magistrats: Bericht über die Vorbesprechung zur Wiederherstellung jüdischer Friedhöfe am 20. 10. 1956; Riesenburger und Schenk an Propst Grüber, 5. 11. 1956. LAB (StA), Rep. 104, Nr. 63, Bl. 20–22.
35 BAP, DO-4–1 333. – Dabei sollte nicht übersehen werden, daß in den fünfziger Jahren in Ost- *und* Westberlin kaum ein Bewußtsein für die Erhaltungswürdigkeit von zerstörten Synagogen vorhanden war. Auch die wiederaufbaufähige Synagoge in der Charlottenburger Fasanenstraße wurde 1957 abgerissen; andere beschädigte Synagogen und Gemeindegebäude, in denen noch in der Nachkriegszeit Gottesdienste stattgefunden hatten, waren zuvor schon abgetragen worden.
36 Amt für Kirchenfragen: Übersicht über die Finanzlage der Jüdischen Gemeinde von Groß-Berlin, 29. 9. 1953. LAB (StA), Rep. 101, Nr. 1816.
37 Abt. Finanzen des Magistrats an Vorstand der Jüdischen Gemeinde von Groß-Berlin, 17. 10. 1953. LAB (StA), Rep. 101, Nr. 1816.
38 Lahl, Referat für Kirchenfragen: Bericht über die politische und wirtschaftliche Lage der Jüdischen Gemeinde von Groß-Berlin, 13. 3. 1959. LAB (StA), Rep. 104, Nr. 63.
39 Lahl, Amt für Kirchenfragen: Vermerk über eine Besprechung mit dem Gemeindevorstand und der Mitarbeiterin des Oberbürgermeisters am 19. 1. 1954. LAB (StA), Rep. 101, Nr. 1816.
40 Beratung zwischen Vertretern des Staatssekretariats für Kirchenfragen und des Ref. Kirchenfragen des Magistrats über den Haushaltsplan der Jüdischen Gemeinden von Groß-Berlin für 1959. LAB (StA), Rep. 104, Nr. 63.
41 Bericht des Amtes für Kirchenfragen, 16. 4. 1953. LAB (StA), Rep. 104, Nr. 63.
42 Wahlordnung für die Wahl der Beiratsversammlung der Jüdischen Gemeinde von Groß-Berlin. LAB (StA), Rep. 104, Nr. 101. – Erwähnenswert ist, daß der Referatsleiter für Kirchenfragen im Magistrat, Lahl, die Wahlordnung genau studierte und ausgerechnet denjenigen Paragraphen mit Fragezeichen versah, der bestimmte, daß der Stimmzettel in einem verschlossenen Umschlag in die Wahlurne gesteckt werden sollte. Offenbar kam ihm diese Praxis im Vergleich zu anderen Wahlen in der DDR, bei denen die Stimmzettel ohne jedes Ankreuzen offen in die Wahlurne geworfen wurden, befremdlich vor.
43 Gemeindeblatt, 17. 12. 1956, S. 7. – Dies ist eine für Religionsgemeinschaften recht ungewöhnliche Methode, die bislang eher als Instrument kommunistischer Parteisäuberungen gehandhabt wurde.
44 Gemeindeblatt, Dezember 1957, S. 4.
45 Brief an Schenk, 22. 2. 1961, gez. von Alfred Behrendt, Siegfried Wexberg, Eva Binnewies, Arnold Lewy, Henriette Errulat, Martha Benda, Elly Linke, R. Markl und Alfred Lindemann. BAP, DO-4–1 337 (Hervorhebung im Original).
46 Haslinger: Information für den Staatssekretär, 10. 4. 1961. BAP, DO-4–1 337.
47 Rundschreiben an alle Mitglieder, Januar 1962. BAP, DO-4–1 337.
48 Hülsen: Vermerk über finanzielle Zuwendungen an die Jüdische Gemeinde von Groß-Berlin, 22. 4. 1958. BAP, DO-4–1 337.

49 Über diesen Spitznamen beklagte sich Riesenburger in einem Gespräch mit Hülsen am 8. 11. 1956. BAP, DO-4 – 1 337.

50 Weltlinger an Bürgermeister Franz Amrehn, 21. 11. 1955. LAB, Rep. 2, Acc. 2 685, Nr. 4 874. – Im März 1955 hatte die Repräsentanz der Jüdischen Gemeinde zu Berlin auch beschlossen, daß bis zur Wiedervereinigung der Berliner Gemeinden außerhalb der Westsektoren lebende Juden kein Wahlrecht haben. LAB, Rep. 200, Acc. 2 334, Nr. 148.

51 Protokoll des Treffens am 13. 12. 1956. LAB (StA), Rep. 104, Nr. 63.

52 Zitiert in Ludwig, Auswirkungen, S. 242.

53 Ebenda, S. 235.

54 Hempel, Geschichte, S. 82; Held, Tradition, S. 42.

55 Ludwig, Auswirkungen, S. 242. – Vermutlich verließ Frank bald darauf die DDR, denn er starb 1960 in den USA.

56 Held, Tradition, S. 42. – Ob es sich hierbei um speziell antijüdische Maßnahmen handelte oder um Schikanen zur Zurückdrängung des privaten Wirtschaftssektors im Rahmen des 1952 proklamierten »planmäßigen Aufbaus des Sozialismus«, ist nicht bekannt.

57 Rundschreiben der Synagogen-Gemeinde zu Magdeburg, 28. 1. 1953. SGM, o. Nr.

58 Baden / Kaethner, Rundschreiben, 27. 1. 1953. CJA, 5B1–34, Bl. 51.

59 Protokoll der Verbandstagung am 3. 2. 1953. CJA, 5B1–34, Bl. 26 f. – Da dieser Entwurf ebenso wie das Protokoll in Berlin verfaßt wurde, ist es naheliegend, daß Bendit sein Autor war.

60 Arbeitsgruppe Weise an Staatssekretär Eggerath, 11. 6. 1957. BAP, DO-4 – 1 334. Die folgenden Zitate sind ebenfalls aus diesem Dokument.

61 Hülsen, Vermerk, 1. 4. 1958. BAP, DO-4 – 1 334.

62 Hülsen, Vermerk, 1. 4. 1958. BAP, DO-4 – 1 334. – Daß zu koscherer Verpflegung mehr gehört als nur der Verzicht auf Schweinefleisch, schien sie nicht zu interessieren.

63 Baden an die Israelitische Religionsgemeinde zu Leipzig, 22. 5. 1957. CJA, 5B1–46, Bl. 1.

64 Protokoll der Verbandstagung am 29. 5. 1955. CJA, 5B1–35, Bl. 7.

65 Unikower an den Verband, 22. 8. 1956. CJA, 5B1–38, Bl. 137.

66 Protokoll der Verbandstagung am 29. 5. 1955. CJA, 5B1–35, Bl. 7.

67 Scheil, Staatssekretariat für Kirchenfragen: Notiz, 8. 10. 1959. BAP, DO-4 – 1 333.

68 Protokoll der Verbandstagung am 22. 4. 1956. CJA, 5B1–14, Bl. 118.

69 Bendit, Heilbrunn, Riesenburger an den Verband, 6. 5. 1958. BAP, DO-4 – 1 333.

70 Protokoll der außerordentlichen Verbandstagung am 17. 1. 1960. BAP, DO-4 – 1 333.

Die Entwicklung des Gemeindelebens

1 Kleinberg an Baden, 3. 6. 1953. CJA, 5B1–48, Bl. 41.

2 Stichel, Leiter der Abt. Aufbau des Rates des Bezirkes Karl-Marx-Stadt an Kleinberg, 5. 4. 1955. BAP, DO-4 – 2 138.

3 Kleinberg an Baurat Oehme, 12. 9. 1956. BAP, DO-4 – 2 138.

4 Gutachten von Martin Riesenburger vom 24. 5. 1963. CJA, 5B1–183, Bl. 45.

5 Brief des Verbandes an die Gemeinden vom 17. Juni 1963. CJA, 5B1–183, Bl. 43.
6 Ansprache zur konstituierenden Sitzung der Kultuskommission am 6. Februar 1966. Nach dem Tod von Riesenburger 1965 hatte sich die Kultuskommission neu konstituiert. Zitiert in Burgauer, S. 149.
7 Janott an Gysi: Information »betr. Anfrage von Dr. Kirchner wegen Rabbinerdiensten in der Jüdischen Gemeinde Berlin«, 12. 11. 1980. BAP, DO 4–1 337.
8 Abteilungsleiter Wilke: Information zur Situation der jüdischen Gemeinden, 2. 6. 1976. BAP, DO-4 –1 334.
9 Peter Zacher an Bezirksleitung Dresden des Kulturbundes, Oktober 1976. BAP, DO-4–1 341, Bl. 330.
10 Ebenda.
11 Wilke an Rat des Bezirkes Dresden, Sektor Kirchenfragen, 28. 6. 1978. BAP, DO-4 –1 341, Bl. 328.
12 BAP, DO-4 –1 341. – Aus den Unterlagen des Staatssekretariats für Kirchenfragen wird deutlich, daß nicht Aris, sondern der um Aufklärung bemühte Michael Geber als eine Belastung empfunden wurde.
13 Friedrich Broido: 1900–1989, SED-Mitglied; äußerte 1987 in einem Gespräch mit der Verfasserin seine Ansichten vom endgültigen Ende der Geschichte der Juden in Mecklenburg.
14 Die Affäre um Karin Loebel-Mylius ist ausführlich dokumentiert in Burgauer, S. 208 –221.
15 Nachrichtenblatt, September 1962, S. 9.
16 Sektor Kirchenfragen des Rates des Bezirks Halle: Mitteilung der Leiterin der Jüdischen Gemeinde Halle, K. Mylius, über gegen sie gerichtete Verleumdungen aus dem Bereich des Verbandes Jüdischer Gemeinden in der DDR, 3. 12. 1984. BAP, DO-4 –1 214, Bl. 30.
17 Aus Protest trat sogar die Jüdische Gemeinde von Groß-Berlin im Dezember 1968 aus dem Verband aus, trat ihm aber im Juli 1969 wieder bei, obwohl Mylius weiterhin Vorsitzende blieb.
18 Information der Arbeitsgruppe Kirchenfragen des ZK über zwei von Mylius im Oktober 1976 gemeldete Sprengstoffanschläge auf das Gemeindehaus in Halle. SAPMO-BA, DY 30 / IV B 2 / 14 / 175.
19 Unter anderem 1968 Medaille Für ausgezeichnete Leistungen in der ehrenamtlichen Rechtspflege, 1984 Ehrennadel in Gold des DFD, 1984 Vaterländischer Verdienstorden in Bronze.
20 Zitiert in Burgauer, S. 217.
21 Wilke / Janott: Vorlage für die Dienstbesprechung am 22. 1. 1973. BAP, DO-4 –1 341.
22 Kirchner an Aris, 28. 6. 1974. BAP, DO-4 –1 341.
23 Aris an Kirchner, 15. 7. 1974. BAP, DO-4 –1 341.
24 Lust, Two Germanies, S. 213.
25 Janott: Bericht über das Gespräch des Staatssekretärs mit den Vorsitzenden der Jüdischen Gemeinden in der DDR am 22. 3. 1976, 23. 3. 1976. SAPMO-BA, DY 30 / IV B 2 / 14 / 175, Bl. 76.

1 Hülsen, Bericht über die Jüdischen Gemeinden in der DDR, Ende 1956. BAP, DO-4–1 333.
2 Ebenda. Auch die folgenden Zitate stammen aus diesem Dokument.
3 Ebenda.
4 Hülsen, Vorlage über die Jüdischen Gemeinden der DDR und [von] Groß-Berlin, 10. 3. 1959. BAP, DO-4–1 337.
5 Kusch / Haslinger, Aufgaben auf dem Gebiet der jüdischen Religion nach der Analyse 1960, 17. 6. 1960. BAP, DO-4–1 333.
6 Ebenda.
7 Ebenda.
8 Leipziger Volkszeitung, 6. 6. 1962; ND, 8. 6. 1962.
9 Kusch / Haslinger, Aufgaben auf dem Gebiet der jüdischen Religion nach der Analyse 1960, 17. 6. 1960. BAP, DO-4 –1 333.
10 Bei dieser Gelegenheit denunzierte er Baden, der erklärt hatte, daß es auch in der DDR Antisemitismus gäbe. (Scheil, Notiz betr. Präsident Landesverband, 8. 10. 1959. BAP, DO-4–1 333.)
11 NB, August 1961, S. 5.
12 Kusch an Barth, 11. 7. 1962. BAP, DO–4–1 333.
13 MfS, HA XX / 4–754.
14 Wilke / Janott, Vorlage für die Dienstbesprechung am 22. 1. 1973. BAP, DO-4–1 341.
14 Protokoll des Gesprächs am 30. 1. 1973. BAP, DO–4 – 1341.
15 Ebenda.
16 Günter Hoffmann, Information über ein Gespräch mit dem Vorsitzenden der Jüdischen Gemeinde Berlin, Dr. Kirchner, am 28. 1. 1983. BAP, DO-4–1 337.
17 Kirchner an Dr. S. Roth, Executive Director of the European Division of the World Jewish Congress, London, 4. 1. 1973. SAPMO-BA, DY 30 / IV B 2 / 14 / 174.
18 Rudi Bellmann an Paul Verner, 11. 11. 1975. SAPMO-BA, DY 30 / IV B 2 / 14 / 174.
19 Kirchner an den Weltkongreß jüdischer Gemeinden in Brüssel, 18. 2. 1976. SAPMO-BA, DY 30 / IV B 2 / 14 / 174.
20 Bericht über die Teilnahme Aris' und Kirchners an der Tagung des Generalrates des JWK in Washington im Oktober 1977. In: NB, März 1978. – Auf dieser Tagung traten auch US-Präsident Jimmy Carter, Außenminister Cyrus Vance und sein Amtsvorgänger Henry Kissinger auf.
21 Staatssekretariat für Kirchenfragen an Paul Verner, 3. 11. 1978. SAPMO-BA, DY 30 / IV B 2 / 14 / 174. – In der Normannenstraße befand sich der Hauptsitz des Ministeriums für Staatssicherheit.
22 Rede Erich Honeckers anläßlich der Ordensverleihung. Zitiert nach Damit die Nacht nicht wiederkehre. Gedenken an die faschistische Pogromnacht vom 9. November 1938. Hrsg. v. Verband der Jüdischen Gemeinden in der DDR. Berlin 1988, S. 13.
23 MfS, AOP 1 1843 / 64, Bl. 39.
24 MfS, AOP 1 1843 / 64, Bl. 45.
25 MfS, AOP 1 1843 / 64, Bl. 9.
26 MfS, AOP 1 1843 / 64, Bl. 44.
27 Braun, HA V / 4 / III, 11. 3. 1957: Maßnahmeplan, Linie: jüdische Gemeinden. MfS, AOP 1 1843 / 64, Bl. 48 f.

28 Unter anderem beschlagnahmte das Postzollamt Dresden 1976 ein Schreiben des Keren Hayessod – Vereinigte Israel Aktion e. V. an Aris und leitete es an das Staatssekretariat weiter. BAP, DO-4 – 1 334.

29 Beschluß der Bezirksverwaltung Berlin des MfS über das Einstellen eines Objektvorganges vom 31. 7. 1964. MfS, AOP 1 1843 / 64, Bl. 3.

30 Vollnhals, Kirchenpolitik, S. 96 f. – In der Jahresanalyse der HA XX / 4 von 1980 hieß es: »Zwischen dem Leiter der HA XX / 4 (bei dessen Abwesenheit durch seinen Stellvertreter) besteht eine ständige Verbindung zum Staatssekretär für Kirchenfragen.« Über Kalb vermerkte die HA XX / 4 1982: »Kalb bemüht sich um ein gutes Verhältnis zu den zuständigen Genossen des MfS und berichtet zu aktuell anstehenden Fragen. Vielfach wird von ihm im Zusammenhang mit anstehenden Problemen die Verbindung zum MfS, auch in persönlichen Fragen, gesucht.« (Zitiert nach ebenda, S. 96.)

31 Utpatel, Stephan, Geschichte, Aufgaben und Struktur des Staatssekretariats für Kirchenfragen und seiner Rechtsvorgänger (1950–1989); unveröffentlichte Abschlußarbeit 1993, S. 20. BAP-Bibl. 1251 / 96.

32 Ungewöhnlich war dagegen, daß Staatssekretär Kurt Löffler dem MfS einen anderslautenden Bericht über seine Reise nach Israel im Januar 1989 zukommen ließ als dem Politbüro. Möglicherweise meinte Löffler, daß manche Details für das Politbüro uninteressant und ein geglätteter Bericht für ihn karriereförderlicher sei. Politbüro-Fassung in: BAP, C-20 I / 3 – 2 781; MfS-Fassung in: MfS, XX / 4 – 447.

33 Beispielsweise die von Minister Mielke unterzeichnete »Information über geplante Aktivitäten der Jüdischen Gemeinde Berlin im Zusammenhang mit dem 50. Jahrestag der faschistischen Pogromnacht« vom 4. 11. 1988, die mit dem Vermerk »Streng geheim! Um Rückgabe wird gebeten!« Honecker, Jarowinsky, Krenz, Schabowski, Bellmann, Löffler, Mittig, Neiber, dem Leiter der HA XX / 4, dem Leiter der Bezirksverwaltung Berlin, der HA XX / 4 und zwei weiteren, nicht identifizierbaren Adressaten (»Ca« und »Schorm«) zur Kenntnis gegeben wurde. MfS, ZAIG 3 712.

34 Vollnhals, Kirchenpolitik, S. 96.

35 Information von Wilke an HA XX / 4, 8. 11. 1988. MfS, HA XX / 4 – 1 368, Bl. 101.

36 Bericht über die jüdischen Gemeinden in der DDR, 1957. MfS, AOP 1 1843 / 64, Bl. 44.

37 Ebenda. – GI: Geheimer Informator, ab 1968 als IM bezeichnet; GM: Geheimer Mitarbeiter, ab 1968 als IMB bezeichnet.

38 BV Groß-Berlin, Abt. V, 14. 11. 1955. MfS, HA XX / 4–754.

39 Unterleutnant Schleupner, Abt. V / 4 der BV Berlin, 23. 9. 1958: Bericht betr. Jüdische Gemeinde von Groß-Berlin. MfS, AOP 1 1843 / 64, Bl. 114 f.

40 Unterleutnant Schleupner, Bericht, 7. 6. 1960. MfS, AOP 1 1843 / 64, Bl. 121.

41 Bericht des GHI »Peter« über die Anwerbung Bendits, 10. 5. 1960. MfS, AOP 1 1843 / 64, Bl. 229 u. 250.

42 Rudolph, Abt. V / 4 der BV Berlin, 4. 2. 1957. MfS, AOP 1 1843 / 64, Bl. 162 – 165.

43 MfS, AOP 1 1843 / 64, Bl. 170.

44 MfS, AOP 1 1843 / 64, Bl. 141.

45 HA XX / 4, 11. 10. 1965, Bericht über die Verbindungsaufnahme mit dem Oberrabbiner der Jüdischen Gemeinden, Dr. Singer. MfS, HA XX / 4 – 754, Bl. 124 f.

46 Leutnant Werner Sprotte, HA XX/4, 21. 10. 1976, Beschluß über Anlegen des IMV »Peter«.

47 Franz Sgraja, Leiter der HA XX/4, 20. 10. 1977, Beschluß über die Umregistrierung des IMV »Peter« zum IM »Burg«. Registriernummer XV/3855/76.

48 F-77-Kartei (Decknamenkartei) des MfS.

49 So die MfS-Definition eines IMB. In: Krone, T./Kukutz, I./Leide, H., Wenn wir unsere Akten lesen. Berlin: BasisDruck, 1992, S. 44.

50 Unter anderem informierte IMB »Burg« über die Gedenkveranstaltung am 14. 9. 1980 anläßlich des 100. Jahrestags der Eröffnung des Friedhofes in Berlin-Weißensee. MfS, HA XX/4–2 181, Bl. 7.

51 Oberstleutnant Hermann/HA XX/4, Operativer Hinweis zum Speisenangebot in Spitzenhotels in Berlin/DDR, 29. 7. 1988. MfS, HA XX/4–2 181, Bl. 7 f.

52 Oberstleutnant Hermann/HA XX/4, Zu aktuellen Problemen innerhalb der jüdischen Gemeinden in der DDR, 19. 10. 1989. MfS, HA XX/4–2 181, Bl. 20–24.

53 Oberstleutnant Hermann, 29. 11. 1989, Löschung ausgewählter IM-Vorgänge. Bestätigt wurde dieser Befehl durch den Leiter der HA XX/4, Oberst Wiegand. – Am 9. Dezember 1989 wurde der Abteilung XII (Zentrale Auskunft/Speicher) des in Amt für Nationale Sicherheit umbenannten MfS der Auftrag erteilt, die dort befindlichen Unterlagen zu Peter Kirchner zu löschen. Kirchners Spitzeltätigkeit für das MfS kann daher nur noch aus Berichten rekonstruiert werden, deren Kopien bei anderen »Vorgängen« abgelegt wurden, sowie durch Karteikarten, auf denen seine Personalien und seine IM-Registrierungen erfaßt sind.

54 F-77-Kartei (Decknamenkartei) des MfS.

55 Zarrach sei ehrenamtlicher Mitarbeiter der Kreisstelle Slawno des Urzad Bezpieczenstwa Publicznego (seit 1954) und der Bezirksstelle Koszalin (seit 1956) gewesen; eine Übernahme als hauptamtlicher Mitarbeiter sei daran gescheitert, daß er die polnische Staatsbürgerschaft nicht besaß. (Oberstleutnant Neiber, Leiter der BV Frankfurt/Oder an HA X, 20. 6. 1963. MfS, AIM 8044/91 »Gerd Steinberg«, Bd. I/1, Bl. 54 ff.)

56 Oberfeldwebel Lodtka, BV Frankfurt/Oder, Abt. XV, 28. 6. 1963, Beschluß für das Anlegen des IM-Vorganges »Buch«. Verpflichtungserklärung von Helga und Werner Zarrach am 27. 6. 1963. MfS, AIM 8044/91 »Gerd Steinberg«, Bd. I/1, Bl. 18 u. 33 f.

57 Oberfeldwebel Stauch, HA XX/1, 18. 8. 1971: Bericht über die Neuverpflichtung des AGI 85/69 (Zarrach, Werner). MfS, AIM »Gerd Steinberg«, Bd. I/1, Bl. 27.

58 MfS, AIM 1 1422/85 IM »Stefan«, 2 Bde.

59 Major Peter Erazim, HA XX/7, 6. 6. 1985, Abschlußbericht zum IM-Vorgang »Stefan«, Reg.-Nr. 3674/71; Beschluß über die Archivierung des IM-Vorganges, 19. 9. 1985. MfS, AIM 1 1422/85 IM »Stefan«, Bd. 1, Bl. 121 ff.

60 Oberstleutnant Stange, Stellvertretender Leiter der HA XX, an die Leiter der Abt. XX der Bezirksverwaltungen Dresden, Leipzig, Karl-Marx-Stadt, Erfurt, Halle, Magdeburg, Schwerin und Groß-Berlin, 27. 7. 1967. MfS, HA XX/4–754, Bl. 203.

61 Major Meiler, Abt. XX der BV Leipzig, an HA XX/4, 16. 8 1967. MfS, HA XX/4–754, Bl. 204.

62 MfS, AIM 851/56 IM »Lanus«, Bd. 1, Bl. 1.

63 Oberfeldwebel Wagner an Hauptmann Müller, BV Dresden, Abt. V/3, 16.2.1954: Vorschlag zur Werbung. MfS, AIM 851/56, Bd. 1, Bl. 7.
64 BV Dresden, 16.7.1956: Beschluß über das Abbrechen der Verbindung mit IM »Lanus«. MfS, AIM 851/56, Bl. 35.
65 Eschwege, Helmut: Fremd im eigenen Land. Erinnerungen eines Dresdner Juden. Berlin: Christoph Links Verlag, 1991.
66 MfS-Richtlinie 1/79 zu Inoffiziellen Mitarbeitern, zitiert in: Gill, David/Schröter, Ulrich: Das Ministerium für Staatssicherheit. Anatomie des Mielke-Imperiums. Berlin: Rowohlt, 1991, S. 101.
67 Die Tonbandabschriften der Berichte von IMS »Ferdinand« befinden sich in den Akten HA XX/4–698, HA XX/4–699 und HA XX/4–2 165.
68 MfS, AIM 5010/90 IMS »Ferdinand«, Bd. II/2, Bl. 68.
69 Fischers IM-Tätigkeit ist ausführlich dokumentiert in: Wolffsohn, Meine Juden, S. 156–159.
70 HVA/Abt. 4, 15.7.1971, Einstellungsvorschlag zur Bestätigung als Perspektivkader. MfS, AIM 1 6144/89C IMS »Frank«, Bd. I/1, Bl. 100–106.
71 MfS, AIM 1 6144/89 C IMS »Frank«, Bd. I/1, Bl. 10.
72 NB, Dezember 1979, S. 11.
73 Erklärung des Redaktionskollegiums zum 20. Jahrestag der DDR. NB, Juni 1969, S. 2.
74 NB, September 1981, S. 2.
75 NB, Dezember 1976, S. 2.
76 NB, Juni 1970, S. 2.
77 NB, September 1980, S. 20 f.
78 NB, Dezember 1964, S. 21.
79 Ansprache von Aris bei der Gedenkveranstaltung des Verbandes anläßlich des 40. Jahrestages des Novemberpogroms. NB, März 1979, S. 10 f.

Die Position der jüdischen Gemeinden zur SED-Politik

1 Zitiert nach Timm, DDR – Israel: Anatomie, S. 49.
2 BAP, C-20-I/4–3 277.
3 Zitiert nach Wolffsohn, Deutschland-Akte, S. 288.
4 Zum Vergleich: Die Bundesrepublik hatte 3,5 Milliarden Mark an kollektiver Entschädigung gezahlt, davon 500 Millionen an die Claims Conference, hinzu kam die individuelle Entschädigung jüdischer Verfolgter, die durch das Bundesergänzungsgesetz zur Entschädigung der Opfer nationalsozialistischer Verfolgung und das Bundesrückerstattungsgesetz geregelt wurde.
5 Matthias Walden in: »Die Welt«, 25.11.1976; zitiert nach Wolffsohn, Deutschland-Akte, S. 288.
6 Berliner Zeitung, 8.6.1988.
7 Bericht über das Gespräch Erich Honeckers mit einer Delegation des Repräsentantenhauses am 10.1.1986. SAPMO-BA, DY 30/IV 2/2035/113, Bl. 49.
8 ZK-Abteilung Internationale Verbindungen, 22.9.1988, Vermerk über das Gespräch zwischen Axen und Meehan am 21.9.1988. SAPMO-BA, DY 30/IV 2/2035/113, Bl. 157–159.
9 Beschluß des Ministerrates Nr. 01–79/I.3/88 vom 8.11.1988. BAP, C-20 I/3–2 734.

10 Diese Position wurde 1966 in einem internen Papier des Ministeriums für Auswärtige Angelegenheiten dargelegt (Timm, Israel in den Medien, S. 164). Auch öffentlich wurde in den fünfziger und sechziger Jahren das Luxemburger Abkommen heftig bekämpft, da es sich dabei angeblich nur um ein »Militärkomplott« handele, das der expansionistischen Politik Bonns und den aggressiven Bestrebungen Israels gegenüber seinen Nachbarstaaten diene. In der Propagandaoffensive des Juni 1967 wurden diese Anwürfe wieder massiv vorgebracht (siehe z. B. ND, 11. 6. 1967, S. 6: ›Wiedergutmachung‹ als Nebelschleier). In den achtziger Jahren war der Ton mit Blick auf die Bundesrepublik gemäßigter, in der Sache und in der antiisraelischen Propaganda aber änderte sich nichts.

11 Zitiert nach Timm, DDR – Israel: Anatomie, S. 54.

12 Ministerium des Innern des Landes Sachsen-Anhalt an die Synagogen-Gemeinde zu Magdeburg, 1. 2. 1952. BAP, DO-4–1 333.

13 Aktennotiz Josef Haslinger, Staatssekretariat für Kirchenfragen, 27. 11. 1961. BAP, DO-4–1 333.

14 Hausmitteilung Herta Hülsen, Arbeitsgruppe Kirchenpolitische Fragen an Arbeitsgruppe Ökonomische und rechtliche Fragen des Staatssekretariats für Kirchenfragen, 6. 3. 1958. BAP, DO-4 –1 333.

15 Haslinger an Kusch, 30. 11. 1961. BAP, DO-4 –1 333. Folgende Zitate ebenfalls aus diesem Dokument.

16 NB, September 1966, S. 5.

17 Dornberg, Deutschlands andere Hälfte, S. 283.

18 Ebenda, S. 285.

19 So protestierte z. B. die Jüdische Gemeinde von Groß-Berlin 1955 gegen die VdN-Aberkennung einiger Mitglieder, weil die Zwangsarbeit bei der »Organisation Todt« nicht als »Härtelager« gewertet wurde. Zu einem anderen monierten Fall hieß es nach einer Überprüfung der VdN-Kommission, »daß an die Aberkennung der VdN-Eigenschaft gar nicht zu denken ist, da von beiden Ehepartnern außerordentlich gute gesellschaftliche Arbeit im Sinne der Partei der Arbeiterklasse geleistet wird« (BAP, DO-4 –1 337). Deutlich wird dadurch, daß der VdN-Status als »Ehrentitel« politischer Willkür unterlag.

20 Vorgetragen auf dem VII. Weltkongreß der Kommunistischen Internationale 1937. Zitiert nach Kleines Politisches Wörterbuch, Berlin (DDR): Dietz Verlag, 1988, S. 268.

21 Nach dem 1960 vom Obersten Gericht der DDR gegen den Bundesvertriebenenminister Theodor Oberländer geführten Prozeß, in dem er in absentia wegen Kriegsverbrechen und Verbrechen gegen die Menschlichkeit schuldig gesprochen und zu lebenslänglicher Zuchthaushaft verurteilt wurde, leiteten auch die bundesdeutschen Strafverfolgungsbehörden ein Ermittlungsverfahren ein, das wegen Mangels an Beweisen eingestellt werden mußte. Im Frühjahr 1996 konnte aufgrund von nun zugänglichen Unterlagen des MfS erneut ein Ermittlungsverfahren wegen Mordes gegen den mittlerweile 91jährigen Oberländer aufgenommen werden. (Der Tagesspiegel, 28. 4. 1996, S. 2.)

22 In einem Brief des Leiters der Westkommission, Arne Rehahn, an Norden vom 30. 4. 1965 heißt es: »Vor allem die Genossen der Presseabteilung des MfS haben dabei große Initiative und Ideenreichtum gezeigt.«; SAPMO, DY 30/IV A 2/2 028/8.

23 »Erste Maßnahmen zur Auswertung der Pressekonferenz zur Entlarvung

Lübkes im Ausland«, am 26. 1. 1966 von der Abteilung Auslandsinformation an Norden übersandt; SAPMO, DY 30/IV A/2 028/8.

24 Wolffsohn, Deutschland-Akte, S. 20 ff.; Brochhagen, Ulrich, Nach Nürnberg. Vergangenheitsbewältigung und Westintegration in der Ära Adenauer. Hamburg: Junius Verlag, 1994, S. 279 ff.

25 Siehe z. B. den Politbürobeschluß »Öffentlicher Prozeß gegen den Bonner Minister Oberländer«, der den Auftrag an das Oberste Gericht zur Prozeßführung, eine Verlaufsplanung und den »Vorschlag« für das Urteil (Schuldigsprechung und Zuchthausstrafe) enthält. Protokoll Nr. 11/60 der Politbürositzung vom 15. 3. 1960; DY 30/J IV 2/2/692.

26 Vorwärts (Montagsausgabe des ND), 19. 1. 1953, S. 2.

27 Ebenda.

28 Stellungnahme einer außerordentlichen Vorstandssitzung. Gemeindeblatt, 6. 8. 1956, S. 5.

29 Baden an die Jüdische Gemeinde von Groß-Berlin, 10. 9. 1956. CJA, 5B1–38, Bl. 128–130.

30 Gemeindeblatt, März 1960, S. 3.

31 Weißenseer Nachrichten, 4. Jg., Nr. 2, S. 1.

32 SAPMO-BA, DY 30/J IV 2/2/716: Protokoll Nr. 35/60 der Politbürositzung am 16. August 1960, Anlage 4: Stellungnahme des Ministeriums für Auswärtige Angelegenheiten zur »Affäre Eichmann«.

33 Die DDR hatte sich u. a. um die Zulassung von Rechtsanwalt Dr. Friedrich Karl Kaul als Nebenkläger bemüht, um während des Prozesses die Anklagen gegen die Bundesregierung vortragen zu können. Dem wurde nicht stattgegeben, doch wohnte Kaul der Gerichtsverhandlung als Beobachter bei und traf auch mit Generalstaatsanwalt Gideon Hausner zusammen. Ihm übergab er Globke belastende Unterlagen.

34 ND, 29. 7. 1960, S. 1.

35 Protokoll Nr. 17/61 der Politbürositzung am 11. 4. 1961. SAPMO-BA, DY 30/J IV 2/2/759.

36 ND, 20. 4. 1961, S. 2.

37 Neue Zeit, 13. 4. 1961.

38 NB, August 1961, S. 6.

39 Telegramm vom 17. 12. 1961, gez. Baden, Aris, Kleinberg. CJA, 5B1–15. – Es ist bezeichnend, daß nicht einmal das Verbandspräsidium zwischen »israelisch« und »israelitisch« zu unterscheiden wußte. Abschriften des Telegramms wurden dem Staatssekretariat für Kirchenfragen, dem Nationalrat der Nationalen Front und dem Komitee der Antifaschistischen Widerstandskämpfer in der DDR gesandt.

40 Protest der Jüdischen Gemeinde von Groß-Berlin gegen das geplante VVN-Verbot, 26. 10. 1959. LAB (StA), Rep. 104, Nr. 63.

41 Arne Rehahn, ZK-Westkommission, an Norden, 6. 11. 1962; SAPMO-BA, DY 30/IV 2/2 028/19.

42 Albertz an Verband, 2. 12. 1962; BAP, DO-4–1 334. – In seinem Antwortschreiben hieß es auch: »Dafür gibt es in der Zone neue Gewaltausübung gegenüber andersdenkenden oder andersgläubigen Menschen. Menschen, die innerhalb Deutschlands einen anderen Aufenthaltsort wählen wollen, werden durch bewachte Mauern und [...] nun schon durch fünf hintereinander liegende Stacheldrahtzäune an dieser freien Wahl gehindert. Es würde mich freuen, wenn ich recht bald von einer Protestresolution Ihrer Institution gegen diese Form einer neuen Gewaltherrschaft hören würde.«

43 ND, 11. 2. 1967, S. 1 und 5.

44 Die Forderung nach Gründung von Lagerarbeitsgemeinschaften, die ja bis 1953 unter dem Dach der VVN bestanden und z. T. eine sehr aktive Arbeit bei der Strafverfolgung, Dokumentation der Lagergeschichte, Einrichtung erster Gedenkstätten etc. geleistet hatten, wurde offiziell als »sektiererisch« verunglimpft. Kennzeichnend ist die Aussage eines ehemaligen Buchenwalders vor einem Kongreß des Internationalen Buchenwald-Komitees 1963: »Ich begründete [...], warum bei uns in der DDR eine spezielle Organisation der antifaschistischen Widerstandskämpfer, wie z. B. die ehemalige VVN oder Organisationen ehemaliger Lagergemeinschaften, politisch nicht zweckmäßig ist. Es besteht die Tatsache, daß von der Regierung der DDR und von der Nationalen Front des demokratischen Deutschland, von den Parteien und den Massenorganisationen die Gedanken und Verpflichtungen, die im Schwur von Buchenwald enthalten sind, zu einem wesentlichen Bestandteil unserer Innen- und Außenpolitik und die Durchsetzung dieser Ziele nur durch eine Organisation, wie die VVN oder die Lagergemeinschaften, eine sektiererische Einengung erfahren würde. Ich brachte zum Ausdruck, daß zur Durchführung besonderer Maßnahmen das KAWK bereit ist, Lagergemeinschaften der Buchenwalder, Sachsenhausener oder Ravensbrücker Kameraden in Berlin oder einem anderen Bezirk der Republik aus besonderen Anlässen zusammenzurufen, und ihre Mitarbeit zu organisieren, ohne daß dazu ein fester organisatorischer Rahmen mit Leitungen, Statuten usw. notwendig ist. Die organisatorischen Grundlagen sind dazu in den Bezirksausschüssen der Nationalen Front absolut gegeben.« (BwA, VA 116/2: Bericht Rudi Jahns über die Plenartagung des Internationalen Buchenwaldkomitees am 30. 11./1. 12. 1963 in Wien.)

45 Protokoll Nr. 88/78 der Sitzung des ZK-Sekretariats am 26. 7. 1988; SAPMO-BA, DY 30/J IV 2/3A/3 175

46 Protokoll Nr. 122/78 der Sitzung des ZK-Sekretariats am 12. 10. 1978; SAPMO-BA, DY 30/J IV 2/3A/3 211.

47 Werner Sprotte/HA XX/4, Notiz vom 6. 3. 1984, MfS, HA XX/4–1 390. Hervorhebung im Original.

48 Janott: Aktenvermerk über ein Gespräch mit Präsident Aris am 12. 9. 1983. BAP, DO-4–448.

49 Janott: Aktennotiz über den Anruf von Genossen Aris am 20. 9. 1983. BAP, DO-4–448.

50 »Feuerdrache Zion« war die Geschichte eines kleinen Drachen, der die Kinder Palästinas um Brot bat, dann wuchs und wuchs, bösartig wurde und das ganze Getreide des Landes verschlang. Das Happy-End der Erzählung war, daß ihn die palästinensischen Kinder aus ihrem Land vertrieben. Nationalistische arabische Propaganda, die dazu aufforderte, die Israelis ins Meer zu werfen, wurde somit auch in die Köpfe von DDR-Kindern eingepflanzt.

51 Baden an Bezirksausschuß Halle der Nationalen Front, 2. 11. 1954. CJA, 5B1–141, Bl. 30.

52 Protokoll der Vorstandssitzung des Verbandes am 26. 8. 1956. CJA, 5B1–14, Bl. 109.

53 Protokoll der Vorstandssitzung des Verbandes am 23. 9. 1956. CJA, 5B1–14, Bl. 24.

54 Bericht Friedländers über die Einweihungsfeier der Evangelisch-Reformierten Gemeinde Dresden am 27./28. 10. 1956. CJA, 5B1–14, Bl. 23.

55 Ringer an Verbandsvorstand, 4. 1. 1960; Notiz über die Besprechung von Aris und Baden am 6. 1. 1960. CJA, 5B1–142, Bl. 1 und 4.

56 Hartmann, Rat des Bezirkes Erfurt, Stellvertreter des Vorsitzenden für Inneres, 13. 7. 1983, Information. BAP, DO-4–1 548

57 Volkspolizeikreisamt Zittau an Jüdische Gemeinde zu Dresden betr. Zerstörungen auf dem jüdischen Friedhof in Zittau, 14. 8. 1956. CJA, 5B1–141, Bl. 14.

58 Hans Weise, Staatssekretariat, an Verband der Jüdischen Gemeinden in der DDR betr. Friedhofsschändung in Karl-Marx-Stadt, 8. 1. 1963. CJA, 5B1–252.

59 Der an diesem Prozeß beteiligte Staatsanwalt Voß gab Anfang 1990 die Unverhältnismäßigkeit der Strafen für die jugendlichen Ersttäter zu und reichte für die Hauptangeklagten ein Gnadengesuch ein, dem im Frühjahr 1990 in Form von Strafminderung oder Strafaussetzung auf Bewährung stattgegeben wurde. Junge Welt, 1. 3. 1990, S. 7.

60 ND, 28. 6. 1988, S. 2.

61 epd ZA Nr. 93 vom 16. 5. 1988.

62 Süddeutsche Zeitung, 15. / 15. 12. 1988, S. 10.

63 ND, 8. 5. 1989.

64 Offener Brief des Verbandes der Jüdischen Gemeinden in der DDR an die Mitglieder der Jüdischen Gemeinden und an die Abgeordneten der Volkskammer der DDR, 4. 11. 1989. Archiv der Synagogengemeinde zu Magdeburg.

65 Berliner Morgenpost, 19. 1. 1992, S. 2.

66 taz, 14. 6. 1991, S. 5.

67 Wolffsohn, Deutschland-Akte, S. 108.

68 Jeffrey Herf, East German Communists and the ›Jewish Question‹, The Case of Paul Merker, Washington 1994, unveröff. Manuskript, weist zu Recht darauf hin, daß im Fall Merker die Haltung der SED gegenüber Juden, Israel, Holocaust, Wiedergutmachung fokussierte. Merker war der einzige in der SED-Führung, der diesen Fragen aufgeschlossen begegnete und sich für die Lösung dieser Probleme einsetzte. Es war also kein Zufall, daß er als Hauptangeklagter eines deutschen Schauprozesses ausgewählt wurde. Als ihm 1955 der Prozeß gemacht wurde, spielte der ursprüngliche Hauptvorwurf der Verschwörung mit Noel Field kaum noch eine Rolle (Field war 1954 aus dem Gefängnis in Ungarn entlassen worden), dafür war der zentrale Anklagepunkt, Merker sei ein »Judenknecht« gewesen. Herf bezeichnet das Urteil im Geheimprozeß gegen Merker als eines der bemerkenswertesten antisemitischen Dokumente der DDR.

69 G. Kegel, Gedanken zum Israel-Problem. In: Berliner Zeitung, 31. 3. 1965.

70 Schwanitz, Israel ja, Zionismus nein. Zum Israel-Bild in SED-Akten über Arabien, 1993, S. 135.

71 Das wird auch durch den Alleingang der DDR bei der diplomatischen Anerkennung Palästinas und der Aufwertung des Berliner PLO-Büros zur Botschaft am 18. 11. 1988 deutlich. Die Sowjetunion vollzog diesen Schritt erst im Januar 1989.

72 Walter Ulbricht auf einer Wahlversammlung zu den Volkskammerwahlen am 15. 6. 1967 in Leipzig. In: Dokumente und Argumente. Zur Aggression Israels und ihren Hintergründen. Hrsg. von der Westabteilung des Bundesvorstandes des FDGB. Berlin 1967, Teil II, S. 22.

73 Dokumente und Argumente, Teil II, S. 8.

74 Stellungnahme des Instituts für Völkerrecht der Humboldt-Universität zu Berlin vom 7. 6. 1967. In: Dokumente und Argumente, Teil I, S. 16.

75 Wie wenig sich Haltung und Propagandastil in den Folgejahren änderten, verdeutlicht eine Äußerung des Chefkommentators des DDR-Fernsehens, Karl-Eduard von Schnitzler, aus dem Jahr1981: »Den 1948 gegründeten Staat Israel gab es nicht, als der deutsche Imperialismus seine Faschisten zu Verbrechen an den Juden Europas anstiftete. Dieser Staat hat also keinerlei Ansprüche. Die Regierung von Tel Aviv hat nicht das geringste Recht, die jüdischen Opfer der deutschen Faschisten zu Kronzeugen ihrer Politik zu machen, denn das Regime in Tel Aviv handelt selbst nach der faschistischen Lüge vom ›Volk ohne Raum‹, betreibt Landraub nach dem faschistischen Motto ›Blut und Boden‹, führt gegen das arabische Volk von Palästina einen Vernichtungsfeldzug, eine Ausrottungspolitik.« (Zitiert nach Löw, Konrad, Im heiligen Jahr der Vergebung. Wider Tabu und Verteufelung der Juden. Zürich: Edition Interform, 1991, S. 43.)

76 Ulbricht an Breschnew, Ende Oktober 1969; SAPMO-BA, DY J V / 2/202 / 387.

77 Information des sowjetischen Botschafters in der DDR, Kusnezow, vom 24. 3. 1970 über ein Gespräch mit Arafat in Moskau; SAPMO-BA, DY J V / 2 / 202 / 387.

78 Zum Beispiel zeigt ein Foto von der Gedenkveranstaltung des VVN-Landesvorstandes Mecklenburg am 10. 11. 1950 den Demonstrationszug durch die Stadt Schwerin, in dem israelische und VVN-Fahnen mitgeführt wurden. CJA, 5B1–68, Bl. 186.

79 Dornberg, Deutschlands andere Hälfte, S. 285. – Es gab wohl etwas »Schmutzigeres«, nämlich die Waffenlieferungen und die militärische Ausbildung für jene Staaten und terroristischen Organisationen, die den Staat Israel zu vernichten trachteten und die sich nie vom Holocaust distanziert hatten.

80 Protokoll Nr. 7 / 67 der Politbürositzung am 7. 6. 1967, Anlage 1; SAPMO, DY 30 / J IV2 / 2 / 1 117.

81 Norden an Ulbricht, 8. 6. 1967; SAPMO-BA, NY 4182 / 1 339.

82 Erklärung jüdischer Bürger der DDR. In: ND, 9. 6. 1967, S. 2. – Die Unterzeichner waren: Carlheinz von Brück, Prof. Wolfgang Frankenstein, Kurt Goldstein, Prof. Lea Grundig, Prof. Dr. Siegbert Kahn, Prof. Dr. Friedrich Karl Kaul, Dr. Franz Loeser, Dr. Ernst Reifenberg, Dr. Elisabeth Thierfeld und Gerry Wolff.

83 Der Leipziger Gemeindevorsitzende, Emanuel Henik, war am 2. Juni 1967 während einer Reise in Frankfurt / Main verstorben und wurde am 9. Juni in Leipzig beigesetzt. Im Anschluß an die Beerdigung kam das Verbandspräsidium zu einer außerplanmäßigen Sitzung zusammen. (Burgauer, Zwischen Erinnerung und Verdrängung, S. 333, Anm. 219.)

84 Boje, Vermerk über ein Gespräch des Staatssekretärs mit Vertretern des Verbandes der Jüdischen Gemeinden in der DDR am 28. 6. 1967; BAP, DO-1 247.

85 Die Erklärung vom 1. 7. 1967 ist auszugsweise zitiert in: BAP, DO-4 1 371, Bl. 28–29, sowie in: Burgauer, Zwischen Erinnerung, S. 192 f.; Hervorhebung U. O.

86 Burgauer zitiert das Protokoll der Verbandstagung vom 12. 11. 1967 (Zwischen Erinnerung ..., S. 192 f.)

87 Gespräch Niethammers mit Eugen Gollomb; veröffentlicht unter seinem hebräischen Namen Getzel Taube. In: Niethammer, Die volkseigene Erfahrung, S. 294 f.

88 Aussage von Kirchner in: Ostow, Jüdisches Leben in der DDR, S. 36.
89 Nachrichtenblatt, März 1974, S. 8.
90 Gollomb an Aris, 16. 4. 1974; BAP, DO-4–1 341.
91 Vorstand der Israelitischen Religionsgemeinde zu Leipzig an Redaktionskollegium des »Nachrichtenblattes«, 15. 7. 1974. BAP, DO-4–1 341.
92 Gollomb an Verbandspräsidium, 24. 7. 1974. BAP, DO-4 -341.
93 Dohle an Janott, 29. 4. 1974. BAP, DO-4 –1 341.
94 Dohle an Janott, 14. 5. 1974. BAP, DO-4 –1 341.
95 Janott, Aktenvermerk, 22. 4. 1974. BAP, DO-4 –1 341.
96 Ullmann, Rat des Bezirkes Dresden, Stellvertreter des Vorsitzenden für Inneres, an Bitterlich, Rat des Bezirkes Leipzig, Stellvertreter des Vorsitzenden für Inneres, 26. 7. 1974. BAP, DO-4 –1 341. – Worin diese persönlichen Konsequenzen bestehen könnten, sagte Ullmann nicht, aber da er äußerte, daß »man von einem privaten Handwerksmeister, der in der DDR alle Entwicklungsmöglichkeiten hat und der darüber hinaus in den Genuß der materiellen Vorzüge eines VdN-Mitgliedes kommt, ein Mindestmaß an politischem Verantwortungsbewußtsein erwarten« dürfe, ist zu vermuten, daß er an Schwierigkeiten bei der Ausübung seines Gewerbes oder gar an die Aberkennung der VdN-Rente dachte.
97 Wilke / Janott, Ergänzung zur Information Nr. 2 / 1973 (»Information zu Problemen der Einbeziehung des Zionismus und jüdischer Bewegungen in die imperialistische Politik. Schlußfolgerungen für die Arbeit in der DDR«), 28. 7. 1975. BAP, DO-4 –1 371, Bl. 17.
98 NB, Juni 1976, S. 9.
99 Janott, Bericht über das Gespräch des Staatssekretärs mit den Vorsitzenden der Jüdischen Gemeinden in der DDR am 22. 3. 1976, 23. 3. 1976. SAPMO-A, DY 30 / IV B 2 / 14 / 175, Bl. 74.
100 Erklärung der Leitenden Geistlichen der Gliedkirchen des Bundes der Evangelischen Kirche in der Deutschen Demokratischen Republik vom 27. November 1975. Wortlaut in: Arndt u. a., Juden in der DDR, S. 52 f.
101 NB, September 1985, S. 31.
102 Bellmann, AG Kirchenfragen des ZK, an Staatssekretär Gysi, 29. 9. 1980: »Die Wahl des Tagungsortes kommt einer Unterstützung der Okkupationspolitik Israels gleich. Dem dürfen wir auch nicht durch bloße Anwesenheit Vorschub leisten.« SAPMO-BA, DY 30 / IVB2/14/175, Bl. 179.
103 Ausreiseantrag der Familie R., die der Jüdischen Gemeinde zu Halle angehörte, 1977. BAP, DO-4–1 247.
104 Der Spiegel, Nr. 51(1985), S. 14 f.
105 NB, Juni 1988, S. 25.
106 »Hinweise für die Ausführungen des Präsidenten des Verbandes der Jüdischen Gemeinden, Siegmund Rotstein, am 2. Juni 1988«, 30. 5. 1988. MfS, HA XX / 4 699, Bl. 304 –310. – In der von Rotstein weitgehend übernommenen Vorlage für das Gespräch mit Erich Honecker wurden ihm als hoffähige Kritik folgende Worte in den Mund gelegt: »Gestatten Sie mir, noch auf ein Problem einzugehen. Wir spüren in unseren Gemeinden Unsicherheit und Unruhe über einige einseitige Berichterstattungen in Massenmedien zur Situation in Israel und zum Problem Israel und Palästinenser. Wir verurteilen die Politik der rechten, reaktionären israelischen Führung und von ihr begangene Verbrechen. Wir wissen aber, daß es auch ein anderes Israel gibt, mit dem wir uns freundschaftlich verbunden fühlen. Wir sehen auch die differenzierte Entwicklung der palästinensischen Bewegung. Wir

glauben, es wäre gut, auch progressive Seiten der Entwicklung in Israel zu zeigen.« (Bl. 308 f.)

107 Pressemitteilung der Jüdischen Gemeinde Berlin, Erklärung des Präsidenten des Verbandes der Jüdischen Gemeinden in der DDR, Siegmund Rotstein. In: ND, 4. 5. 1988, S. 2.

Eine Wende in der Politik gegenüber den jüdischen Gemeinden?

1 Staatssekretariat, Abt. V, 17. 2. 1982, Vorzubereitende Entscheidung zur Lösung der anstehenden Probleme mit der Jüdischen Gemeinde. BAP, DO-4–1 343.

2 Gysi an Werner Jarowinsky, 8. 7. 1985, Informationen betr. Gedenkveranstaltung des Verbandes der Jüdischen Gemeinden in der DDR aus Anlaß des 47. Jahrestages des faschistischen Pogroms vom 9. November 1938 (Reichskristallnacht). SAPMO-BA, DY 30 / Vorl. SED 41 910.

3 Ebenda.

4 Anl. 1 zum Protokoll Nr. 128 der Politbürositzung am 4. 11. 1985. SAPMO-BA, DY 30 / IV A 2 / 14 / 33.

5 Zitiert nach Wolffsohn, Deutschland-Akte, S. 294.

6 Wie sehr es bei der offiziellen Entdeckung des Judentums vor allem um die Beziehungen zu den USA ging, verdeutlicht auch die ähnliche Vorzugsbehandlung der in der DDR nur ca. 4 500 Mitglieder umfassenden Religionsgemeinschaft der Mormonen, die in der zweiten Hälfte der achtziger Jahre vielfältige Unterstützung genoß – u. a. mehrere Gemeindezentren bauen konnte – und deren Leitung im Oktober 1988 sogar von Erich Honecker empfangen wurde. Ebenso wie den Juden schrieb die SED den Mormonen großen politischen Einfluß in den USA zu. Neben den außenpolitischen Intentionen resultierte das gute Einvernehmen der SED mit diesen beiden Religionsgemeinschaften auch aus deren loyaler Haltung zum Staat. Es ist geradezu grotesk, daß die DDR, als die Beziehungen zu den großen Kirchen unterkühlt waren, mit dem Herausstellen dieser zwei kleinen Vorzeigegemeinschaften Pluspunkte auf dem Gebiet der Religionspolitik zu gewinnen glaubte. Zur DDR-Politik gegenüber den Mormonen: Mertens, Lothar, Das Buch Mormon oder Kommunistisches Manifest? Die Mormonen in der DDR. In: Voigt / Mertens, Minderheiten und Übersiedler, S. 173 bis 188.

7 Runge, 8. 8. 1984, Anhang zum Reisebericht USA, übersandt dem Ministerium für Hoch- und Fachschulwesen und Hans Wilke, Staatssekretariat für Kirchenfragen. BAP, DO-4–1 334.

8 Hauptabteilungsleiter Peter Heinrich an Jarowinsky, 22. 8. 1986, Information zu Problemen der jüdischen Gemeinden in der DDR. SAPMO-BA, DY 30 / IV B 2 / 14 / 178, Bl. 124.

9 Ebenda, Bl. 127.

10 Staatssekretariat für Kirchenfragen, 17. 3. 1986: Konzeption zum Wiederaufbau der »Neuen Synagoge« in Berlin, Hauptstadt der DDR. SAPMO-BA, DY 30 / IV B 2 / 14 / 178, Bl. 119.

11 Ebenda, Bl. 120.

12 Hauptabteilungsleiter Heinrich an Jarowinsky, 22. 8. 1986, Information zu Problemen der jüdischen Gemeinden in der DDR. SAPMO-BA, DY 30 / IV B 2 / 14 / 178, Bl. 125. Ebenda auch folgende Zitate.

13 Bereits in den zwanziger Jahren hatte der Berliner Magistrat eine quer durch den Friedhof verlaufende Trasse erworben, um hier das Teilstück einer Verbindungsstraße zwischen den nördlich gelegenen Stadtteilen und dem Zentrum zu bauen. Zwar wurden deshalb auf dieser Fläche keine regulären Gräberfelder angelegt, es war aber nicht auszuschließen, daß dort während der Nazizeit illegale Bestattungen stattgefunden hatten. In den siebziger Jahren griff die DDR die ursprüngliche Streckenführung wieder auf und projektierte die Straße über das Friedhofsgelände. Rechtlich war zwar gegen diese Baupläne nichts einzuwenden, dennoch offenbarte das Festhalten daran Instinktlosigkeit und Unverfrorenheit, denn die Straße hätte den Friedhof in zwei, nur durch einzelne Brücken miteinander verbundene Teile zerschnitten, und die Bauarbeiten wie auch die spätere Straßennutzung hätten die Friedhofsruhe erheblich beeinträchtigt. Nicht von der Leitung der Jüdischen Gemeinde Berlin, die dem Bau 1982 schriftlich zugestimmt hatte, doch von einzelnen Personen in der DDR, Westberlin und Israel wurden dagegen Proteste laut, die die DDR ob des Vorwurfs der Friedhofsschändung und der Gefährdung ihres antifaschistischen Images nicht ignorieren konnte.

14 Hauptabteilungsleiter Heinrich an Jarowinsky, 22. 8. 1986, Information zu Problemen der jüdischen Gemeinden in der DDR. SAPMO-BA, DY 30/IV B 2/14/178, Bl. 128. – Mit der Amerikanischen Jüdischen Gemeinde war das American Jewish Committee gemeint.

15 Bellmann, 19. 3. 1987, Stellungnahme zur Konzeption des Staatssekretärs für Kirchenfragen »Zum Wiederaufbau der ›Neuen Synagoge‹ in Berlin, Hauptstadt der DDR« vom 1. 12. 1986. SAPMO-BA, DY 30/vorl. SED 41 910. UVR: Ungarische Volksrepublik.

16 Gysi an Honecker, 15. 6. 1987. MfS, HA XX/4–698, Bl. 94.

17 Wilke, 23. 3. 1987, Information über die Pläne der jüdischen Gemeinden in der DDR, einen Rabbiner aus den USA gastweise tätig werden zu lassen. BAP, DO-4–1 051, Bl. 165 f.

18 Gysi an Honecker, 15. 6. 1987. MfS, HA XX/4–698, Bl. 95. – Außerdem versuchte man auch auf andere Weise, sich gegen ein politisches Scheitern dieses Experiments abzusichern: »Über den Staatssekretär für Kirchenfragen werden die organisatorischen und materiellen Bedingungen im engen Zusammenwirken mit der Jüdischen Gemeinde Berlin geklärt. Über geeignete offizielle und inoffizielle Möglichkeiten wird eine politische Einflußnahme gegenüber dem Gastrabbiner für die Zeit seines Einsatzes in der DDR gesichert.« (Konzeption zur Vorbereitung des 50. Jahrestages der »Kristallnacht« und zur Lösung weiterer Probleme der jüdischen Gemeinden in der DDR, 1. 9. 1987. MfS, HA XX/4–2 185, Bl. 5.)

19 Gysi an Honecker, 15. 6. 1987. MfS, HA XX/4–698, Bl. 96.

20 Oberstleutnant Hermann, HA XX/4, 26. 8. 1987, Information über den Stand der Vorbereitungen des Einsatzes des US-amerikanischen Rabbiners Neuman in der DDR. MfS, HA XX/4–2 181, Bl. 39.

21 Gysi an Honecker, 15. 6. 1987. MfS, HA XX/4–698, Bl. 96.

22 Konzeption zur Vorbereitung des 50. Jahrestages der »Kristallnacht« und zur Lösung weiterer Probleme der jüdischen Gemeinden in der DDR, 1. 9. 1987. MfS, HA XX/4–2 185, Bl. 4.

23 Gysi an Honecker, 15. 6. 1987. MfS, HA XX/4–698, Bl. 95.

24 Information der HA II, 14. 3. 1988. MfS, HA XX/4–1 390, Bl. 254.

25 Zitiert nach Wolffsohn, Deutschland-Akte, S. 308.

26 Protokoll der Gemeindevertretersitzung vom 13. 4. 1988. BAP, DO-4–1049.

27 Sabine Kleinig, Protokollbeauftragte des StS, Notiz über Anruf von Kirchner, 14. 4. 1988. BAP, DO-4–1 049.

28 Gegenüber Associated Press erklärte Neuman: »Ich bin über antisemitische Tendenzen in der DDR gar nicht glücklich. Aber das Hauptproblem bestand mit Kirchner. Ich habe gesagt, sie haben den Antisemitismus niedergemäht, aber sie haben ihn nicht entwurzelt.« AP-Meldung vom 3. 5. 1988.

29 Pressemitteilung der Jüdischen Gemeinde Berlin. In: ND, 4. 5. 1988, S. 3.

30 Dabei war Neumans Kritik keineswegs neu. Durch inoffizielle Berichte von Gemeindemitgliedern gegenüber dem MfS war dort schon seit längerem aktenkundig, daß Neuman u. a. eine Karikatur in der »Berliner Zeitung« vom 24. 3. 1988 als antisemitisch bezeichnet habe, »die Nachrichtengebung der DDR (namentlich auch ADN) in bezug auf Israel der Lüge« bezichtige und »den Medien der DDR die Möglichkeit ab[spreche], objektiv und wahrheitsgetreu zu berichten« (Information der HA II, 19. 4. 1988. MfS, HA XX / 4–698, Bl. 209 f.). Bereits im Februar 1988 hatte das MfS mit Sorge registriert, daß sich Neuman »neben seiner seelsorgerischen Arbeit in verschiedenen Gesprächen mit Mitgliedern der Jüdischen Gemeinde [. . .] auch zu den Verhältnissen in der DDR positioniert. Er vertritt dabei die Auffassung, daß die DDR ein diktatorisches und bürokratisches System darstellt.« (HVA, Abt. XVIII / 3, 8. 2. 1988: Information über die Jüdische Gemeinde in Berlin. MfS, HA XX / 4–699, Bl. 279.)

31 Erklärung des Präsidenten des Verbandes der Jüdischen Gemeinden in der DDR, Siegmund Rotstein. In: ND, 4. 5. 1988, S. 3.

32 Hans Jacobus, Entsetzen trifft eher, was ich empfinde ... In: ND, 5. 5. 1988, S. 6.

33 Bellmann, Notiz vom 22. 12. 1987 über Unterredung mit Hans Wilke am gleichen Tag. SAPMO-BA, DY 30 / IV B 2 / 14 / 175.

34 Ebenda, ebenso die folgende Zitate aus diesem Dokument. Da das Komitee der Antifaschistischen Widerstandskämpfer politisch und finanziell vom SED-Zentralkomitee abhängig war, stand es nicht in der Macht des Verbandes oder des Komitees, zu bestimmen, wer die Nachfolge von Aris in der Zentralleitung antreten sollte.

35 NB, Juni 1988, S. 15.

36 Bellmann, Notiz über Gespräch mit Rotstein am 6. 4. 1988. SAPMO-BA, DY 30 / IV B 2 / 14 / 175.

37 Interview für das Fernsehen der DDR am 1. 4. 1988. Zitiert in Junge Welt, 4. 4. 1988, S. 1.

38 Bellmann, Notiz über Gespräch mit Rotstein am 6. 4. 1988. SAPMO-BA, DY 30 / IV B 2 / 14 / 175.

39 Niederschrift über das Gespräch des Generalsekretärs des ZK der SED und Vorsitzenden des Staatsrates, Erich Honecker, mit dem Präsidium des Verbandes der Jüdischen Gemeinden in der DDR am 2. 6. 1988. SAPMO-BA, DY 30 / IV 2 / 1 / 679. Ebenso folgende Zitate aus diesem Dokument.

40 Staatssekretariat (vermutlich Wilke), Notiz über Absprache mit Oberstleutnant Sprotte, 6. 3. 1984. MfS, HA XX / 4–1 390, Bl. 42 f. – Siehe auch Runges Reisebericht an das Staatssekretariat für Kirchenfragen, 8. 8. 1984. BAP, DO-4–1 334.

41 Mittag an Honecker, 31. 10. 1985. MfS, HA XX / 4 –1 379, Bl. 192.

42 ND, 18. / 19. 6. 1988, S. 2.

43 ND, 28. 6. 1989, S. 3.

44 Wie tief das Feindbild Zionismus noch Ende der achtziger Jahre in der SED verwurzelt war, verdeutlicht Gysis Empfehlung des AJC bei Honecker mit der Charakterisierung »Amerikanische Staatsbürger Jüdischer Herkunft. Keine Zionisten«. (Gysi an Honecker, 15. 6. 1987. MfS, HA XX/4–698, Bl. 94.)

45 Die wenigen Gäste aus Israel, die zu den Gedenkveranstaltungen im November 1988 die DDR besuchten, vertraten sich als Privatpersonen nur selbst. Zum Besuch des Jerusalemer Oberrabbiners, Jizchak Kolitz, im Rahmen der Delegation der Israelitischen Synagogen-Gemeinden (Adass Jisroel) zu Berlin siehe Kapitel Adass Jisroel. Der einzige institutionelle Kontakt, der in der zweiten Hälfte des Jahres 1988 hergestellt wurde, betraf Vertreter israelischer Archive und war erst angesichts des internationalen Drucks auf Öffnung der DDR-Archive und nach umfangreichen »sicherheitspolitischen« Vorbereitungen möglich. Die Archivare wurden während ihrer Studienreisen ständig überwacht.

46 Sternberg an Honecker, 31. 10. 1988. SAPMO-BA, DY 30/IV B 2/14/176, Bl. 127.

47 Fernschreiben des DDR-Botschafters in den USA, Gerhard Herder, an den Staatssekretär für Kirchenfragen, Kurt Löffler, den Stellvertretenden Außenhandelsminister, Christian Meyer, und den Stellvertretenden Außenminister, Kurt Nier, 5. 10. 1988. MfS, HA XX/4–1 379, Bl. 113.

48 Der Jüdische Weltkongreß wurde 1936 gegründet und hat seine Hauptsitze in Jerusalem, Genf und New York. Obwohl ihm jüdische Verbände aus mehr als 60 Staaten angehören, ist er weder eine Dachorganisation mit Weisungsbefugnis für die angeschlossenen Vertretungen noch eine Generalvertretung, die die Interessen der in diesen Ländern lebenden Juden repräsentiert; er nimmt nur Koordinationsfunktionen wahr. – Die offizielle Dolmetscheragentur der DDR, Intertext, übersetzte World Jewish Congress als »Kongreß des Weltjudentums« (CJA, 5B1–258, Bl. 5–14). Die Staatssicherheit beschäftigte sich in einem dreißigseitigen Papier mit dem »Weltkongreß der Juden, seinem Platz und seiner Rolle im System des internationalen Zionismus und in der gegenwärtigen Etappe« (MfS, HA XX/4–630, Bl. 200 bis 230). Noch im November 1988 sprachen Löffler und Honecker von Bronfman, Singer und Stern als »Repräsentanten der jüdischen Weltbewegung« (MfS, HA XX/4–1 368, Bl. 12). In allen Fällen handelt es sich kaum um eine zufällige sprachliche Fehlleistung – das dahinterstehende antisemitische Bild einer »jüdischen Weltmacht« war unter DDR-Offiziellen weit verbreitet.

49 Auskunftsbericht, 20. 9. 1988. MfS, HA XX/4–2 182, Bl. 94 f.

50 ND, 18. 10. 1988, S. 2. – Am Gespräch Honecker – Bronfman nahmen auch der JWK-Generalsekretär Israel Singer, Maram Stern, Peter Kirchner, der Vorsitzende der Jüdischen Gemeinde Berlin, das für Kirchenfragen zuständige Politbüromitglied Werner Jarowinsky und Außenminister Oskar Fischer teil.

51 Protokoll des Gesprächs Honecker – Bronfman am 17. 10. 1988. SAPMO-BA, DY 30/IV 2/1/686. – 1991 dementierte der JWK gegenüber Wolffsohn, daß Bronfman diese Gleichsetzung vorgenommen habe, Stern allerdings bestätigte die allgemeine Richtigkeit der DDR-Gesprächsprotokolle. (Wolffsohn, World Jewish Congress, S. 18.)

52 Im September 1988 hatte die US-Regierung die »Paketlösung« abgelehnt und die Leistung von Wiedergutmachungszahlungen *vor* einer Gewährung von Handelserleichterungen verlangt.

53 Dies hatten Westmedien berichtet, z. B. Die Welt, 24. 10. 1988, S. 2; Der Spiegel, Nr. 44 / 1988, S. 125. – In DDR-Medien war niemals eine konkrete Summe genannt worden.

54 So Bronfman im Gespräch mit Löffler am 18. 10. 1988. SAPMO, DY 30 / IV B 2 / 14 / 175.

55 ND, 19. 10. 1988, S. 1. – Auch JWK-Generalsekretär Singer äußerte, daß die moralische und symbolische Haltung der DDR völlig ausreichend sei. NB, Dezember 1988, S. 6.

56 Löffler, Information über das Gespräch mit Bronfman am 18. 10. 1988, 19. 10. 1988. SAPMO-BA, DY 30 / IV B 2 / 14/175. – Löffler fügte noch folgende Notiz hinzu: »E. M. Bronfman betonte dabei, daß er an einen Leitartikel denke, der in der internationalen Presse zitiert werde und den Charakter einer offiziellen Meinungsäußerung habe.« Derart bestärkte der JWK-Präsident seine Gastgeber in ihrem Glauben an den übermächtigen Einfluß seiner Organisation auf die öffentliche Meinung in den USA.

57 In Westmedien wie auch von seiten jüdischer Organisationen wurden der Ablauf von Bronfmans DDR-Besuch und seine Aussagen heftig kritisiert. Der Publizist Ernst Cramer kommentierte die Anbiederung Bronfmans bei Honecker wie folgt: »Nun ist es natürlich jedermanns Recht, sich von allen möglichen Leuten beeindrucken zu lassen und Orden auch von Menschen anzunehmen, an deren Händen Blut klebt. [. . .] Indem er Bronfman um den Bart ging, hat Honecker einen Fürsprecher für den von ihm heiß ersehnten Staatsempfang in Washington gewonnen. Der ›DDR‹-Staatsratsvorsitzende hat also erreicht, was er wollte. Bronfman aber hat der Sache der Menschlichkeit, der Freiheit und damit auch der Juden geschadet.« (Die Welt, 24. 10. 1988, S. 2.)

58 Um Bronfman günstig zu stimmen und nicht seinen Unmut durch den Anblick von Produkten der Konkurrenz zu erregen, gab es in den Hotelzimmern wie auch auf dem Empfang für die Gemeindemitglieder Getränke und passende Gläser des Seagrams-Konzerns. (Notiz des Protokoll-Chefs des Palasthotels, Hellmann, in Vorbereitung des Aufenthalts der Bronfman-Delegation, 5. 10. 1988. MfS, HA XX / 4–2 182, Bl. 40–43.)

59 NB, Dezember 1988, S. 5. – In der Auswertung des Bronfman-Besuchs beschloß das Politbüro am 25. Oktober 1988: »Die von Edgar Bronfman unterbreiteten Vorschläge zur Entwicklung der kommerziellen Beziehungen der von ihm vertretenen Konzerne mit der DDR sind zu prüfen.« (Anlage Nr. 2 zum Protokoll Nr. 43 / 1988. BAP, DO-4–1 341.)

60 Wie Bronfmans Beauftragter Maram Stern dem Staatssekretariat mitteilte, reagiere Bronfman damit auf das Gespräch mit Honecker; Stern erklärte, »daß er mit dieser Einladung dazu beitragen will, das Ansehen der DDR und ihres antifaschistischen Charakters sowohl in der jüdischen Weltbewegung wie auch in den USA zu vergrößern«. (Wilke, 23. 12. 1988, Information über ein Gespräch mit Dr. Maram Stern am 16. 11. 1988. BAP, DO-4–1 350.)

61 MfAA-Dokumente, zitiert nach Wolffsohn, The World Jewish Congress, S. 14.

62 Siehe auch Tempel, Legenden von der Allmacht, S. 3–12. – Daß die übertriebene Selbstdarstellung der insbesondere in den USA beheimateten jüdischen Organisationen als einflußreich und mächtig gerade in Deutschland (Ost und West) offene Ohren findet, entspricht dem hierzulande verbreiteten Wunsch nach einer Exkulpationsinstanz, mit der ein Schlußstrich unter die Beschäftigung mit der nationalsozialistischen Vergangenheit und dem Ho-

locaust gezogen werden kann. Die häufig unbewußte, antisemitische Vorstellung von einem »Weltjudentum« verstärkt noch diesen Hang zur Monopolisierung.

63 Bei der »Fabrik-Aktion« am 27. Februar 1943 wurden ca. 2000 jüdische Zwangsarbeiter aus Berlin nach Auschwitz deportiert.

64 Empfehlungen für ein Gespräch des Generalsekretärs mit dem Vorsitzenden des Zentralrats der Juden in Deutschland, vermutlich erarbeitet von der ZK-Arbeitsgruppe Kirchenfragen. SAPMO-BA, DY 30/IV B 2/14/176.

65 ND, 7.9.1988, S. 1. – Von einer im ND kolportierten Zusage der Teilnahme des Zentralrats der Juden in Deutschland am bevorstehenden »Internationalen Treffen für kernwaffenfreie Zonen« in Berlin war im Gespräch keine Rede. Vgl. Niederschrift über das Gespräch Honecker – Galinski am 6.6. 1988. SAPMO-BA, DY 30/IV 2/1/679.

66 AP-Meldung vom 6.6.1988; Der Tagesspiegel, 7.6.1988, S. 2.

67 Galinski war die Vizepräsidentschaft angetragen worden, und damit er der Exklusivität dieser Würdigung nicht verlustig gehe, schlug er vor, außer dem JWK-Generalsekretär Singer »nicht mehr als noch ein oder zwei weitere Persönlichkeiten mit diesem Titel zu ehren«. In diesem Gespräch beklagte sich Löffler auch, daß »westliche Medien wie ›Die Welt‹ die DDR in Fragen der Haltung zu den Juden immer wieder verleumden«. Erneut erfuhren DDR-Offizielle gerade in diesem Punkt Zuspruch: »Dr. Galinski lehnte diese Diffamierungen ab. Er wisse, daß es Dinge gab und sicher auch immer wieder gibt, die nicht in Ordnung seien, aber bei ihm würden Vertreter von ›Der Welt‹ keinen Platz haben. Er lehne das ab.« (Gespräch Löffler/Wilke – Galinski am 7.9.1988, BAP, DO-4 – 1341).

68 Zitiert nach Wolffsohn, The World Jewish Congress, S. 13.

69 Der Begriff »faschistische Pogromnacht« wurde erst 1988 zum gängigen Terminus.

70 Staatssekretariat für Kirchenfragen, 1.9.1987, Konzeption zur Vorbereitung des 50. Jahrestages der »Kristallnacht« und zur Lösung weiterer Probleme der jüdischen Gemeinden in der DDR. MfS, HA XX/4 – 2185, Bl. 3–6.

71 Anlage Nr. 11 zum Protokoll Nr. 13 der Politbürositzung am 29.3.1988. SAPMO-BA, DY 30/J IV 2/2/2266.

72 Grußbotschaft Honeckers an den Verband der Jüdischen Gemeinden in der DDR, 9.11.1988. In: Damit die Nacht nicht wiederkehre, S. 48.

73 Anlage Nr. 15 zum Protokoll Nr. 22 der Politbürositzung am 31. Mai 1988. SAPMO-BA, DY 30/IV B 2/14/177.

74 Bellmann an Jarowinsky, 15.6.1988: Information über den Stand der bezirklichen Verwirklichung des Politbürobeschlusses vom 31. Mai 1988. SAPMO-BA, DY 30/IV B2/14/175.

75 Jarowinsky an Honecker, 2.9.1988. SAPMO-BA, DY 30/IV B 2/14/175. Die Vorlage für die Sondersitzung der Volkskammer wurde von H. Sindermann und E. Krenz bereits am 9. Juni 1988 erarbeitet und in den folgenden Tagen vom Politbüro im Umlauf bestätigt. SAPMO-BA, DY 30/IV B 2/14/178.

76 Honecker in seiner Ansprache am 9.11.1988. In: Damit die Nacht nicht wiederkehre, S. 13.

77 Den Vaterländischen Verdienstorden in Gold erhielten Verbandspräsident Siegmund Rotstein und der Schweriner Gemeindevorsitzende, Friedrich Broido, der auch die Dankesworte sprach. Mit dem Vaterländischen Verdienstorden in Silber wurden Peter Kirchner, Hans-Joachim Levy, Roman

König, Franz Kowalski, Aron Adlerstein, Raphael Scharf-Katz, Käthe Ring, Charlotte Skora, Hermann Simon, Renate Kirchner und Oljean Ingster ausgezeichnet. Dem Leipziger Synagogalchor wurde der Stern der Völkerfreundschaft in Gold verliehen, die Witwe von Martin Riesenburger, »Arbeiter-Veteran« Clara Riesenburger, erhielt denselben in Silber.

78 Honecker in seiner Ansprache am 9. 11. 1988, a. a. O.

79 Rede abgedruckt in: Damit die Nacht nicht wiederkehre, S. 37.

80 Im Juni 1989 beliefen sich die eingegangenen Spenden auf 6 629 318,68 Mark der DDR und 161 723,95 DM. Löffler, Information zum Stand der Stiftung Neue Synagoge Berlin – Centrum Judaicum und ihres Internationalen Kuratoriums, 5. 6. 1989. SAPMO-BA, DY 30 / IV B 2 / 14 / 178.

81 Zusammensetzung des Präsidiums des Internationalen Kuratoriums: Präsident: Siegmund Rotstein; Vizepräsidenten: Klaus Gysi und Heinz Galinski; Vizepräsidenten ehrenhalber: Rabbiner Philip Hiat, Gerhart Riegner, Oberrabbiner Alfred Schöner (Budapest), Prof. Dr. Kurt Schubert (Wien) und Sir Sigmund Sternberg; Präsidiumsmitglieder: Kurt Löffler, Dietmar Keller (Staatssekretär im Ministerium für Kultur), Heinrich Toeplitz (Komitee der Antifaschistischen Widerstandskämpfer), Peter Kirchner und als Sekretär Hermann Simon; Ehrenmitglieder des Präsidiums: Prof. Kurt Sanderling (Dirigent), Rosemarie Schuder (Schriftstellerin), Karl-Heinz Schulmeister (Sekretär des Kulturbundes) und Hans-Jochen Vogel (SPD-Vorsitzender).

82 Bellmann an Ragwitz, 18. 8. 1987. SAPMO-BA, DY 30 / IV B 2 / 14 / 178. – Der Vorschlag zur Gründung des Arbeitskreises und der Zeitschrift sowie zu weiteren Aktivitäten des Kulturbundes zum 50. Jahrestag der »Kristallnacht« war von Günter Wirth, Vizepräsident des Kulturbundes und Herausgeber der evangelischen Monatsschrift »Standpunkt«, gekommen.

83 Löffler, Notiz über ein Gespräch mit dem Stellvertreter des Ministers für Auswärtige Angelegenheiten, Heinz-Dieter Winter, am 24. 11. 1988, 30. 11. 1988. SAPMO-BA, DY 30 / IV B 2 / 14 / 176.

84 Durch das Engagement der Verfasserin für Rekonstruktion von Friedhof und Gemeinde seit Anfang 1986 wie auch durch familiäre Bande kann dieses Kapitel keine distanzierte Schilderung sein. Die Bewertung der Vorgänge stützt sich nicht allein auf Archivunterlagen, sondern auch auf die persönliche Kenntnis vieler der erwähnten Episoden und ihrer Protagonisten.

85 Israelitische Synagogen-Gemeinde (Adass Jisroel) zu Berlin: gegr. 1869 als Reaktion auf religiösen Assimilationsdruck, trat für moderne Orthodoxie (Bewahrung der jüdischen Tradition bei Aufgeschlossenheit gegenüber weltlicher Bildung und Kultur und Forderung nach staatsbürgerlicher Gleichheit) ein, 1885 Erlangung der Korporationsrechte als eigenständige Gemeinde, Unterhalt zahlreicher eigener religiöser und sozialer Einrichtungen (drei Synagogen, Ritualbad, Krankenhaus, Altenpflegeheim, Religionsschulen, Realgymnasium, Oberlyzeum, Friedhof). Dezember 1939 Auflösungsverfügung der Gestapo und Zwangseingliederung in die Reichsvereinigung der Juden in Deutschland. Seit Anfang der achtziger Jahre Bemühungen um die Rekonstituierung der Gemeinde. Dezember 1989 Wiedereinsetzung der Adass Jisroel in ihre Rechte durch die DDR-Regierung. Wiederaufbau des Gemeindelebens, 1997 ca. 950 Mitglieder. Oktober 1997 höchstinstanzliche Bestätigung der Rechtskontinuität und der Rechtsidentität der heutigen mit der 1869 entstandenen Gemeinde durch das Bundesverwaltungsgericht.

86 Die Zustimmung zum Synagogenabriß unterzeichneten die Vorstandsmitglieder Heinz Schenk, Alfred Behrendt, Siegfried Wexberg und Georg Heil-

brunn sowie Rabbiner Ödön Singer. Vgl. Vorstand der Jüdischen Gemeinde von Groß-Berlin an den Referenten für Kirchenfragen des Stadtbezirks Mitte, Gahlow, 9. 2. 1966. Archiv der Israelitischen Synagogen-Gemeinde (Adass Jisroel) zu Berlin.

87 Was die Nazis übrigließen. Über die jüdischen Friedhöfe in Ost-Berlin. In: Aufbau, 8. 2. 1980, S. 16.

88 Die Spende war initiiert von Rabbiner Siegfried Efraim Jehuda Offenberg (Jerusalem), Rabbiner Michael Munk und Dr. Isaac Lewin (New York).

89 Bellman, Aktenvermerk betr. Jüdischer Friedhof Wittlicher Straße nach Begehung am 14. 9. 1981. SAPMO-BA, DY 30 / IV B 2 / 14 / 180.

90 Israelitisches Wochenblatt, Zürich, Nr. 40, 2. 10. 1981.

91 Da es sich beim Verkauf des Friedhofsgeländes um jüdisches Eigentum handelte, konsultierte das Staatssekretariat für Kirchenfragen zuvor den Leiter des Amts für den Rechtsschutz des Vermögens der DDR, Prof. Dr. Stefan Supranowitz. Sein Gutachten gibt unmißverständlich die DDR-Rechtsposition wieder, die sich kaum anders denn als »sozialistische Arisierung« bezeichnen läßt: »Seit dem 8. 5. 1945 wird davon ausgegangen, daß *das Grundstück als Vermögen des früheren Deutschen Reiches im Volkseigentum* steht. Trotz dieser Rechtslage muß berücksichtigt werden, daß auf Grund von Weisungen der damaligen sowjetischen Zentralkommandantur das gesamte Grundstück der Jüdischen Gemeinde von Berlin zur Nutzung, operativen Verwaltung und Bewirtschaftung überlassen wurde und seitdem seitens der Jüdischen Gemeinde wie Eigentum behandelt wird. [...] Bei den Verhandlungen zwischen dem Magistrat und der Jüdischen Gemeinde ist zu sichern, daß weiterhin von dem bisher vertretenen Grundsatz ausgegangen wird, wonach an dem eigentumsrechtlichen Status quo, wie er gegenüber der Jüdischen Gemeinde von Berlin seit Kriegsende besteht, *prinzipiell keine Änderung zuungunsten des Staates* eintreten sollte. Demzufolge kann auch in diesem Fall vom Magistrat weder ein Kaufvertrag abgeschlossen noch ein Verfahren nach dem Entschädigungsgesetz vom 25. 4. 1960 durchgeführt werden. Vielmehr ist eine Übereinkunft mit dem Ziel anzustreben, daß die Jüdische Gemeinde als Nutzer die benötigte Teilfläche an den Magistrat *abtritt*. Wenn die Jüdische Gemeinde in diesem Zusammenhang ausdrücklich die Zahlung eines Bodenpreises [...] verlangt und *aus kirchenpolitischen Gründen* eine Zahlung ebenfalls für zweckmäßig und angemessen erachtet wird, sollte der Jüdischen Gemeinde *ohne Anerkennung eines Rechtsanspruches* ausnahmsweise dieser Betrag aus Billigkeitsgründen zugesprochen werden.« Supranowitz an Gysi, 1. 9. 1982. BAP, DO-4–1 687. Hervorhebungen durch U. O.

92 Hauptmann Werner Sprotte, HA XX / 4, 14. 5. 1984, Information über den Zustand des Jüdischen Friedhofs Wittlicher Straße. MfS, HA XX / 4–1 371, Bl. 77 f. Die »Quelle« dieser Information war übrigens IMB »Burg« (Kirchner), der eigentlich als Gemeindevorsitzender diesen Zustand durch die jahrelange Vernachlässigung des Friedhofs zu verantworten hatte.

93 Offenberg an Naumann und Gysi, 29. 7. 1985. SAPMO-BA, DY 30 / IV B 2 / 14 / 180.

94 Kirchner an Hoffmann, 13. 2. 1986. SAPMO-BA, DY 30 / IV B 2 / 14 / 180.

95 Ebenda.

96 Offenberg an Bellmann, 21. 4. 1986. SAPMO-BA, DY 30 / IV B 2 / 14 / 180.

97 Bellmann, Notiz betr. Jüdischer Friedhof Adass Jisroel, 5. 8. 1986. SAPMO-BA, DY 30 / vorl. SED 41 910.

98 Bellmann, Notiz betr. Bauvorhaben auf einem Gelände am Jüdischen Friedhof Adass Jisroel, undatiert (vermutlich Ende September 1986). SAPMO-BA, DY 30 / IV B 2 / 14 / 180.

99 Bellmann, Information, 2. 10. 1986. SAPMO-BA, DY 30 / vorl. SED 41 910.

100 Satzung der Gesellschaft zur Förderung der Adass Jisroel Berlin, e. V., § 2.

101 Zum Vorstandsvorsitzenden wurde Ari Abraham Offenberg, zu seinen Stellvertretern Schmuel Auerbach und Martin Goldschmiedt sowie zum Geschäftsführer Dr. Mario Offenberg gewählt.

102 Wiederholt wurde von ZK, Staatssekretariat und Magistrat wie auch von der Jüdischen Gemeinde Berlin vorgebracht, es gäbe in der DDR keine Adass-Jisroel-Gemeinde, der die Verfügungsgewalt über die Gemeindestätten übertragen werden könne. Die Jüdische Gemeinde Berlin und der Verband seien die einzigen legitimierten jüdischen Vertretungen, Offenberg und AJB seien nicht befugt, für Adass Jisroel aufzutreten. In seiner einseitigen und voreingenommenen Darstellung übernimmt Mertens diese Position (Davidstern, S. 345–371) und qualifiziert die von Offenberg und AJB unternommenen Bemühungen um eine Rekonstituierung der Adass Jisroel als »dubios«, »Familienunternehmen«, »Postfach-Gemeinde ohne Eintragung ins Vereinsregister«, »Phantomgemeinde« (bei den quasi nur noch formal existierenden Gemeinden ohne jegliche Aktivitäten wie Schwerin oder Halle verzichtet er auf derartige Bezeichnungen). Ohne kritisches Bewerten der Aktenüberlieferung und Aufklären der Motive von Partei-, Staats- und Gemeindefunktionären für ihre negative Haltung zu Adass Jisroel machte er sich diese zu eigen, verzichtete auf die Einbeziehung der Position von Adass Jisroel und die Nutzung des Gemeindearchivs. Die Abwehr von Wiedergutmachungsforderungen und die Sicherung von Monopolansprüchen stützte sich auf das Argument, es bestehe keine funktionsfähige Gemeinde. Die in Folge von Holocaust und Zerstörung der Nachkriegszeit schwierige Rekonstituierung wurde somit allein der Adass Jisroel zur Last gelegt, die Existenzberechtigung und die Möglichkeit einer schrittweisen Wiederbelebung grundsätzlich verneint. Absurderweise wurde so den überlebenden und am Wiederaufbau der Gemeinde interessierten Adassianern zum Vorwurf gemacht, daß sie nicht von vornherein eine personell und strukturell intakte Gemeinde darstellten – als ob es möglich wäre, angesichts dieser historischen und politischen Voraussetzungen eine unversehrte Gemeinde hervorzuzaubern und in der Gemeindearbeit nahtlos dort anzuknüpfen, wo sie 1939 zwangsweise unterbrochen wurde. Die erfolgreiche Rekonstituierung nach der »Wende«, als die jahrelang geforderten infrastrukturellen Voraussetzungen geschaffen wurden, ist der Gegenbeweis zum Postulat, daß eine abgerissene Gemeindetradition nicht wiederbelebt werden könne.

103 Kraußer an Jarowinsky, 24. 1. 1989. SAPMO-BA, DY 30 / IV B 2 / 14 / 179.

104 Supranowitz, 8. 6. 1988, Vermerk über ein Gespräch mit Genossen Staatssekretär Gysi am 7. 6. 1988. SAPMO-BA, DY 30 / IV B 2 / 14 / 179.

105 Honecker an Offenberg, 27. 6. 1988. SAPMO-BA, DY 30 / IV B 2 / 14 / 179.

106 Gysi an Egon Krenz, 22. 7. 1988. SAPMO-BA, DY 30 / IV B 2 / 14 / 179.

107 Kraußer an Egon Krenz, 12. 7. 1988. SAPMO-BA, DY 30 / IV B 2 / 14 / 179.

108 Ansprache von Hermann Kalb auf dem Adass-Jisroel-Friedhof am 10. 11. 1988. BAP, DO-4–1 752.

109 de Maizière an Löffler, 19. 12. 1988. SAPMO-BA, DY 30 / IV B 2 / 14 / 179. – Mertens qualifiziert diesen Forderungskatalog als »maßlos« und »überzogen« (Davidstern, S. 361 f.), da z. B. zwei Telefonanschlüsse, eine gene-

relle Druckgenehmigung und Erleichterungen für den Grenzübertritt verlangt wurden, und entschuldigt damit die ablehnende Haltung des Staatssekretariats. Allerdings unterwirft er sich mit dieser Einschätzung der in der DDR verlangten Selbstzensur, derzufolge für eine freiheitlich-demokratische Gesellschaft selbstverständliche Forderungen erst gar nicht geäußert werden sollten. Jedenfalls waren nicht infrastrukturelle Probleme der Grund für die generelle Zurückweisung dieser Arbeitsmöglichkeiten für Adass Jisroel, sondern die generelle Nichtduldung einer politisch unabhängig und eigenständig existierenden Institution, das Problem der Restituierung jüdischen Eigentums und die Widerstände von seiten der Jüdischen Gemeinde Berlin und Galinskis.

110 Löffler an ZK-Arbeitsgruppe Kirchenfragen, Information über den Stand der Bearbeitung der Bitten von Dr. Mario Offenberg zur von ihm angestrebten Präsenz von Adass Jisroel Berlin in der Hauptstadt der DDR. SAPMO-BA, DY 30/IV B 2/14/179.

111 Löffler an Honecker, 13.3.1989. SAPMO-BA, DY 30/IV B 2/14/179. – In Löfflers »Vorschlag für das weitere Verhalten gegenüber Dr. Offenberg« hieß es abschließend: »Meiner Auffassung nach sollte Dr. Offenberg durch mich in Kenntnis gesetzt werden, daß seine gestellten Forderungen nicht realisierbar sind und im Widerspruch zu den gültigen gesetzlichen Regelungen der DDR stehen. Ein entscheidendes Argument für uns ist auch, daß der Verband der Jüdischen Gemeinden in der DDR als offizielle Vertretung aller Bürger jüdischen Glaubens unseres Landes wirkt und mit solchen Regelungen, wie sie Dr. Offenberg vorschlägt, nicht einverstanden sein kann.« Honecker stimmte diesem Vorgehen am 13.3.1989 zu.

112 Kraußer an Jarowinsky, 24.1.1989. SAPMO-BA, DY 30/IV B 2/14/179.

113 Kirchner an Gysi, 15.6.1986. BAP, DO-4–1 752.

114 Mußler, Leiter des Sektors Kirchenfragen des Magistrats, Aktenvermerk über ein Telefonat mit Dr. Hermann Simon am 20.6.1988, 22.6.1988. SAPMO-BA, DY 30/IV B 2/14/180.

115 Wehmann, Internationales Pressezentrum, Information zur Person Dr. Mario Offenberg, 13.8.1986. SAPMO-BA, DY 30/IV B 2/14/180.

116 Wilke, Aktenvermerk über Arbeitsessen mit Israel Singer am 17.10.1988. SAPMO-BA, DY 30/IV B 2/14/179.

117 Auf die Eitelkeiten dieser Herren Rücksicht nehmend, versuchte Bellmann die Verbreitung der von der Volkskammer und der ZK-Abteilung Auslandsinformation herausgegebenen Broschüre »Im Gedenken der Opfer der faschistischen Pogromnacht vom 9. November 1938« zu verhindern: »Das die Broschüre einleitende Bild, es zeigt Genossen Honecker mit Mario Offenberg im Gespräch während des Empfangs im Staatsratsgebäude, halten wir aus den verschiedensten Gründen für politisch problematisch. An dem Empfang haben bekanntlich hochrangige Vertreter des Jüdischen Weltkongresses teilgenommen, die unerwähnt bleiben. Nicht abzusehen ist die Reaktion vom Vorsitzenden des Zentralrats der Juden in Deutschland, Dr. Heinz Galinski, der sich prinzipiell gegen die politischen Ambitionen von Mario Offenberg wendet. Auf Unverständnis wird das Bild auch beim Vorsitzenden der Jüdischen Gemeinde Berlin, Dr. Peter Kirchner, stoßen, der in letzter Zeit vielfältigen Angriffen von Offenberg ausgesetzt war.« (Bellmann an Jarowinsky, 24.11.1988. SAPMO-BA, DY 30/IV B 2/14/177.) Allerdings war dieses Foto nicht deshalb ausgewählt worden, weil es Offenberg zeigte und somit dessen Anliegen hervorheben wollte, sondern weil

Honecker und der Jerusalemer Oberrabbiner Kolitz zu sehen waren, der mit seinem langen Bart und schwarzem Hut das Klischee vom »typischen« Juden bediente.

Die jüdischen Gemeinden in der Wendezeit

1 Rotstein an Löffler, 7. 10. 1989, Glückwunsch des Verbandes zum 40. Jahrestag der DDR. BAP, DO-4–1 341.

2 Interview mit Peter Kirchner. In: Allgemeine Jüdische Wochenzeitung, 27. 10. 1989, S. 1. – Der Magdeburger Vorsitzende Hans-Joachim Levy war der einzige Gemeindefunktionär, der sich – allerdings zu einem viel späteren Zeitpunkt – an der Arbeit eines Runden Tisches beteiligte.

3 Jüdische Gemeinden für Wandlungen. In: ND, 6. 11. 1989, S. 2.

4 epd ZA Nr. 219 vom 10. 11. 1989.

5 Roman König wurde die Nadel der Nationalen Front in Gold, Raphael Scharf-Katz die Ehrenmedaille der Nationalen Front und die Ehrenmedaille zum 40. Jahrestag der DDR verliehen, Siegmund Rotstein und Gunther Helbig erhielten ebenfalls die Ehrenmedaille zum 40. Jahrestag der DDR und letzterer außerdem die Verdienstmedaille der DDR. NB, Dezember 1989, S. 5.

6 NB, Dezember 1989, S. 13.

7 NB, März 1990, S. 2.

8 NB, März 1990, S. 13.

9 Einige Protagonisten der unter dem Dach der Liga für Völkerfreundschaft ins Leben gerufenen Gesellschaft hatten allerdings wie deren Vorsitzende Dr. Angelika Timm auch bislang im diplomatischen Dienst und in der ZK-Abteilung Internationale Beziehungen sowie durch wissenschaftliche und publizistische Tätigkeit die Nahostpolitik mitgestaltet. Derselbe Personenkreis, der larmoyant klagte, daß das Israel-Bild in der DDR revidiert werden müsse, hatte es jahrelang mitgeprägt und nutzte nun das öffentliche Interesse an diesem Thema für die persönliche und berufliche Rehabilitation aus.

10 NB, März 1990, S. 13.

11 Ministerratsbeschluß zur weiteren Unterstützung der Tätigkeit des Verbandes der Jüdischen Gemeinden in der DDR und der Stiftung »Neue Synagoge Berlin – Centrum Judaicum«, 8. 3. 1990. BAP, DO-4–1 752.

12 Gemeinsame Erklärung der Fraktionen der Volkskammer der DDR am 12. 4. 1990. In: Berliner Morgenpost, 13. 4. 1990, S. 15.

13 NB, Juni 1990, S. 2.

14 Offenberg an 21 Politbüromitglieder, 13. 10. 1989. SAPMO-BA, DY 30 / IV B 2 / 14 / 179. – Das Fernschreiben wurde allerdings von der Poststelle des Politbüros nur für Axen und Jarowinsky ausgedruckt, Kopien gingen an ZK-Arbeitsgruppenchef Kraußer und Staatssekretär Löffler.

15 Offenberg an Löffler, 22. 10. 1989. SAPMO-BA, DY 30 / IV B 2 / 14 / 179. – Im Israelitischen Krankenheim war eine Gedenktafel herausgerissen worden, am 9. Oktober 1989, am höchsten jüdischen Feiertag Jom Kippur, war der Friedhof in der Wittlicher Straße geschändet worden.

16 Positionspapier des Staatssekretariats für Kirchenfragen, 6. 11. 1989. SAPMO-BA, DY 30 / IV B 2 / 14 / 179.

17 Berliner Zeitung, 14. 11. 1989, S. 5. – Am Treffen nahmen teil: Dr. Mario Offenberg, Geschäftsführer der Gemeinde, Dr. Gottfried Forck, Bischof der Evangelischen Kirche in Berlin-Brandenburg, Dr. Günter Krusche, Gene-

ralsuperintendent von Berlin, Prof. Dr. Heinrich Fink, Direktor der Sektion Theologie der Humboldt-Universität, Lothar de Maizière, Rechtsanwalt und wenige Tage zuvor zum CDU-Vorsitzenden ernannt, zwei Vertreter der NDPD und Dr. Gregor Gysi, Vorsitzender des Rechtsanwaltskollegiums Berlin. Das Neue Forum sandte ein Grußwort, dem Vorsitzenden des Westberliner Freundeskreises der Adass Jisroel, Prof. Dr. Ulrich Albrecht, wurde das Passieren der Grenzübergangsstelle verweigert.

18 Der Vorwurf, die Wiedereinsetzung der Adass Jisroel wäre allein der Protektion de Maizières zu verdanken (u. a. Mertens, Davidstern, S. 371), entspricht weder der Sache noch seinem Amtsverständnis. Das von ihm stets vertretene Bekenntnis zur historischen Verantwortung als Deutscher wie auch als Repräsentant eines deutschen Staates hatte ihm Fragen wie Wiedergutmachung, Förderung jüdischen Lebens, Aufnahme diplomatischer Beziehungen zum Staat Israel, Rechtsstaatlichkeit zu politischen Prioritäten werden lassen. Diese Haltung hatte maßgeblichen Einfluß auf die umfangreiche politische und materielle Unterstützung, die *allen* jüdischen Gemeinden in der DDR während seiner Amtszeit zuteil wurde.

19 Erklärung der Regierung der Deutschen Demokratischen Republik anläßlich der 50. Wiederkehr der Entrechtung der Israelitischen Synagogengemeinde Adass Jisroel zu Berlin. BAP, DO-4–2 706.

20 Guttmann an de Maizière, 24. 8. 1990. Archiv der Israelitischen Synagogen-Gemeinde (Adass Jisroel) zu Berlin. Ein Urteil des Bundesverwaltungsgerichts vom 15. Oktober 1997 bestätigte die Rechtmäßigkeit der Wiedereinsetzung der Gemeinde in ihre Rechte durch den Ministerratsbeschluß vom 14. Dezember 1989 und die ungebrochene Fortdauer des Körperschaftsstatus seit dessen Verleihung an die Gemeinde 1885.

21 Galinski und Kirchner an Stadtverordnetenversammlung von (Ost-)Berlin und Abgeordnetenhaus von (West-)Berlin, »im Oktober« 1990. Archiv der Israelitischen Synagogen-Gemeinde (Adass Jisroel).

22 Rabbiner widerspricht Dr. Heinz Galinski. ADN, 19. 10. 1990.

23 NB, Juni 1990, S. 18.

24 Zitiert nach Runge, Irene, Vom Kommen und Bleiben. Osteuropäische jüdische Einwanderer in Berlin. Berlin ^{2}1 993, S. 12.

25 Gemeinsame Erklärung der Fraktionen der Volkskammer der DDR am 12. 4. 1990. In: Berliner Morgenpost, 13. 4. 1990, S. 15.

26 Berger an de Maizière, 4. 4. 1990. BAP, DO-4–1 285.

27 Da sich Verbandssekretär Fischer in Absprache mit Galinski weigerte, sich mit Vertretern von Adass Jisroel und Kulturverein an einen Tisch zu setzen, waren die staatlichen Stellen genötigt, entweder Besprechungen doppelt abzuhalten oder – wie dann meist praktiziert – die anderen Institutionen von der Mitsprache auszugrenzen.

28 Die Angaben über die Anzahl der zwischen 1990 und 1996 aus der (früheren) Sowjetunion eingewanderten Juden schwanken sehr stark, belaufen sich aber auf ca. 30 000 Personen.

29 Nationalzeitung, Berlin, 8. 1. 1990, S. 2.

30 Galinski an Rotstein, 14. 2. 1990. BAP, DO-4–1 550.

31 Allgemeine Jüdische Wochenzeitung, Nr. 48 / 32, 12. 8. 1993, S. 9.

32 Der hohe Anteil von Nichtjuden unter den Altersheimbewohnern wurde von Galinski als Argument der Schließung benutzt; dabei übersah er aber, daß viele von ihnen Hinterbliebene von jüdischen Ehepartnern waren, denen sie in der Nazizeit durch ihre Treue das Leben gerettet hatten.

Mitgliederstatistik

Jahr	Ostberlin	Dresden	Leipzig	Thüring.	Magdeb.	Chemnitz	Halle	Schwerin
Mai 1945		13	20					
1945		176	334	227		53	49	
1946	2913	201	231	350	120	55	87	90
1947		174	464		192	45	69	73
1948		156	355		189	52	85	60
1949	2625		340		187	54		
1950		188	314	259	162			
1951				238				62
1952	2100	163	261	217	162	40	83	55
1953		114	173	161	113	34		38
1954		96		148				40
1955		100		134	106		45	40
1956	1279		156	125		32	52	44
1957	1078		140			30		37
1958	1058	91						
1959	987		98	95	30			32
1960	980							
1961		90						
1962			130	100	79		48	38
1963			127					
1964			121					
1965		99	114					
1966	804		109					
1967			104					
1968			99					
1969	690	99	96	65	49	19	34	28
1970	650	93	94		48			
1971		90	90			18		
1972								
1973	445				43			
1974								
1975		81	79					
1976	392	81	73	49	43	15	32	25
1977	369				47			
1978	336							
1979								
1980		76						
1981			51					
1982	240	60	51	40	35	12	20	12
1983			50					
1984			46					
1985		64	47					
1986	187		48	31	29	12	14	11
1987		62						
1988	180		40	30				
1989	203	61	36	31	35	9	5	5
1990	209	61	53	24	34	11	8	2
1991		98		53	75	46	42	

Glossar

Bar / Bat Mizwa: Sohn / Tochter der Pflicht. Jungen werden mit Vollendung des 13. Lebensjahres, Mädchen mit 12 Jahren religiös mündig, d. h. sie sind zur Einhaltung der Gebote verpflichtet. Wird mit einer Zeremonie in der Synagoge begangen.

Bessamim-Büchse: Behältnis zur Aufbewahrung wohlriechender Gewürze, das bei der Zeremonie zur Verabschiedung des Schabbat benutzt wird.

Beth Din: Rabbinatsgericht, das aus drei Personen, darunter mindestens zwei ordinierten Rabbinern, besteht.

Chanukka: achttägiges Lichterfest im November / Dezember zur Erinnerung an den siegreichen Makkabäeraufstand gegen die Syrerherrschaft in Palästina und die Wiedereinweihung des geschändeten Tempels in Jerusalem 165 v. u. Z.

Jom Kippur: Versöhnungstag, der höchste jüdische Feiertag, an dem gefastet und ganztägig Gottesdienst gehalten wird.

Kaschrutheinrichtungen: Von den Gemeinden unterhaltene Institutionen zur Erfüllung der rituellen Reinheitsgebote.

Koscher: Gemäß den Ritualvorschriften zum Verzehr bzw. Gebrauch tauglich.

Maschgiach: Kultusangestellter zur Überwachung der Kaschrutheinrichtungen auf ihre dem Religionsgesetz gemäße Führung.

Minjan: Die für einen Gemeindegottesdienst und verschiedene rituelle Handlungen wie Beerdigungen, Hochzeiten oder Beschneidungen erforderliche Mindestzahl von zehn jüdischen Männern.

Mikwah: Tauchbad, das nach der Menstruation, Geburt, bei Übertritten und sowie allgemein zur rituellen Reinigung vor Schabbat und Feiertagen benutzt wird.

Pessach: achttägiges Fest im März / April zum Gedenken an den Auszug der Israeliten aus Ägypten, zu dem ungesäuerte Brote (Mazzot) gegessen und sämtliche gesäuerten Lebensmittel aus dem Haushalt verbannt werden. Beginnt mit dem Sederabend.

Purim: Fest zur Erinnerung an die Errettung der Juden in Persien durch die Königin Esther. Wird karnevalistisch mit Kostümen, Musik, Tanz und Theateraufführungen gefeiert, in der Synagoge wird das biblische Buch Esther verlesen.

Rimmonim: Aufsätze zur Verzierung der Thorarollen.

Rosch Haschana: Neujahrsfest, Beginn der zehn Tage der Umkehr und Buße im September / Oktober, die vom Jom Kippur abgeschlossen werden.

Schabbat: Der siebente Tag der Woche, der zur Ruhe und zur Heiligung bestimmt ist. Beginnt am Freitagabend und endet am Samstagabend.

Schawuot: Wochenfest, wird sieben Wochen nach Pessach zum Gedenken an die Offenbarung der Thora am Berg Sinai begangen.

Sederabend: Häusliches zeremonielles Mahl zum Beginn des Pessachfestes, bei dem die Haggada, die Erzählung vom Auszug aus Ägypten, verlesen wird und zahlreiche symbolhafte Speisen genossen werden.

Smicha: Ordinierung eines Rabbiners

Sukkot: Laubhüttenfest im Oktober in Erinnerung an die Wüstenwanderung der Israeliten.

Thora: Fünf Bücher Mosis, auf Pergamentrolle geschrieben, wird im Gemeindegottesdienst vorgelesen, u. a. im Zyklus eines Jahres fortlaufend am Schabbat.

Personenregister

Bildnachweis

Bundesarchiv, Außenstelle Potsdam: 6, 7, 8, 9, 10, 11
Bundesarchiv Koblenz 13, 14, 15, 18
Bärbel Ciesielski, Berlin 17
André Dominique Kahane, Berlin 16
Landesarchiv Berlin (LAB [StA]): 4, 5
Stiftung Archiv der Parteien und Massenorganisationen der DDR im Bundesarchiv (SAPMO-BA) 3
Ullstein Bilderdienst: 1, 2, 12.

Dissertation der Freien Universität Berlin